献给乔安娜

法庭和世界

THE COURT AND THE WORLD

AMERICAN LAW AND THE NEW GLOBAL REALITIES

[美] 斯蒂芬·布雷耶——著
Stephen Breyer
冯 烨——译

法律出版社 LAW PRESS · CHINA

译者序

布雷耶：预见者，却非引路人

第一次关注布雷耶大法官还是在读宪法教材的时候。书中的判词注明了各位大法官的意见，而意见却没有依照大法官或编年顺序排列，感觉似乎既没有通鉴清晰，又没有演义过瘾。后来，我在美国最高法院网站上找到一份图表，图中用线段标记了所有大法官的任职时段和照片。读案例的时候，会先找到各位大法官的照片，判词也随之变得鲜活起来，而我在知晓“布雷耶”这个译名之前早已记住了他颇具亲和力的笑容。

那份图表用红蓝两色标注了提名各位大法官的总统所属的党派。即便用这种方法将大法官划分为自由与保守两派是粗暴的，有藐视司法公正之嫌，但往往却是有效的，在一些争议案件中尤为如此。作为一个毫无美国传统观念的中国学生，总是不自觉地倾向于自由派的观点，并庆幸布雷耶等大法官能用精致的法律思辨论证我朴素的是非观点。而当读到保守派大法官的判词，又会真切地怀疑自己是不是在感情用事，法律修为不够。尤其读到他们的异议意见时，字里行间迸发出的理性火花似乎在嘲弄我的鲁莽和幼稚。幸好，还有布雷耶他们在。

这种感觉使判词在满足爱智求真的需求之余，又产生了玄幻小说的魅力，充足的代入感。绅士们以兄弟间弥合嫌隙的面目开诚布公，庄严而不失悲悯地说：“陶里亚蒂同志，我们有分歧。”但不时流露出的激烈措辞又让人感到，他们动了真感情，仿佛已将白手套丢在了对方脚下。即使是庭上的大法官也是有血有肉的。

曾读到网站上最高法院的一份法庭辩论记录，保守派大法官斯卡利亚冷不丁开起了小布什总统的玩笑，网页上充满了欢乐的气氛，而确认其大法官任命的参议院当时的议长，正是被其调侃的这位小布什总统的父亲。没有比这更丰满的“反派”形象了。很多时候，我会错以为开口的不是一言兴邦的大法官，只是几位睿智而执拗的老者。但是，大多时候，他们当真可以“一言兴邦”。作者在本书第一部分就为我们回顾了美国最高法院大法官们曾如何逐步在庙堂之上找到自己的位置，捍卫他们或法律一言九鼎的地位。

美国司法大厦上也飘来了乌云

若只是第一部分，那本书估计会在20世纪90年代或21世纪初引起强烈反响。美国最高法院沟沟坎坎里的掌故足以让留心法治的读者神往。奋力与知识分子拉近距离的人们也开始知道，马歇尔不单是盟军总司令和国务卿，还曾担任过首席大法官，奠定了违宪审查制度。将争议诉诸法律，由最高法院的法律专家们解决争端，如此简洁，如此公正；原来这个制度也历经磨难，如此坎坷，越发可贵。所以，直到现在，布雷耶大法官还在对美国司法制度的历程津津乐道。

这种司法制度是高效的，在一步步将总统权力关进笼子后，还捎带解决了种族隔离、言论自由边界、犯罪嫌疑人权利以及堕胎权、同性恋者权利等争议法律问题。将最高法院置于顶端的美国司法大厦如此精美、恢宏，那时，美式司法制度仿佛是一切问题的终极答案。然而，就在此时，作者将目光移向了大厦上两朵令人不安的乌云：美国法律在境外的影响，以及境外法律对美国的影响。正义女神是否也会向上帝一样，偶尔掷掷骰子，摧毁这栋坚实大厦的基础？最高法院是否已身临变局而不自知？作者忧虑地念道：“序幕于过往中缓缓开启。”

“相互依存”的反面

作者在第二部分、第三部分对这两朵乌云做了描述，探讨了因美国成文法的域外适用和通过条约等方式影响美国的域外法律而产生的各种问题。在作者看来，这两种影响只会越发强烈，其原因则是，这个世界正变得越发“相互依存”（interdependent）。

作者将相互依存具象为近年来通信和便捷交通的日益发达，世界的距离被拉近。按照这个思路，似乎应当认为之前的世界是“相互独立”（independent）的。然而，即便是在美洲大陆，科尔特斯在五百年前率领的征服者们和蒙特祖玛二世的臣民也不会相信这种说法。如果是那样，当年波士顿的“自由之子”们，不会向海中倾倒茶叶，他们甚至不会喝茶，甚至不会来到美洲。在拉近世界距离方面，枪炮和四分仪的意义要深远得多。所以，“相互独立”并不是“相互依存”的反面。

“相互依存”的反面应该是“单向依存”。从一个多世纪前开始，在美国谨慎地从孤立主义中走出后，世界其他地区对它的依赖仿佛就是一件顺理成章的事情。当1948年将“调查委托书”编入成文法的时候（第5章），美国已俨然成为整个“自由世界”的保护者；当菲拉尔蒂加等人遭受南美独裁者酷刑的时候（第6章），芝加哥学派的经济学家们正在向该地区兜售经济振兴秘方；菲律宾前总统马科斯与美国的渊源更是世所共知，作者都承认这位死在美国的外国总统的案子很可能是翻不过来的。在美国可以自行宣布终结“布雷顿森林体系”，可以迫使世界第二经济强国货币升值的时代，甚至直到“互联网泡沫”时期，这种“依存”都更像是一种单向依存，对美国的依存。所以，美国法官才能在国际投资诉康菲尔德案中真诚地表示，我们这是为卢森堡做了一件好事（第5章）。在这种背景下，旧有框架下对国际协议的解读可能会出现问题（第三部分），却只是边边角角的问题。但作者已隐隐感到，当形势变化，这些问题就会显得意义深远，甚至可能会影响整个美国司法体系。

“单向依存”越来越成了“相互依存”，因此，之前被掩盖起来的小问题很可能会最终撼动美国司法制度大厦。造成这种变化的一个首要原因是能够令包括我在内的中文读者感到自豪的。然而，作者还是将变化归结到了网络和交通。略感失望。

在变局来临时，当作者令人们“恍然”发觉美国最高法院只是国内法院，而“世界最高法院”又无法实现时，该如何继续用法治方法为这个世界定分止争？

执拗的听众

作者给出的解决方案是重拾“礼让”，充分了解其他国家的法律和实际情况，甚至鼓励法官直接交流（第四部分），从而真正使相互依存的世界在法治层面协作起来。作者是有信心的。书中对世界其他地方人民心向法治的渴望，以及各地在法治方面的宝贵经验，尤其是欧盟的经验给予了高度肯定，认为这是利用法治方法克服各种困难的基础。但该过程不会一帆风顺，最初的阻力就在最高法院。

本书为谁而写？作者表示自己始终在努力让非法律人士也能读懂判例法，他的文字做到了这一点（如果中文读者阅读时感到艰涩，那完全是译者之罪）。然而，作者真正的言说对象似乎另有其人，即判词“交叉引用”（cross－referencing）的反对者（第10章）。要实现作者的愿景，“交叉引用”实在是最基础的一步了。在他看来，这种做法根植于美国法律文化，而对它的批评则是很晚近的事情，甚至显得别有用心。作者嗅到他的愿景是保守人士们不能容忍的，对“交叉引用”的攻讦只是他们反感之情的一种体现。作者苦口婆心的讲解显得彬彬有礼、风度翩翩，却让人感到这只是一种文雅版的“竖子，你不懂法！”作者是自信的，相信对方会被说服。即便不是被他也会被这个“相互依存”的现实世界说服。他是否过于乐观了呢？

佩内洛普的织物

原书是2015年出版的。作者当时还没有看到三岁的叙利亚小难民科迪横尸海滩的照片，大概不会想到制度堪称优越的欧盟还没有强大到能够抵御随之而来的难民潮，不会想到英国的“脱欧”大戏会延续到今天；大概也不会想到有那么多州会在次年的大选中翻红，将一位绝非自由派的“传奇人物”送上总统宝座。当作者瞥到身边两位年轻的保守派新同事时，他可能会感到自己几年前描绘的愿景正渐行渐远。在变局面前，在这个“相互依存”的时代，美国人民还是选择了肤浅的“美国至上”，选择了保守主义，而不是他。

不能嘲笑作者的天真，相反，我十分钦佩作者的预见性。作者所预见的改变已经那样真实，美国、美国司法制度似乎也应该选择他指明的方向，只不过他没有预计到阻力会如此迅猛。但另一条道路真的会长远吗？法治大抵终归还是没错的。

如作者所言，法律已不再是“弥散于世间，无所不在的同一存在物（brooding omnipresence）”（第 12 章），对法治的信仰却取而代之。作者将法治事业比作佩内洛普永不停歇的织造，充满了赞美，也充满了悲情。然而，要知道，在白天织造和在夜晚毁掉织物的都是佩内洛普本人。夜晚的佩内洛普是在指涉那些主张限制扩张解释、回归传统的保守派原旨主义大法官吗？他们同样也一刻不曾摒弃过对法治的信仰，甚至显得更为虔诚。是否真有隐喻，我全不知晓。也许作者只是想为大家鼓鼓劲吧。毕竟，“法治”能够包含多少内容，她就能够遮蔽多少内容。

杂感和感谢

以上只是个人的解读，很可能已离题千里。但即便抛开全书的要旨，各章节中对具体案件的讲解已经足够精彩了。在 20 世纪末开始的热潮之后，非法学读者对美国最高法院的逸事已经很有了解，初入法学院的新生大都也能运用安提戈涅和俄狄浦斯王的掌故来升华自己。有机会读完一千多页美国宪法教材的读者可能还不多，本书中的案例则已经将其中的很多精彩段落囊括。

翻译的时候，总感到词语像一棵棵大树，在各自的环境中经历不同的生长过程，成为现在的模样。而我所做的是用三北防护林的落叶来讲述黄石公园的秋天。好在早有先贤将核心词语定好，省了很多麻烦。这些词汇一旦进入中文，就有了自己的土壤，自己的故事。秋景终归是不同的。书中有一段莎翁文字的翻译，参考了朱生豪先生的巨作。朱先生在九十年前曾在之江大学就读。望着月轮山上的草木，时常会感念前辈的恩典。

特别感谢 Andrew D. Leipold 教授。他是美国刑法、刑事诉讼法方面顶尖的学者，也是学院里最受学生欢迎的老师。我没有修过他的课程，这次冒昧向他询问了特别军事委员会和特别军事审判庭的问题。Leipold 教授引征了各种条文，做了非常详尽的解读，却谦虚地说“我想这是一份冗长的‘我不知道’”，并推荐了研究该领域的几位学者。我非常感动。师者典范，学者典范，不过如此。如果美国有教学评估，大概也不会查到写给我的这封邮件的。

感谢我的父亲（资深报人）冯印谱先生两次帮我校看译稿。我还能记的刚上小学时他在台灯下写书的情景，更记得母亲郭慕萍女士在用硬壳装订的稿纸上为父亲誊抄书稿的身影。

曾以为过了红海就到家了，但有的人似乎注定会成为引领族人的先知，而不令人讨厌却全无用处之人还是需要翻山越岭找寻安身的三间大学。

最后要感谢爱妻解明月博士（生），没有她的帮助，我早就翻译完了！但如果是那样，我应该不会做现在的解读。好吧，她是有功的。

冯　烨

2019 年 5 月

目　录

引　　言 3

在最近这个10月的听审周（hearing week）① 里，我坐在最高法院中自己的大法官席上，准备听取两个案件的口头辩论。第一个案件涉及一位在美国留学的泰国学生。他在学习期间感到美国教科书的价格太高，于是以低价从泰国购买了同样的英文版教材，并邮寄回美国，再转手卖给了其他美国学生。他是否有权这么做呢?[1]

第二个案件涉及一群律师，他们认为《涉外情报监控法》（*Foreign Intelligence Surveillance Act*，FISA，以下简称《监控法》）中的部分条款违宪。该条款规定，若身在海外的外国人交谈的内容有可能对美国的对外政策或国家安全造成影响，政府就有权对这些谈话实施电子监听。提起该诉讼的是一些美国律师，他们的当事人通常来自中东地区，其中一些还可能同极端组织有联系。这些律师并不确定他们的当事人是否已经成为《监控法》的监听对象，而仅仅是怀疑，但他们仍然宣称该法侵犯了其律师—当事人私密交流权。最高法院要回答的问题是，如果仅凭怀疑，这些律师是否有权针对该法案申请启动违宪审查程序，或者说这些律师在本案中是否“适格”（standing）②。[2]

这两个案件存在一些共通之处：最高法院需要考量的对象都是外国人和发生

---

① 美国最高法院每年的工作是从10月的第一个星期一开始的，一直持续到第二年6月或7月初，这段时间可以称为一个“审判季”（term）。每个审判季又是由相互交替的每段约两周的“开庭期”（sitting）和“休庭期”（recess）组成，大法官们会在开庭期举行庭审和发布判决，在休庭期讨论案件和撰写审判意见。

② 如果某人针对某种行为或法律向法院提出异议，那么必须向法院展示自己与该行为或法律之间有充分的联系，并且因此而受到了损害。如果符合相关要求，就称该当事人“适格”。

在国外的行为，前一个案件关注的是涉外商业活动，后一个案件则涉及境外的国家安全威胁。在那一周举行辩论的 6 个案件中竟有 2 个属于这类“涉外”案件，要是放在 20 年前，也就是我刚成为最高法院大法官的时候，这种情景是不可想
4 象的。可现在，这样的事情并不鲜见，牵涉到境外活动的案件越来越多。作为大法官，我对此也已经习以为常，觉得这个职业理所当然就是这样的。我的外国同侪也同样感同身受，日本最高裁判所长官[1]正是其中的代表。他当天正好身处最高法院的法庭之中，在公共旁听席里见证了那次听审。[2]

本书所关注的正是最高法院待审案件目录[3]中这些具有“涉外”性质的案件。我们的世界是一个相互依存的世界，而目前这种相互依存的趋势已经达到了前所未有的高度。在这个相互依存的世界中充斥着即时通信和即时商务，同时也存在诸多共同的问题（如安全、环境、贸易），所有这些都打破了国界，将个人紧密地联系了起来。本书正试图去理解这个相互依存的世界所带来的各种新的挑战。在当下，普通人可以通过网络直接参与跨国服务交易，如通过互联网预订住宿和早餐，而在此前，只有亲赴当地才能享受到这些服务。我们已经可以很明显地觉察到，即便是对于日常事务，司法权也不能再把眼光只停留在国界之内了。

本书假定，在今后一段时间内，美国将继续在全世界范围内保持其优势地位，这种优势地位既来源于美国的军事和经济实力，也来源于美式生活方式的影

---

① 日本的最高裁判所是根据《日本宪法》设立的，由一位最高裁判所“长官”和 14 位最高裁判所“判事”组成。最高裁判所长官由内阁提名，天皇任命。与美国最高法院大法官不同的是，他们不是终身法官，法定退休年龄为 70 岁。每位法官在获得任命之后所举行的众议院议员选举中，还需要接受“最高裁判所裁判官国民审查”，此后，每经过 10 年需要接受一次国民审查。理论上，国民审查可以罢免法官，但至今还没有法官被这种程序罢免。

② 最高法院所有的口头辩论均对外开放，但由于旁听席有限，要按照先到先得的原则分配。在法庭内，旁听区被分为几个部分。上诉人、被上诉人及其律师之后有一列铜质栏杆，紧挨着栏杆的席位保留给有资格在最高法院出庭代理案件的最高法院律师协会律师。开庭前这些律师还需要向法庭报告由哪位律师坐在首席大法官约翰·马歇尔雕像附近的位置。从大法官视角向下看，紧挨着律师听审区左侧的两列座位预留给大法官们邀请的客人。这些客人以邀请他们的大法官的资历排序就座。再往左侧，大厅圆柱之后的位置安排的是大法官们的助理。法庭的另一侧圆柱之后的广大区域是媒体区。法庭内后排，距离大法官席最远的座位留给最高法院的访客。

③ 待审案件目录（docket），或者叫待审案件表，是由法院工作人员安排的某段时间内需要审理的案件一览表。

响力。这一假定中所提到的美式生活方式包括了我们在创造、继承和发展一种颇为稳定的法治政府制度过程中进行的长期实践。美国人民是一个包含了不同种族、不同道德标准、不同宗教信仰且人口众多的群体，而正是这种法治政府制度使美国人民得以通过民主方式实行自治，同时实现对基本人权的保障，并依据法治方式解决争端。因此，当我提及“相互依存”（interdependent）这个人们耳熟能详的概念时，我心里都会自然地涌现出这些内容。本书的目的就是对“相互依存”这个抽象概念进行阐释，阐释它对一个美国政府机构的工作会带来哪些切实的影响。这个机构就是美国最高法院。

最高法院对于这个世界以及与其相伴而生的各种挑战的认知并非一成不变，同时，最高法院自身的角色定位也在不停变换。为了更好地阐释这些变化，我将本书分为四个部分，分别关注海外世界的不同面相，而我们最高法院正是从这些具体的面相来考量这个海外世界的。这四部分描述了这类考量的发展历程，并共同构成了一部松散的编年史，在最初阶段，对海外世界的考量还非常罕见；而现在，这种考量已经变成了最高法院的一项常规工作；并且，在不远的将来，只要我们的经济以及其他制度继续正常运转，我们就不可避免地要与海外的司法系统开展合作。

第一部分关注的是一个经久不衰的重要宪法问题，只要我们与外部世界发生关系就无法逃避这个问题：在面临安全威胁时，最高法院如何才能有效地保障基本自由？这些威胁，尤其是恐怖主义威胁，已经不再固守传统的形式。在这些威胁面前，国界形同虚设，也正因如此，该问题变得尤为紧迫。总统和国会为保护国家安全采取措施，最高法院则要对这些措施进行审查。不同时期的审查活动体现了不同的宪法原则。我在第一部分中回溯了这些宪法原则的发展历程。在了解 5
了这一历程之后，我们也就能够理解，为什么说司法权需要把国外的情况纳入考量范围，而无论这些情况是否与法律直接相关；为什么这种需要在当今世界变得如此迫切。

在第二部分和第三部分所关注的法律领域中，对国外环境的考量方兴未艾，且这一势头正在稳步发展。

第二部分涉及成文法①的司法解释。当外国人的人权遭到侵犯，是否应当将相关的美国成文法解释为，美国法院要向这些外国受害者敞开大门，受理他们提起的侵犯人权案件？对于诸如规制垄断行为或证券诈骗行为的商事成文法，它们的地域适用边界究竟应该在哪里？最高法院是否有权对这些成文法进行解释，使其与别国的类似法律协调一致？

第三部分讨论了条约解释的相关问题，以及宪法中有关国会与总统立法权和缔约权的相关条文该如何解释的问题。最高法院该如何解释那些涉及自己并不熟悉领域的条约，如外国家事关系法方面的相关条约，国际仲裁机构等国际争端解决机制方面的条约，或者对健康、安全、环境等领域进行规制的国际行政法规？

我在第三部分结尾处简要讨论了一个引发一场政治争论的问题：最高法院的判决中是否应当或者应当在何种程度上援引外国法院的判决结论？这一问题争议已久，但正如我在本书前三部分中所言，对援引国外判决结论这种实践的各种异议并未切中最高法院在现在和今后所要处理的外国法律与外国实务问题。

第四部分关注的是来自不同国家的法官和律师之间的直接交流。这些交流能够在何种程度上帮助法官作出更好的判决？美国法官如何才能从中获益？法律职业共同体（legal community）② 能否切实担负起“外交官”的使命？美国法官能否帮助国外同人推进该国的法治进程？虽然这种交流已经在我们这个相互依存的世界里扮演起重要的角色，然而普通大众对此却并无察觉。我之所以关注这种交
6 流是因为它们可能会影响大法官对最高法院的角色定位。虽然目前受到更多关注的还是围绕援引外国判决而展开的争论等话题，但相比较而言，与外国法律人士的直接交流对法律所产生的影响则更为深远。

最高法院往往不得不将外国的实际情况纳入自己的考量范围。这种对外部世

---

① 成文法，Statute 或 Statutory Law 指由立法机关根据宪法授权，按照立法程序制定的具有普遍效力的法律。在英美法传统中，之前最主要的法律渊源是传统的普通法（Common Law）和由衡平法法官制定的衡平法（Equity）。而成文法的目的就是改变原有的普通法和衡平法，或增加新的法律内容。当成文法的意义产生分歧时，由法院对成文法进行解释。

② 英语中的 community 一词来源于古法语，并可以追溯到古拉丁语中的 comoine[m]，后与古英语中的 gemæne 融合，表示由全体或多数人共同分有的意思，延伸为相互依存，拥有共同习俗、礼仪，在较小的地域范围内活动的相互友善的群体，即社会学所称前现代的“小共同体”。“法律职业共同体”突出了法律界人士所共同具有的法学教育背景，保有相近的法律理想和思维方式，在其内部设立自治性的道德惩戒机制，从这个意义上说，法律界人士一直以来都是一个相对独立的共同体。

界的考量有时是显而易见的，有时则不易被人察觉。我希望对所有这些考量方式进行一番全方位的审视，从而清楚地呈现出我们所面临的各种制度性挑战。例如，为了作出公正判决，最高法院必须了解外国的法律和实践做法以及案件的背景知识，那么最高法院该如何获取这些信息呢？要解决一些跨国性的实际问题（如环境、商业、安全等方面的问题）就必须开展国际合作。那么，最高法院要对国内法和条约作出怎样的解释才能保证相应的国际合作能够顺利开展呢？我们美国司法系统能否把自己视为一个跨国性的或多国性的司法组织（judicial enterprise）的一部分，并通过这种定位来推广法治理念，使法治理念更加深入人心？这些问题都是非常宽泛的，本书所能做的仅仅是提出这些问题，同时鼓励他人去寻找更好的、更具体的答案。本书希望把最高法院所面临的挑战进行梳理，形成一个章程，以备法官、律师、法律教师和有兴趣的公众参考，方便他们进行更深入地思考和分析。

本书在不同部分一再强调两个重要的主题：

其一是对法治的整体性关切。虽然安全、环境、健康、贸易等方面的问题已经越来越超越了国界的范围，但仍然需要通过法律方式加以解决。就像我之前所提到的，互联网使更多普通人能够轻松开展跨国商务活动，即使身在海外也可以预先安排自己在目的地的出行方式，购买电影票或书籍。这些交易会产生纠纷，而我们在解决这些纠纷时，仍然必须以法治为基础。协调不同国家间不同纠纷解决方式的最好方式也许是设立一个全世界的最高法院，但这种法院并不存在。因此，各国的司法机构必须分进合击，在独立工作的同时开展合作。如果真能如此，也就不存在主动放弃权力的问题，各国的司法机构会在合作中做到有理有节，不越雷池一步。

与这种看似让渡了部分司法权的做法相反，如果我们能够处理好应当在何时、何种情况下、以何种方式将我们最高法院的权威拓展到海外等问题，我们就能更好地为通过法律途径解决当代所面临的各种问题作出贡献。如果这项工作能
够顺利完成，我们就会更加坚信法律有能力成功解决这些问题。有人认为，要有 7
效应对这些问题就必须采取一些超出法律之外的解决方式，但这些方式中往往充斥着专横和恣意。而如果我们处理好最高法院权威的海外适用问题，就能对这种论调给予有力回击。在此过程中，我们也将会使法治理念获得更广泛的接受。

其二是法院需要倾听“多种声音”。这些声音来自能够对外国相关政策加以阐述的外国政府代表，能够对外国法律条文和法律实务予以说明的外国律师，以及那些虽然工作生活在海外却仍会受到我国法院判决影响的普通公民。当法院需要对一些特定法律文本（如一项旨在推动国家间合作的条约，或者一部可能需要多国合作、协同执行的证券法、反垄断法）进行解释时，这种倾听就显得尤为重要。虽然我一再强调要重视协同合作［这种协同有时被称作“礼让”（comity）］，但我并没有忽略一个基本事实，即美国人民能够而且必须通过民主的方式来决定自己的法律。然而，倾听外国相关法律人士的建议是与民主立法和在民主框架内解释法律完全契合的。这是因为，要想实现法律的基本目标（如某项具有海外影响的美国成文法的基本目标），要想恰当地执行条约，要想确定美国宪法所提供的保障在境外应当延伸到何种程度，最好的方式往往就是对国内外法律环境进行通盘考虑。

本书是基于我作为一名法官的经历写成的。在本书中，我并没有对国际法进行整体梳理；即便是对那些对美国人民产生切实影响的国外法律，本书的论述也并不全面。本书也并没有对法院所处理的所有涉及国际法或外国法律的案件进行全面回顾。本书仅仅展示了我的切身经历，解释了我为什么会认为美国法院需要了解外国的法院和其他法律机构，为什么需要发展同他们的工作联系，以及这种需要为何日益迫切起来。书中还阐述了我为什么会认为，对于美国人民来说，理解和恰当地运用国际法和外国法律非常重要。此外，本书还通过分析实例的方式说明了为什么联邦法院必须同外国机构进行协作。当前，我们联邦法院在审判中已经顾及同各州法院、其他的联邦法律机构和各州法律机构之间的协作关系，但联邦法院将来还必须考虑同外国机构之间开展类似的协作。

在本书开篇，我还要提出几点忠告：

首先，我希望探讨的是一种潮流，一种趋势，以及司法权的整体回应。为此
8 我必须讨论一些具体的司法案件，其中又往往包含一些历史细节。司法案件的细节一般具有很强的技术性。我一直致力于使外行读者也能够读懂判例法，并为之吸引，但我还是希望，即便读者因为某些细节而产生了困惑，他们也仍然可以通过把握书中的主要论点而获益。我会尽量简明扼要地把这些论点清楚地表达出来。

其次，我讨论了一些自己在最高法院任职期间参与审理的案件。对于这些讨论，我完全取材于已经公开的资料，一般是案件的审判意见本身。如果我个人的观点与判词相冲突的话，我提请读者注意，具有权威性的是公开的审判意见，而不是我个人的观点。

最后，我希望，在对我们当前所接触到的国外事物的本质有所了解之后，读者能够更清楚地认识到，要维护美国的宪法价值（这是我与那些畏惧外国法影响的人所共同追求的一个主要目标），最好的办法就是直面这个世界的现实挑战，这些挑战反映在那些等候我们审理的实实在在的案件当中。欲达此目标，我们需要做的，是对我们周边的事物进行更多的了解，而不是更少。

注释

〔1〕参见 Kirstaeng v. John Wiley & Sons. Inc. , 133 S. Ct. 1351 (2013)。[法律写作中的引用都要遵守极严格的规定，如何使用缩写或使用怎样的缩写。最高法院有一个官方的案件汇编机构 United States Reports（该机构根据美国法律公布最高法院案件，由美国国会拨款支持），引用它所记录的案件时，会标注“US”。而作者在这里使用的是另一个非官方的汇编机构“West”编辑的案件，标注“S. Ct. ”，即 Supreme Court 的案件系列。其他案件也会由不同的汇编机构来记录，引用时都会表现出来。这里的“133”指的是这一系列的第 133 卷；“1351”是指该案从第 1351 页开始；“2013”表示作出判决的年份。以下不一一翻译案件名称。——译者注]

〔2〕参见 Clapper v. Amnesty Int'l USA, 133 S. Ct. 1138 (2013)。(“Int'l”即 International，在案件引用时，一些常见的单词均要采用缩写，后不赘述。——译者注)

第一部分

序幕于过往中缓缓开启

宪法，国家安全，以及个人权利

我们要从一系列由境外国家安全威胁引发的宪法问题谈起。宪法在多大范围 11
内允许总统和国会以国家安全为由限制公民自由？宪法赋予了最高法院多大的权力来平衡安全问题与自由问题这两种关切，或者说，宪法赋予了最高法院多大的权力令其得以对国会和总统的决策进行事后评判（second - guess）①？在不久之前，最高法院还可以对这些问题置之不理，而事实上它确实也经常回避此类问题。但随着时间的推移，法院涉足这些问题的意愿日益增长。

通常情况下，任何法律原理的演进都是一个缓慢的过程，但法律的更改则往往会加速这一进程。最高法院很少推翻先前的判例，否则法律将丧失必要的稳定性，而普通公民的生活规划正有赖于此。但最高法院确实在不断更改自己的回应方式。这种变化是不可避免的，国民在不断变化，不同的总统任命不同的法官，这些法官对于法律——特别是法律中类似“自由”（liberty）这样的抽象概念——应如何作用于个体美国人抱有不同的哲学观点。

为维护国家安全起见，总统可能会认为有必要采取一些特别措施，国会或许也会对此表示支持，但当国家安全无虞之时，这些措施则会被认为已经超出了总统的宪法权限。这些措施包括新闻检查，在未经庭审的情况下实施拘禁，在未获

① 事后评判，表示当某种行动或事件发生之后，苛责行为人当时的决策，即所谓的“后见之明”。在很多情况下，以总统为首的行政机构以及国会往往需要根据当时条件，迅速作出判断，采取应对措施，而最高法院主导的司法活动则往往发生在事态发生很久以后。法院能够在更长的时间内从容地考察更多的信息，拥有明显的优势。所以，在很多情况下，不应由法院在事后来重新评判总统或国会当时的判断。

搜查令的情况下进行搜查，实施窃听或电话监听等。宪法规定，公民拥有言论、出版、免受无理搜查、非经庭审不受监禁等一系列自由。也就是说，宪法通过这些条文或明示或暗示地对这些措施施加了限制。但正如人们常说的那样，“宪法不是自杀协定”①。[1]这就为我们提出了一个基本的实质问题：宪法是否授权总统借国家安全之名限制正常的公民自由。

当最高法院不得不直面这一问题时，它必须首先回答另一个与此相关且同样至关重要的问题：应该由谁（或者什么机构）来对总统（或者国会）决定采取的特定措施作出评判？由谁来判断该措施所施加的管制是否确实属于必要的权宜
12 之计，因而可以容忍（或者说属于宪法划定的界限之内），抑或该措施已经超出了界限？这个谁的问题一般可以转述为：是法院还是政府中的民选机构②拥有最终决定权。宪法既没有直接回答谁的问题，也没有回答权力“界限”的问题。但宪法确实授权国会和总统保护美国人民免遭外敌入侵，明确宣示国会有权“宣战”“招募陆军并供给军需”“建立和维持海军”以及为武装力量［包括各州“民兵”（militia）］③[2]“制定管理条例”。宪法规定“总统”是所有武装力量的“总司令”并有权（在“咨询”参议院并“征得同意后”）缔结“条约”。[3]宪法将行政权赋予总统，这其中就包括战争权和外交权。简言之，宪法将维护美国国家安全的职责授予政府中的民选机构，而不是非民选的司法机构。另外，司法机构则在确保宪法基本自由（basic liberties）条文得到切实执行方面起着关键作用，所谓基本自由包括“言论自由”（freedom of speech）以及“非经正当法律程序

---

① 自杀协定即与他人相约共同自杀的协定。

② 这里的民选机构包括了总统和国会。总统和国会成员由选民直接投票产生，而联邦法院的法官是由总统提名、国会批准而产生的，所以法院不属于民选机构。

③ 在历史上，美国国会对“民兵”（militia）的含义进行过反复修正，造成了一定的混乱。尤其是围绕宪法第二修正案中规定的民兵持枪权，是否能作为没有正式加入民兵组织的普通公民持枪权的依据引发了激烈争论。这是因为在历史上，“民兵”一词曾被理解为包括了所有体格健全而没有加入美军的男性公民。而现在，“民兵”一词则主要被用来描述“有组织民兵”（organized militia）和“预备役民兵”（reserve militia）。根据《1903 年民兵法》，有组织民兵由州民兵武装组织（State militia forces）组成。州民兵武装组织又可分为州国民警卫队（National Guard）和州海军民兵（Naval Militia）两支。这里的州国民警卫队与联邦国民警卫队（National Guard of the United States）不同，前者由州长或领地（territory）政府长官领导，听从他们的命令投入抗灾救灾等活动，后者则为联邦武装力量的重要组成部分，但州国民警卫队成员一经联邦征召，则可以转换为联邦国民警卫队成员。预备役民兵则包括了所有 17～45 岁未参加国民警卫队或海军民兵组织的身体健全的男性公民。

不被剥夺自由”（liberty）的自由（freedom）①。[4]

那么，当安全与公民自由发生冲突时又当如何呢？如果总统和国会均试图化解冲突，在两种价值之间重塑平衡，并已然就此达成一致的话，法院是否有权重新评估政府所做的这些努力，并以自己的方式化解冲突，达成一种不同样态的平衡呢？倘若最高法院确实有权对新塑平衡的优劣进行实质审查的话，它又该如何开展这项工作呢？

我刚才提到，随着时间的推移，最高法院回应这些问题的方式也发生了变化。在南北战争期间，亚伯拉罕·林肯囚禁平民，推行新闻审查，设立军事审判庭（military tribunals）②，中止了人身保护令③，最高法院选择了顺从，尊重总统权威。同样，在第一次世界大战期间，几位美国总统也以军情紧急为由对正常的公民权利进行了限制，最高法院同样选择了沉默。

此外，最高法院有时也会受理一些案件，对以上这些问题进行实质审查。但这也仅限于，当总统借安全名义获得的权力最终膨胀到对其提出的任何质疑都会遭到挫败的地步时，最高法院才会受理案件。在“二战”之前和“二战”期间，最高法院就采取了这种回应方式。与第一种方式类似，这种方式并没有给最高法院留下多少保护公民权利的余地。

---

① “liberty”和“freedom”在文中均被译为“自由”，前者的词根来自拉丁语，后者则来自古日耳曼语，根据《斯坦福哲学百科全书》的解释，在其他欧洲语言中，这一概念都只用源自其中一个词根的词语来表述，所以两词并没有什么区别。但仍然有人强调两词的区别，认为“freedom”倾向于主观上不受他人控制而有能力自己作出决定的状态；“liberty”倾向于强调主体的某种“freedom”是由本可以施加控制的外力赋予或承认才得以拥有的。

② 在美国语境下，军事审判庭（military tribunal 或者 military commission）与军事法庭（court－martial）不同。前者的管辖对象主要是被军方关押的敌军成员，通常情况下并不管辖平民案件，案件类型也通常是敌军成员违反战争法的案件。然而，如果被告被指控为“战斗人员”而且违反了战争法，则即便他不从属于任何国家的军方组织，也可由军事审判庭审判。后者的管辖对象则限于本国军事人员，而且管辖范围也不限于战争法违法行为，如果本国军人犯下一般性罪行，也要在军事法庭内进行审判。美国对军事法庭（court－martial）的程序作出了详细规定，军事审判庭（military tribunal）可以参照军事法庭的程序审案，但并不完全相同。

③ 人身保护令（*habeas corpus*），中世纪拉丁语，字面意思为“（命令你）把人带到（我这里来）”。即由法官下令把在押人员带至法院，由法院来审查这种关押是否合法。通常是由在押人员通过监狱看守向法院提出人身保护令申请，然后由法官下达人身保护令。从中世纪开始，这种令状就成为制衡王权或行政权任意关押行为的有效武器，并被普通法系国家沿用至今。

但在近来，最高法院对总统权力展现出更为强力的制约（stronger check）。关塔那摩港曾经关押着一批敌方战斗人员（enemy combatant）①，并由此产生了
13 一些诉讼案件。最高法院在这些案件的判决中认定，即便事关安全问题，宪法也并非对总统任意限制公民自由的行为毫无制约（blank check）②。

本书这一部分将展示，最高法院正越来越乐于通过司法审查来干涉总统在国家安全领域的决策，对其进行审查，即便这意味着宣布总统的行为违宪也在所不惜。值得注意的是，最高法院这种不断增强的自信恰恰出现在国家安全威胁日益国际化、手段越发难以预料、时间越发难以确定的背景之下。诚然，今天的威胁已经不大会来自另一个主权国家的宣战，而更多来自脱离了传统国家形态的国际恐怖主义网络。这些威胁可能会持续数年，甚至永不休止。我希望表明的是，最高法院的回应方式与这种现实背景的同步改变并不仅仅是巧合。

但如果最高法院并不准备为总统“开具空白支票”的话，它又准备对总统施加何种制约呢？为了回答这个问题，最高法院必须对这些威胁本身以及其他国家的应对措施进行更充分的了解。最高法院参与处理重要的基本宪法问题的热情逐渐高涨，这就必然意味着，最高法院了解海外世界和外国法律的愿望也变得更为强烈，更希望将这些因素纳入自己的考量。这还意味着，最高法院已经认识到在与海外世界接触的过程中会遇到各种挑战，并为此做好了充分的准备。

---

① Enemy combatant，指代表某一敌对政府或非政府势力，合法或非法地直接参与武装冲突的个人。按照战争法和战争习惯法，对这些参与武装冲突的人员进行关押是合法的。在“9·11”事件后，布什政府用这个词来代指基地组织和塔利班成员，视之为“非法战斗人员”，不承认他们的“战俘”（prisoner of war）地位。然而，根据“日内瓦公约”，即便是“非法战斗人员”，其权利也应当受到一定的保护，但布什政府并没有给予这些人公约所规定的利益。在2009年年初，奥巴马政府宣布不再使用布什政府的这种表述。

② Blank check的表意为“空白支票”，所以这句话也可理解为“并没有给总统开出可以任意限制公民权利的空白支票”。“check”源于国际象棋及其前身，在波斯语言中表示国王（shah），后经拉丁语、法语演化，在中世纪传入英语，表示国际象棋中的“将军”。在棋盘上形成将军（check）之后，可供对手选择的对策就很少了，从而衍生出“制约”“制衡”的意思。在金融票据中使用“check”，其原意可能是“a check against forgery”，即制约伪造行为。从17世纪开始，“check”“checque”“cheque”三词可以互换，但从19世纪开始，“cheque”在英联邦和爱尔兰成为金融票据中的标准用词，但在美式英语中，两种意思的常见拼写均为“check”。作者在这里一语双关。

注释

〔1〕比较 Terminiello v. City of Chicago, 337 U. S. 1, 37 (1949)（大法官杰克逊的异议意见）（“最高法院应以实践智慧之柔调和教条逻辑之刚，否则‘权利法案’就会变成一个自杀协定”）。

〔2〕U. S. Const. art. 1，§ 8（美国《宪法》第 1 条第 8 款）。

〔3〕同上，art. 2，§ 2。

〔4〕同上，amends. I，V.（美国宪法第一修正案、第五修正案）。

15

第 *1* 章

缄默不语：西塞罗和他身后的“政治问题”

“法律缄默不语”

对于法院在战争期间应该扮演何种角色这个问题，西塞罗①曾提出过一个广为流传的法律原则。两千年前他曾写到，“*Silent enim leges inter arma*”，我将其翻译为“当炮声呼啸，法律缄默不语”。这位罗马元老院成员所写下的这段文字是对之前罗马爆发的一场内乱的回应，在此次内乱中，暴力团伙控制了罗马的街巷。而这些团伙的首领并未受到任何制裁，因为他们已被选入公职。尽管如此，我们仍能读出西塞罗这段评论背后的含义：当国家安全受到威胁时，不要指望法律照常适用。那么，这项原则究竟在何种程度上支配了美国法院的活动呢？

回顾一下这项原则在美国内战时的境况。战争伊始，林肯总统即下令中止人身保护令。[1]这项古老的令状使任何在押人员都能够对其所遭受拘禁的合法性提出质疑，他可以通知法官自己正处于拘禁之中，声称该拘禁缺乏法律依据。法官

---

① 马库斯·图里乌斯·西塞罗（公元前106年~前43年），罗马共和国晚期的哲学家、政治家、律师和作家。罗马元老院成员，曾当选为执政官，自由主义的忠诚辩护者，被认为是三权分立学说的古代先驱。有学者认为文艺复兴本质上是对西塞罗的复兴，其影响在启蒙时代达到顶峰。洛克、休谟、孟德斯鸠等均受其影响。美国建国者亚当斯、汉密尔顿等人也非常熟悉西塞罗的作品。

有权责令看守者，即当地的行政司法官（sheriff）①，“把此人带到我这里来”。法官有权对看守者和在押人员进行询问，借此裁定拘禁是否具有法律依据。对于遏 16
制恣意拘禁而言，很难想象有比这更重要的法律保护了。

林肯总统中止保护令后，军队事实上就可以任意拘捕平民，不会受到法庭审查。正是他的亲身经历使他感到当时迫切需要采取这种非常手段。在乘火车赶赴华盛顿举行就职仪式的路上，林肯被迫辗转于各个火车站，以求在夜色的掩护下偷偷绕过巴尔的摩，避开那里的分离主义暴徒。[2]林肯明白，这座车站是从西北两面赶来的北军南下的必经之路。他担心这些暴徒的骚扰会影响军队在巴尔的摩市，甚至整个马里兰州的行军，而马里兰州此时已经处在分离的边缘。[3]

林肯想通过中止保护令，让北军放手捉拿这些不忠的巴尔的摩市民。北军也没有让他失望。1861 年 5 月 25 日清晨，北军士兵奉威廉・H. 凯姆将军之命，逮捕了当时反北暴乱的头目约翰・梅里曼，并将其拘禁在附近一个名为麦克亨利堡的军营（该军营由乔治・卡德瓦拉德将军负责管理）。[4]梅里曼旋即向附近的联邦法院提交了人身保护令申请，法院同意签发人身保护令。签发保护令的这位联邦巡回法官，正是当时驻节于此的最高法院首席大法官罗杰・托尼。②[5]

乍看起来，林肯剥夺了以托尼为代表的法官签发人身保护令的权力，但宪法确实规定，“当发生叛乱或遭受入侵时，出于公共安全需要”的考虑，总统可以中止人身保护令程序，所以这种做法在宪法上似乎是有据可循的。[6]然而，这项授权条款却被放置在了规定国会权力的《宪法》第 1 条之下，而不是规定总统权限的《宪法》第 2 条。因此，托尼裁定总统在未经国会授权的情况下贸然行事，违反了宪法。[7]

林肯对这份法院判决的回应现在已然众所周知。他既没有释放约翰・梅里曼，也没有像他本该做的那样提出上诉，而是断然采取单边行动维护自己的权

---

① 在美国，sheriff 是各县或称郡（county）里由选举产生的政府官员，其责任是执法和维持当地治安。他们有权在刑事案件中行使警察权，并且肩负了送达传票、执行判决和出售及扣留法院判决应出售及扣留物品的责任。

② 在美国建国初期，美国巡回法院没有专职法官，而是由最高法院大法官亲自赶赴自己分管的巡回法院审理案件。直到战后的 1869 年，国会才立法对联邦法院系统进行改革，为当时的九个巡回区各配一位专职巡回法官，最高法院大法官不需要（事实上也不会）关注太多巡回区的事务。而到了 1891 年，巡回法院正式成为独立层级的巡回上诉法院，配备了更多的法官。此时最高法院大法官仍然可以前往自己的巡回区判案，但几乎已经没人这么做了。

利。梅里曼被捕数周后，林肯质问国会“是执着于一条法律，而坐视其他所有法律成为具文，放任政府分崩离析？还是干脆违反这条法律?”[8]一周之后，司法部部长（Attorney General）爱德华·贝茨①向国会提交报告，为林肯中止人身保护令的决定申辩。[9]

尽管如此，就在贝茨提交报告的当天，梅里曼被保释出狱，林肯也没有对他
17 提出任何指控。两年之后，国会自行中止了人身保护令，从而修补了这个宪法瑕疵。关于总统权力的争议随之不了了之。[10]

林肯总统借国家安全之名中止或规避公民自由的宪法保护的例子还有很多，梅里曼拘禁事件只是其中之一。此外，林肯还曾授权他的军事将领们实施新闻审查，禁止公民大肆发表反战言论（如指责总统滥用职权），逮捕通敌嫌疑人，并经常授权他们在未经庭审的情况下任意关押犯人，而不论对这些犯人拥有管辖权的普通法院是否仍然还在正常运转。这些将领们通过发布（军事）通令的方式行使职权，他们并不需要证明这些行动是出于军事需要。在战争期间，军方通过这种方式将大约一万三千名平民投入了监狱。[11]国务卿威廉· H. 苏华德②曾经对一位英国阁员说到：

> 我轻轻一碰右手边的摇铃，就能将一个俄亥俄州公民送进监狱；再碰一下，就会再有一个纽约州公民被投入监狱；除了总统，地球上没有任何人有权释放他们。就算是英格兰女王，她能做得到吗?[12]

战时的多位美国总统都持这种态度。“一战”期间，威尔逊政府顺利地对散布传单、鼓动抵制征兵活动的行为人进行了指控，禁止左翼杂志通过邮路发行，还对美国社会党领袖尤金·德布斯③实施监禁（德布斯随后在1920年总统大选中

---

① 爱德华·贝茨，1861~1864年任美国司法部部长，是第一位来自密西西比河以西的内阁成员。在战争前期，对林肯的战争政策给予了支持，但却对解放黑奴和招募黑人加入军队的做法表示反对。贝茨本希望能够获得首席大法官的提名，但林肯却选择了后来的蔡司大法官，贝茨随即辞职。

② 威廉·H. 苏华德（1801~1872），坚定的反分裂主义者。共和党初创时的核心人物，一度是总统候选人的有力争夺者，后败于林肯。林肯遇刺当晚也受到同一伙刺客的袭击。林肯遇刺后仍然留任国务卿，并在任内从俄国购得阿拉斯加。

③ 尤金·德布斯（1855~1926），美国最著名的社会主义者之一，国际工人联合会和世界产业工人联盟的创建者之一。早年曾做过机车清洁工、油漆工，还为蒸汽火车头加过煤，曾五次代表美国社会党参加总统大选。

获得了将近一百万张选票，当时他仍然身陷囹圄）。[13] “二战”期间，罗斯福总统将 7 万多名日裔美国人送入集中营，此举还得到了最高法院的支持。

罗斯福的司法部部长——弗兰西斯·比德尔①曾说，“宪法从来就没有对战时的总统过分掣肘”。[14]战争期间，行政机构和立法机构往往都相信，境外威胁而非公民自由才是最应受到关注的问题。在内战战火肆虐之时，除了托尼大法官 18
在梅里曼案中稍做抵抗外，各法院都没有对总统或立法机构的决定作出任何值得一提的干预。

然而，内战甫一结束，最高法院就于 1866 年审理了米利根单方诉讼案②。两年前，在内战即将结束之时，率军驻扎在印第安纳州的一位北军将军逮捕了兰布登·P. 米利根和另外 4 名平民。将军指控他们为支援南方而阴谋煽动暴乱，并设立了一个特别军事审判庭审理该案，他们最终被判罪名成立并被判处死刑。被告人请求一家普通联邦法院受理他们的诉讼请求，主张军队无权在特别军事审判庭内审判美国平民，至少在当地已经恢复和平且普通民事法院已经正常工作的情况下军队无权审判。该案最终上诉至最高法院。[15]

政府律师极力主张最高法院应拒绝被告的诉讼请求，他援引西塞罗的著作并宣称“实施戒严的军官同时具备了最高立法者、最高法官和最高行政长官三重身份。紧迫的局势令他‘口含天宪’，他个人的意志就是法律，只有他才有权制定和发布法律”。[16]政府坚持主张保护基本人权的宪法条款只是“和平时期的条款……在武力当道之时，所有的传统法律和立法机构颁布的法令，都必须保持缄默，此时，人民的安全才是最高律法”。[17]

最高法院的大法官们一致否定了这种主张。所有大法官都认为宪法的保护适用于该案，米利根必须获得释放。少数派大法官解释说，③ 之所以如此，是因为

---

① 杜鲁门总统继任后立刻要求比德尔辞职。他后来被任命为纽伦堡审判的美方主法官。但他更为人所熟知的是拟订了一份“司法部部长的颠覆性质组织名单”，与其他名单将左翼与右翼组织均包含在内不同，比德尔名单中的所有组织都与美国共产党（CPUSA）有牵连。

② 一般的案件都牵涉到至少两方当事人，在标注案件时以“某某诉某某”（Doe v. Roe）的形式出现。而单诉案件则只涉及一方的利益，这类案件通常情况紧急，如拖延可能会对当事人造成无法挽回的损失。

③ 在很多情况下，即便所有大法官都赞同案件的判决结果，他们达成结果的理由和由此产生的审判意见也可能并不相同。一般将赞同人数最多的意见称为多数派意见，其他称为少数派意见。

国会没有通过立法准许军方审理平民案件，并借此暗示，如果通过类似立法的话，本案结果可能会有所不同。[18]然而，多数派大法官则认为，只要当地普通民事法院正常运转，那么无论国会是否立法授权设置类似的军事审理程序，宪法都不允许由军方来审判美国平民。[19]

米利根案标志着最高法院不再固守西塞罗的绝对立场，同时也标志着最高法院的一种意愿，如果行政权在“武力当道”时宣称法律应当保持沉默，最高法院愿意担负起执行宪法保护的责任。当然，必须强调的是，该案的判决只是在战争
19 结束之后，秩序已然恢复的情况下才作出的。当激战正酣之时，我们不难发现司法机构又展现出另一种截然不同的立场，如“二战”时的是松案就反映了这种立场。米利根案似乎向行政机构释放了某种信号，虽然最高法院会因战时紧急状态而放任其便宜行事，但这种放任是有限度的。然而即便如此，最高法院在米利根案中也并没有同西塞罗彻底决裂。

“政治丛林”

与西塞罗经典的“缄默”箴言相比，“政治问题”（political question）原则是一种论述更为详细、发展更加完备的危机法学。然而，当这一原则被应用到国家安全问题上时，却显得与“缄默”原则异曲同工。“政治问题”原则为法院提供了一个技术性的法律依据，当案件涉及总统依据战时权力或外交权力所采取的行动时，法院可以据此拒绝审查这类行动的合法性。实质上，该原则将总统的大量战时决策和外交决策都屏蔽在审查范围之外，所以即便已经与西塞罗相揖而别，但仍相去不远。

“政治问题”原则，是指在特定情况下，宪法并没有把判断某种行为是否违宪的权力赋予法院，而是将其保留给了其他政府机构。依照这种理论，法律，包括宪法，其实并不是一定要缄默不语。它们仍然适用于受到质疑的政府行为。只不过，倘若国家安全受到威胁，就应当由国会或总统，而非法院，来决定法律规定了何种规范。

“政治问题”原则的渊源颇为显赫。1803 年，首席大法官约翰·马歇尔①在经典案件马布里诉麦迪逊案的审判意见中写到：“依据合众国宪法，总统被赋予一些特定的重要政治权力，在行使这些权力时，总统应自行决断，只需以自己的政治品格对他的祖国负责，对自己的良心负责。”[20]

从那之后，最高法院在战时案件和外交案件中数度援引这一原则。例如，在 1812 年战争②期间，总统曾下令征召纽约州民兵加入现役。有一位名叫雅各布·莫特的民兵拒绝服役，于是被送上军事法庭并以拒服兵役罪定罪。他对此提起上诉，随后案件被送交最高法院。[21] 20

莫特承认宪法确实授权国会对征调民兵作出规定，借此来执行联邦法律、平息叛乱和抵御入侵。[22]他也承认国会制定了一部成文法，其规定如下：

> 无论何时，一旦美国遭受来自外国或者印第安部落的入侵，或面临迫在眉睫的入侵威胁时，合众国总统有权征召受威胁地区附近的一州或数州之民兵，征召数目以总统认为足以御敌为限。[23]

但莫特反驳到，总统并没能证实确实存在“迫在眉睫的入侵威胁”，所以并不符合法定条件。此外，宪法规定的征调民兵权并非由总统独立享有，因此，莫特认为总统的行为越权了。[24]

最高法院否定了莫特的主张，但这不是因为它认同总统对入侵威胁所作出的判断，而是因为，最高法院认为宪法并没有将判断入侵威胁是否存在这类问题的权力交给自己。大法官约瑟夫·斯托里③写到：

---

① 约翰·马歇尔（1755～1835），美国最高法院第四任首席大法官，也是在职时间最长（1801～1835 年）、最著名的、公认的影响最大的首席大法官。凭借他的努力，美国最高法院才得以成为与政府行政部门和立法部门平起平坐的政府第三分支。他重申了最高法院进行违宪审查的权力，以制衡政府其他两个机构。此外，他还极力维护法治，并作为联邦党人鼓吹强化联邦权力。

② 此处是指 1812～1815 年美英之间爆发的战争。当时，美英之间摩擦不断，部分美国人民族主义高涨，扬言进行第二次独立战争；美国精英中产生扩张主义倾向，妄图吞并英属加拿大，但联邦党人与民主共和党人不和，导致在战争初期，美国民主反战情绪很高，很多民兵不听从政府征召，或拒绝在本州外作战。

③ 约瑟夫·斯托里是与大法官马歇尔同时期的大法官，任职达 34 年之久（1811～1845 年），是当时除马歇尔外独自撰写审判意见最多的大法官。曾著有三卷本的巨著《美国宪法评论》（*Commentaries on the Constitution of the United States*），在整个 19 世纪都在该领域占有统治性地位。斯托里反对鼓吹平等、平民民主，反对被后世视为美国现代民主党先声的“杰克逊民主运动”，主张保护私有财产。历史学者认为他对美国法律的影响甚至超过了大法官马歇尔，这指的正是他把美国法律引向保守，更加严格保护私有财产。

> 征召民兵入役的权力非同小可。但是……法律明文规定这项权力是有限的，被限定在现实的入侵已经发生，或者入侵威胁已经迫在眉睫的情况之下……但这是不是说每个民兵都能够对这个问题提出质疑，以此来抗拒总统的征召令呢？我们一致认为，判断紧急事态是否已经发生的权力，由总统独享，他的决定不容置疑。[25]

在19世纪40年代一桩牵涉罗得岛州政府的案件中，最高法院进一步发展了“政治问题”原则。[26]上诉人的政敌宣布，根据该州的新宪法，他们已经赢得了政权，并向联邦政府要求军事援助，对此，上诉人认为该州宪法违背了联邦宪法所保证的“共和政体”。[27]但最高法院认定该问题属于“政治问题”，并进一步
21 指出政治机构（political branches）① 对国家安全问题拥有不受任何制约的权力。首席大法官托尼②认定，当案件牵涉州政府的合法性问题时，最高法院不能对国会或总统的决定进行事后评判，托尼通过援引莫特案件对这一结论进行了阐释：

> 当总统已经采取行动征召民兵（支持自称合法州政府的一方）之后，合众国的巡回法院是否有权调查总统的决定是否正确？当双方已经为夺取州府刀兵相见之时，法院能否传唤证人到庭，询问哪一方真正代表了多数民意？假使法院能够做到这些（再假如它判定总统决策是错误的），它就有责任释放那些由军队奉美国联邦政府或总统所支持的（州）政府之命逮捕或关押的人员。如果司法权膨胀至此，那么铭刻在合众国宪法中的保证，就是对无政府状态的保证，而不是对秩序的保证。[28]

在20世纪的一桩牵涉国际航线审批的案件，即芝加哥与南方航空公司诉沃特曼轮船公司案中，最高法院又对这一主题进行了新的阐释。[29]一项成文法

---

① 这里的政治机构指的是总统领导下的行政机构，以及国会，即立法机构，两者均为民选产生。

② 第五任首席大法官罗杰·B. 托尼（1836～1864年），其职业生涯中最著名也是最具有争议的案件是后文提到的德雷德·斯科特案。他在该案的判词中认定，在草拟宪法时，非洲裔美国人就被认为是劣等人种，无论自由人或是奴隶，都无法成为美国公民。但他自己作为奴隶主，却释放了自己所有的奴隶。此外，他还宣布调和南北矛盾的《密苏里协议案》违宪。该案被认为完全关上了通过法律途径解决奴隶问题的大门。托尼还是首位被任命为政府阁员（司法部部长）和大法官的非新教徒（罗马天主教徒）。他在美国内战期间逝世，当天，他的家乡马里兰州宣布废除奴隶制。

规定，法院有权对由民用航空委员会（Civil Aeronautics Board）负责的航线审批进行审查。但最高法院在审理该案时认定，如果某项最终决定是由总统亲自批准的话，则法院无权对该决定进行审查。对此，大法官罗伯特·H. 杰克逊①解释到：

> 总统是武装力量总司令和国家的外交中枢，他掌控着情报机构，而情报机构的报告并不公开也不应该被外界知悉。行政机构的决定正是依据这些被严格保密的情报作出的，如果由并不掌握相关信息的法院来审查甚至否决这些决定的话，那将是无法容忍的。法院也不能为了获得行政机构的机密信息而秘密审理案件。退一步讲，即便法院可以要求完全披露这些信息，从本质上来说，外交政策领域的行政决定是政治性的，而不是司法性的。我们的宪法把政治问题的决定权全权委托给了政府中的行政机构和立法机构这两个政治机构。这些决策是复杂而微妙的，需要进行很多预判。这些决策与人民的 22
> 福祉密切相关，所以决定权应当而且只能被交到那些直接对人民负责的机构手中。司法机构没有能力，没有资源，更没有责任染指这些问题，而且这些问题很早就被纳入政治权力所掌控的领域之内，司法机构无权过问。因此我们认为，无论总统作出何种决定，司法机关都不能对其进行审查。[30]

不出所料，在越南战争期间，各下级法院都以涉及“政治问题”为由，一直拒绝裁决对柬埔寨实施的轰炸以及整个“越战”是否获得了国会的适当授权。[31]对此，最高法院也并未干涉。[32]

很多此类判决——特别是有关越南的案件——都涉及对某场战争本身合法性的质疑。但这些判决并未禁止联邦法院对总统行为是否侵害个人的公民自由进行裁决，这属于另一个问题。不管怎样，“政治问题”原则的影响于1946年克莱格罗夫诉格林案中达到顶峰之后，在过去的半个世纪里日渐式微。[33]在该案中，上诉人声称，伊利诺伊州对选区进行了重新划界，此举的目的是确保一些县（尤其是农业县）获得与其选民人数不相符的代表席位，使人口稀少选区的选民比拥有

---

① 罗伯特·H. 杰克逊于1941～1954年任职最高法院大法官。之前做过美国总检察长（Solicitor General）和司法部部长（Attorney General），是美国历史上唯一一位担任过这三个显赫法律职位的要员。此外，他还是“二战”后纽伦堡审判的美国首席检察官。

相同数量代表席位但人口相对稠密选区的选民拥有更大的政治影响力。当上诉人请求最高法院对这种重新划界行为进行违宪审查时，最高法院宣称自己受制于“政治问题”原则而无权裁决其是否违宪。最高法院认为自己“不应该贸然闯入政治丛林”，选区划界不公问题的补救措施应该是由全体选民“敦促州立法机构妥善分配，或者向拥有广泛权力的国会寻求救济。”[34]

仅仅不到20年后，最高法院就推翻了克莱格罗夫案。在贝克诉卡尔案中，最高法院果断地闯入了“政治丛林”，对案件所争议的宪法问题作出裁决，最终认定，宪法中的“平等保护条款”（Equal Protection Clause）① 赋予了各州立法机构依照“一人一票”原则划定选区的义务。[35]尽管如此，最高法院在审理贝克案
23 时仍然承认，除划分选区这类问题外，“政治问题”原则继续有效。[36]特别是在以下情况下，“政治问题”原则仍然适用，即“宪法明确表示把某类问题委托给相应的政治机构处理……或者无法为这类问题提供一套行之有效的、具有可操作性的司法解决标准”，或者，最高法院只有在“相关机构先对一个明显属于非司法性决策的问题作出决策之后”才能作出裁决。[37]换句话说，“政治问题”原则显然仍将被适用于战争和国家安全领域。

但从贝克案起，即便案件涉及外交领域，最高法院对于是否援引“政治问题”原则也变得踌躇不决。

最近的一个案件涉及国务院长久以来一直沿用的一项政策的合法性问题，如果美国公民出生在耶路撒冷，其护照上的出生地就会被标为“耶路撒冷”而不是“以色列或约旦”。[38]其实国会对此早有立法，如果公民主动要求的话，国务院应将出生地标为“以色列”。于是，有人向法院提出请求，要求其依照国会立法，对国务院的这项政策进行审查。那么，这项成文法是否违宪，是否不当地干涉了总统的外交权力呢？[39]

下级法院均认定这类案件提出的是一个不可审查的政治问题，而最高法院的观点与此截然相反。[40]八位大法官都认为对一项成文法的含义进行司法解释并审

---

① 宪法第十四修正案第1款被称为“平等保护条款”，其后段规定“任何一州皆不得制定或执行任何可能削减公民的特权和免除法定权利，或是解除美国公民资格的法律；在未经适当的法律程序时，任何一州不能剥夺公民的生命、自由或财产；亦不得否认辖区内任何人在其治下受法律平等保护之权利”。

查其是否违宪是“一种常见的司法实践”。[41] 只有一名大法官表示异议，这名大法官就是我。我的同僚们相信法院不应借口“政治问题”原则来逃避问题。[42] 他们最终将此案发还下级法院进行实质性审理。[43]

虽略显孤独，但我仍坚持异议。我写到：“在中东地区，行政事务所造成的 24
影响可能远远超出了单纯的行政性质。”[44] 国务卿曾宣称，要求她在护照上印上“以色列”这几个字就意味着“美国已正式将耶路撒冷认定为”属于以色列主权范围内的城市。[45] 她坚称，严格执行这项法律将会对外交政策造成严重影响（其他大法官则否认了这种说法）。我们身为法官，无力回答这类争议问题。所以，我认为该案实质上是一个政治问题，应当在政府的其他两个机构之间解决。[46] 但是，我个人的意见并不重要，这里的重点是，最高法院的其他成员都不认同这种观点。他们认为，“政治问题”原则并不妨碍最高法院对涉及外交政策的问题进行实质审查。

本章的结论是：无论是西塞罗经典理论抑或“政治问题”原则，都无法阻挡今天的最高法院去触碰那些因安全和公民自由发生冲突而引发的问题，并对其进行实质审查。但在其他案件中还体现了另外一些原则，这些原则也发挥了与两者基本相同的作用。

注释

〔1〕参见 William H. Rehnquist，All the Laws but One：Civil Liberties in Wartime 11－25（2d ed. 2001）。［“11－25”为书中相关部分的页数；“2nd”指第2版；“2001”为出版年份；如果在注释中出现专著，书名和作者都采用大写字母。作者威廉·伦奎斯特（William H. Rehnquist）系最高法院第16任首席大法官（1986～2005年），1971年开始担任最高法院大法官。——译者注］

〔2〕同上，第6～7页。

〔3〕同上，第18～25页。

〔4〕Jeffrey D. Jackson，*The Power to Suspend Habeas Corpus*：*An Answer from the Arguments Surrounding Ex Parte Merryman*，34 U. Balt. L. Rev. 11，16（2004）.（此处是对一篇法学文章进行了引用："34"指的是被引用期刊的序号；"U. Balt. L. Rev."是被引用期刊的缩写，以大写字母表示，在这里指的是《巴尔的摩大学法律评论》；"11"是该文章在本卷内首次出现的页数；"16"是被引用部分出现的页数。——译者注）

〔5〕Rehnquist，前注1，第26页。（当再次出现同一个注释时，只需标注原书或原文的作者。——译者注）

〔6〕U. S. Const. art. I，§9，cl. 2.（美国《宪法》第1条第9款第2项）。

〔7〕Rehnquist，前注1，第33～34页。

〔8〕参见，同上，第38页。

〔9〕同上，第44页。

〔10〕同上，第38～39页；Jackson，前注4，第20～23页。

〔11〕Rehnquist，前注1，第45～50页。

〔12〕同上，第49页。

〔13〕同上，第173～181页。

〔14〕参见，同上，第191页。

〔15〕参见 *Ex parte* Milligan，71 U. S.（4 Wall.）2，6－9（1866）。（按规定，引述最高法院早期判例和州法院的一些早期判例时，还应当注明该记录机构的编辑者。这里的"Wall."即为 John William Wallace 的缩写。这是因为，在早期，美国没有官方的汇编机构，而是由私人进行汇编。这些先驱的工作组成了 Supreme Court Reports 的前90卷。在1875年以后，也就是第一位"隐名"编辑者 William T. Otto 任职汇编办公室之后，案件报告被赋予公信力，不再出现编辑者的姓名。——译者注）

〔16〕同上，第14页。

〔17〕同上，第20页。

〔18〕同上，第136～139页（首席大法官蔡斯的附议意见）。

〔19〕同上，第121～122页（多数派大法官的审判意见）。

〔20〕Marbury v. Madison，5 U. S.（1 Cranch）137，165－66（1803）.（编辑者为 William Cranch。——译者注）

〔21〕Martin v. Mott，25 U. S.（12 Wheat.）19，20－23（1827）.（编辑者为 Henry Wheaton。——译者注）

〔22〕同上，第 28 页；U. S. CONST. art. I，§ 8。

〔23〕*Mott*, 25 U. S. （12 Wheat. ）at 29. （在注释中第二次出现了 Martin v. Mott 案，所以按照规定进行了一些简化。本注中引用的内容在汇编的第 29 页。——译者注）

〔24〕参见，同上，第 32 页（“他认为，委托给总统的权力是有限的，只有在满足了成文法规定的情况下方可行使这种权力，因此，必须证明本案中的实际情况确实符合成文法规定”）。

〔25〕同上，第 29 ~ 30 页。

〔26〕Luther v. Borden, 48 U. S. （7 How. ）1（1849）. （编辑者为 Benjamin Chew Howard。——译者注）

〔27〕参见 U. S. CONST. art. IV，§ 4。

〔28〕*Luther*, 48 U. S. （7 How. ）at 43.

〔29〕Chi. & S. Air Lines, Inc. v. Waterman S. S. Corp. , 333 U. S. 103（1948）.

〔30〕同上，第 111 ~ 112 页（原文中注释已删去）。

〔31〕参见，例如，Holtzman v. Schlesinger, 484 F. 2d 1307（2d Cir. 1973）（认定，对轰炸柬埔寨的合法性提出的异议是无法进行司法审查的政治问题）；DaCosta v. Laird, 471 F. 2d 1146（2d Cir. 1973）（认定，针对美国对越南实施持续海空打击所提出的异议是无法进行司法审查的政治问题）；Luftig v. McNamara, 373F. 2d664（D. C. Cir. 1967）（本案中，一名美国陆军士兵请求法院禁止军方将其派往越南，法院认定本案并不涉及政治问题）。（F. 2d 是 West 针对联邦上诉案件进行的汇编，已有三个系列问世，“2d”指的是第二系列；“2d Cir. ”指的是第二巡回区所审理的案件。——译者注）

〔32〕参见，例如，Holtzman v. Schlesinger, 414 U. S. 1304（1973）［巡回法院拒绝发布对轰炸柬埔寨的禁止令（injunction），最高法院对此表示支持］。巡回法院注意到“很多法院都以涉及‘政治问题’为由驳回了对美国介入战争所提出的质疑”，而事实上所有这些案件最高法院都拒绝予以重审。*Holtzman*, 484 F. 2d 第 1312 页，注 3。

〔33〕Colegrove v. Green, 328 U. S. 549（1946）.

〔34〕同上，第 556 页。

〔35〕Baker v. Carr, 369 U. S. 186（1962）.

〔36〕同上，第 210 ~ 217 页（描述了“政治问题”原则的几种适用情况）。

〔37〕同上，第 217 页。

〔38〕参见 Zivotofsky v. Clinton, 132 S. Ct. 1421（2012）。

〔39〕参见，同上。

〔40〕参见 Zivotofsky v. Sec’y of State, 571 F. 3d 1227（D. C. Cir. 2009）；Zivotofsky v. Sec’y of State, 511 F. Supp. 2d 97（D. D. C. 2007）。［“D. D. C. ”（District Court for the District of Columbia）即哥伦比亚特区地区法院；“F. Supp. 2d”（Federal Supplement）是 West 为美国地区法院的案件进行的汇编，已有两个系列问世，这里是第二个系列。——译者注］

〔41〕*Zivotofsky*, 132 S. Ct. at 1427.

〔42〕同上，第 1426 ~ 1427 页［“下级法院认定兹沃托夫斯基（Zivotofsky）的诉讼请求提出了一个政治问题，因此无法得到司法审判。我们不同意这种观点”］。同时参见，同上，第 1431 页（大法官索托马约尔的附议意见）（认为“政治问题”原则的适用条件比最高法院所表述的更为严格，但他最终同意了多数派大法官的“结论，同样认为该案没有提出政治问题”）。

〔43〕同上，第 1431 页（多数派大法官的审判意见）。

〔44〕同上，第 1439 页（大法官布雷耶的异议意见）。

〔45〕被上诉人的辩论意见，第 38 ~ 39 页，Zivotofsky v. Clinton，132 S. Ct. 1421（2012）（No. 10 - 699）。［“No. 10 - 699”是最高法院的案件编号（docket number），其中“10”为案件受理时的年份（不同于宣判年份）。根据这个编号可以在最高法院网站上找到双方提交的辩论意见（briefs）。——译者注］

〔46〕*Zivotofsky*，132 S. Ct. at 1437 - 41（大法官布雷耶的异议意见）。

第 2 章

另一种回应方式：“总统胜诉”

当最高法院认为总统应当按照自己的方式处理安全事务时，它的选择并不仅限于追随西塞罗或者援用“政治问题”原则。它还可以坦然受理案件，并裁定适用宪法，但在解释宪法时，认定宪法在安全或外交等事务中授予总统广泛的自由裁量权——通过这种方式，总统和国会在这类案件中总能胜诉。这种方式盛行于“二战”之前和“二战”期间，其中最著名的案件当属柯蒂斯－莱特案和是松案。但即便在此期间，这项原则也不是绝对的。早在奎林单方诉讼案里，最高法院就已经提出总统的权力并不是无限的。正如我们即将看到的，从战后开始，最高法院便为总统行使安全权力设下了更严格的限制。

美国诉柯蒂斯－莱特出口公司案

在柯蒂斯－莱特案中，最高法院探讨了总统外交权的范围。该案涉及战争，但交战国双方均为外国，美国并未参与其中。[1] 然而，该案仍与总统外交权的范围问题密切相关，因为该案涉及国家安全威胁。国家安全威胁往往起于海外。因而在扩张总统外交权的同时，总统的安全权力也会随之得到扩张。在柯蒂斯－莱 26
特案中，最高法院认定总统的外交权确实是广泛的、扩张性的。

在20世纪30年代初，标准石油公司①在玻利维亚东南部发现了石油。[2]玻利维亚（错误地）认为在西面的“查科”地区将会发现更多石油。这片区域由玻利维亚实际控制，但玻利维亚与巴拉圭对这片区域存在领土争议。由于这一事件和其他一些紧张因素的影响，玻利维亚同巴拉圭开战（史称查科战争）。战争持续了3年，10万多人因此丧生。[3]

战争期间，新任美国总统富兰克林·德拉诺·罗斯福宣布了他的“拉美睦邻政策”（Good Neighbor Policy for Latin America）。他表示，美国将会承担“义务”，“尊重他国权利”，并信守“同区域内邻国达成的有关协议”。[4]其他国家也应如此行事。有人认为睦邻政策使我们有责任在拉美地区发生冲突时采取行动。在行动过程中，我们应当区分（欧洲的希特勒那样的）侵略者与受害者。在西半球范围内，我们可以设法惩罚侵略者，但方式应当是和平的。[5]

依据该政策，总统于1933年提请国会授予其自由裁量权，使他可以有选择地实施武器禁运。起初，孤立主义者仍然有能力阻挠该授权法案通过。[6]但到了1934年年中，美国公众已经知晓了查科战争。国务卿指责美国军火商为自身“经济利益”而支持交战双方进行了一场“无谓而血腥的武装冲突”。[7]报纸也开始将这场战争渲染成一场为了保护标准石油公司在玻利维亚的投资而进行的战争。[8]

1934年5月，国会将总统所寻求的权力授予他。国会颁布了一项成文法（一
27 项“联合决议”②）：[9]

> 如果总统认为禁止在美国境内向卷入当前查科地区武装冲突的国家销售用于战争的武器弹药将有助于促进当事国之间重建和平，并且在与其他美洲共和国家协商合作之后……总统有权发表如下宣言，在美国境内任何地区向

① 标准石油公司（Standard Oil Company），是指由约翰·D. 洛克菲勒于1870年在俄亥俄州创立的，集石油开采、运输、精炼、销售于一身的巨无霸企业。最高法院于1911年认定该企业属于垄断组织并下令将其拆分。该企业的其中一部成了“泽西标准”（Jersey Standard）或称新泽西标准石油公司（Standard Oil Co. of New Jersey），后演变成艾克森石油公司（Exxon）；另一部成为纽约标准石油公司，即美孚石油公司（Mobil）；最初的标准石油公司后成为英国石油公司（BP）的一部分；加州的标准石油公司则演变成为雪佛龙（Chevron Corp.）。

② “联合决议”（Joint Resolution），即一种立法方式，这种方式其实与议案（bill）没有本质区别，一般情况下都需要分别经过国会参众两院批准后由总统批准成为法律。但议案的内容主要是对收录于法典中的法律进行增补，批准年度预算等。而联合决议的内容则包括了其他问题，如授权小额拨款，创设临时性政府机构，为现行法律设立临时例外条款，宣战，甚至提议修宪。

> 当前卷入武装冲突的国家出售任何可用于战争的武器弹药的行为将被视为非法（并构成联邦犯罪），（“总统有权制定例外条款”）。[10]

5月28日，罗斯福总统发表宣言：

> 我确信，禁止在美国境内向卷入当前查科武装冲突的国家出售可用于战争的武器弹药有助于促进当事国之间重建和平，而且……我已经（与其他国家进行了必要的协商，确保他们会给予必要的合作）。[11]

就这样，这部成文法授予总统广泛的自由裁量权令其得以创制一项联邦罪罪名——向查科交战双方贩卖武器罪。总统也实际行使了这项权力。从战争伊始直到战事平息，柯蒂斯－莱特公司①都在向玻利维亚贩卖军火。显然，为了促成交易，公司向玻利维亚当局官员提供了回扣。[12]在总统发表宣言之后，柯蒂斯－莱特公司基本上停止了这项贸易，但公司雇员却在公司飞往玻利维亚的（至少）一架飞机上留下了少量炸弹和几箱武器。[13]联邦政府查获这批货物之后，立即对公司及其两名管理人员提起诉讼，控告他们违反了联合决议和总统宣言。[14]

初审法院驳回了起诉。法官认为这项指控违背了宪法。他给出的理由是，宪法不允许国会把制定刑法的权力转授给别的政府机构。[15]政府上诉。最高法院受理了该案，并于1936年12月宣布了判决结果。[16]

本案的争议焦点在于，宪法是否允许国会授权总统设立新的罪名。当时是在1936年，最高法院在回答这个问题时所遇到的困难及其重要性比今天要高出许多。政界人士和法律界人士都异常关注最高法院对授权总统问题的表态，特别是在那个非常时期，总统和最高法院在如何应对国家紧急状态方面的分歧持续发酵。

1936年，“大萧条”引发的灾难达到顶点。失业率从1929年的3%飙升到1933年的接近25%。[17]罗斯福总统承诺将采取积极措施应对这场危机，而他将最高法院视为其兑现承诺的严重障碍，因为最高法院一直以来都认定罗斯福新政中的很多重要项目违宪。在同年早些时候，总统向国会提交了一份“改组法院” 28

① 柯蒂斯－莱特公司诞生于1929年，由柯蒂斯飞机与发动机公司和莱特航空公司合并而成。其中莱特航空公司的创始人正是飞机的发明者莱特兄弟。到“二战”结束时，该公司一直是美国最大的飞机生产商，“二战”时为美军提供了大量军机。之后不再进行整机装配，而专注生产零配件，同时涉足核能、工业汽车、石油与天然气等领域。

(court-packing) 的立法动议，根据该动议，一旦有在职大法官年龄超过 70 岁，总统将有权另外任命一名大法官进入最高法院。这项议案的目的是迫使一些反对新政的老迈大法官退休，由总统任命更认同其立法纲领的新任大法官。[18] 在 1936 年 11 月，也就是柯蒂斯 - 莱特案法庭辩论开始的仅仅几周前，罗斯福总统以压倒优势获得连任，以 2800 万对 1800 万的成绩在普选中击败对手，同时更以 97% 的选举人票赢下了除缅因州和佛蒙特州之外的所有州。[19]

在那个秋日，民意无疑站在了罗斯福一边，最高法院内部则高度分裂：形成了四位保守派大法官（被称为“四骑师”的大法官乔治·萨瑟兰、皮尔斯·巴特勒、威尔斯·范·德万特以及詹姆斯·克拉克·麦克雷纳德），三位自由派大法官（大法官路易斯·布兰德斯、哈伦·斯通以及本杰明·卡多佐），① 以及另外两位“摇摆”大法官（首席大法官查尔斯·埃文斯·休斯和大法官欧文·J. 罗伯茨）并立的局面。在“摇摆”大法官的帮助下，保守派组成的多数派依据各种宪法原则，推翻了新政纲领中的数项关键性立法。这些原则包括，任何人的“财产非经正当法律程序”不得被剥夺，已订立合同中的义务不得被削弱，等等。[20]

对于读者来说，这些反新政案件中最重要的当属在柯蒂斯 - 莱特案之前 10 个月审结的谢克特禽肉公司诉合众国案②。[21] 在该案中，最高法院推翻了在第一次新政时期③居于核心地位的《国家工业复兴法》（*National Industrial Recovery Act*）。这一判决所依据的是“不得授权”原则④，该原则限制了国会将立法权转

① 他们则被戏称为“三个火枪手”。

② 译名“瘟鸡案”(the sick chicken case)，新政时期颁布的《国家工业复兴法》对产品价格、工资定价甚至整鸡（包括病鸡）销售规格都做了规定。最高法院认定这项立法是对宪法“商业条款”(Commerce Clause) 赋予国会权力的滥用，故而无效。

③ 很多历史学家将罗斯福新政分为两个时期，即 1933 ~ 1934 年的“第一次新政”和 1935 ~ 1938 年的“第二次新政”。前者以整顿银行业和金融市场，对地方拨款刺激就业为主，以消除“恶性竞争”(cut-throat competition)，帮助工人获得最低工资和限制工时为目标的《国家工业复兴法》也颁布于这一时期。后者则包括由政府拨款雇用大量失业者兴办大型工程，提供广泛的社会保障，支持工会等更加“自由化”(liberal) 也更具争议的措施。

④ “不得授权”(nondelegation) 原则：按照美国宪法传统，《宪法》第 1 条第 1 款将“所有立法权力”赋予国会，不得转授给其他机构。但根据最高法院 1928 年的一个判例，最高法院认定国会拥有一种宪法上没有明文规定的“默示权力”(implied power)，即如果国会为行政机构提供“明确的原则”(intelligible principle) 来指导其行使一定的立法权，则不属于“不得授权”原则的禁止范围。

授给其他政府机构的权力。[22]

最高法院已经在 1935 年的巴拿马精炼公司诉瑞恩案中推翻了一项成文法，该成文法赋权①总统在生产商违反州法开采石油的情况下，禁止非法开采的石油进入州际贸易运输环节。[23]联邦政府制定这项法律的初衷是支持各州实施石油生产管制。但最高法院认定这项限制“热油”（hot oil）② 的措施赋予了总统过多的自由裁量权，“没有为交由总统处理的事务提供任何参照标准或规则，将问题留给总统自行处置”。[24]该法授权总统“可以不受约束地制定政策，并且可以凭自
29 己的意愿决定是否执行禁令。如果违反了他的命令，就会被以犯罪论处，当事人将会被课以罚金并关进监狱”。[25]

在这种背景下，最高法院又在次年审理了谢克特案。成为本案焦点的联邦成文法《国家工业复兴法》规定，各工业产业都要建立起由行业内的资方代表、劳工代表以及政府代表组成的委员会。设立这些委员会的目的是希望由它们帮助提高商品售价，以此终结“大萧条”，其具体方式是，由每个具有法定职权的委员会拟订“公平竞争”规则，并在总统审批之后颁布这些具备法律强制性的规则。[26]

最高法院一致认定这项法案已经越界。虽然该成文法禁止各委员会“支持垄断，排挤小企业”，并禁止其制定任何“歧视小型企业”的规则；但是，它并没有针对“公平竞争”（fair competition）这一核心概念再做任何阐述。[27]于是，各委员会在很大程度上就可以“为所欲为，而总统可以仅凭个人判断批准或驳回这些委员会的方案”。[28]最高法院认为，这项成文法中缺乏具有可操作性的标准，是“一种违宪的立法权授权行为”，违背了宪法中将“立法权”赋予国会的有关规定。[29]即便是之前一贯在判决中表态支持新政立法活动的大法官卡多佐③，这

---

① 有学者认为成文法赋权（empower）与通常情况下的授权（authorize 或 delegate）不同，赋权给予了更广泛的裁量空间，应当译为“赋能”。但很多情况下，这种区别并不明显，以下均译为赋权。

② 当时各州为提振经济而设置了石油生产配额，习惯上将超出配额生产的、受到管制的石油，称为“热油”。

③ 大法官本杰明·内森·卡多佐，美国第二位犹太裔大法官，在最高法院仅任职六年，却被认为对 20 世纪美国普通法的发展作出了巨大贡献。他的主要成就是在任职纽约上诉法院（该州的最高法院）时作出的。美国绝大部分的私法案件由州法院审理，卡多佐法官正是在侵权法、合同法等私法领域对传统普通法进行了改良，使之适应了当时美国的快速工业化进程。

次也站在了多数派一边，认为该法案代表了一种"毫无节制的授权"。[30]

所以，如果宪法禁止实施谢克特案和巴拿马精炼公司案中引起争议的那些授权，又怎会允许国会将创设新的联邦罪名的权力转授呢？这正是柯蒂斯－莱特案的症结所在。毕竟，成文法确实将总统（在与有关方面协商之后）认定武器禁运"有利于重建和平"作为授权的唯一条件。[31]与之前被最高法院推翻的法案中所确定的标准相比，这个标准果真更清晰更明确吗？"四骑师"大法官一贯坚持认为新政立法违宪，这次他们真的会在这项"睦邻"立法上突然改弦更张吗？即便有人想作出转变，又该如何实现呢？

在那天傍晚，最高法院最终支持了这项授权。身为"四骑师"之一的大法官萨瑟兰①亲自撰写了审判意见，他的这份意见获得了大法官的一致赞同，成为正式审判意见。他的主要论点是：外交事务具有特殊性。宪法赋予国会制定国内法 30
的权力，但"联邦政府固有的对外主权权力"并"不以宪法的明确授权作为其权力依据"。[32]事实上，

> 对于宣战和作战，缔结和约，订立条约，以及与其他主权国家保持外交关系等权力，即便宪法中没有提及，联邦政府依然享有这些必然伴生于民族国家的权力。[33]

此外，"在这个广阔的对外领域中，各种重要、复杂，而又微妙的问题充斥其间，唯有作为全体国民代表的总统才有权过问"。[34]

大法官萨瑟兰在论述这个联合决议与先前被最高法院推翻的其他法案之间的区别时可谓煞费苦心：

> 需要注意的是，我们目前所处理的并不仅仅是一项经由立法权的运作才赋予总统的权力，而是这项权力与另一项权力的结合体。总统作为国际关系领域内唯一的联邦政府机构，单独享有这项非常微妙、广泛的权力——并不需要国会立法为这一权力提供任何依据……显而易见，在维护我国国际关系

① 大法官乔治·亚历山大·萨瑟兰，于1922～1938年任职最高法院。早年曾代表犹他州当选过众议院和参议院议员。当时美国正处于所谓"进步时代"（Progressive Era），萨瑟兰投票支持了富兰克林·罗斯福总统的叔叔西奥多·罗斯福总统主导的诸如保护劳工权利等方面的进步性立法，但他的总体立场仍然倾向保守。之后，他还当选过美国律师协会（American Bar Association）主席。

> 的过程中，如果要避免陷入外交困境（或许是严重的外交困境）并成功实现外交目标，则需要就国际领域问题进行协商和质询后形成卓有成效的国会立法，这种立法往往必须给予总统在其处理国内事务时不得享有的、法律约束之外的裁夺空间和自由。此外，总统更有机会了解到外国的实际情况，战争期间尤为如此。总统拥有自己的机密情报来源，拥有外交、领事以及其他官员作为僚属。对他们所收集到的情报进行保密是非常必要的，将其过早公开
> 31 则会造成许多危害。[35]

在最高法院眼中，乔治·华盛顿、约翰·马歇尔和约瑟夫·斯托里其实都对总统广泛的外交权做过类似的宣示。

但大法官萨瑟兰仍然警告说："行使这些权力之时，当然也和行使其他政府权力一样，必须遵从相应的宪法条文。"[36]

本案的结论是，外交事务具有独特性。转授创制罪名的权力也并不违宪。所以对柯蒂斯－莱特的指控还必须继续进行下去。但就在此时，第二次世界大战的阴云迅速逼近美国的天空，政府意识到自己需要柯蒂斯－莱特这样一家航空制造企业的合作。于是政府决定寻求和解。公司和管理层缴纳了罚款，这样他们就可以专注于飞行器制造而不必再为刑事辩护分神。[37]尽管这场争端最终以这样一种方式得到解决，但最高法院对总统依宪法享有的外交权进行的扩张性解释却成为了法律。

是松案

当最高法院在"二战"期间裁决涉及日裔居民拘禁问题的案件时，它对总统的战争权进行了最具扩张性的解释（这也就意味着最高法院对自身保护个人自由的权力进行了最严格的限缩性解释）。最高法院认定总统迁移112,000名日裔居民的决定符合宪法，这其中包括70,000名日裔美国公民，在战争的大部分时间内，所有这些居民被迫迁出他们位于西海岸的住所，随后被拘禁在集中营内。[38]在柯蒂斯－莱特案中，最高法院已经对总统的外交权进行了高度扩张性的解释，

于是，当涉及总统应对战争的权力时，最高法院采取更具扩张性的解释也就不足为奇了。但是，在今天看来，是松案已经成为美国历史上最糟糕的三例判决之一，另外两例判决分别是德雷德·斯科特案和普莱西诉弗格森案①。[39]要追问最高法院是如何作出这样一个判决的，就必须了解当时的现实背景。

1941年12月7日，日本人轰炸了珍珠港，从那之后，很多加利福尼亚州居民都惧怕美国本土会遭到日本人的入侵。新闻媒体在初期力劝大家"不要慌乱"之后，开始转向支持"将所有日裔，无论其归化与否"全部赶出加利福尼亚州，[40]加利福尼亚州政府官员也迅速加入了这场"排日""大合唱"。第六军事区（管辖加利福尼亚州）指挥官约翰·德维特将军致函美国战争部②，表示他也对入侵威胁感到担忧，并且加利福尼亚州当地的日裔居民曾向近岸的潜水艇发送有价值的目标信息，还实施过阴谋破坏行为。同时，他还表示自己无法有效地将忠 32
于美国的日裔居民从叛国者中区别开来。因此，他建议将所有日裔居民迁移出去。[41]德维特的大部分建议得到了战争部和加利福尼亚州政府官员的支持（其中包括当时的司法部部长厄尔·沃伦③）。[42]（沃伦后来表示自己非常懊悔当初的决定。）[43]司法部，包括联邦调查局（以及局长J. 埃德加·胡佛④）反对迁移计划，

① 德雷德·斯科特案已在上一章译者注中提到。普莱西诉弗格森案于1896年宣判，该案维护了"种族隔离"的合法性，使在公共场合实行的名为"隔离但平等"（separate but equal）的隔离措施又延续了半个多世纪。该案原告普莱西是一名混血自由人（有1/8的非洲血统和7/8的欧洲血统），按照路易斯安那州法律，他被划分为有色人种，乘车时只能坐在"有色"车厢。有一次他购买了一张一等座车票并上车在"白人专用"车厢就座，随后立即被车上的密探逮捕。他对该州法的合宪性提出质疑，遂引发该案。

② 美国战争部是存续于1789～1947年的美国政府部门，开始时负责美国陆军与海军的所有事务，直到1798年成立海军部后，只负责陆军事宜。其长官——战争部部长在1886年后被列在总统继任排序中的第三位，仅次于副总统与国务卿。当美军创建空军后，战争部部长还负责大部分陆军空中力量的事务，直到颁布《1947年国家安全法》，成立空军部。根据该法，战争部改为陆军部，三军各部部长不再是内阁成员，另成立"国家军事机构"（National Military Establishment）统辖三部，其长官为国防部部长（Secretary of Defense）。与此同时，该法还设立了中央情报局（Central Intelligence Agency，CIA）、国家安全委员会（National Security Council）、国家安全资源委员会（National Security Resources Board）和参谋长联席会议（Joint Chiefs of Staff）等部门机构。1949年后，国家军事机构改称国防部。

③ 沃伦之后成为最高法院首席大法官，并被普遍认为是一个世纪以来最坚定的自由派大法官，任内主导了很多有利于保障人权的判决。

④ J. 埃德加·胡佛是联邦调查局（Federal Bureau of Investigation，FBI）首任局长，从1935年联邦调查局建立到1972年去世，一直担任局长，在任内推动了一系列警察技术的现代化改革，如集中管理指纹系统、建立法医实验室。但他逝世后，被人指出在任内通过非法手段搜集政要的秘密，尤其是威胁在任总统，使他们不能令他去职。

JAPS KEEP MOVING
THIS -IS A WHITE MAN'S NEIGHBORHOOD
JAPS
KEEP OUT
YOU ARE
NOT WANTED
MP
MP

认为这并不必要，或者会引发后勤困难，或者会造成民权恐慌，或者这三者兼而有之。[44]

但是，富兰克林·罗斯福总统还是在1942年2月签署了第9066号行政命令（Executive Order 9066），授权军事指挥官划定"军事区"，并对区域内的居民实施管制，从而便于对日裔居民进行重新安置。[45]国会很快以成文法的形式追认了这项命令，创制了一项罪名，如果有人故意"违反相应的管制规定，进入、离开军事区，在区内逗留，或实施其他行为"，将以犯罪论处。[46]

在1942年3月初，德维特将军将加利福尼亚州、俄勒冈州以及华盛顿州三州的西部地区划定为特别"军事区"。[47]他又对区域内被命令暂时继续留在居住地的日裔居民实施宵禁。接着，德维特将军命令他们到指定的"集合中心"报到，其中包括，旧金山附近的坦佛兰跑马场和洛杉矶附近的圣塔安妮塔跑马场。从这些中心出发，他们又被遣送至加利福尼亚州东部以及落基山脉山区各州的集中营。截至6月，已有七万多名日裔美国公民（和另外四万名非美国国籍的日裔居民）被安置在集中营里。他们被留滞在那里，不得返回加利福尼亚州，这种状况一直持续到1944年，即胜利已经指日可待的时候。[48]

大多数受到拘禁命令影响的人质并没有试图对该命令的合法性提出质疑，但有一小部分人则提出了质疑。佛瑞德·是松就是其中之一。是松是一名美国公民，他的日本双亲将他生在了加利福尼亚州的奥克兰。他曾经在洛杉矶城市学院学习，后来成为一名电焊工，还曾试图加入海军（但由于身体原因遭到拒绝）。
但这里最重要的信息是：他拒绝向负责重新安置事宜的机构报到。[49] 33

在被捕时，他对自己抵制迁移并力图对其提出质疑的原因进行了解释。他说到：

> 集中营是为"危险的外国和本国敌人"而设的；这些集中营就是彻头彻尾的监狱，其武装守卫获准射杀他们。在被监禁之前，这些人应该受到公正的审判，使他们能够在法庭上以民主方式为自己对国家的忠诚辩护；但他们却在未经任何公正审判的情况下被关入监狱！很多不忠的德裔和意大利裔居民也遭到了逮捕，但他们却没有像日裔居民一样被武装守卫圈禁起来——这难道不是因为种族的缘故吗？如果不是，（我们这些）忠诚的美国公民希望

得到公正的审判以证明自己的忠诚！除此以外，还有很多忠诚的外国人能够证明自己对美国的忠诚，他们必须得到公正的审判和公平的对待！希望佛瑞德·是松的这个试验案件①会对此有所帮助。[50]

与此同时，美国公民自由联盟②北加州分部负责人欧内斯特·贝斯格从报纸上得知了是松被捕的消息。他到旧金山县拘留所会见了是松，并提议由他担任是松的代理人。[51]是松接受了贝斯格的提议，渴望凭借政府的迁移令不公"这一坚定的信念奋力前行"。[52]但是松却一败于初审法院，再败于上诉法院。几经诉讼程序上的起伏之后，最高法院终于在1944年10月受理了此案。[53]

此时情况已经发生了巨大变化。1943年6月，最高法院在平林诉合众国案③中确认了宵禁令的合宪性。[54]多数派大法官认定，当时战况十分紧急，宪法已将战争权力赋予总统和国会，因而也对法官提出了尊重军事决定的要求，这三点为军方的宵禁提供了充分的合法性支持。最高法院通过认定其本身不能"替这些机构作出决断"，[55]明确拒绝"在法庭内审查"政府其他机构的战时活动"是否明智"。[56]最高法院最多只能查问，根据当时掌握的"所有相关情况"，是否存在

---

① 试验案件（test case）是指为确立一项重要的法律原则或权利而提起的诉讼。此类诉讼通常是在当事人对案件事实均无争议的情况下提起的，因此，有时也称"合意诉讼"（amicable suit 或 amicable action）。

② 美国公民自由联盟（American Civil Liberties Union，ACLU），是创立于1920年的无党派非营利性组织，在美国所有州以及波多黎各都设有分部，自称其宗旨是"捍卫和维护美国宪法和其他法律赋予这个国度里每个公民的个人权利和自由"，具体方式为对有关诉讼给予支持、进行国会游说活动以及基层社区建设。从20世纪20年代的争取言论自由，30年代的反对警察暴力、争取印第安人权利，冷战时期争取共产党嫌疑人的权利，60年代的"水门事件"、反对种族隔离、为越战反战人士辩护、争取"米兰达警告"权利，70年代后捍卫同性恋者权利，保护在押犯权利，质疑反恐立法中对隐私和民权的侵犯……所有这些事件，尤其是诉讼的背后都有ACLU的身影，如果没有它的帮助原告几乎是不可能负担美国高昂的诉讼费用的。他们有时提供直接的法律代理服务，有时则是为法庭提供"法庭之友法律意见书"以表达其法律观点。现在ACLU的成员已经超过五万人，年度预算也已经超过一亿美元。

③ 平林洁也是出生在美国的日裔美国人，当时是华盛顿大学的一名学生。本案之后，平林洁又因拒绝加入美军而被判服刑一年。加入美军前，日裔美国人需要填写一份问卷，声明自己不再忠于天皇。他认为这种行为属于种族歧视，因为其他族裔并不会被问及是否忠于他们的领袖。战后，平林洁获得了华盛顿大学的社会学博士学位，并在加拿大任教直到1983年退休。退休后仍致力于人权运动。这时，加州大学一位政治学教授披露了一些文件，证明政府清楚地知道当时并不存在任何军事上的理由来支持迁移令。平林洁再次上诉。1987年，第九巡回区法院发布"纠错令状"（a writ of coramnobis），推翻平林洁的有罪判决。2012年4月，奥巴马总统宣布授予平林洁总统自由勋章，以表彰他在日裔美国人受到不公正待遇时毅然站了出来。但此时，平林洁已经去世三个多月了。

"实施宵禁……的合理基础"。[57]而综合考虑当时存在遭受入侵、阴谋破坏以及间谍活动等种种危险，这些情况也确实为宵禁令提供了这样一种"合理基础"。[58]

但当时毕竟是太平洋战争的胜利已触手可及的1944年，日本人入侵的危险事实上并不存在。甚至连司法部都认为德维特将军做得太过分了。[59]之前提到，34
他曾在迁移命令发布之前向战争部发出警告，以表达自己的担忧；他在那份报告里宣称，除接到间谍和破坏活动的报告之外，"另有数百份报告显示，发现了在夜间从海岸发射的信号以及……无法识别的无线电讯号"。[60]德维特的报告一经媒体披露，马上引起司法部两位年轻律师爱德华·恩尼斯①和约翰·L. 伯灵的注意，他们要求联邦通信委员会②以及联邦调查局彻查这些指控。[61]

联邦通信委员会回复称，一份关于信号报告的长篇调查结论认定，没有找到能证明这些信号真实存在的证据，很多所谓的报告实际上都出自没受过任何电子侦查设备训练的美军二等兵之手，而且德维特将军当时完全了解这些情况。联邦调查局的结论也基本相同，另外还指出调查局局长J. 埃德加·胡佛曾经反对采取拘禁措施。[62]

最终，司法部在递交给最高法院的意见书上添加了一个注脚，这个注脚实质上否定了德维特为拘禁措施所做的事实陈述。[63]美国公民自由联盟（该联盟曾提交过一份法庭之友法律意见书③）的律师查尔斯·霍斯基在法庭口头辩论时提请法院对这个"非同寻常的注脚"给予特别注意，并明言最高法院不应采信德维特的指控。[64]

---

① 爱德华·恩尼斯当时是司法部敌国公民控制处主任（director of the alien enemy unit）的总法律顾问（general counsel），这使他成为日裔居民迁移计划的管理者，但恩尼斯个人却对这个计划表示反对。虽然与政府立场相反，但他并没有辞职，而是选择与当时的ACLU领导人紧密合作，在诉讼中帮助平林洁等当事人。1946年他辞去公职后就加入了ACLU，并于1955年成为ACLU的总法律顾问，1969年当选该组织主席，直到1985年一直是该组织行政委员会成员。

② 联邦通信委员会（Federal Communications Commission，FCC），根据《1934年通信法案》设立，取代之前的联邦广播委员会（FRC），负责管理全美以广播、电视、电报以及有线电视为媒介的州际通信，其宗旨包括管理通信频率和带宽，保障公共安全和国土安全，以及提高自身的现代化程度等。

③ 法庭之友法律意见书（Amicus Brief），全称为amicus curiae brief，*amicus curiae*为拉丁文，意思是法庭之友，并非案件的当事人，同时也不是任何一方的代理人，只是协助法庭，为其提供与案件有关的信息。

到了 1944 年 10 月，联邦政府里已经几乎没人相信仍有必要继续采取拘禁措施了。司法部也想要结束它。甚至战争迁移部①也认为已经没有理由将其延长。（在这一点上，是松案与米利根案非常相似，在米利根案中，最高法院认定，在战争结束以后，继续对平民施以战时军事审判的做法违宪。）但这种观点没有获得一致认同。加利福尼亚州政府官员仍然认为允许日裔居民返回家园是不得人心的。总统也希望将裁决日期推迟到 11 月的大选之后。这就是最高法院审理和裁决佛瑞德·是松案的背景。[65]

在 1944 年 12 月 18 日，最高法院公布了判决结果。法院以 6 票对 3 票的结果裁决是松败诉，政府获胜。代表多数派大法官撰写审判意见的大法官雨果·布莱
35 克②接受了政府的论点，认定最高法院不需要裁决拘禁措施本身是否符合宪法；只需要裁决将是松（以及其他人）从北加州部分地区驱逐的军事命令是否符合宪法，坦佛兰跑马场集中营是否违宪不在裁决范围之内。[66]最高法院并没有解释这种区别有什么实质意义。更重要的是，最高法院认定该命令与之前平林案中获得支持的宵禁令足够类似，故而应当确保其受到宪法的同等对待。[67]

最高法院再次提及紧急状态，提到了（根据军方的说法）要区分“忠诚”与“背叛”确有困难，还提到需要“信赖军事领导人”，并从这些方面证明本案所涉及措施的正当性。[68]大法官布莱克补充道，“我们不能——悠然地利用我们的后见之明——在现在武断地认定当时的措施是不正当的”。[69]其他几位被历史

① 战争迁移部（War Relocation Department 或 War Relocation Authority），根据罗斯福总统的总统第 9102 号行政命令设立，负责管理“二战”时对日裔居民的迁移和拘禁事宜以及当时美国唯一的欧洲难民营（位于纽约的“安大略堡紧急难民营”），负责人为后来美国总统艾森豪威尔的弟弟——米尔顿·S. 艾森豪威尔。

② 雨果·布莱克，1937～1971 年任最高法院大法官，被广泛认为是 20 世纪最有影响力的大法官之一。曾任参议员，是罗斯福的坚定支持者，任职参议院期间投票支持了罗斯福的 24 项新政立法。是获得罗斯福提名的第一位最高法院大法官。他被认为是自由主义政策（liberal policies）以及民权保障的坚定支持者。但他同时又认为并不存在“实质性正当程序”（substantive due process）原则（该原则有利于保障犯罪嫌疑人权利、制衡政府的警察权力），且宪法中并没有为隐私权提供权利基础。这与他对解释宪法时所持的“文本主义”（textualism）态度相一致。

恰当地定位为“自由派”的大法官,包括首席大法官哈伦·斯通①、大法官威廉·O. 道格拉斯②以及大法官威利·拉特利奇③都支持这份审判意见,被认为倾向保守的大法官斯坦利·里德④也同样表示支持。大法官菲力克斯·法兰克福特⑤在对多数派的审判意见表示赞同之余另外撰写了一份审判意见,其中表示,应当将恰当的标准定为,“在战时采取了切实合理的军事预防措施”,并认为引发争议的军方命令达到了这一标准。[70]

三位大法官表示异议。大法官欧文·罗伯茨⑥明确表示政府试图在“迁移”和“拘禁”之间作出区分的努力没有任何意义。本案中的军事命令不仅要求日裔居民离开家园,而且要求他们到指定地点报到,不得擅自离开。他写到,如果假装事实并非如此的话,那就是“对真相视而不见”。[71]

---

① 哈伦·斯通,1941~1946年任首席大法官,在之前的1925年即被任命为大法官。曾任哥伦比亚大学法学院院长、司法部部长,是美国第一位之前没有担任过任何民选职务的首席大法官(司法部部长等内阁成员不是选民直接选举产生的)。在1946年的一次公开庭审中,大法官斯通在宣读完自己的异议意见后休克,后因脑出血去世。

② 威廉·O. 道格拉斯,1939~1975年任职最高法院,40岁即被任命为大法官,以36年又209天的时长保持着最高法院大法官的任职纪录。他同时保持着多项最高法院纪录,其中包括撰写了数量最多的审判意见,任职期间出版著作最多,发表演讲最多,在任时结婚次数最多(四次)和离婚次数最多(三次),等等。其思想倾向于自由派,又因其特立独行、很难被预测的立场而被冠以“疯狂比尔”(Wild Bill)的诨名。1975年被《时代》杂志称为“最高法院内最教条同时又是最坚定的公民自由主义者”。他还是积极的环保主义者。他的反对者曾两次试图对他进行弹劾,但均未成功。

③ 威利·拉特利奇,1943~1949年任职最高法院,曾为中学教师,同时在业余时间接受法律教育。在成为大法官之前的大部分时间都在从事法律教育工作。

④ 斯坦利·里德,1938~1957年,最高法院内最后一位没有法学学位的大法官。曾任总检察长(Solicitor General)。在之前的新政期间,他在联邦政府的“复兴金融公司”任总法律顾问,期间帮助和庇护了一大批青年律师,大法官罗伯特·杰克逊就是其中之一。他的另一个门生阿尔杰·海斯曾被控犯有间谍罪,主审法官为此向大法官里德发出传票。虽然里德反对在任的最高法院大法官出庭作证,但仍然在收到传票后出庭,他也因没有拒绝传唤而受到很多观察家的诟病。

⑤ 菲力克斯·法兰克福特,1939~1962年任职,出生于维也纳,后于12岁移民纽约。他认为司法权应当保持克制(judicial restraint),是最高法院内保守派的领袖,被认为对很多法官拥有很大的影响力。曾录用了历史上第一个非洲裔美国人作为大法官助理,但后来却因为性别原因(女性)拒绝录用握有哈佛大学法学院院长推荐信的鲁斯·金斯伯格,后者后来也成为最高法院大法官。

⑥ 欧文·罗伯茨,1930~1945年任职,是“二战”期间唯一不是由罗斯福总统任命的大法官,倾向保守,但在著名的西岸宾馆诉帕里什案中投下关键一票,保住了最低工资法,缓和了与罗斯福总统的矛盾,使总统放弃了“改组法院”方案,保住了最高法院只设九名大法官的制度。任内还作为“罗伯茨委员会”的领导组织调查了“珍珠港事件”。

大法官墨菲①条分缕析地解构了政府为这些命令和相关措施所做的正当性证明：没有证据表明曾出现过传递信号或阴谋破坏之类的事件，而且军方当时就对此心知肚明；没有证据表明存在颠覆活动或反叛情绪；而且忠诚与背叛本可以因人划界，英国和美国就对德裔等其他敌国后裔居民进行了逐个甄别；没有理由认为军方和情报部门当时没有充分掌握这些情况；从任何角度看，军方用以证明拘禁措施正当性的报告都充满了种族主义性质的臆断，没有任何社会学或其他学科的严肃文献或经验研究作为佐证。总之，墨菲认为这些军事命令是一种彻头彻尾的种族偏见。[72]

大法官罗伯特·杰克逊同样表达了异议，认为最高法院无法在 1942 年年初
36 判断这些命令是否正当。就其“本质属性”而言，军方的决定明智与否“不受司法评判”。[73]但即便如此，最高法院仍然应当执行常规的宪法标准。[74]在紧急状态下，总统可以指令军方违背常规的宪法标准。但这种指令不应对国家造成持续伤害，因为这样一来，当日后最高法院审理该问题时，紧急状态业已解除，它就可以推翻这一指令，回归常规的宪法标准。所以最高法院不应在审判意见中认可紧急状态措施。不做认可的审判意见“就如同将一把上膛的手枪搁在那里，以备能够对紧急需要作出恰当反应的权力部门举枪击发”。[75]

在我看来，大法官弗兰克·墨菲是对的。他令人信服地论证了，拘禁措施是建立在种族偏见而不是明确的证据基础之上的，而且最高法院本应说明这一点。多年之后，国会通过了一项为美国当时的行为道歉的决议案——然而道歉虽值得肯定，却无法弥补伤痛。[76]

所以公民自由又被置于何地了呢？最高法院是如何作出这样一份裁决的呢？这无疑是个好问题，特别是由于包括大法官布莱克、道格拉斯、法兰克福特和里德在内的多数派后来又全部支持了布朗诉教育委员会案的一致裁决，亲手推翻了违宪的种族隔离制度，这使该案的判决更值得玩味。我能想到的最有说服力或者说最善意的解释是，虽然当时多数派认为政府在是松案中确实有错，却担心如此裁决的话会导致政府在自身并未犯错的其他类似案件中败诉，而最高法院无法对

① 威廉·弗兰克·墨菲，1940～1949 年任职，曾任菲律宾总督（后改为派驻菲律宾高级专员）、密歇根州州长和司法部部长等。终生未婚。

这两类情况作出有效区分。总要有人来领导这场战争。在这种情况下，要么是罗斯福总统，要么是最高法院。最高法院明白后一种选择无疑是愚蠢的，所以选择不去质疑总统的行为。这种论调毫不隐晦地宣扬了广泛的、事实上不受制约的战争权。但正如我们所见，许多总统在战时所希冀的可能就是类似这样的权力。

当时最高法院真的是这么考虑的吗？我们不能确定。我们知道大法官萨瑟兰在柯蒂斯－莱特案中表达了一种相似的观点。如果我们在事涉外交事务之时严格遵循该案的话，那么总统在出现国家安全威胁的情况下不仅当然地享有自己已然变得更为广泛的权力，而且同时具备外交权和战争权这两种应对威胁的权力。此外，在是松案中，国会通过追认的方式用自己的权力补强了总统的战争权。因此，如果认定在是松案中政府在行政权问题上违法的话，那就意味着政府早在柯蒂斯－莱特案中就已经违法，这样一来，最高法院可能就需要撤销大法官萨瑟兰的那份审判意见。 37

奎林单方诉讼案

第三个案件也是在"二战"期间裁决的，比是松案要早两年，该案进一步展示了最高法院在考量针对战时政策所提出的质疑时所选用的，不同于尊重总统或国会权力的另一种回应方式。同柯蒂斯－莱特案和是松案一样，最高法院在奎林单方诉讼案中站在了总统一边。但本案的审判意见并不像之前的柯蒂斯－莱特案或之后的是松案那样绝对化。无论是从判词用语还是从实际效果来看，最高法院都表示，总统和国会的活动存在重要的宪法边界，而且这些边界与个人自由相关联。

在美国参战6个月后，一小队全员隶属于德军的纳粹破坏分子乘潜艇从德国出发驶向了美国东海岸。虽然小队所有成员均出生在德国，但其中至少有一人拥有美国国籍。[77]

1942年6月13日，其中的4名纳粹破坏分子在纽约州的阿默甘西特海滩登陆；另外4人也于4天之后在佛罗里达州的杰克逊维尔登陆。[78]他们按照之前的训练，脱下并掩埋好军装，换上平民装束，徒步潜入内陆地区，企图执行一项出希特勒亲自授意的计划①，摧毁美国的军事生产设施并削弱美国人的战斗意志。[79]

但这些潜藏的破坏分子并不走运，一名海岸警卫队队员发现了纽约小组的踪迹，并报告了他们的活动。大约与此同时，纽约小组的两名成员——乔治·达施和欧内斯特·伯格决定放弃原计划。“说一口几乎毫无破绽的美式英语”的达施向联邦调查局自首，把他们的任务和盘托出。[80]在经过了持续数日的供述并向探员交出了82,000美元现金后，达施终于使他们相信自己说的都是事实。联邦调查局对余下的渗透分子实施围捕，于6月27日将8人悉数抓获，并获取了他们的口供。[81]

罗斯福总统、司法部部长弗兰西斯·比德尔、战争部部长亨利·史汀生②
38 和其他政府高级官员决定将这些囚犯交由一个特别军事审判庭审判。罗斯福总统下达命令（确定了军事委员会成员名单），准许委员会成员获取凡“理性人”认为有“证明价值”的任何证据，并要求委员会将庭审记录直接呈送总统审阅；命令还禁止联邦法院受理在军事审判庭上被控违反战争法的被告人所提起的任何诉讼。[82]

军事委员会第一次会议预定于1942年7月8日在司法部召开。[83]8名被告人的死刑判决也预定于8月3日呈送总统。[84]历史学家告诉我们，仅一天之后总统就将冗长的庭审记录审阅完毕，核准了其中6名成员的死刑判决。[85]到了8月8日，6名被告人被执行死刑。总统将余下的二人，也就是达施和伯格的死刑判决减为有期徒刑。二人在整个战争期间都被关押在监狱中，并在战后被遣返回德国。[86]

---

① 即帕斯特里欧行动（Operation Pastorius），以德国人在美国的第一个永久殖民地首领弗兰西斯·丹尼尔·帕斯特里欧命名。

② 亨利·史汀生，曾任菲律宾总督、国务卿，并两度出任战争部部长。“九一八事变”后，时任国务卿的史汀生曾根据“不法行为不产生权利”（*ex injuria jus non oritur*）原则提出“史汀生主义”（Stimson Doctrine），向中日两国发出照会，“凡违反条约（《九国公约》和《非战公约》）而订立之条约与协定，及由此而造成之事实上之局面，损害美国条约上之权利，包括中国之主权独立或领土与行政完整以及门户开放政策者，美国政府皆不能承认”。这对我国当时的抗日局面产生了一定的积极影响。当胡佛政府任期届满，史汀生去职之后，他仍积极呼吁抵制日本的扩张行为。“二战”在欧洲正式打响时，他又被罗斯福总统任命为战争部部长，主导美军建设，参与制订军事计划，并主持了原子弹研究工作。

但是在7月，庭审开始之前，一位名叫肯内斯·罗亚尔上校的辩护律师却试图阻止这一进程，他向哥伦比亚地区初审法院提交了人身保护令申请。① 他声称由军事委员会主持庭审的做法违反了宪法。[87]

7月28日，初审法院法官通过援引总统禁止联邦法院受理本案相关诉讼的命令，驳回了罗亚尔上校的申请。[88]法官还援引了之前提到的内战期间的米利根单方诉讼案，在该案中最高法院认定，当普通民事法院正常运转时，宪法禁止由特别军事审判庭进行庭审。但是，初审法官表示，他“并不认为”米利根单方诉讼案对申请人的“案件有指导作用”。[89]

在特意中断了夏季休庭期之后，最高法院在7月29日和30日听取了法庭辩论。[90]在第二天，即7月31日，最高法院以法庭集体决议的形式发布了一份简短的判决结果。判决书中写到，“总统有权发布命令”将违法者“交由军事委员会审判”，“军事委员会的组成合法”，“为进行军事委员会审判而对上诉人实施的羁押合法”，并且，“驳回上诉人提交人身保护令的动议请求②”。[91]

首席大法官补充到，最高法院“充分考虑了上诉人提出的问题”，并“得出了结论”，他还表示，“准备本案的完整审判意见需要大量时间”，而最高法院希望“在此之前”作出判决。[92]

当最高法院最终于1942年10月29日公布完整的审判意见时，那些纳粹破坏分子已被执行了死刑。在这份意见中，首席大法官斯通解释了最高法院认定他们 39
所受审判合宪的原因。大法官墨菲没有参与该案，但这份意见受到了最高法院其他成员的一致赞同。[93]

表面看来，奎林单方诉讼案似乎只是简单地对总统所享有的广泛的、事实上不受审查的战争权进行了进一步确认。毕竟，最高法院只用了寥寥数日就作出了

① 肯内斯·罗亚尔上校这种对抗总统的“鲁莽”行为似乎并没有对他个人造成不良影响。相反，在该案结案后，他被提升为陆军准将，并于1947年被罗斯福总统的继任者杜鲁门总统任命为战争部部长。由于战争部旋即被撤销，他就成为美国的末任战争部部长，并随即成为第一任美国陆军部部长。需要注意的是，战争部部长为文职官员，部长的官阶与其在军中服役时的军衔无关。战争部部长为总统内阁成员，1886年后在总统继承顺位里排名第三，仅次于副总统和国务卿。而后来的陆军部部长为非内阁成员，隶属于国防部之下，仍为文职官员，而不是军事长官。

② “动议请求”(motion for leave)：一种请求法庭搁置某项法律或法庭程序，特许其提出某种申请的法庭动议。

裁决，甚至没有像几乎所有其他案件中那样在裁决之时公布审判意见。[94]此外，该案中有 1 名被告是美国公民。其他 6 名被告居然在最高法院公布审判意见之前就已经被执行了死刑。因此，可以将本案看作声名狼藉的是松案之前一个令人不安的前兆，从现在的眼光来看，它甚至比是松案更为极端。

令人担忧的是，某种维护最高法院这一机构的愿望可能影响了案件的审理过程。从大法官墨菲为审前会议所做的笔记中可以了解到，大法官罗伯茨曾对他的同僚言到：“［司法部部长］比德尔已经切实了解到，军事委员会可能会作出死刑判决，而且总统将不会顾及本庭的诉讼，下令枪决这些人。”首席大法官回应到，“那可真是糟透了”。[95]

即便如此，仍可认为本案对保护公民自由产生了些许积极影响。有两个不错的理由能够使我们相信，即便是在战争期间，最高法院也没有放弃对总统活动的审查权。

首先，我们知道，总统的审判令曾经禁止联邦法院受理由军事委员会审理案件的被告所提交的申请。[96]联邦地区法院确实以此为由拒绝了被告人的人身保护令申请。[97]但是，首席大法官斯通的审判意见则明确宣告，即便总统有令，最高法院仍然有权而且也愿意审理这一上诉案件。最高法院的确会审查由特别军事委员会所主持庭审的合宪性。[98]

最高法院本可以找到相当多的先例以支持其作出与本案意义截然相反的判决。之前提到的西塞罗方式得到了各方权威的支持。如威廉·布莱克斯通①曾在 18 世纪写到，“战争期间，敌国公民不享有任何权利，也没有特权，除非国王特别恩典”。[99]英国法院曾将这一表述解读为：

> 对于公然宣布与本国为敌并与本国开战之人，如果他为获得本国法律所
> 40 提供的利益和保护而在本国提起诉讼的话，他的诉求不会得到受理。[100]

在两次世界大战期间被关押在美国的数千名战俘当中，确实极少有人曾为了

---

① 威廉·布莱克斯通，18 世纪英国著名法学家、法官和托利党政治家，对普通法法系影响甚巨。1766 年出版了巨著《英国法律评论》，对英国法律作出完整的梳理，是至少从中世纪以来第一部普通法的系统性著作。也正是由于其极富可读性和可操作性，该书在英国以及当时法律教育落后的美国产生了极大的影响，是美国国父一代的必读书，甚至是他们唯一的法律教材。一直到 19 世纪 70 年代的英格兰和威尔士，该书还在重印，而其修订版一直到“二战”后还在美国重印。

主张遭到非法关押而试图去叩响法院的大门。[101]

但是，布莱克斯通原则并没有看上去那样绝对。如果"与本国为敌"的敌国公民因所有权或继承权纠纷之类的问题被诉至法院，那么他仍然可以赴法院为自己辩护。[102]在这种情况下，最高法院将对案件进行实质审查，而不会顾及布莱克斯通或者其他权威。最高法院在审判意见中明确指出："无论是将［被告人］指为敌国公民的声明抑或是他们确为敌国公民的事实，都无法阻碍法院审理申请者提出的由军事委员会审理该案为宪法和依宪颁行之美国法律所不容的主张。"[103]

其次，回想一下，最高法院曾在内战后的米利根单方诉讼案中认定，只要普通民事法院正常运转，适用特别军事审判庭审判即属违宪。[104]地区法院宣布米利根单方诉讼案与本案无关，因为该案涉及的庭审对象是美国公民，而不是敌国士兵。最高法院本可以在奎林案中采取同样的立场，本案中除一名被告是美国公民外其余均为德国国民。即便是这名美国人，最高法院本来也可以认定他的行为使他落入了与外国战斗人员（foreign combatants）相同的境地。

但最高法院并没有这样做。相反，它从不同角度将本案与米利根单方诉讼案谨慎地区分开来。在本案中，国会通过"授权"军事委员会"审理违反战争法的行为"为总统的决定提供了立法支持。[105]立法机构也确实已经明确表态，可以将实施这些行为的人视为"战争罪犯"（war criminals）予以惩处。[106]这些在米利根案中都是没有的。

除此之外，同世界上其他国家的法律以及国际法一样，美国法律长久以来都"普遍承认"：对于意图以危害生命或破坏财物等手段实现战争目的而不着军装偷越国界的"间谍"或其他"敌方战斗人员"（enemy combatant），"通常认为其不享有战俘（prisoner of war）地位"，而将其视为受军事审判庭审判和惩处的战争法违法者。[107]进言之，如果敌方战斗人员的行为因违反战争法而构成非法敌对行为，那么他的美国公民身份也无法为该行为所造成的后果脱罪。[108]

另外，米利根案被告被指控触犯的罪名是宪法保证涉案被告能够得到陪审团审判的罪名。而对于奎林案被告被控的罪名，宪法则没有作出类似的保证。"在 41
关于这一主题浩如烟海的文献当中，确实从未有主张外国间谍在战时不得受不设陪审团之军事审判庭审判的记载。"[109]而且，《宪法》第3条、第五修正案和第八修正案中没有任何将陪审团审判权扩大适用于外国间谍的表述。[110]

最后，米利根“并非敌方战斗人员”。[111]他“与敌方武装力量并无联系”。[112]其实，他“只是一名非战斗人员（non - belligerent）”，[113]正因如此（该案中出现了被告与敌方武装力量并无联系这种战争法并未规制的情况），被告不受战争法管辖（而是否属于非战斗人员均不影响戒严令的效力），戒严令仍然符合宪法。[114]

奎林案的积极影响不仅在于最高法院已做好审查战时行政行为的准备，除此之外，还具有更为深远的影响。当最高法院认定，即便人身保护令申请是由敌国公民作出的，即便总统已经发表了声明，联邦法院仍然拥有审理该申请的宪法权力后，它事实上已经朝着与西塞罗相反的方向迈出了决定性的一步。已经有不少案件认定，当总统认为战况紧急或安全危机需要他运用广泛的权力来限制或放弃正常的公民自由时，他便享有这种权力，但奎林案并不是在它们之上又简单叠加了一份无足轻重的案件。可以说，首席大法官斯通在那份十月判词中指出了一种不同的、更为灵活的回应方式。

注释

〔1〕United States v. Curtiss – Wright Exp. Corp. , 299 U. S. 304（1936）.

〔2〕关于柯蒂斯 – 莱特案的历史背景，参见 H. Jefferson Powell, *The Story of Curtiss – Wright Export Corporation*, *in* Presidential Power Stories 195（Christopher H. Schroeder & Curtis A. Bradley eds. , 2009）（该书中收录了作者的文章，从第 195 页开始可以找到该文，括号里是该书的编辑者和出版年份。——译者注）；以及 Charles A. Lofgren, United States v. Curtiss-Wright Export Corporation: *An Historical Reassessment*, 83 Yale L. J. 1（1973）。

〔3〕参见 J. David Singer & Melvin Small, The Wages of War 1816 – 1965: A Statistical Handbook 67（1972）（估算查科战争造成了 13 万人死亡）；另参见 Bruce W. Farcau, The Chaco War: Bolivia and Paraguay, 1932 – 1935（1996）（讲述了查科战争的历史背景）；Alejandro Quesado, The Chaco War 1932 – 35: South America's Greatest Modern conflict（2011）（同上）。

〔4〕Franklin Delano Roosevelt, *First Inaugural Address*（Mar. 4, 1933）［富兰克林·德拉诺·罗斯福，《第一次就职演说》（1933 年 3 月 4 日）］（"在国际政治方面，我将致力于把本国塑造成一个友善的邻居——本国一贯尊重自己，因此也将尊重他国的权利——本国将恪守自己的义务并维护本国与友邦的协议"）。

〔5〕参见 Powell，前注 2，第 200 ~ 201 页（"在罗斯福总统看来，美国的和平承诺并不是对侵略者和他的受害者不加区分，并认为总统有权利用和平的方式来甄别和惩罚侵略行径"）。

〔6〕同上，第 201 页。

〔7〕参见 *Chaco Arms Ban Pressed in House*; *Hull Spurs Action*: *Roosevelt Resolution for an Embargo Is Reported Out by Committee*, N. Y. Times, May 23, 1934, at 1（公布了国务卿科德尔·赫尔在 1934 年 5 月 22 日致众议院外交委员会主席塞缪尔·麦克雷诺兹和参议院外交委员会主席凯伊·皮特曼的信件）。国务卿赫尔写到，"各国公民为了追逐经济利益而向交战国提供武器弹药，以资助双方进行无谓而血腥的武装冲突。对此，美国应该承担起自己的道义责任，同各国一道遏制这一事态的发展势头，起到道德表率作用"。

〔8〕同上；另参见 Powell 前注 2，第 202 页（"各报纷纷推测真正的问题在于美国在玻利维亚的投资"）。

〔9〕Lofgren，前注 2，第 1 ~ 2 页（"1934 年 5 月 24 日，在联合决议案提出 6 天后，国会最终通过了该项联合决议，其中规定'总统如果认为禁止在美国境内向卷入当前查科地区武装冲突的国家销售用于战争的武器弹药有助于促进当事国之间重建和平'，他有权宣布对交战国实施武器禁运。违犯者将被处以罚金、监禁，或同时处以这两种处罚。罗斯福签署了这项联合决议，并在 5 月 28 日宣布实施禁运"）。

〔10〕Joint Resolution, Act of May 28, 1934（联合决议，1934 年 5 月 28 日法案），ch. 365, 48 Stat. 811。［"ch. 365"即第 365 章；"48 Stat. 811"指收录在《制定法大全》（*Statutes at Large*）第 48 卷第 811 页。——译者注］

〔11〕Franklin Delano Roosevelt, Proclamation No. 2087, 48 Stat. 1744（1934）（富兰克林·德拉诺·罗斯福，第 2087 号宣言），http://www.presidency.ucsb.edu/ws/index.php?pid=14888#axzz1lpVgJyPc。

〔12〕参见 Powell，前注 2，第 206 页（“柯蒂斯－莱特出口公司实际上垄断了玻利维亚的军用飞机销售市场……并通过向玻利维亚审计长提供 5% 的回扣来维持这种垄断地位”）。

〔13〕参见，同上，第 207 页（书中介绍了当时的情况，柯蒂斯－莱特的几名管理人员“和一名职员将禁运的武器同战斗机一起装箱，并在填写出口报关单时谎报了箱内的实际货物”）。

〔14〕同上（书中描述，司法部“认定［公司管理人员］韦伯斯特、阿拉德、柯蒂斯－莱特出口公司和一些下属工作人员在 1936 年 1 月末合谋向玻利维亚出口机关枪，并向大陪审团提交了相应的指控申请”）。

〔15〕United States v. Curtiss-Wright Exp. Corp.，14 F. Supp. 230，231－33（S. D. N. Y. 1936）（“被告人对合谋指控表示异议，并认为该犯罪指控缺乏宪法基础……这实际上是试图在一个特定的法律领域内用行政决定来篡夺立法权，而宪法并没有将这项职能委托给政府立法机构以外的其他机构”）。（“S. D. N. Y.”指纽约南区联邦地区法院。——译者注）

〔16〕United States v. Exp. Corp.，299 U. S. at 304（1936）.

〔17〕参见 Robert A. Margo，*Employment and Unemployment in the 1930s*，7 J. Econ. Perspectives 42，43（1993）（介绍了学界对“大萧条”时期失业率所做的各种估算）。

〔18〕关于“改组法院”的立法背景，参见 Joseph Alsop & Turner Catledge，The 168 Days（1938）；Leonard Baker，Back to Back：The Duel Between FDR and The Supreme Court（1967）；William E. Leuchtenburg，*FDR’s Court-Packing Plan：A Second Life，A Second Death*，1985 Duke L. J. 673（1985）；William E. Leuchtenburg，*The Origins of Franklin D. Roosevelt’s “Court-Packing” Plan*，1966 Sup. Ct. Rev. 347。

〔19〕参见 *Election of* 1936，Am. Presidency Project，http：//www. presidency. ucsb. edu/showelection. php? year＝1936（last visited Feb. 7，2015）。

〔20〕例如，United States v. Butler，297 U. S. 1（1936）［推翻了《农业调整法》（*Agricultural Adjustment Act*）］；Louisville Joint Stock Land Bank v. Radford，295 U. S. 555（1935）［推翻了《铁路退休法》（*Railroad Retirement Act*）］。

〔21〕A. L. A. Schechter Poultry Corp. v. United States，295 U. S. 495（1935）.

〔22〕同上，第 537～538 页（“总统会对贸易领域或工业领域的复兴和拓展制订规划，但他不能按照自己的规划随心所欲地制定他认为必要的或明智的法律，也就是说，在这些领域，总统不能享有不受约束的自由裁量权，国会不得将立法权完全授予总统”）。

〔23〕Panama Refining Co. v. Ryan，293 U. S. 388（1935）.

〔24〕同上，第 418 页。

〔25〕同上，第 415 页。

〔26〕参见 National Industrial Recovery Act，Pub. L. No. 73－67，48 Stat. 195（1933）。

〔27〕*Schechter*，295 U. S. at 531（“该法没有对‘公平竞争’给出任何定义”）。

〔28〕同上，第 538 页。

〔29〕同上，第 542 页（在批准或制定法规的时候，也就是制定全国性贸易和工业治理法的时候，总统实际上享有了不受任何限制的自由裁量权。我们认为这种法规制定权是一种违宪性的立法授权）。

〔30〕同上，第 553 页（大法官卡多佐的附议意见）（“这是一场授权暴乱。任何机构都不得将如此大量的权力转授他人。但任何明眼人都能看出，无论是条文本身还是相应的行政实践都昭示了该法的目的正在于此。现在我们所审查的这部成文法的目的就是将如此大量的权力转授给总统”）。

〔31〕参见 United States v. Curtiss-Wright Exp. Corp.，299 U. S. at 304，312（1936）。

〔32〕同上，第 318 页。

〔33〕同上。

〔34〕同上，第 319 页。

〔35〕同上，第 319～320 页。

〔36〕同上，第 320 页。

〔37〕在"二战"期间，柯蒂斯－莱特提供了"142,840 台飞机引擎、146,468 台电动推进器以及 29,269 架飞机"。*Company History*，Curtiss-Wright，http：//www. curtisswright. com/company/history（last visited Feb. 7，2015）.

〔38〕Korematsu v. United States，323 U. S. 214（1944）；另参见，Gary Y. Okihiro，The Columbia Guide to Asian American History 104（2001）（"在 127,000 名居住在美国本土的日本人中，有至少 112,000 人被安置在了沿西岸而设的几块飞地之中"）；*Relocation and Incarceration of Japanese Americans During World War II*，Japanese Am. Relocation Digital Archives，http：//www. calisphere. universityofcalifornia. edu/jarda/historical-context. html（last visited Feb. 7，2015）（"这其中大部分的被扣押者——总人数的 60% 以上，也就是大约 70,000 人——是美国公民"）。

〔39〕参见 Jamal Greene，*The Anticanon*，125 Harv. L. Rev. 379（2011）（为我们展示了这些案件，并分析了它们的重要意义）。

〔40〕Peter Irons，Justice at War：The Story of the Japanese-American Internment Cases 6－7（1983）（引述了当时的新闻报道）。

〔41〕参见，同上，第 41～42 页，第 58～59 页。

〔42〕同上，第 41 页。

〔43〕参见 Earl Warren，The Memoirs of Chief Justice Earl Warren 149（1977）（"每每想起那些被从自己的家园、学校的伙伴和熟悉的环境中强行带走的无辜小孩，我的良知都会受到谴责。虽然我当时认为这样做是为了国家安全，我的动机是好的，但毕竟没有切实的叛国证据，我当时的反应太冲动了。这个案件向我们展示了战争的残酷，当恐惧、战时的强硬心理、宣传鼓动、民族仇恨和一个人的公共安全责任感纠合在一起的时候，人是可能作出这样的事的"）。

〔44〕Irons，前注 40，第 27～29 页，第 280～281 页。

〔45〕Exec. Order No. 9066，7 Fed. Reg. 1407（Feb. 19，1942）.［即收录在《联邦公报》（*Federal Register*）第 7 卷第 1407 页，括号里的日期为被收录或公开的日期，而非下达该行政命令的日期。——译者注］

〔46〕Act of Mar. 21，1942，Pub. L. No. 77－503，56 Stat. 173.［即收录在《制定法大全》中"Public Law"（公法）部分。——译者注］

〔47〕Irons，前注 40，第 69 页。

〔48〕同上，第 70～74 页。

〔49〕同上，第 93～94 页；Neil Gotanda，*The Story of* Korematsu：*The Japanese-American Cases*，in Constitutional Law Stories 249，267－68（Michael C. Dorf ed.，2004）。

〔50〕参见 Irons，前注 40，第 99 页。

〔51〕参见，同上，第 117 页（介绍了贝斯格是如何开始为是松提供辩护的）。虽然贝斯格已经接纳是松作为自己的诉讼当事人，但由于他还肩负着"美国公民自由联盟北加州分部负责人的职责，同时又没有加州的律师执照，所以贝斯格无法为是松出庭辩护"。同上，第 111 页。贝斯

格“选择了韦恩·W. 柯林斯作为是松的正式辩护人。柯林斯是一位年轻的旧金山律师，他在自己的事务所中并不受重用，以至于他必须自己租用一间房间，并跟事务所的一名秘书共同使用该房间”。同上。“柯林斯在最高法院的整个诉讼过程中一直为是松辩护……并且代表日裔美国人向法院提出了一些重量级的法律问题，这些问题也立即引起了争议”。Gotanda，前注 49，第 268 页。美国公民自由联盟也向最高法院递交了一份法庭之友意见书来支持是松。参见 Brief for the American Civil Liberties Union，Amicus Curiae，Korematsu v. United States，323 U. S. 214 (1944)(No. 22)。

〔52〕参见 Gotanda，前注 49，第 268 页。

〔53〕*Korematsu*，323 U. S. at 215.

〔54〕Hirabayashi v. United States，320 U. S. 81 (1943).

〔55〕同上。

〔56〕同上，第 93 页。

〔57〕同上，第 101 页。

〔58〕同上，第 101～102 页。

〔59〕Irons，前注 40，第 278 页。

〔60〕同上，第 279 页。

〔61〕同上，第 279～280 页。

〔62〕同上，第 280～284 页。

〔63〕Brief of the United States at 12 n. 2（美国的法律意见书第 12 页注 2），Korematsu v. United States，323 U. S. 214 (1944)(No. 22)［“这份意见书是根据德维特将军的最终报告（标注为 1943 年 6 月作出，但直到 1944 年 1 月才公之于众）作出的。报告中包含了相关的数据统计，并对实际迁移情况和之后所发生的事情进行了描述，本意见书中的相关部分是基于报告中的这些内容作出的，这些事实可以对判断迁移活动的正当性有所帮助。我们在这份意见书中详细列举这些事实是为了让最高法院注意到这些事实，而我们之所以信赖这份‘最终报告’，也只是因为这份报告中描述了这些事实而已”］；另参见 Irons，前注 40，第 286～287 页［书中介绍，当时之所以要加上这个注脚是为了要“引起最高法院的警觉”（wave a red flag），并想让“最高法院注意司法部并不信任德维特将军的报告”］。

〔64〕Irons，前注 40，第 315 页（“在他离开发言席之前……霍斯基再次提到了德维特将军和这份‘最终报告’的真实性问题……要求最高法院注意政府法律意见书中的这个‘非同寻常的注脚’”）。

〔65〕参见，同上，第 268～273 页。

〔66〕Korematsu v. United States，323 U. S. 214，219 (1944)（“我们认定，自该命令下达之日起，以及上诉人违反该命令时，迁移令有效”）。

〔67〕同上，第 217～218 页（“根据我们在平林案中所宣示的原则，我们必须认定国会和行政机构在当时有权将日裔从西岸的战争区域驱逐出去”）。

〔68〕同上，第 223 页。

〔69〕同上，第 224 页。

〔70〕同上，第 225 页（大法官法兰克福特的附议意见）（“如果我们认定‘军方’在战时‘紧急状态下作出了合理的应急处置’，却又认为军方的这些命令不具有宪法合法性的话，那么宪法就成了一套诡辩的花言巧语。要知道宪法的制定者大多亲身参与过战争，我们实在无法想象这种

花言巧语会出自这些冷峻的战争亲历者之手")。

〔71〕同上，第232页（大法官罗伯茨的异议意见）（"这份临时驱逐令确实为这些搬离家园的居民提供了一个搬去国内军事区外其他区域居住的机会，但我们不能以此为依据就认定该驱逐令有效，否则就是对现实视而不见"）。

〔72〕同上，第223页（大法官墨菲的异议意见）（"这份驱逐令已经超出了'宪法权力的边沿'，滑向了丑恶的种族主义深渊"）。

〔73〕同上，第245页（大法官杰克逊的异议意见）。

〔74〕同上，第247页［"我认为，这项命令违反了宪法规定的权力限制，所以即便该命令是对军事权力的合理使用，人们也不能要求一所普通民事法院（civil court）来执行这一军事命令。法院的职能仅限于行使司法权，适用法律，而且必须遵守宪法，否则它们就不再是普通民事法院，而蜕变成军事政策的执行机构"］。

〔75〕同上，第246页。

〔76〕《1988年自由法案》（*Civil Liberties Act of 1988*），Pub. L. No. 100－383，102 Stat. 903（"代表美国人民，向那些搬离家园，被重新安置，并遭到扣押的公民和永久居住者正式道歉"并向被扣押者提供一定的补偿）。

〔77〕参见Carlos M. Vasquez，"*Not a Happy Precedent*"：*The Story of* Ex parte Quirin，in Federal Courts Stories 219，221（Vicki C. Jackson & Judith Resnik eds.，2010）（讨论了这些破坏分子的公民地位问题，认定欧内斯特·伯格和赫伯特·豪普特为美国公民）。关于奎林单方诉讼案的背景知识，参见Morris D. Davis，*The Influence of* Ex Parte Quirin *and Courts-Martial on Military Commissions*，103 Nw. U. L. Rev. Colloquy 121（2008）；Andrew Kent，*Judicial Review for Enemy Fighters*：*The Court's Fateful Turn in* Ex parte Quirin，*the Nazi Saboteur Case*，66 Vand. L. Rev. 153（2013）。

〔78〕Davis，前注77，第122页。

〔79〕Kent，前注77，第161页。

〔80〕Davis，前注77，第122页。

〔81〕同上。

〔82〕同上，第122～123页。

〔83〕同上，第123页。

〔84〕同上，第124页。

〔85〕同上。

〔86〕同上。

〔87〕Kent，前注77，第164页。

〔88〕*Ex parte* Quirin，47 F. Supp. 431，431（D. D. C. 1942）.

〔89〕同上（"我并不认为米利根单方诉讼案……对本案申请人当前的处境有任何指导意义"）；另参见Davis，前注77，第123页注7（观察到法官没有对米利根案作出任何解释就直接适用）。

〔90〕Kent，前注77，第164页。

〔91〕*Ex parte* Quirin，317 U. S. 1，11（1942）（法庭集体决议）。

〔92〕同上。

〔93〕最高法院的完整审判意见，参见，同上，第18～48页。

〔94〕参见Kent，前注77，第165～169页（对"最高法院的两个判决"进行了讨论）。

〔95〕同上，第 223 页（披露了大法官墨菲所做的会议记录的内容）。

〔96〕Proclamation No. 2561, 7 Fed. Reg. 5101 (July 7, 1942)（宣布在军事审判庭上受审的个人“不得直接或间接向美国法院寻求任何救济或程序利益，任何他人也不得代表这些个人向美国法院寻求任何救济或程序利益”）。

〔97〕*Ex parte* Quirin, 47 F. Supp. 431, 431 (D. D. C. 1942).

〔98〕*Quinin*, 317 U. S. 第 19 页（提到，“无论是战时还是和平时期，法院都有责任确保宪法所保障的公民自由不被削弱”）。

〔99〕Kent，前注 77，第 179 页（引用了 1 WILLIAM BLACKSTONE，COMMENTARIES *372 – 73）。

〔100〕同上，第 182 页［引用了 Sparenburgh v. Bannatyne (1797), 126 Eng. Rep. 837 (C. P.) 837 – 39］。［“Eng. Rep.”即该案的汇编机构，English Reports；“C. P.”审理该案的法院名称 Court of Common Pleas，即民事诉讼法院（英格兰）。——译者注］

〔101〕参见 Kent，前注 77，第 206 页（“像之前所有战争一样，终‘一战’之始终，没有任何一名敌国战俘向州法院或联邦法院提出过人身保护令申请，也没有申请过任何其他司法救济”）；Seymour W. Wurfel, *Military Habeas Corpus*: *II*, 49 MICH. L. REV. 669, 709 (1951)［根据计算，在“二战”结束五年之后，“申请人身保护令救济”的各类“军事犯人”(military prisoners) 仅有“324 名”，其中也基本不包含任何敌国公民］。

〔102〕Kent，前注 77，第 234 页［“各法院大都认定……如果敌国公民被诉，他们有权为自己辩护，但是他们却没有主动（affirmatively）提出诉讼的权利”］。此外，“人身保护程序一向被认为是一种主动的（affirmative）民事诉讼程序，与可能导致监禁的刑事审判程序或其他程序明显不同”。同上，第 235 页。

〔103〕*Quirin*, 317 U. S. at 25.

〔104〕*Ex parte* Milligan, 71 U. S. (4 Wall.) 2 (1866).

〔105〕*Quirin*, 317 U. S. at 29（“在未经国会立法支持的情况下，总统作为武装力量总司令是否拥有设立军事审判庭的宪法权力？对于这一问题，我们无须在本案中进行解答。因为在本案中，国会已经授权军事审判庭对违反战争法的行为进行审判”）。

〔106〕同上，第 34 页。

〔107〕同上，第 37 页。

〔108〕同上。

〔109〕同上，第 42 页。

〔110〕同上，第 44 页。

〔111〕同上，第 45 页。

〔112〕同上。

〔113〕同上。

〔114〕同上。

第 3 章

第三种回应方式："总统越界了" 42

在"二战"期间，最高法院对总统为保护国家安全而采取的措施给予了很大的宽容，罗斯福总统也欣然接受了这些权力。事实上，他认为这种权力含义广泛，如宣称，即便国会没有授权他实施"稳定"战时经济、抑制通货膨胀的必要措施，他仍然要"承担这项责任"并"确保我们的战力不再会因经济紊乱而受到削弱"。[1]他还表示，总统"有权……采取必要措施以避免一场可能会妨碍我们赢得胜利的灾难……当胜利来临之时，我所行使的这些权力将自动回归合众国人民——它们本就属于人民。"[2]是松案、奎林案甚至柯蒂斯-莱特案都毋庸置疑地支持了罗斯福对总统权力所持的观点。

但当战争结束之后，最高法院的回应方式开始发生变化。在下面我将介绍的在朝鲜战争期间裁决的钢铁工厂占领案，以及在当前"反恐战争"时期裁决的关塔那摩系列案件中，[3]最高法院将宪法解读为并非对总统毫无制约。而且应当由最高法院判断总统是否越界。 43

当然，这种新的回应方式同样存在自身的问题。如果总统的权力不是无限的，那么该如何确定它的界限呢？权力的界限确定后，如何确保其得到切实实施？这些最高法院曾经可以凭借那种陈旧的、近乎绝对尊重的回应方式完全回避的问题，正是本书的核心问题。如果最高法院要将宪法解读为限制总统安全事务权力的牢笼的话，它就必须自己承担起一项责任，至少要了解那些导致总统削弱公民自由保护的安全问题的本质；它也必须明白总统究竟面对哪些选择。因此，最高法院就需要获取与自己平日并不熟悉的环境和现实情况有关的信息。最高法院将如何获取必要的信息？特别是当这些信息也和当今的许多恐怖主义威胁一样来自海外的情况下。

诚如大法官罗伯特·杰克逊所说的那样，“总统是武装力量总司令和国家的外交中枢，他掌控着情报机构，而情报机构的报告并不公开也不应该被外界知悉。行政机构的决定正是依据这些被严格保密的情报作出的，如果由并不掌握相关信息的法院来审查甚至否决这些决定的话，那将是无法容忍的”。

钢铁工厂占领案展示了，在身系保卫国家安全之责的总统和负责保证总统在宪法范围内行使职权的最高法院之间，会出现一种冲突。为了了解这种冲突，我们就必须从总统和最高法院双方的角度来审视它。最高法院必须理解总统为什么会采取那些引起案件争议的措施，而理解它们绝非易事。从这个意义上讲，钢铁工厂占领案具有特殊的指导意义，本章将会竭力从细节入手分析该案。

哈里·S. 杜鲁门总统①于朝鲜战争期间的1952年4月8日下令占领了全国的钢铁工厂。[4]他这样做是为了避免一场他相信将会严重危害我国军队的罢工，从而兑现他前任的承诺：“确保我们的战力不再会因经济紊乱而受到削弱。”[5]出乎总统意料的是，在仅仅数周之后，最高法院就裁决，宪法没有给予总统采取这
44 类行动的权力。[6]将本案中所体现的两种针锋相对的传统观点进行比较，有助于我们更好地了解今天最高法院在国家紧急状态期间试图审查行政行为时所面临的各种挑战。

背景

1950年6月下旬，朝鲜军队攻入韩国。美国根据联合国决议，对韩国进行援

① 哈里·S. 杜鲁门，曾任富兰克林·罗斯福总统的副总统，罗斯福总统逝世后，继任美国第33任总统。在任内实施了“马歇尔计划”，并通过建立北大西洋公约组织、干涉朝鲜战争等手段，率先在“冷战”时期在全球范围内遏制社会主义力量，这套对外政策被称为“杜鲁门主义”（Truman Doctrine）。同时，在国内问题上，他与保守派掌握的国会关系紧张，是使用总统否决权次数最多的美国总统。

助。1951 年年底，美军正在朝鲜半岛激战，同时外交官们也在试图通过谈判寻求解决方案。[7]

战争致使很多美国企业调整产能以满足战争需求，同时，也像以往经常在战时发生的那样，当政府在经济体内大幅度提高需求时，通货膨胀也随之汹涌而来。截至 1951 年 1 月，战争开始 7 个月后，批发物价指数（wholesale price index，WPI）已经暴涨了 15%。[8]作为回应，国会立法授权总统实施工资管制和物价调控。[9]依据这项权力，杜鲁门总统组建了两个新的行政机关，工资稳定委员会（Wage Stabilization Board）和物价稳定办公室（Office of Price Stabilization），[10]这两个新机关均在国防部办公，隶属于国防动员办公室（Office of Defense Mobilization）。① 办公室的负责人是通用电气公司前任总裁，即以诨名"电气查理"（Electric Charlie）著称的查尔斯 · E. 威尔逊［以此将与他同名的"引擎查理"（Engine Charlie）区别开来，"引擎查理"系国防部部长和通用汽车公司的前任掌门人］。[11]

在工资稳定委员会的 18 名委员中，6 人来自劳工方，6 人来自企业方，另外 6 人来自普通公众。[12]委员会有权处理由总统转交的纠纷，也有权处理劳资纠纷中任一当事方所提交的申请。但是，委员会的权力仅限于调解；无权强制双方接受和解方案。但对于总统转交的案件，委员会有权将自己的调查结果写成报告送交白宫，提出委员会认为公平合理的和解条款。[13]

要更好地了解本案，则应该了解国会为什么没有赋权委员会强制双方接受和解条款。一方面，国会和大多数美国人都认为，劳资谈判②和非集权式的薪资决定系统是可取的和有效率的。这种劳资机制迫使劳资双方认清各自的优先利益，并在对方能够接受的前提下努力达成最好的结果。大多数人都认为，在设定薪资 45

① 当时美国认为，在核战争时代，战争的性质发生了改变，战争动员速度必须提高。同时，由于 1947 年成立的"国家安全资源委员会"在朝鲜战争初期没有起到预期作用，国会于 1950 年通过《国防生产法》，授权成立该办公室。办公室负责联邦政府中关于人力、稳定经济、交通等战争动员活动的计划、协调，有权直接进行控制。办公室最有名的事件之一就是在 1951 年以浪费不必要的科技人员为由，禁止大规模生产由哥伦比亚广播公司（CBS）研制的彩色电视机，直接导致美国无线电公司（RCA）研发的另一种彩电技术被联邦通讯委员会（FCC）采纳，成为通用标准。

② 劳资谈判（collective bargaining），通常由工会代表劳工与单个雇主或多名雇主进行谈判，就工资水平、工作时长、员工培训、健康安全等问题达成协议。

水平的时候，这种方式优于它的另一种显而易见的替代方式：由劳方、资方或政府采取单边行动。[14]

但国会和公众也同样明白，自由的劳资谈判有时会引发罢工，而伴随罢工而来的则是劳工薪资和企业产量的双重损失。当劳工的行动造成牛奶断供、学校停课或公共交通停运时，对工人的同情就会很快退潮。在战争期间，当要害工业部门发生的罢工对国家安全造成潜在威胁时，这种势头就会越发迅猛。因此，对于一些立法活动，比如准许政府禁止特定的罢工活动或者（像其他一些国家那样）要求特定关键工业部门的劳资双方进行强制仲裁，社会大众会表示支持。[15]

但是强制仲裁并不是安抚劳工不满情绪的万灵药。它可能会强行加入一些引起少数管理者不快的仲裁条款，但同样，它也可能会催生出一份令或许多达数十万之众的工人无法容忍的和解方案，刺激他们最终采取仲裁机制所要极力避免的行动。例如，当新西兰在19世纪末开始实行强制仲裁之时，只要仲裁员作出的决定极大地偏向劳工一方，法律就能够得到很好地执行。但当政府指定的仲裁员更偏向资方的时候，这个系统就会失灵。正如一位观察家所言：“让政府和整个国家都感到震惊的是，工人们拒绝接受仲裁裁决并走上街头进行罢工。”[16]作为回应，政府拘捕了工人，将他们送上法庭，并对他们处以“适当的罚款”，但“这些贫苦的工人除了热水壶和煎锅以外，根本就一无所有”。[17]这位历史记录者还表示，“实在没有比这更滑稽的事儿了……不幸的政府……只得无奈地松开双手，让工人们回去继续工作，而工人则只是笑笑，继续他们的罢工”。[18]纽约州在20世纪“泰勒法”① 实施期间也曾经有过类似经历：尽管法律禁止从事公共服务事业的工人罢工，却无法阻止5万名学校教师发动长达14天之久的罢工活动，也无法阻止1万名环卫工人为期9天的停工斗争。[19]

当我们将总统和国会在占领钢铁工厂期间实际采取的行动与他们在当时可能
46 采取的行动进行比较分析时，我们应当将这些实际情况考虑在内。当时国会已经

---

① “泰勒法”的正式名称为《公共雇员公平就业法案》（*Public Employees Fair Employment Act*），因劳工问题研究者、宾州大学沃顿商学院教授乔治·W. 泰勒得名。1966年，纽约发生了严重的公交系统大罢工，随后泰勒教授被当时的纽约州州长尼尔森·洛克菲勒任命为专门委员会主席以修改相关法律，希望杜绝类似事件的发生。该法于1967年正式生效，但于之后的1968年就发生了下文的两次大规模罢工，其中的环卫工人罢工事件又被称为“纽约市垃圾罢工”。

通过立法规定了调解程序、[20]实施罢工前的等待时间、[21]事态调查委员会制度，[22]此外，还通过《塔夫脱－哈特利法案》①授权总统在国家紧急状态时发布禁制令，推迟罢工长达80天之久，为双方提供一个冷却期。[23]但值得注意的是，即便是国会自己也只强行推动过两次和解协议，一次是在1916年，而国会当时下令执行的只是一份铁路工人们已经表示同意的协议；[24]另一次是在1963年，当时国会为了避免一场即将发生的铁路罢工，下令实施强制仲裁。[25]所以，国会授予工资稳定委员会的权力仅为提出而非强制双方接受和解方案也就不足为奇了。更多的干预会招来麻烦。

与此形成鲜明对比的是，物价稳定办公室可以更为自主地制定一套复杂的管理办法，据此决定是否以及何时准许企业提高产品售价。[26]物价稳定办公室还可以强制推行自己的决定，而这种强制推行也和自主制定管理办法一样不足为奇。这套管理办法管制的对象相对很少，对他们强制执行法庭命令很少会遇到困难，而如果工业企业拒绝接受强制性规则，则必然会引发民愤，这些都为国会授权设置具有约束力的物价标准提供了支持，但当授权事项换作劳工薪资时，工资稳定委员会就只能获得建议权了。

然而，到了1951年钢铁工人联合工会②的合同到期之时，很多工会领袖担忧国内的风向正在向对劳工不利的方向发展。对工会不甚友好并在1946年获得了国会多数席位的共和党人大有在接下来的总统大选中入主白宫之势。[27]虽然民主党人在1948年重新夺回了国会控制权，杜鲁门也成功连任，但民主党并未着手废除《塔夫脱－哈特利法案》，而劳方认为该法案在诸多方面削弱了它的组织能

① 《塔夫脱－哈特利法案》是对之前《国家劳动关系法》（*National Labor Relations Act*，NLRA）的补充，在原来只规范资方"对劳工不公正做法"（unfair labor practice）的法律中加入了对劳工组织的制约。除了这里提到的条款之外，还对罢工的目的和方式进行了限制，禁止工会与雇主签订只能雇用该工会成员的契约，限定了工会为联邦候选人竞选活动提供资金支持的上限，要求工会领导人宣布不支持共产党组织，允许雇主在工作地发表反工会言论，等等。该法案一开始被杜鲁门总统以"严重侵犯言论自由""与我们民主社会的基本原则相冲突"为名否决，之后由国会强行通过，但杜鲁门总统在其短暂的任期内却12次利用该法案打击工会势力。

② 钢铁工人联合工会（United Steelworkers，USW），成立于1942年5月22日，由两家工会组织"钢铁工人联合协会"（AA）和"钢铁工人组织委员会"（SWOC）派出代表，经过六年谈判合并成立。之后继续扩张与其他行业工会合并，现在的全称是"钢铁、造纸、森工、橡胶、制造、能源以及联合工业和服务业工人国际工会"，是北美最大的工会组织，是代表包括美国、加拿大和加勒比海地区国家近百万工会会员的产业工人工会，总部设在美国匹兹堡。

力。钢铁工人联合工会代表了50万名会员。[28]从1947年开始，联合工会与企业就再也没有进行过全面的重新谈判。[29]联合工会当时正寻求大幅提高薪资待遇和全面改善工作环境。一些雇用联合工会会员的大型钢铁公司正享受着丰厚的利润，但它们只有在获准取得补偿性提价之后才愿意考虑满足劳工的这些要求。[30]然而就在此时，政府却强烈希望能在维持工资和物价稳定的基础上确保战时钢铁
47 生产。正是在这样的背景下，步步紧逼的罢工和占领钢铁工厂事件终于发生了。

罢工威胁

10月，在距离1951年年底联合工会合同到期只剩三个月的时候，工会向会员发出建议，并正式表示它将不会续签原有的合同。它正在积极寻求大幅提高薪资待遇。[31]杜鲁门总统警告它们，切勿扰乱国家的工资物价稳定大局。但到了11月，工会仍然提出了22项要求。[32]

除了提出每小时工资平均上涨15美分之外，工会还要求调整工种分类和地区性工资差异，要求对下午班工人给予额外补贴，大幅提高工作日和周末加班补助，增加带薪休假，降低假期申请门槛，提供最低年薪保障，增加工会保障条款①，以及无偿提供若干其他福利。[33]劳资双方在这些变动的成本估算问题上产生了分歧，但范围大致确定在每小时30~60美分。[34]

伯利恒钢铁②总裁③与其他企业管理者众口一词，一口咬定对劳方的任何让

---

① 工会保障条款（Union Shop），劳资谈判协议中的一种条款，要求资方只能雇用工会会员，或者要求任何未加入工会的新雇员在一定时间内必须加入工会。

② 伯利恒钢铁（Bethlehem Steel），美国第二大钢铁制造商和最大的造船商，“二战”期间美国政府第七大供应商。1943年，当时的公司总裁尤金·格雷斯曾向罗斯福总统保证可以每天向美军提供一艘船舶，并在最后超额完成了15艘。金门大桥、魔鬼岛、纽约帝国大厦和麦迪逊广场花园都全部或部分使用该公司的钢材。20世纪90年代后企业陷入危机，于1995年关闭了具有140多年历史的主炼钢工厂，最终在2001年申请进入破产程序。现在其主厂区成了艺术和娱乐区。

③ 此处原文似有误，讲这句话的就是尤金·格雷斯，他此时已不再是公司总裁（1945年离任），而是董事局主席（1945~1957年）。在现代美国大型企业中，管理层最高长官普遍为首席执行官，总裁并不是最高长官。根据各公司章程的不同，不同职位的权限差异很大。但在当时，伯利恒钢铁公司最高管理者是总裁，即便格雷斯后来成为董事局主席，也普遍认为企业实际由他继续领导。

步都必须建立在产品提价的基础上，他公开宣称，提高工资的要求没有任何合理依据，而他也"不会作出任何妥协"。[35]与此同时，政府物价稳定办公室的官员们判断，即便不施行补偿性提价，企业丰厚的利润也足够支付每小时40美分的薪资增长。[36]

工资稳定委员会的官员们认为问题最终还是会通过常规的劳资谈判方式解决。但他们错了。11月和12月上旬过去了，谈判仍不见丝毫进展。最后，工会的工资政策委员会号召举行一场全行业范围的大罢工，时间定于1951年12月31日。[37]

杜鲁门总统开始警觉起来。他在回忆录中写到，国防部部长罗伯特·洛维特①很早就"指出"，一场"足以使生产陷于停顿"的钢铁行业"罢工"会"令全国的国防项目陷入危机"[38]，于是总统将这场争议交由工资稳定委员会处理。他同时要求工会"推迟"罢工，[39]工会在1952年1月3日召开的一次特别会议上表示同意，并保证在工资稳定委员会开始听证后的45日内工人不会离开工作岗位。之后，工会再次推迟了罢工，为委员会撰写报告留出时间。[40]

当时，双方都在关注工资稳定委员会所采用的标准，该标准原则上"以两年前的1950年1月作为基准时"。如果当时的薪资令人满意，"则依据之后的通货 48
膨胀上调薪资"。[41]至于福利待遇，只要"其种类和价格不超过行业内或当地的通行做法，则同样应当照准"。[42]

双方一致认为，在1950年1月到1951年年末的两年时间内，物价水平上涨了14%（每工时23美分），而且在这段时间的中间，即1950年12月，钢铁工人获得了一次幅度大约为10%的加薪（每小时16美分）。[43]但除此之外几乎没有达成任何共识。

按照资方的计算，14%减去10%后剩下4%（或者23美分减去16美分后剩下7美分）。工人应得的只有这部分差价而已。[44]

但工会方面表示反对，声称，两年之前，也就是1950年1月的工资并不能

① 罗伯特·洛维特，美国第四任国防部部长，被人称为"冷战设计师"，参与起草了著名的《范登堡决议案》（*Vandenberg Resolution*），促成了北约的建立。沃尔特·伊萨克逊和埃文·托马斯在其畅销书《智者》（*The Wise Men*）中将洛维特列为从小罗斯福总统到约翰逊总统时期对美国外交政策起到重大影响的六名核心决策者之一，即"智者"。

“令人满意”，因为这一工资水平反映了“不许罢工”条款和政府压低工资、阻碍真正自主谈判的其他措施。[45]此外，1950年11月的加薪是为了抵消之前更为凶猛的通货膨胀，而不是针对之后发生的通货膨胀。[46]在那次加薪之后，物价水平已经上涨了8.3%（每小时15美分），工会认为[47]工人们至少应该获得同样幅度的工资增长。工会指出钢铁产业的生产率提高了，引征了其他产业获得批准的协议，并指出钢铁企业获得了异乎寻常的高额工业利润。[48]根据工会自己的计算，资方为满足劳工的所有要求要付出总计约每小时35美分的成本。[49]

钢铁公司坚持每小时最多提高7美分，并提出了另一种把特殊节假日等因素也纳入考量范围的通货膨胀计算方法。他们声称，劳工获得的高于平均水平的工资已经足以弥补其较低水平的福利待遇，[50]而且对于一个理应全天候工作的产业来说，为晚班和周末加班索要更多报酬缺乏正当性。[51]至于企业利润，他们承认自己确实获得了丰厚的毛利润，但政府已经通过税收征走了大部分的利润。资方估算，完全满足劳工的要求将会使企业付出总计约每小时56美分的成本。[52]

为了证明我粗略归纳的上述论点，双方提供了数百份书证文件，呈送了数千页的证人证言，还递交了不计其数的与其他产业的比较材料。[53]在委员会看来，许多问题仍然悬而未决。钢铁产业的利润真的那么丰厚吗？事实上，它们的利润水平只是高于其他一些产业，但不及另外一些产业。钢铁工人是否“应该享有”
49 明显好于其他产业的福利待遇？同样，他们享有的福利待遇也只是好于其他一些产业的工人，但不及另外一些产业的工人。[54]工人应该从生产率的提高中获得多少利益？行业内在薪资关系问题上究竟有哪些业已达成的相互谅解？钢铁工业是美国的龙头产业，这是不是就意味着钢铁工人应该得到较高的薪酬（作为对该产业业绩优异的奖励），或者较低的工资（以防“标杆”产业的工资增长导致其他产业竞相效仿，引发全国范围的通货膨胀）？

委员会在几个月里都纠缠于这些（以及其他一些）几乎无法回答的问题。在1952年5月，委员会提交了自己的建议书。[55]建议书开篇提出，这份文件所考虑的是，能否就提高工资问题达成一份双方都能接受的协议，而并不是在争议双方中作出选择。建议书进而表示，战时动员意味着实际生活水平会下降，不可能为工人提供完全免受通货膨胀影响的保护。但是，建议书仍然建议把工人的时薪普遍上调17.5美分（大约11%），其中的12.5美分立即生效，在接下来的6个月之后再上调2.5美分，再于接下来的6个月之后补足余下的2.5美分。[56]建议书还批准了工会的部分福利要求，但并非全部要求。

委员会主席写到，对于双方会在没有政府干预的情况下达成何种谈判结果，委员会的这份建议书给出了“它所能给出的最为准确的预测”。[57]他还写到，对于那些“相对低于全美工业产业通行习惯做法”的福利待遇，委员会也“提出了适度的调整意见”。[58]委员会中的所有普通公众委员和劳工方委员对这份建议书均表示了支持，所有企业方委员则均表示反对。[59]

各钢铁公司几乎立刻就作出了回应，他们将不会接受委员会的这份建议书，至少在他们一直寻求的补偿性产品提价未得到满足之前，他们不会接受。内陆钢铁①董事会主席克拉伦斯·B. 兰德尔告诉媒体，如果“依建议上调工资”，“每工时的直接用工成本将提高30美分”，而且“根据过去的经验”，“公司每工时的用工成本总计将会提高60美分”。他补充到，这就意味着“生产每吨钢铁”的成本将会提高“12美元”。[60]就在此时，物价稳定办公室裁定钢铁产业只能将每 50
吨钢材的售价提高3美元。[61]另一位钢铁公司管理者干脆表示罢工将不可避免。[62]

总统立即召集了负责工资和物价（管制）的政府高级官员。两份令人遗憾的媒体报道随即被刊出。第一份报道引述了国防动员办公室负责人“电气查理”威尔逊的表态，声称工资稳定委员会的建议书一旦付诸实施，“就会成为对我们两年来为稳定经济所付出努力的严重威胁”。[63]第二份是关于工会高级官员大卫·麦克唐纳②的报道，他表示钢铁工人工会“在白宫里有一位相当友善的绅士朋友”。[64]

---

① 内陆钢铁（Inland Steel），创立于1893年，总部位于芝加哥内陆钢铁大厦。两次世界大战中巨大的钢铁需求使该公司于20世纪中期盛极一时，但随着70年代钢铁行业的萧条而衰落，经过90年代一系列内部改革，公司扭亏为盈，在当时许多老牌大型综合钢铁企业中独树一帜。后经历了一系列收购重组，现在其资产被收归总部位于卢森堡的安赛乐米塔尔公司名下，成为这个目前世界上最庞大的钢铁企业的一部分。

② 大卫·麦克唐纳，联合工会的首任财务主管（secretary-treasurer），在此次钢铁罢工事件中运筹帷幄，起到了最关键的作用。在1952年11月联合工会首任主席菲利普·默里去世后，大卫·麦克唐纳代理主席职务，后被执行委员会正式任命为主席。

事实上，威尔逊曾向总统主张，避免罢工的唯一方法是准许钢铁公司每吨提价12美元。[65]而总统并不愿意这样做，之后更把威尔逊排斥在一些关键性会谈之外，这导致威尔逊在1952年3月辞职，[66]他向总统表示，他“不能为自己无法掌控的重大稳定举措向公众负责”。[67]这一连串的事件都给普通公众留下了一种印象，委员会的建议书过于慷慨了。[68]

与此同时，工会宣布会接受委员会的建议书，同意将罢工再推迟两周，直到1952年4月8日。但当委员会又提出了另一份增幅略小，据信约合每小时14.5美分（而非原来提出的每小时17.5美分）的方案时，工会予以拒绝，并召集了罢工，时间定在4月9日。[69]

总统的选择

总统该如何应对？当时杜鲁门总统刚刚宣布他将不会寻求连任，所以他在决策时可以在最大限度内不去顾及纯粹的政治考量。但即便如此，留给他的选项也不尽如人意。

第一个选项，杜鲁门可以以不变应万变，静待罢工发生。双方会出于自身利益的考虑而最终达成协议。但是，总统和他的“核心幕僚们”认为不能对局势放任自流。正如杜鲁门在其回忆录中所说：

> 国防部部长痛陈朝鲜的局势利害，解释说“我军所有的作战方式……全都依赖于我国工业设施的充分运转……他警告说，对钢铁生产的任何削减都会危及我
> 51 军将士的生命”。[70]
>
> 原子能委员会①主席“认为钢铁短缺意味着核武器生产设备的主要扩建工程将会延迟，并对此表达了自己的严重关切”。[71]

---

① 1946年8月1日，杜鲁门总统签署《麦克马洪法案》，将本由军方控制的原子能项目转入原子能委员会这一新设立的文职部门。国会宣称此项立法的宗旨是促进世界和平、公共福利和激发私营企业的自由竞争。该委员会拥有很强的独立性，可以自由任用专家学者，并且不适用一般的联邦政府文官登记制度。

国家生产管理局①局长表示,“钢铁厂一旦停工,发电厂、铁路建设、船舶制造、机械设备生产等都将陷入停滞。他指出,制造业工厂何时会觉察到钢材短缺取决于他们各自的钢材库存状况,而至于一些特种军火,它们手头上根本就没有库存储备”。[72]

商务部部长表示,“钢铁生产中断10天就意味着损失96,000英尺(约29,260.8米)桥梁和1500英里(约2414.016千米)高速公路”;“在建的98艘船舶中也只有21艘……能够完工”;各主要飞机制造企业“将不得不在60天内关闭它们的装配生产线”。[73]

内政部部长②表示,“石油、汽油和电力等领域的设备维护和扩建都依赖于钢材”,因为“除其他必不可少的用途之外,煤矿和炼焦炉都需要钢铁,这些用途虽然是辅助性质的,但却非常重要”。[74]

国务卿表示,罢工“将严重打击”盟国“对我们的信心,它们会怀疑我们是否有能力在关键时刻给予他们支援”。甚至于“俄国可能会认为我们将被一场旷日持久的罢工削弱,进而对我们步步紧逼”。[75]

杜鲁门总统的结论是,他“必须行动起来,避免钢铁生产陷于停滞,维护国家安全”。[76]

第二个选项,他可以援用《塔夫脱-哈特利法案》,并要求法院下令将罢工推迟80天。但是,工会已经将罢工延期90多天了。再次强制推迟罢工难道不会显得有失公平吗?

此外,这种阻断罢工的禁制令还有一段并不光彩的历史。在“二战”之前,资方曾利用这种禁制令来削弱和破坏工会组织,这在一定程度上使组织起来的劳工群体对《塔夫脱-哈特利法案》感到憎恶。[77]在当时的情况下援用该法案很可能激起更为汹涌的劳工运动。工会可能会因此而拒绝撤销罢工号召,工人们可能

---

① 国家生产管理局,创立于1950年9月11日,本来隶属于美国商务部,负责发展和推动国防动员所必需的物资和设备的生产与供应。1951年朝鲜战争升级后,该局划归国防动员办公室下属的国防生产局领导。该局仅仅正式存在了三年多时间,于1953年10月1日被撤销,其职能由其他联邦机构继承。

② 美国内政部主要负责监督管理土地管理局、地质调查局以及国家公园管理局等联邦机构。内政部部长是政府内阁阁员,排在副总统、国务卿、财政部部长、国防部部长、司法部部长之后位列第六,根据《总统继任法》在总统继任顺序中排在第八位。

会越过工会自发组织罢工或者通过称病离岗或其他方式轻而易举地无视禁制令。[78]

52 第三个选项，总统可以指令物价部门负责人满足钢铁公司的提价要求。但物价稳定办公室已经发布报告，声称钢铁产业的提价幅度不应超过每吨 3 美元；[79] 而且即便是这种幅度的提价也必须遵循一项名为《凯普哈特修正案》① 的特别立法，该法案规定，提价要以前期的成本上涨为基础。[80] 物价稳定办公室为合理提价定下的常规标准为，公司的利润要下滑到战后效益最好三年的利润水平的 85% 以下。工资稳定委员会的建议书会使钢铁产业付出年均每吨 4.67 美元的成本；但钢铁行业 1947 ~ 1949 年的平均股权投资回报率已经接近 20%。即便每吨价格只增长 3 美元，这份建议书仍为钢铁行业保留了巨额利润。[81]

企业方提出的将税后利润作为衡量标准的主张没有被采纳。（唯税收与死亡无法逃避。）尽管企业方提供了大量事实和数据证明提薪会使每吨钢铁的生产成本提高 12 美元，但这一论点同样未被接受。[82]

最重要的是，物价稳定办公室负责人曾表示，高达每吨 12 美元的提价会引发负面连锁反应。这种提价“破坏了我们所有的标准”，它将刺激其他产业竞相要求获得类似待遇，并终将“严重破坏整体经济的正常运转”。[83]

杜鲁门总统同样担心这种幅度的提价会严重损害政府为稳定物价而作出的种种努力；因此，他仅同意小幅提价（每吨约 4.5 美元），但钢铁公司拒绝了这一提议。[84]

第四个选项，总统可以尝试通过私人会晤的方式劝说钢铁公司接受工资稳定委员会的建议书，如果劝说失败，还可以通过威胁展开反垄断或证券欺诈调查等

---

① 在“二战”期间及战后初期，美国政府将工人工资增长水平控制在通货膨胀水平以下，工会组织对此表示强烈不满，对此，后来的工资稳定委员会作出了一些有利于工人的让步。但工资稳定委员会的这种广泛的权力遭到各方质疑，尤其是企业管理层对工资上涨和物价管制所造成的成本上升表示不满。作为某种妥协，国会于 1951 年 7 月通过了《凯普哈特修正案》，该修正案（通过物价稳定办公室）允许企业以提高产品售价的方式对 1950 年 6 月至 1951 年 7 月 26 日成本上涨部分进行补偿。虽然这种工资与物价双双增长的局面明显违背了杜鲁门政府控制通货膨胀的目标，但杜鲁门总统还是在 1951 年 7 月 31 日签署了该法案。

高压手段迫其就范。后任总统们在20世纪60年代采取的类似行动证明这些手段①确实是有效的。[85]但在20世纪50年代，总统民望处于低谷，他担心对钢铁企业采取铁腕手段会在即将到来的总统竞选中拖累他所属的民主党。虽然他本人愿意尝试亲自劝说，但企业方仍不为所动。[86]

第五个选项，总统可以要求国会采取行动。然而同样是因为大选在即，总统对国会将做何反应并无把握，所以犹豫不决，未敢出手。杜鲁门深知，选民对劳资纠纷个案所持有的各种立场会反映到国会当中，而国会往往更乐于达成妥协。[87]而且，时间已经所剩无几。虽然杜鲁门不能指望由国会解决问题，但他最 53
终还会要求国会以立法的方式追认他的最终决策。[88]这就将我们的目光转向了第六个选项，即杜鲁门的最终选择。

第六个选项，他可以直接占领钢铁工厂。这将意味着美国国旗将在工厂上空飘扬，当值的行政管理人员和工人都要在国旗下坚守岗位。与禁制令不同的是，占领行动将不会冻结现有的工资水平；政府可以要求适当提薪，以便在管理层拖延谈判的情况下维持生产活动。以劳工所希望的方式修改原有的雇佣合同也将进一步向钢铁公司施加压力，令其作出进一步妥协，达成新劳动合同的可能性随之提高。[89]这种做法曾经屡试不爽：内战期间的林肯总统和“一战”期间的威尔逊总统都曾对企业实施过占领。② 在美国历史上一共出现过85次总统占领行动，在“二战”即将开始之时和“二战”期间，罗斯福和杜鲁门为避免发生类似的生产停顿实施了59次占领行动，在战争刚刚结束之后，杜鲁门又实施了12次占领行动。[90]

4月8日星期二，杜鲁门对身在纽约的双方谈判代表发出警告，如果在16时之前不能达成协议，他将采取“非常行动”。[91]在和幕僚举行会商并推断钢

① 这里所指的是1962年美国再次爆发的钢铁危机。美国钢铁公司在多家金融巨头的支持下率先宣布每吨钢材涨价6美元。时任美国总统约翰·肯尼迪随即发表了措辞强硬的电视讲话，对钢铁寡头进行谴责。宣称，美国正处于第三次柏林危机、越南“特种战争”和国内通货膨胀加剧等困境之时，而寡头们却表现得极其贪婪，毫无社会责任感。总统威胁要从大企业那里撤回政府订单，而转向中小企业，并由其弟弟罗伯特·肯尼迪执掌的司法部对钢铁寡头进行反垄断调查。钢铁企业随即屈服，但即便如此，它们仍然在1965年为其在1955～1961年的价格垄断行为付出了高额罚金。

② 美国内战时期的1862年1月，国会曾授权林肯总统占领并控制铁路和电报系统以供军用。“一战”时期的1917年，国会也曾授权威尔逊总统接管矿山、工厂以及交通通信网络。

铁公司不会接受4.5美元的提价方案之后，杜鲁门告知商务部部长查尔斯·索耶，他将不得不占领工厂。[92]当天22时30分，总统公开声明，钢铁“对国防事业极为重要”，生产停滞将危及我们“在朝鲜前线的将士”，而享受着高额利润的钢铁公司却“肆无忌惮地”坚持大幅提高产品价格。这绝不仅是“政府和一小撮贪婪公司之间”的问题，我们每个人都受到了威胁。“如果我们放弃……那么我们就要同稳定诀别了”，因为“我们即将被物价疯长所淹没”。他宣布，“今天凌晨，政府将接管钢铁厂”，在那之后“劳资双方都将为政府工作”。[93]

一份指令商务部部长“占领并接手经营”钢铁公厂的行政命令接踵而至。[94]杜鲁门同时致信国会，声明“国会”没有“必要立即行动”，但获得立法机构对
54 占领行动的追认则是“非常令人期盼的”。[95]于是，索耶部长发布了占领命令。

各方迅速作出的回应与预测完全吻合。联合工会主席菲利普·默里①致信索耶部长，表示他已经命令会员“继续工作”。[96]内陆钢铁公司总裁克拉伦斯·兰德尔发表声明，极力为公司的处境申辩，同时谴责“哈里·S. 杜鲁门是在没有丝毫合法权力的情况下行动的”；“侵占了私人财产”，并沉迷于某种形式的“暴君专政”，而“制定宪法……正是为了防止”这类暴政。[97]媒体和国会的反应也充满敌意。[98]

法院的观点：下级法院

在占领事件发生后的首个清晨，钢铁公司向法院递交了起诉状。它们请求哥伦比亚特区联邦地区法院法官亚历山大·霍尔佐夫发布临时限制令，使它们能够在为总统占领权问题展开诉讼期间继续掌管工厂。[99]霍尔佐夫法官拒绝了这项请求。[100]他写到，如果没有“极其重要的理由”，他不会“撤销这份由合众国总统发布的，旨在应对全国性紧急状态的命令”。他还补充到，如果占领行动被证明

① 菲利普·默里，联合工会首任主席，在“二战”期间全力支持罗斯福政府，代表工会组织承诺不会组织罢工，并提高工作效率。

确实违法，钢铁公司最终也可以从政府那里得到赔偿。[101]

仅数日后，总统再次致信国会，他在信中承认占领行动"非常不受欢迎"，但他认为"其他的方案只会更糟"。《塔夫脱-哈特利法案》禁制令在某种意义上只会触发已然开展的行动——事实调查和推迟罢工。然而，即便以这种方式推迟罢工时间会对企业有所帮助，却必然会遭到工人的怨恨。"在这个国家和整个自由世界面临危机的情况下"，杜鲁门恳请国会"通过立法方式明确指示……应该如何应对目前的困局"。[102]参议院随后通过了一项将会中断占领行动资金支持的议案，但这一举动的意义纯粹是象征性的，因为占领行动根本不需要任何资金支持。[103]

4月20日，索耶部长宣布提高工资。[104]这又迫使钢铁公司再次回到法院。这次他们转而向另一位联邦法院法官——大卫·A. 派因法官申请临时禁制令①，希望以此阻止政府执行杜鲁门的行政命令，或者至少也要阻止政府修改雇佣条款。[105] 55

在4月24日的开庭过程中，司法部部长助理霍姆斯·鲍德里奇②和派因法官就占领工厂和提高工资的总统宪法权力问题展开对话。以下节选了他们问答过程的重点部分：

> 鲍德里奇：我们认为，一旦国家出现紧急状况……（而且）必须立刻采取应对措施，如果成文法没有对应采取何种措施作出明文规定的话，行政机

① 临时禁制令（Preliminary Injunction），一种衡平法程序，在法院作出实质性的最终判决之前，为了防止一方在审判期间对另一方造成无法弥补的伤害，法院命令可能造成伤害的一方停止行为。法院在下达该命令前会对案件进行综合考虑，如申请者胜诉的概率、造成的威胁是否急迫、继续行为会造成的伤害与停止该行为所带来的损失、是否有其他补救措施、是否有益于公共利益。

② 司法部最高长官为Attorney General（AG），可称为司法部部长。建国初司法部并不是一个"部"，AG的原意为"总法律顾问"，为总统（曾经还包括国会）提供法律咨询。这个"部"在最初只有AG一人，而且只是兼职，AG自己还会作为私人律师代理案件。直到1869年国会才通过立法成立司法部（Department of Justice），1870年设置Solicitor General（SG），可称为总检察长，曾是司法部第二号人物，负责处理由联邦政府作为一方当事人的法律诉讼，他本人、4名副手（Deputy Solicitor General）或17名助理（Assistants to the Solicitor General）会亲自参与口头辩论。该职位在大法官面前甚至整个法律界举足轻重，他除了在司法部大楼内有办公室外，在最高法院也有办公地点，所以有时被称为"第十大法官"。1950年设置Deputy Attorney General（DAG）职位，或可翻译为"司法部首席副部长"，成为司法部第二高位，管理司法部日常工作。1977年，又设立Associate Attorney General一职，即司法部副部长，分管民事案件、执法和公共安全等领域方面的工作。司法部下设一些"处"（divisions），其中一部分处的长官为Assistant Attorney General，即司法部部长助理。鲍德里奇当时负责的是司法部民事处（Civil Division）。

构有责任主动介入并保护国家的安全和利益。《宪法》第2条规定，行政权力属于总统……总统是陆军和海军的总司令……我们认为，这足以使他有权采取措施应对任何可能发生的全国性紧急状态，无论这种紧急状态出现在和平时期，严格意义上的战争时期，还是事实上的战争时期。

庭上：所以你的意思是说，行政机构在紧急状态下享有无限的权力？

鲍德里奇：他（总统）有权为应对紧急状态采取必要行动。

庭上：如果事态严重，权力就是无限的，是这样吗？

鲍德里奇：如果您是从逻辑上推断的话，那么我猜您的结论是正确的。但我想要特别指出的是，行政机构的权力确实存在两个限制。一个是投票箱，另一个是弹劾程序。

庭上：那么，根据我的理解，你的意思是说行政机构在紧急状态下确实拥有这种巨大的权力。

鲍德里奇：是的，是这样。[106]

4月29日，派因法官裁决行政机构不得占领工厂。他指出，此次占领行动没有得到成文法授权；总统不得凭借所谓固有的紧急状态权力实施占领行动，宪法并未赋予他这种权力；而且事后赔偿将无法弥补钢铁公司的损失。[107]他签发禁制令，要求商务部部长将工厂归还其所有者。按照伯利恒钢铁公司法律顾问布鲁斯·布罗姆利的话来说，钢铁公司取得了“完胜”（the whole dog）。[108]

56 此后事态迅速发展。政府立即提起上诉。上诉法院在第二天签发中止令①。三天后的5月3日，最高法院（不顾大法官菲力克斯·法兰克福特和哈罗德·伯顿②的反对）在上诉法院作出最后判决之前就行使自己的权力，受理了该案。同时最高法院签发了一道临时命令，准许政府继续实施占领，但不得提高工人工资，这样钢铁公司就丧失了通过谈判达成和解协议的积极性。各方在5月10日

---

① 中止令（Stay），由美国的民事或刑事法庭签发的一种命令，用以中止庭审或其他司法程序。中止令可以被撤销，但有时也被用来无限期推迟诉讼程序。

② 哈罗德·伯顿，1945～1958年在最高法院任职，共和党人，之前曾任克利夫兰市市长，国会众议员和参议员，任职于参议院期间，参加了杜鲁门主持的“参议院国防项目特别调查委员会”，与杜鲁门建立了良好的关系。罗斯福总统离世后，民主、共和两党分歧日深，故杜鲁门提名共和党背景的伯顿进入最高法院。伯顿也是最后一位被任命为大法官的在职国会成员。

前递交了辩论意见书①，最高法院在5月12日和13日迅速听取了法庭辩论。[109]

法院的观点：最高法院的判决

在口头辩论结束三周后的6月2日，最高法院宣布了判决结果，认定杜鲁门总统的占领行动违反宪法。九位大法官的投票结果为6∶3。

大法官雨果·布莱克在最高法院的审判意见中写到，宪法并没有授予总统"制定法律"的权力。建国先贤们"让国会负责行使制定法律的权力，无论是在安宁承平之时抑或共克时艰之季，这都不会改变"。[110]很明显，国会既没有通过立法"明确"授权总统"像本案中这样占有公民财产"，我们也无法从国会的其他立法中推断出此类授权。[111]宪法并未因总统"武装力量总司令"的职务而授权其"像本案中这样，以夺取私有财产的方式确保劳资纠纷不致造成生产停滞"。[112]所以，总统占领工厂的行动超出了他的宪法权限。

另有4位对这份审判意见表示赞同的大法官认为，该意见并没有完全说明问题。例如，大法官法兰克福特写到，"在考虑分权原则的法律实现问题时，涉及的因素"要"比大法官布莱克先生的审判意见所能涵盖的内容更为复杂，更需变通"。[113]大法官威廉·O. 道格拉斯在其审判意见中分析称，问题的核心在于工厂所有者因财产被占领而受到的损失必须得到赔偿；因为提供赔偿必然需要税收保证，而只有国会才有权征税，也就只有国会才有权下令实施占领。[114]

大法官罗伯特·杰克逊也写就了一份附议意见②，历史证明这是最为重要的一份意见，他在其中提出了一种在今天广为人知的重要分析思路，将总统的行动划分成三种类型：

第一种类型："当总统根据国会明示或暗示的授权行动时，他的权力达到极

---

① 辩论意见书（Briefs），或称辩论摘要，律师向法庭提交的表明本方观点的书面辩论文件。通常包括对案件事实的陈述、相关法律以及对案件事实应当如何适用法律等内容。

② 在最高法院发表正式审判意见或者多数意见的同时，还可能存在多份并存意见，即附议意见（Concurring Opinion）。撰写这类意见的大法官同意多数意见的判决结论，但会发表自己的分析过程或对多数派的分析进行补充，但这份意见并不具有正式的法律效力。

57 值，因为它包括了总统本身享有的权力加上所有由国会授予的权力。”[115]

第二种类型：“当总统在国会既未授予也未否认其权限的情况下行动，他只能依靠其本身独立享有的权力，但这里存在一片含混的领域（a zone of twilight），在这片领域里，总统和国会拥有并存的权力，或者说，该领域的权力分配并不确定……在该领域，符合实际的权力判断标准大概都会取决于事件的紧迫性和当时的复杂局势，而不拘泥于抽象的法律理论。”[116]

第三种类型：“当总统采取了与国会明示或暗示的意愿不符的措施，他的权力处于最低值，因为他的依据只能是其自身的宪法权力减去国会在该问题上享有的宪法权力……如总统对一项兼具终局性和排他性的权力提出权力主张，则该主张必须经受审慎的审查。”[117]

大法官杰克逊进而声称，占领钢铁工厂的总统权力属于第三种类型，即被国会禁止的行动。国会“从未授权实施此次占领行动”。[118]相反，国会还“在成文法中”定立“与占领行动相冲突的政策”，以暗示的方式阻止总统占领工厂。[119]

大法官法兰克福特表示赞同。他承认，如果本案可以“在不触及宪法中微妙的权力问题的情况下进行裁决”的话，最高法院就不应就“宪法问题”作出裁决。[120]但他认为，在解决本案问题时不得不对本案中占领行动的合宪性进行考察。在明确了这一前提之后，他也同大法官杰克逊一样将本案划入第三种类型。在颁布《塔夫脱－哈特利法案》之时，国会已经考虑过是否要授予总统在紧急状态下占领工厂的权力，但它并未授权。[121]在一份长篇附录当中，大法官法兰克福特开列了历届总统在战时对企业实施占领的近百个先例，但他声称其中仅有三例是在“与当前类似的情况下”发生的，如此之少的先例不足以表明占领行动属于总统的“固有”权力。[122]大法官伯顿似乎同意大法官杰克逊和法兰克福特的见解，因为他在审判意见中强调，通过《塔夫脱－哈特利法案》，国会已经“为总统在应对目前这种紧急状态时可以运用的特定程序做了规定，其中并不包含占领行动”。[123]

大法官汤姆·克拉克①也对最高法院的裁决结果表示赞同，但却并不支持大

---

① 汤姆·克拉克，1949～1967 年任职最高法院，此前曾任司法部部长。他与杜鲁门总统私交很好，杜鲁门上任后作出的首个内阁调整就是将他任命为司法部部长。克拉克在司法部部长任上协助杜鲁门大力推动民权运动，但在该案中他并没有站在杜鲁门一边。

法官布莱克的审判意见。他仅表示，在处理紧急状态时，总统应遵循《塔夫脱－哈特利法案》《国防生产法》① 或《义务兵役法》中所规定的程序。[124] 58

这些理由究竟有多少说服力呢？国会真的禁止总统占领工厂吗？在一份（由大法官谢尔曼·明顿②和斯坦利·里德联署的）异议意见中，首席大法官佛瑞德·文森③表示，他并没有找到这样的表述。确实有很多成文法对与战争有关的钢铁生产进行了规制，但没有任何法律禁止总统通过行使其固有的占领权来确保生产在紧急状态下继续进行。[125]

诚然，《塔夫脱－哈特利法案》直接触及紧急状态下的罢工行动，为总统提供了“一揽子”在紧急状态期间防止罢工的方案（包括发布为期80天的禁制令以及将争议移交给一个事态调查委员会，占领行动不在此列）。然而，法案通篇均未对其加以禁止；法案从未暗示或明示要限制任何总统固有的战时权力。[126] 作为法案提案人之一的参议员罗伯特·A. 塔夫脱④确实曾向参议院表示，法案起草者决定不将占领行动列入法案，因为他们认为总统不应行使这项权力。[127] 但即便在参议院中地位尊崇，又是前总统之子，塔夫脱也只是第80届国会96位参议员中的一员而已。

与此同时，另外两项成文法明确授予总统占领（或征用）私有财产的权力。《义务兵役法》授权总统下发国防物资订单，而且为保证完成订单，他可以在必要时占领生产企业。[128] 同样，《国防生产法》也规定总统有权根据国防需要征用

---

① 《国防生产法》（*Defense Production Act*），为了应对朝鲜战争而于1950年颁布的法律。依据该法，总统有权征用物资，强制企业提高产能、扩大稀缺物资的供应，实施工资和物价管制，控制民营经济以满足国防对于重要资源的需求。

② 谢尔曼·明顿，1949～1956年任职于最高法院，曾是参议员，并成为参议院多数党“党鞭”，在国会任职期间是罗斯福新政的狂热支持者。在连选参议员失利后，明顿被罗斯福任命为第七巡回区法官，后被杜鲁门提名为最高法院大法官。在最高法院任内延续了自己扩大政府权力的信条，但在很多关键性的民权案件中没有表现出自己在国会时的自由派立场，投票支持了保守派，因此一直被从前的自由派盟友所诟病。

③ 佛瑞德·文森，1946～1953年担任最高法院首席大法官，之前曾当选众议员，还担任过财政部部长，在美国政府的三个分支机构中均担任过要职。此外，他还在罗斯福政府内当过“经济稳定办公室”主任，所以可能更能理解本案的意义。

④ 罗伯特·A. 塔夫脱，共和党人，美国保守派领袖。对内，他是罗斯福新政在参议院的主要反对者，主张遏制工会组织；对外，他奉行“不干预主义”（non-interventionism）。曾三次试图获得共和党总统候选人提名，但均未成功。1957年，他去世四年后，参议院将他列为美国有史以来最伟大的五位参议员之一。他出身的塔夫脱家族曾经煊赫一时，为美国贡献了两位州长、两位参议员、两位众议员、一位司法部部长、两位战争部部长和农业部部长。而他的父亲威廉·霍华德·塔夫脱不但出任过总统，还在卸任总统后被任命为最高法院首席大法官。

私人财产，并列出了一套行政机构必须遵守的复杂程序，以此保证被征收者能够得到合理的补偿。[129]总统当时本可以行使这些法律所授予的权力，但他没有这样做，这一方面是因为《义务兵役法》是否适用于罢工尚无定论，另一方面当时也并没有时间履行《国防生产法》中的征用程序。[130]但是，我们要重点注意的是，两项法案均没有对总统行使其固有权力施加任何限制。人们固然可以将之解读为，在没有时间履行成文法规定程序的紧急状态下禁止总统行使其固有权力，但无疑也可以解读为，支持总统行使该权力。但为什么要推断国会是在蓄意对抗，
59 而非持中立立场呢？立法背景显示，占领行动属于大法官杰克逊所描述的第二种较为模糊的类型，而非第三种。[131]

如果是涉及安全事务的紧急状态呢？总统在其发布的行政命令中认定，“停工将会迅速危害到我国以及与我国共同作战的其他国家的国防事业，也会让那些在战场上拼杀的三军将士陷入更为危险的境地”。[132]为避免这些危险，“合众国必须征用（钢铁产业的）车间、机器设备和其他财产，维持它们的运转”。[133]

国防部部长、原子能委员会主席、国家生产管理局局长、商务部部长以及内务部部长都向最高法院递交了详细的书面陈述，用大量事实和数据支持了同样的结论。他们已将这些结论向总统做过报告（他的回忆录可为佐证）。最高法院当时如何能够断定这种紧急状态（包括我国军事力量受到的威胁）是不真实的呢？[134]

此外，首席大法官文森还列举了总统在缺乏明确的成文法或者宪法授权的情况下处理紧急事态的诸多先例，上至林肯在内战之初征召军队、海耶斯总统在1877年铁路大罢工时动用联邦军队①，下讫罗斯福总统派兵占领冰岛②、杜鲁门总统在韩国的军事行动，还包括在大法官法兰克福特的意见中列举的与劳资关系相关的占领行动。[135]

最高法院当时可能以为，如果事态恶化，国会自然会有所行动。但杜鲁门总

① 当时的巴尔的摩和俄亥俄铁路公司（B&O）在一年之内三次削减工人工资，激起工人反抗。事件持续了45天，波及数州，超过十万名工人参与了罢工，大约一百人在事件中丧生，大量机械设备被毁。事件引发了公众对于工人工资和工作条件的关注，B&O在压力之下于1880年为死伤者发放了救济金和医疗服务，并于1884年开始实行退休金制度。

② 冰岛在1918年从丹麦独立之后仍与其关系密切。“二战”中纳粹德国迅速占领丹麦后，英国害怕德军顺势登陆冰岛，发动“鱼叉行动”占领了中立的冰岛，美军于第二年接防。

统认为他不能依靠国会。时间宝贵，政局严峻，而军情甚危。诚如首席大法官文森所指出的，国会在对内阁成员书面陈述的事实未予否认的情况下，对总统数周前就发来的两份报告也一直未做回应。[136]

如果艰涩的法律术语令这份审判意见难以理解的话，一种更为广阔的视角可能会有所帮助。最高法院了解西塞罗格言的影响力，了解柯蒂斯－莱特案对总统在战时和外交事务上广泛的固有权力的确认，了解是松案等案件认定总统在战时享有几乎无限的权力。但这些案件（尤其是是松案）所造成的不良后果也引起了 60
最高法院的警觉，它之所以转变立场可能正是受到了是松案的启发。如果果真如此，我们就不难理解本案作为最高法院代表案件的极端重要性了，最高法院宣示了自己的权力：对总统战时紧急状态权力的范围施加限制的权力。

在宣示其权力时，最高法院不能指望（而且确实也没有）从建国以来的历史或总统以往的行动中找到很多施加这类限制的指导。无论是建国先贤的范例抑或之后的历史，都没有明确指示最高法院是否应当施加以及如何施加这种限制。

亚历山大·汉密尔顿①曾经写到，宪法赋予总统的"行政权力"要比后来宪法文本里记载的授予"负责使法律得到切实执行"之权更为广泛。[137] 当读到此处之时，托马斯·杰斐逊②写信给詹姆斯·麦迪逊③："看在上帝的份上，我亲爱的先生啊，快快拿起你的笔……把这家伙切成碎片吧。"[138]

---

① 亚历山大·汉密尔顿，美国开国元勋，联邦宪法的重要推动者，主张建立强有力的联邦政府。同时也是美国财政制度、联邦党（Federalist Party）和美国海岸警卫队的缔造者，美国首任财政部部长。

② 托马斯·杰斐逊，美国开国元勋，第3任总统，《独立宣言》的主要起草者。建立了现代民主党的前身"民主共和党"（Democratic-Republican Party），与联邦党针锋相对，主张各州应该享有广泛的自治权，联邦政府权力应该受到更大的制约。

③ 詹姆斯·麦迪逊，美国第4任总统，在美国《宪法》和《权利法案》的起草过程中起到了至关重要的作用，被称为"宪法之父"。曾与汉密尔顿和杰伊撰文，结集成《联邦党人文集》。后来与杰斐逊联手创办民主共和党，主张限制联邦政府权力。但在1812年战争之后，政治倾向发生转变。当时他深感美国需要强力的中央政府和国家银行系统，而这些都是他之前所一直反对的。

西奥多·罗斯福①总统曾经说过，“在宪法和法律不加禁止的前提下倾其所能满足国家的需要不但是”总统的“权力，更是他的责任……我曾亲自或命令他人做过很多前任总统和各部首长们之前没有做过的事情。我没有篡夺权力，但我的确大大地扩张了行政权力的使用范围”。[139]

对此，威廉·霍华德·塔夫脱总统回应称：

> 如果人们无法合理地将一项权力追溯到某种具体授权，且类似的明确授权也没有以恰当的方式暗示这项权力，没有以恰当的方式将这项权力纳入其中，总统就不得行使该权力……那种因总统感到有益公众即可行使的、界限不明的所谓权力剩余，根本就不存在。[140]

我们知道富兰克林·罗斯福总统曾向全国表示，即便国会拒绝授权他抑制战时通货膨胀，

> 我也将承担起这项责任，并采取行动……总统有权……采取必要措施以
> 避免一场将会妨碍我们赢得胜利的灾难……这场全面战争……使行政权的使
> 61 用比在以往任何战争中都远为重要……当胜利来临之时，我会自动把实施这
> 些行动的权力交还给合众国人民——这些权力的真正主人。[141]

我们应当预见，在紧急状态期间，总统们会面临需要迅速解决的紧迫问题，而尤其在这种时刻，他们会声称自己具有广泛的总统权力。相比之下，扮演了不同制度性角色的最高法院则能够而且必须从更为深远处看待问题，回顾建国时代的过往，穿越整个国家的历史，并不时展望那无法预知的未来。无论大法官们努力写就的审判意见多么有局限性，这些裁决和其中引出的法律原则都将被当作先例，或许会被沿用很久。

大法官杰克逊在口头辩论期间提到了这些制度性的差异，当时政府的律师指

---

① 西奥多·罗斯福，美国第26任总统，共和党人（后加入进步党），富兰克林·罗斯福总统的叔叔，一生非常传奇。早年在美西战争中成为战斗英雄，曾因成功斡旋日俄战争而获得诺贝尔和平奖。任内主导“公平交易”（Square Deal）运动［与后来的“新政”（New Deal）相对］，主张保护自然资源、控制资本、保护消费者权益等。

出，罗斯福总统曾在没有明确成文法授权的情况下，于罢工期间占领北美航空公司①的工厂，而时任司法部部长的大法官杰克逊支持了总统的占领行动。杰克逊诚恳地回应到，“我当时的每个主张都与其他司法部部长必然会提出的主张并无二致。这是当时司法部一直遵守的惯例”。[142]他本可以引述司法部部长助理鲍德里奇对派因法官所做的陈述，声称总统的紧急状态权力实际上是无限的，但他并没有这么做。实际上，大法官杰克逊审判意见中的很多内容都表明他认为这种论调应当受到遏制。

法官不可避免地都是其所处时代的产物，钢铁工厂占领案中的大法官们刚刚目睹各极权主义政权在欧洲摧毁了个人自由。他们可能并不真的担心美国会出现独裁者，但在其他民主社会所发生的事情却必然会令他们时刻保持清醒。

因此，多数派意见与其他附议意见之间最重要的共同特征可能正在于，它们都对权力的集中表达了一种普遍的关切。

杰克逊还提到同样制定了紧急状态权力法的其他国家，并直接介绍了这些国家的经验。他指出，德国“一战”后制定的《魏玛宪法》允许总统“在公共安全和秩序受到严重妨害或威胁时，中止部分或者全部个人权利”。当“希特勒说服冯·兴登堡②总统中止所有这些权利之后”，它们就“再也没能恢复”。③ 同盟国则形成了具有决定性意义的对比。法兰西共和国也规定了一种紧急状态治理模 62
式（emergency government），但唯有议会才能授权进入这种被称为“戒严状态”

① 当时的北美航空公司（North American Aviation）是美军的主要战机供货商之一，后并入北美罗克韦尔公司（North American Rockwell），现在是波音公司的一部分。当时“全美汽车工人联合会”（United Auto Workers，CIO）和“国际机师协会”（International Association of Machinists，AFL）两家工会为争夺工人代表权而产生矛盾，AFL在投票中落败，遂于1941年6月发起罢工。当时“珍珠港事件”还未发生，所以虽然当时人们普遍预感到战争即将来临，但仍处于和平时期。

② 冯·兴登堡，“一战”时曾任德军总参谋长，1925年作为保守势力的代表被选为德国总统，在其任内任命希特勒为德国总理。

③ 《魏玛宪法》第48条规定，在特定情况下，总统可以不经国民议会（Reichstag，或称众议院）同意而采取紧急措施，其中包括颁布紧急状态法令，但只要有超过半数的国民议会议员投票反对，就可以撤销。但总统还可以根据《魏玛宪法》第25条解散国民议会，并在60日内召集新一轮选举进行反制。1933年，希特勒以国会纵火案为借口说服兴登堡依据《魏玛宪法》第48条签署《国会纵火法令》，其中对公民获取人身保护令的权利，言论、出版和集会的自由，通信隐私权等权利进行了限制。于是，纳粹取得了借助警察力量来排斥反对者的重要权力。之后，纳粹通过政治手腕操纵2/3的国民议会议员同意将国民议会的权力转给内阁，实质上实现了总理的独裁。在接下来的12年里，《国会纵火法令》一直没有被废除，所以希特勒一直是在运用军事管制法来治理国家。

（state of siege）的模式。英国在两次世界大战中都实行了“某种临时性的专制体制”，但这种体制也是由“立法机构设立的”。[143]

他认为这些经验表明，“只有当负责行使该权力的行政机构无权控制这种权力时，这种权力（它）才不会与自由政体发生矛盾”。[144]总统的实际权力是巨大的。正如伍德罗·威尔逊①所指出的，如果总统“正确解读民意并坚定地寻求民意支持的话，那他将是不可阻挡的”。[145]因此，杰克逊并不相信“如果最高法院拒绝进一步鼓吹总统已然如此之大的权势以及相对不受司法审查影响的显赫地位，国家就会遭受苦难”。[146]他写到：

> 可能甚至连总统都不知道他此时能够行使多大的权力，而受其影响的各方也无法知晓他们拥有多少权利。如果我们认定政府的占领行动合法，不知道他还会借口政府占有而宣称对劳工或（私有）财产享有哪些权力。[147]

在处理紧急状态方面，美国宪法所采用的“方式”是，由国会制定扩张“常规行政权力”的成文法，而且这种技术已经被重复使用多次了。[148]

如果读者无法从最高法院的审判意见中找出清晰的法律界限或具体边界的话，这或许是由于最高法院有意为之。从大法官杰克逊为口头辩论后的大法官会议做的笔记中可以看出，他相信最高法院应该维持禁制令，但同时要“把损害降到最低”。他还认定总统的立论“不堪一击”；大法官道格拉斯回忆说，杰克逊曾抱怨“司法部已经堕落了。它正被一帮信口开河之徒操控着”。[149]

最高法院应该在并未界定其确切性质的情况下施加某种限制，这种论调或许并不令人惊讶。大法官杰克逊在其审判意见第二段的开头说到：

> 当现实中出现涉及（限制）行政权力的具体问题时，法官……会感到诧
> 63 异，能够施用于这类问题的真正有用且清晰明确的权力竟如此匮乏。他必须从资料中揣测先辈们当年的想法，或假设他们能够预知未来并为其立言，而

① 伍德罗·威尔逊，美国第28任总统，之前曾任普林斯顿大学校长和新泽西州州长，主张将道德纳入国际关系准则，在全球推动民主化，并由于推动了“国际联盟”的建立而获得诺贝尔和平奖。

这些资料又如约瑟奉法老之命解析的梦境①般神秘莫测。一个半世纪以来的党派论辩和学术思索其实只是从这些金科玉律中寻章摘句，为争议双方提供一些或贴切或牵强的引注，没有产生任何实质成果。双方的努力互为消长。又因在裁判最为重要的问题时采用了最为褊狭的方式，法院的判决都变成议而不决。[150]

在我个人看来，即便对钢铁工厂占领案做狭义的解读，本案也标志着最高法院在处理总统紧急状态权力的方式上发生了重大转变。之前的案件（米利根案以及奎林案的只言片语）已经提到了由法院施加的限制。但直到钢铁工厂占领案，最高法院才明确认定这种界限确实存在，并对其做了详尽的分析。其结论为：即便是晦涩难测的法老迷梦都要好于对总统的紧急状态权力不加限制的一纸司法认可。

事件后续

最高法院宣判之后，总统立即于1952年6月2日命令索耶部长将工厂归还其所有者。工会旋即发动罢工。之后的几周里，双方的谈判代表与政府官员在白宫举行会谈。物价稳定办公室表示将授权实施幅度为每吨5.2美元的提价（包括《凯普哈特修正案》规定的4.5美元，② 以及因运输成本上涨而产生的0.7美元）。双方就大多数议题达成一致，但绝非全部。[151]

与此同时，总统亲临国会，要求其通过立法授予自己占领工厂的权力，如他所料，国会拒绝授权。[152]

在罢工的第51天，国防部部长洛维特宣布，因钢铁产量减少所造成的危害比敌人所能造成的最严重的轰炸还要严重。两天之后双方达成和解，和解条款与

---

① 这一典故源自《圣经》创世纪第41章，“约瑟为法老解梦”。传说犹太人的先知约瑟在法老宫中为官，善解梦。一次法老梦到七只瘦牛吃掉了七只肥牛，七枚细弱的谷穗吞噬了七枚饱满的谷穗。约瑟借此预言埃及将经历七年丰收，随后再经历七年饥荒。后来他的预言成真。

② 1951年7月，杜鲁门总统和国会迫于压力，同意工业企业提价以弥补由于1950年6月至1951年7月的成本上涨而造成的损失。

当初工资稳定委员会所建议的条款非常相近：每小时16美分的工资涨幅以及相
64 当于每小时增加5.4美分工资的福利待遇。政府批准每吨提价5.2美元，比查尔
斯·威尔逊几个月前所建议的减少了30美分。[153]

罢工致使一些工厂停止了迫击炮和大炮炮弹的生产，[154]在这期间本可以生产出1600万吨到2000万吨可用于制造更多军火的钢铁。[155]其他以钢铁为原料的产业也被迫减产，占领行动还破坏了政府的工资与物价稳定政策，并造成了大约100万名工人待岗。[156]但国家生产管理局于1953年进行的一项研究显示，停工“对整个经济造成的影响竟微小到了令人吃惊的地步”。各重要产业的生产甚至出现了反弹，政府报告中提到“飞机、坦克、枪支弹药等国防物资的交付量在7月达到了新的高峰”，而且占钢铁总提货量一半以上的“国防用钢”提货量持续攀升。报告的结论是，钢铁罢工“对于国防物资提货量的……影响非常微小”。[157]

大多数观察家都相信，行政机构当时所担心的灾难并未发生。这或许是因为生产国防物资的公司之前做了保守估计，夸大了损害的风险。也可能是由于人类的聪明才智突破了钢铁生产中的“瓶颈”，雇主和员工们发挥创造性，找到了应对短缺的办法。如果最高法院当时认准了事态并不严重，那么事实证明它确实是正确的。但当时行政机构敲响警钟确实是出于充分的责任感。而且，当时并没有任何一位法官对政府评估的真实性产生过怀疑。

最终，导致这一判决结果的似乎并不是对行政机构（与钢铁生产有关）的事实性结论产生的怀疑，甚至也不是最高法院自己的事实性结论。真正的原因是，部分大法官对本案中总统权力的行使方式感到不安，他们或许想起了是松案的情景。最高法院在钢铁工厂占领案中宣布，从现在起，它有责任对总统战时权力予以审查并加以限制，最高法院在国家安全领域的法哲学发生了重要转变。

注释

〔1〕Franklin Delano Roosevelt（富兰克林·德拉诺·罗斯福），*Fireside Chat*（《炉边谈话》）（1942 年 9 月 7 日），http：//www. presidency . ucsb. edu/ws/？pid＝16303。

〔2〕同上。

〔3〕参见 Hamdi v. Rumsfeld，542 U. S. 507，536（2004），"当涉及国民权利的时候，战时状态并非总统的空白支票。"

〔4〕参见 Grant McConnell，The Steel Seizure of 1952 34－36（1960）（描述了 1952 年 4 月 8 日的事件）。

〔5〕罗斯福，前注 1。

〔6〕Youngstown Sheet & Tube Co. v. Sawyer，343 U. S. 579（1952）.

〔7〕Jon Halliday & Bruce Cumings，Korea：The Unknown War 8－9（1988）（列出了这次战争的时间线）。

〔8〕1 Wage Stabilization Board，Wage Stabilization Program 1950－1953 1，4（1953）（据报告，劳工统计局发布的批发物价指数已经由 1950 年 6 月的 157.3……飙升到了……1951 年 1 月的 180.1，上涨了大约 15%）。

〔9〕Defense Production Act of 1950（《1950 年国防生产法》），Pub. L. No. 81－774，64 Stat. 798（1950）。

〔10〕Patricia L. Bellia，*The Story of the* Steel Seizure *Case*，*in* Presidential Power Stories 233，235（Christopher H. Schroeder & Curtis A. Bradley eds.，2009）.

〔11〕参见 1 U. S. Leadership in Wartime：Clashes，Controversy，and Compromise 746（Spencer Tucker ed.，2009）（对这些诨名进行了讲解）。

〔12〕参见 Exec. Order No. 10，233，16 Fed. Reg. 3503（Apr. 21，1951）（设立了工资稳定委员会）。

〔13〕参见，同上（规定了该委员会的权力范围）；Maeva Marcus，Truman and the Steel Seizure Case：The Limits of Presidential Power 24（1994）（描述了委员会的组织架构）；McConnell，前注 4，第 11 页（对该委员会进行了描述）。

〔14〕参见，例如，John T. Dunlop，*The Social Utility of Collective Bargaining*，*in* Challenges to Collective Bargaining，Proceedings of the Thirteenth American Assembly 7－19（Lloyd Ulman ed.，1967）。

〔15〕参见 Archibald Cox & Derek Bok，Labor Law 891－900（5th ed. 1962）（讨论了政府在处理劳资纠纷时所能扮演的角色）。

〔16〕Charles E. Russell，*Compulsory Arbitration*：*The Next Battle Prize*；*Why It Failedin New Zealand*，*in* Selected Articles on the Compulsory Arbitration and Compulsory Investigation of Industrial Disputes 183，187（Lamar T. Beman ed.，1920）（重新刊发了 Russell 发表在 1920 年 4 月版的 *Reconstruction*：*A Herald of the New Time* 杂志上的文章，该杂志只存在了很短的一段时间）。

〔17〕同上，第 188 页。

〔18〕同上。

〔19〕参见 Theodore W. Kheel，Report to Speaker Anthony J. Travia on the Taylor Law：With a Proposed Plan to Prevent Strikes by Public Workers 8－13（1968）。

〔20〕 Cox & Bok，前注 15，第 885 ~ 886 页。

〔21〕 同上。

〔22〕 同上，第 889 ~ 890 页。

〔23〕 Taft-Hartley Act of 1947，Pub. L. No. 80 – 101，61 Stat. 136.

〔24〕 参见 Pub. L. No. 64 – 252，39 Stat. 721（1916）。

〔25〕 参见 Pub. L. No. 88 – 108，77 Stat. 132（1963）。

〔26〕 参见 Bellia，前注 10，第 236 页（根据政府行政机构对类似案件的解决方法，物价稳定办公室主任所批准的提价申请都要符合一套即有的计算公式，而这套公式是与工业产业在过去几年中的利润水平挂钩的）。同上，第 236 页注 8［"具体言之，根据'工业产业收益标准（industry earnings standard）'，只有当某工业产业承担了增加的成本之后其收益水平会下降到 1946 ~ 1949 年收益最好三年的 85% 以下，物价稳定办公室才会允许该工业产业提高限价"］；另参见，Marcus，前注 13，第 14 页（介绍了工业产业收益标准）；James A. Durham，*The Present Status of Price Control Authority*，52 Colum. L. Rev. 868（1952）（对强制限价措施的强制实施情况进行了探讨）。

〔27〕 参见 McConnell，前注 4，第 2 ~ 3 页。

〔28〕 参见 Edward B. Shils，*Arthur Goldberg*：*Proof of the American Dream*，120 Monthly Lab. Rev. 55，60（1997）［注意到，在"二战"期间以及战后，"钢铁工人……数量激增"，如果算上那些即将复员回国的退伍军人的话，"其人数已经从 1942 年的 460,000 人增长到了（1944 年年底的）大约一百万人"］。

〔29〕 参见 McConnell，前注 4，第 13 页。

〔30〕 参见，同上，第 13 ~ 14 页；Bellia，前注 10，第 235 ~ 236 页。

〔31〕 参见 McConnell，前注 4，第 13 ~ 14 页。

〔32〕 同上，第 14 页。

〔33〕 参见，同上，第 14 ~ 16 页；Bellia，前注 10，第 235 页。

〔34〕 Marcus，前注 13，第 65 页；McConnell，前注 4，第 24 页。

〔35〕 McConnell，前注 4，第 14 页。

〔36〕 同上，第 16 页。

〔37〕 参见，同上，第 16 ~ 17 页。

〔38〕 2 Harry Truman（哈利·杜鲁门总统），Years of Trial and Hope 466（1956）。

〔39〕 McConnell，前注 4，第 17 页。

〔40〕 参见，同上，第 18 页。

〔41〕 参见 Marcus，前注 13，第 14 页（描述了工资的涨幅是如何计算的）；*General Wage Regulations 6 – 10 and Ceiling Price Regulations* 2 – 7，72 Monthly Lab. Rev. 409，409 – 411（1951）［公布了一系列"一般工资规定"（General Wage Regulations），其中准许那些在 1950 年 1 月支付了"令人满意的"（satisfactory）薪资水平的公司将 1950 年作为计算通货膨胀调整幅度的基准，计算其新的工资水平］。

〔42〕 *General Wage Regulations* 13 – 15；*Ceiling Price Regulations*，55 – 66，73 Monthly Lab. Rev. 302（1951）（公布了"第 13 号一般工资规定"，对福利待遇作出了相应的规定）.

〔43〕 Collected Teaching Materials：The Steel Seizure of 1952，at 46 – 47（未刊稿）（由作者收藏）（以下简称 Steel Seizure Materials）。

〔44〕参见，同上，第50页。

〔45〕参见，同上，第48~50页（“工会之所以认为钢铁行业1950年1月的工资太低，是因为他们认为自1947年4月开始，工会就无法自由地就工资问题进行谈判了”）。

〔46〕同上，第47页（“工会宣称……1950年10月敲定的16美分的涨幅中的一大部分是为了补偿工人们在1950年1月之前在工资问题上所遭受的不公正待遇，而并不是为了弥补在1950年中新增加的生活成本”）。

〔47〕同上，第50页。

〔48〕参见，同上，第81页（讨论了生产率）；同上，第65页（讨论了与其他工业产业的比较）；同上，第54~55页（讨论了工业利润）。

〔49〕同上，第64页［“企业方声称，如果全部满足工会所提出的要求（工资加福利待遇）的话，其成本总计将达到每小时56美分或者每年7.533亿美元，而工会则认为这个估计过高，更精确的估算应为每小时35美分”］。

〔50〕参见，同上，第82~83页（讨论了福利待遇问题）。

〔51〕同上，第84页（“企业认为，钢铁企业周末加班必须继续，因为钢铁生产是一种‘连续性’的生产过程，而这种‘连续性’的产业很少为周末加班提供额外补贴”）。

〔52〕同上，第64页。

〔53〕参见Marcus，前注13，第64~65页［“本案涵盖的问题太多，所涉及的证人证言也太过繁杂，以至于委员会调查小组（the panel）无法在1952年3月13日之前完成报告……最终，在3月13日，工资稳定委员会公布了自己的建议书，这其中也包含了企业方代表的异议意见”］。同上，第64页注32（“证人证言长达3100多页，有145份特殊证明文件被作为证据纳入其中”）。

〔54〕参见Steel Seizure Materials，第78页（工会的主张是建立在与其他行业的比较之上的，一项针对3,196,000名工人所涉及的143份合同的调查反映出了其中的差异）。

〔55〕参见Marcus，前注13，第64~65页；Bellia，前注10，第236页。

〔56〕参见Marcus，前注13，第65页；McConnell，前注4，第24页。

〔57〕Steel Seizure Materials，第93页（报道了主席针对福利待遇问题所做的声明）。

〔58〕同上。

〔59〕同上，第95~96页（报道了企业方代表的异议意见）。

〔60〕McConnell，前注4，第24页。

〔61〕Bellia，前注10，第236页。

〔62〕McConnell，前注4，第24页。

〔63〕同上，第26页。

〔64〕同上，第27页。

〔65〕参见Truman，前注38，第468页（1956年）（“国防动员办公室主任查尔斯·E. 威尔逊在3月24日向我报告称，企业方将会毫不犹豫地拒绝这份仲裁意见。他说，一旦企业方拒绝，我们就将面临一场旷日持久的大罢工，而避免工厂停摆的唯一办法就是接受企业方提出的提价方案”）。

〔66〕McConnell，前注4，第28页。

〔67〕同上，第29页。

〔68〕参见，同上，第24页、第26页。

〔69〕参见，同上，第34~36页；Bellia，前注10，第236~237页。

〔70〕 TRUMAN,前注 38,第 469 页。

〔71〕 同上。

〔72〕 同上,第 469~470 页。

〔73〕 同上,第 470 页。

〔74〕 同上。

〔75〕 同上。

〔76〕 同上。

〔77〕 参见 IRVING BERNSTEIN, THE LEAN YEARS: A HISTORY OF THE AMERICAN WORKER 391 –95 (2010)(讲述了当时工人们对这些禁令的憎恶)。

〔78〕 参见 Bellia,前注 10,第 242 页(介绍了依据《塔夫脱 – 哈特利法案》解决困境可能造成哪些负面影响)。

〔79〕 参见 MARCUS,前注 13,第 63~64 页(描述了物价稳定办公室的立场);MCCONNELL,前注 4,第 28 页(同样描述了物价稳定办公室的立场)。

〔80〕 参见 MARCUS,前注 13,第 28~29 页(介绍了《凯普哈特修正案》)。

〔81〕 参见 STEEL SEIZURE MATERIALS,第 125~129 页(描述了物价稳定办公室对这份工业产业仲裁意见的影响所做的评估)。

〔82〕 参见,同上,第 127~132 页(详细描述了仲裁意见可能造成的影响)。

〔83〕 同上,第 135 页(报道了物价稳定办公室主任阿诺尔的声明)。

〔84〕 MARCUS,前注 13,第 74 页(“在 4 月 3 日……阿诺尔私下向钢铁公司提供了一份每吨提价 4.5 美元的价格调整计划:在《凯普哈特修正案》所允许的每吨 2.75 美元以外再增加 1.75 美元”)。同上,第 74 页,注 82(说明,一些学者认为这个数字是“阿诺尔自己提出的”,另一些学者则认为他“是根据杜鲁门授意行事”)。

〔85〕 参见 Note, *Wage-Price Guidelines: Informal Government Regulation of Labor and Industry*, 80 HARV. L. REV. 623, 625 –26 (1967)(描述了肯尼迪总统对 1962 年钢铁危机的应对措施)。

〔86〕 参见 MARCUS,前注 13,第 79~80 页(描述了最后时刻的谈判过程)。

〔87〕 参见,同上,第 78~79 页(解释了“白宫幕僚”为什么“迅速否定了,要求国会立法授权总统占领钢铁工厂”这一选项)。

〔88〕 参见 Harry S. Truman, *Special Message to the Congress Reporting on the Situation in the Steel Industry* (Apr. 9, 1952), https://www.trumanlibrary.org/publicpapers/index.php?pid=966(以下简称 *Special Message to Congress*)。

〔89〕 参见 Archibald Cox, *Seizure in Emergency Disputes*, *in* EMERGENCY DISPUTES AND NATIONAL POLICY 226 –27, 230 –32, 235 –41 (Irving Bernstein et al. eds., 1955)(描述了占领事件的损失和收益)。

〔90〕 大法官法兰克福特在 Youngstown 案中撰写了一份附议意见,这份意见的附件中罗列了之前的全部 85 次占领事件,其中有 59 次发生于“二战”期间,另有 12 次发生在“对日战争胜利日之后,《战争劳动争议法》(War Labor Disputes Act) 中规定的占领权失效日即 1946 年 12 月 31 日之前”。Youngstown Sheet & Tube Co. v. Sawyer, 343 U. S. 579, 620 –28 (1952)(大法官法兰克福特的附议意见);另参见,MARCUS,前注 13,第 154~158 页(讨论了历史上的占领先例)。

〔91〕 MCCONNELL,前注 4,第 34~35 页。

〔92〕 同上,第 35~36 页。

〔93〕 Harry S. Truman, *Radio and Television Address to the American People on the Need for Government*

Operation of the Steel Mills (Apr. 8, 1952), http://trumanlibrary.org/publicpapers/index.php?pid=965.

〔94〕Exec. Order No. 10, 340, 17 Fed. Reg. 3139 (Apr. 8, 1952).

〔95〕*Special Message to Congress*，前注 88。

〔96〕Letter from Phillip Murray, President, Congress of Indus. Orgs., to Charles Sawyer, Sec'y of Commerce (Apr. 9, 1952)（告知了他已经告诉工会会员“继续工作”）。

〔97〕Clarence B. Randall, President, Inland Steel Co., *Address: These Are the Facts, Mr. President*（“演讲：总统先生，请面对现实”）(Apr. 9, 1952).

〔98〕参见 McConnell，前注 4，第 37～38 页。

〔99〕Youngstown Sheet & Tube Co. v. Sawyer, 103 F. Supp. 978, 979－80 (D. D. C. 1952).

〔100〕同上，第 981 页。

〔101〕同上［“如果占领行为非法，那么原告可以根据《联邦侵权赔偿法》(*Federal Tort Claims Act*)向美国提起赔偿诉讼，并获得高额赔偿”］。

〔102〕98 Cong. Rec. 4131 (1952).

〔103〕McConnell，前注 4，第 38 页。

〔104〕Bellia，前注 10，第 245 页。

〔105〕Youngstown Sheet & Tube Co. v. Sawyer, 103 F. Supp. at 569, 572. (D. D. C. 1952).

〔106〕庭审记录第 371～372 页，Youngstown Sheet & Tube Co. v. Sawyer, 343 U. S. at 579 (1952) (Nos. 744, 745)。

〔107〕*Youngstown*, 103 F. Supp. at 573－77.

〔108〕庭审记录，前注 106，第 313 页。

〔109〕参见 Bellia，前注 10，第 252～253 页。

〔110〕*Youngstown*, 343 U. S. at 589.

〔111〕同上，第 585 页。

〔112〕同上，第 587 页。

〔113〕同上，第 589 页（大法官法兰克福特的附议意见）。

〔114〕同上，第 631～632 页（大法官道格拉斯的附议意见）。

〔115〕同上，第 635 页（大法官杰克逊的附议意见）。

〔116〕同上，第 637 页。

〔117〕同上，第 637～638 页。

〔118〕同上，第 648 页。

〔119〕同上，第 639 页。

〔120〕同上，第 595 页（大法官法兰克福特的附议意见）。

〔121〕参见，同上，第 598～602 页。

〔122〕同上，第 613 页、第 620～628 页。

〔123〕同上，第 660 页（大法官伯顿的附议意见）。

〔124〕同上，第 662～663 页（大法官克拉克的附议意见）。

〔125〕同上，第 702～703 页（首席大法官文森的异议意见）。

〔126〕参见，同上，第 704 页。

〔127〕参见，同上，第 600 页注 3（大法官法兰克福特的附议意见）。

〔128〕 Selective Service Act of 1948, Pub. L. No. 80 – 759, 62 Stat. 604.

〔129〕 Defense Production Act of 1950, Pub. L. No. 81 – 774, 64 Stat. 798.

〔130〕 McConnell,前注4,第31 ~ 32 页。

〔131〕 参见 *Youngstown*, 343 U. S. at 702 – 03(首席大法官文森的异议意见)。

〔132〕 Exec. Order No. 10, 340, 17 Fed. Reg. 3139 (Apr. 8, 1952).

〔133〕 同上。

〔134〕 参见 *Youngstown*, 343 U. S. at 678 – 80。

〔135〕 同上,第683 ~ 700 页。

〔136〕 同上,第677 页。

〔137〕 4 The Works of Alexander Hamilton 432 (Henry Cabot Lodge ed., 1904).

〔138〕 6 The Writings of James Madison 138 (Gaillard Hunt ed., 1906).

〔139〕 Theodore Roosevelt, An Autobiography 356 – 57 (Charles Scribner's Sons, 1922).

〔140〕 William Howard Taft, Our Chief Magistrate and His Powers 140 (1916).

〔141〕 Roosevelt,前注1。

〔142〕 参见 Bellia,前注10,第256 页。

〔143〕 Youngstown Sheet & Tube Co. v. Sawyer, 343 U. S. 579, 651 (1952)(大法官杰克逊的附议意见)。

〔144〕 同上,第652 页。

〔145〕 同上,第654 页[引述了 Woodrow Wilson, Constitutional Government in the United States 68 – 69 (1908)]。

〔146〕 同上。

〔147〕 同上,第655 页。

〔148〕 同上,第652 页。

〔149〕 参见 Bellia,前注10,第259 页。

〔150〕 *Youngstown*, 343 U. S. 第634 ~ 635 页。

〔151〕 参见 McConnell,前注4,第47 ~ 48 页。

〔152〕 同上,第48 ~ 49 页。

〔153〕 同上,第50 ~ 52 页。

〔154〕 Irving Bernstein, *The Economic Impact of Strikes*, *in* Emergency Disputes and National Policy 38 – 42 (Irving Bernstein et al. eds., 1955).

〔155〕 McConnell,前注4,第47 ~ 48 页。

〔156〕 Bernstein,前注154,第38 ~ 42 页。

〔157〕 Office of Labor, Nat'l Prod. Auth., The Impact of the 1952 Steel Strike 9 – 10 (1953).

第4章

65 ## “绝非空白支票”：关塔那摩

最高法院分别于2004年、2006年和2008年裁决了四宗由对古巴关塔那摩海军基地敌方战斗人员实施的关押引起的案件。这些案件需要最高法院在两种旗鼓相当的宪法利益——安全需要和保护公民自由之间寻求平衡。最高法院是如何完成这一使命的呢？钢铁工厂占领案表明，最高法院对总统安全决策的审查越严密，它就越发迫切地需要了解总统的想法。了解这些想法固然困难，但这些困难并没有使最高法院回到柯蒂斯－莱特案那种简单地确认总统行为合法的老路上去，更没有退回到之前那些深受西塞罗影响的判决中去。恰恰相反，在钢铁工厂占领案后的几年里，最高法院用行动告诉我们，它已经准备好沿着该案所开辟的道路继续前进，如在“越战”期间，《纽约时报》决定将“五角大楼文件”① 中的机密内容公布于众，最高法院对该决定给予了保护。[1]

同样，截至关塔那摩系列案件发生之时，最高法院本身和普通民众对于联邦司法机构在美国社会中角色定位的认知，已经发生了更加广泛的变化。这种变化（表现在）支持联邦法院为保护公民自由作出更大的努力，即便这意味着要限制

---

① 其正式名称为《国防部越南特遣部队报告》（*Report of the Secretary of Defense Vietnam Task Force*），是1967年国防部部长麦克纳马拉下令开展的越战研究。报告证明肯尼迪及之后的约翰逊政府系统性地撒谎，掩盖其围堵中国的目的，蓄意扩大战争，因此被视为机密。1971年，丹尼尔·艾尔斯伯格将7000页的报告泄露给《纽约时报》。尼克松政府禁止报纸发表该报告，后最高法院依据宪法第一修正案判决支持发表该报告。

总统的安全事务权力。从1954年的布朗诉教育委员会案开始，最高法院就助力
从法律上结束美国的种族隔离制度。它亲自主导了一场“正当程序”（Due 66
Process）革命，不仅将《权利法案》中的保护条款适用于对抗联邦政府施加的限制措施，更将其扩展到各州施加的限制措施中：最高法院坚持要求刑事案件被告人应获得律师提供的代理服务，警察要向被逮捕者宣告其拥有保持沉默和聘请律师的宪法权利，而且媒体对于其印发的内容拥有了更大的自主权。[2]最高法院因而被视为一个对这类宪法保护条款进行阐释并加以执行的机构，而且人们普遍认为这是它应当扮演的角色。

与此同时，世界上大部分地区都需要国家对基本个人自由提供保护，也需要依靠本国（或者国际）法院系统来实现这种保护，而且这些需求已经被摆在了优先位置。在“二战”后的1949年，美国在日内瓦签署了对战犯提供基本保护的一系列公约①，截至目前已有196个国家批准了该公约。[3]不止于此，联合国在1948年通过了《世界人权宣言》，对所有人类都应享有的基础性自由做了概述。[4]欧洲委员会②也于1959年在斯特拉斯堡建立了“欧洲人权法院”（European Court of Human Rights，ECtHR），该法院自建立以来已经审理了一万多起由来自近五十个国家的公民提起的侵犯人权诉讼。[5]也是在战后，美国和其他数百个国家都签署了反酷刑、反种族灭绝以及儿童权利保护等方面的公约；[6]各国建立起有权审理发生于北美、南美以及非洲部分地区案件的区域性人权法院；而且，制定了新宪法的国家（如波兰、南非和印度）也将人权保护写入宪法，[7]授权法院确保这些权利得到切实维护。[8]所有这些都显示，法院作为基本自由守护者的角色已经得到了公众的广泛接受。

美国的法律原则正朝着对宪法秩序和宪法基本自由的保护逐渐增强的方向发展，在关塔那摩系列案件之前的几年里，这种趋势将遭遇国家安全威胁时期的保

---

① 不同于1925年关于气体和生物武器的“日内瓦协议”，这里的公约指的是1949年8月12日签署的“日内瓦四公约”，包括《改善战地武装部队伤者病者境遇之日内瓦公约》《改善海上武装部队伤者病者及遇船难者境遇之日内瓦公约》《关于战俘待遇之日内瓦公约》《关于战时保护平民之日内瓦公约》。

② 欧洲委员会（Council of Europe）是由欧洲47个国家组成的国际组织，其宗旨是在欧洲范围内推动民主、保护人权。需要注意它与欧洲理事会（the European Council）之间的区别。后者是欧盟的机构，由欧盟成员国元首或政府首脑以及欧盟委员会主席组成。

护也纳入其中。正如我们之前看到的，西塞罗已经丧失了影响力，“政治问题”原则的势力也消融殆尽（即使最高法院拒绝裁决越南战争是否符合宪法）。钢铁工厂占领案已经明确宣告，即便在军事冲突期间，总统的行动权力也不是绝对的。

以上就是关塔那摩系列案件的背景。可以看出，最高法院已经绝意执行一部并非对总统毫无制约（并未给总统开具空白支票）的宪法。现在可以认为，公民
67 自由已经具备了足以和安全相抗衡的分量。要充分理解这些结论背后的依据及其重要性，我们就必须仔细考察这四个案件。

基本背景

案件的背景已经众所周知。2001 年 9 月，一伙“基地组织”恐怖分子劫持了四架商用飞机，并操纵这些飞机摧毁了纽约世界贸易中心并损毁了五角大楼的一部分。此次事件中，近三千名美国人遇难。

因此，国会授权总统使用“一切必要且恰当的（necessary and appropriate）武力打击那些他认定为预谋、授意、实施或协助实施恐怖袭击的国家、组织或个人……或是对这些组织或个人提供庇护的国家、组织或个人”。[9]

之后不久，总统向阿富汗派兵，打击塔利班政府及其庇护下的基地组织武装。在长达 13 年以上的阿富汗战争和之后在伊拉克等地发生的冲突中，美军捕获并甄别审查了数千名塔利班、基地组织以及其他恐怖组织的嫌疑成员。军方将其中近八百名被捕人员送入了位于古巴关塔那摩的美国海军基地拘留营。军方在那里审讯他们，并在初期将其中的大部分人员关押起来。从 2004 年开始，政府已经释放了很多被关押者。但直到 2015 年，仍有大约 120 人被囚禁。[10]

政府认为关塔那摩是一处位于美国境外的设施。以此为主要理由，当局以为在押人员不会有机会赴美国法院质疑其关押行为。[11]但在押人员的律师们却迅速行动起来，对这一判断发起挑战。

2002 年年初，在押人员的支持者们（有些是他们的律师或亲友）开始以

“挚友”① 的身份代表他们请求联邦法院签发人身保护令。申请者们认为，联邦当局将他们当作囚犯关押的行为违反了美国的宪法和法律。[12]大多数下级联邦法 68 院拒绝了这些申请，其理由往往围绕着一个自内战以来一直被沿用的主题：法院无权强令军方释放关押于美国主权领土之外的外国囚犯。[13]

各法院并没有对案件中提出的问题给出统一的回答，这些问题包括：联邦法院是否有权对关塔那摩在押人员签发人身保护令？总统能否将被捕的恐怖分子嫌疑人交由特别军事审判庭审判？如果宪法向那些自称并非敌方战斗人员，而是爱好和平的阿富汗农民的囚犯提供了一些程序性权利，这些权利包括哪些内容？提出这类问题的案件逐渐汇集到最高法院。

拉苏尔案和哈姆迪案

最高法院在2004年对首批两件关塔那摩案件作出裁决。在拉苏尔诉布什案中，一些来自澳大利亚和科威特（后在阿富汗被捕）的在押人员声称自己并不是敌方战斗人员，而是被美军误抓的人道主义援助人员。本案的问题是：法院究竟是否有权审查这些囚犯的诉讼请求。[14]

法院为什么没有这种权力呢？这些在押人员声称，他们的看守者（美国行政机构）对其实施的关押行为违反了联邦法律。正如我们之前所看到的，美国法官从很久之前就有权签发人身保护令，命令行政机构释放被非法关押的囚犯，就像命令早年的英国国王那样。如果法官经过审查知悉拉苏尔遭到了非法关押，为什么法官无权根据“国法”（the law of the land）（英国《大宪章》中的用语）下令将他释放呢？

问题在于，国会颁布的一项成文法规定，最高法院、各地区法院以及各巡回区法官有权“在其各自的管辖范围内”发布人身保护令。[15]政府认为，这些用语对人身保护令的签发施加了地域限制，将其限定在签发法官的特定辖区之内；古

① “挚友”（Next Friends），普通法术语，未成年人或因患精神病等原因而无行为能力提起诉讼之成年人的代理人，但他们不是该诉讼的当事人，也没有被指定为原告的监护人（Guardian）。

巴的关塔那摩港（没有联邦法官在此判案）不属于任何法官的管辖范围。除这项成文法之外，政府还指出，先前的判例表明，如申请人是外国人，最高法院无权审查他们的诉讼请求。[16]

在第二件案件——哈姆迪诉拉姆斯菲尔德案中，一名在沙特阿拉伯长大的美国公民于美军在阿富汗作战期间被美军捕获。他首先被当作囚犯关押在阿富汗和关塔那摩海军基地，后被转移至弗吉尼亚州的一所海军监狱，然后又被迁至南卡罗来纳州的另一所海军监狱。他也宣称自己并非敌方战斗人员，而是一名救援工 69
作者。政府以一份由一位陆军军官签署的书面声明予以回应，该声明证实哈姆迪“隶属于一个塔利班军事小组”，“接受过武器训练”，“参加过战斗”，并向捕获他的北方联盟①武装“上缴了他的卡拉什尼科夫突击步枪”。[17]

法庭双方均认为，哈姆迪作为一名被关押在美国的美国公民，有权向联邦地区法院申请人身保护令，而且如果他受到的关押确属违法，法院有权提供恰当的救济。[18]但海军关押哈姆迪的行为是否违法呢？这取决于政府是否为他提供了充分公正的程序以及使其能够证明自己清白的公平机会。

2004年6月28日，最高法院在一天之内公布了这两起案件的判决结果。在拉苏尔案中，总统主张《美国法典》② 第28卷第2241节（与本案相关的人身保护令成文法）中对人身保护令的签发范围施加了地域限制，禁止所有联邦法官对关塔那摩港在押人员签发人身保护令，而最高法院以6∶3的投票结果拒绝采纳总统的主张。相反，最高法院认为该法授权被上诉人（总统）居住地所属管辖区的

---

① 北方联盟即“争取拯救阿富汗联合伊斯兰阵线”（United Islamic Front for the Salvation of Afghanistan），成立于1996年塔利班组织控制喀布尔后的反塔利班军事组织联盟，主要由被推翻的“阿富汗伊斯兰国”政府领导人领导，汇集了众多反对塔利班组织的武装派别。“9·11”事件后受到美国资助。之后，该组织多名领导人成为阿富汗过渡政府的要员。

② 《美国法典》[United States Code（U. S. C.）] 是对具有普遍性和永久性的美国联邦成文法进行的官方汇编。众议院的法律修订顾问办公室（Office of the Law Revision Counsel）每六年发布一次新版本的《美国法典》，但每年都会发布当年的增补材料。根据编纂需要，美国联邦成文法被分为三种形式：除了法典化的《美国法典》之外，另外两类为单行本法（Slip Laws）和议会法律汇编（Session Laws）。单行本法（或可直译为“活页法”）在国会通过后，转到国家档案和记录管理局（National Archives and Records Administration）下的联邦登记办公室（Office of Federal Register）予以公布。在每届国会结束之后，单行本法结集为“法律汇编”（或可直译为“本届国会通过的法律汇编”），收入《制定法大全》，由政府出版办公室（Government Publishing Office）负责出版。其中一部分被编入《美国法典》。

法官（哥伦比亚特区的法官）审理本案。[19]在论证这一结论的过程中，大法官约翰·保罗·史蒂文斯①代表最高法院强调了人身保护令的历史意义，将其称为自由的捍卫者。他引述大法官杰克逊的言论：

> 英王约翰②曾在兰尼米德许诺，任何自由人，未经其同等地位之人裁判，或依国法裁判，③ 不得被监禁、没收财产、剥夺法律保护或者流放，从那时起，由行政权实施的监禁就被认为是残暴和非法的。英格兰的法官们发展出来的人身保护令制度在很大程度上正是为了维护这些豁免权，使人民免受行政权的挟制。[20]

在否定“敌方战斗人员”不在该成文法规定范围之内的观点时，大法官史蒂文斯援引了奎林案，该案中，最高法院审查了由“二战”期间乘潜水艇登陆美国的德国破坏分子提出的人身保护令申请。一个军事审判庭对他们进行了审判，并
70 将其定罪。但一个普通联邦法院却受理了他们就人身保护令问题提出的异议，认为管辖权问题与其是否被判定违反战争法无关。[21]大法官史蒂文斯还提到了发生在和平时期的案件，在这些案件中，外国公民被“准许向法院求助，以获得损害赔偿和对其权利的保护”。[22]

最高法院进一步认定，虽然古巴对关塔那摩拥有法律上的“主权”，但这并不妨碍联邦法院审理本案。最高法院在参考了英国的案件后认定，人身保护令的适用范围“并不取决于形式上的领土主权概念，而取决于”政府“事实上行使

---

① 约翰·保罗·史蒂文斯，1975～2010年在任，被普遍认为是自由派大法官。曾任大法官拉特利奇的法官助理，深受其影响。曾在芝加哥大学教授反垄断法，后曾以特别检察官身份主导了对伊利诺伊州最高法院两位首席大法官（其中一位当时在任）的腐败调查。后被任命为联邦第七巡回法院法官，五年后被任命为最高法院大法官，该认命获得参议院全票通过。

② 约翰，英格兰国王，亨利二世第五子，1199～1216年在位。其父将法国的领地封给了其几位兄长，于是约翰借诺曼底等法国领土的继承权问题发难，挑起战争。攻法失败后，英格兰贵族发动叛乱，并一度占领伦敦。英王约翰被迫与贵族谈判，在英格兰的兰尼米德签订《大宪章》。英王许诺保障教会权利、免除非法监禁，并出台了新税法。

③ 当时与英王签订《大宪章》的是一些自己豢养私人武装的地方小贵族或者称为男爵（barons）的低级贵族。这里的“自由人”（free man）应当是他们的自称，在当时的英国封建制度下，绝大多数人都背负着一定的封建义务，所以“自由人”的含义与今日的理解不同。有人认为“同等地位之人裁判”（judgment of his peers）就是陪审团裁判，但当时的陪审团制度与后来存在很大区别（如职责和待遇），对陪审制度的推崇是在之后的漫长时间内形成的。这里的文字并不一定指的就是陪审制度，但却在后世被当作陪审团审判权的基石。

了何种程度和性质的管辖权或控制权”。[23]同古巴签署的多项条约清楚地表明，美国“对关塔那摩基地享有完整的管辖权和控制权”，如果美国愿意，它有权根据这些条约继续永久性地行使全面控制权。[24]

“二战”期间的约翰逊诉艾森特雷格案提出了一个更为困难的问题。有21名德国公民被一个设在中国的军事委员会定罪，并被监禁在德国的盟军占领区。最高法院认定自己无权审查他们在美国提交的人身保护令申请。政府主张该案才是（对本案）有约束力的先例。[25]

拉苏尔案多数派大法官的结论则是，此案不同于彼案。艾森特雷格案中的每一名囚犯都符合下列特征：

> (a) 是敌国公民；(b) 从未来过美国，也未在美国定居；(c) 在美国境外被俘，并作为战犯被军方羁押；(d) 由设在美国境外的军事委员会审判定罪；(e) 其违反战争法的行为发生在美国境外；(f) 而且一直都被监禁于美国境外。[26]

最高法院表示，在拉苏尔案中 (d) (e) (f) 项并不存在。申请人也并未被判定犯有战争罪行（甚至没有在任何审判机构应诉），而且他们被监禁在关塔那摩，那里并不是“美国境外”。[27]

最后，最高法院明确表示，它只是认定在押人员有权向法院提交他们的诉讼请求，但未表示之后哪一方会赢得诉讼。[28] 71

大法官安东尼·肯尼迪①在一篇独立的附议意见中提出了两个重点问题：首先，与艾森特雷格案中的监狱位置不同（德国），“从任何一个实践角度来看”，关塔那摩港“都是美国领土，而且距离任何交战区域都非常遥远”。[29]其次，在押人员“正在被无限期关押，任何合法的身份审查程序都会令其享有一定的程序利益，但他们却无法享有这种利益”。[30]他把这一问题的分析方法比喻成一把滑尺，衡量关押行为是否正当的标准随着关押时长的变化而滑动。他说，“在押人

---

① 安东尼·肯尼迪，从1988年开始任职至今，是目前最高法院资历最老的大法官，被认为在很多重要的“五比四”案件中投下了关键票（swing vote），尤其是在之前的关键票大法官奥康纳选择退休之后，接替其位置成为关键票大法官。其父是律师，在加利福尼亚州政界非常活跃，与当时的加利福尼亚州州长即后来的最高法院首席大法官厄尔·沃伦私交甚笃。

员已被带离交战区域，如果在未经任何诉讼程序的情况下仅将其关押数周，那么军事需要还可以为这种关押行为提供正当性基础；但如果关押时间延至数月甚至数年，再将军情紧急作为继续关押的理由就会变得牵强”。[31]

有三位大法官表达了异议，主张古巴对关塔那摩拥有法律上的“主权”，关塔那摩是一块“外国领土”。他们表示，美国和英国的法院从来就没有，也不应该为外国领土上的外国人签发人身保护令。[32]他们进而表示，本案最直接的先例，即艾森特雷格案，要求最高法院站在政府一边。[33]他们还认为，如果按照多数派大法官的相反观点，“二战”中数以百万计的敌方战斗人员都应获准向美国法院申请人身保护令。而在将来，最高法院的裁决会导致其他人群起仿效，所以它是在冒险，总统领导对外战争的能力可能会因此受到严重干扰。[34]

在第二个案件——哈姆迪案中，最高法院的裁决同样对政府不利。[35]作为一名被关押在南卡罗来纳州一所军事监狱的美国公民，哈姆迪完全享有申请人身保护令的权利。但对他进行关押是否违反了美国法律呢？总统是否有权在战斗持续期间将一名美国公民作为“敌方战斗人员”予以关押呢？

由五位成员组成的多数派对此作出了肯定的回答。虽然哈姆迪是一名美国公民，但他却在与美国为敌。[36]在奎林案中，一名为德军而战的美国公民在战时潜回美国，专门实施破坏活动，最高法院同意对其处以监禁。[37]因此，根据奎林案，可以将哈姆迪作为“敌方战斗人员”施以关押。但依据战争法，在“实际战事停止后”不得再对敌方战斗人员实施关押。①[38]

最高法院的其他四位成员不同意这种说法，认为总统不能将美国公民当作敌方
72 战斗人员予以关押。其中两位成员认为，总统缺乏这样做的成文法依据，[39]另外两位成员则认为总统所欠缺的是宪法权力。[40]持后一种观点的两位成员，大法官约翰·保罗·史蒂文斯和安东尼·斯卡利亚②认为，政府不能关押具有敌方战斗人员身份的美国公民。相反，政府必须将他送上刑事法庭，或者必须将他释放。[41]

哈姆迪案的第二个问题牵涉到正当程序。我刚才讲到，多数派大法官认为，

---

① 根据1949年《关于战俘待遇之日内瓦公约》第118条的规定，实际战事停止后，战俘应即予释放并遣返，不得延迟。

② 安东尼·斯卡利亚，1986~2016年任职最高法院，最高法院中保守派的核心人物，坚持认为应当以宪法文本或原意来解释宪法而不应随意扩展。他之前在弗吉尼亚大学和芝加哥大学任教，后被任命为哥伦比亚特区巡回上诉法院法官。后来，在获得参议院全票支持的情况下成为美国首位意大利裔大法官。

在战事持续期间，政府可以关押具有敌方战斗人员身份的美国公民。但哈姆迪真的是一名敌方战斗人员吗？他对政府所主张的事实予以否认，声称他只参与了和平活动。由此产生了一个问题，“对在敌方战斗人员的身份认定问题上提出异议的公民适用怎样的程序才符合宪法规定的正当程序”？[42]

政府主张，由于要“恪守分权原则，加之法院这种机构在应对涉及持续性冲突的军事决策问题方面能力有限”，法院理应免除对所有“个案程序问题”的审查，至少要把这种审查降到最低限度。[43]法院或许有权审查“关押方案整体是否获得了合法授权”，但不应对个案中的关押决定进行事后审查；如果法院要进行这种审查，也应当遵循一种高度尊重的审查标准——只查问是否存在“一些”能够支持行政机构决定的“证据”。[44]

最高法院驳回了政府的这些主张。大法官桑德拉·戴·奥康纳①执笔撰写了由四位大法官联署的复数意见②，另有两位大法官对于该意见书中关于正当程序的部分表示赞同，于是该意见书获得了六张赞成票。[45]在反驳政府有关正当程序的主张时，大法官奥康纳详细论述了最高法院在安全需要与公民自由发生冲突时面临的普遍性问题。她写到，宪法承认“战争中的核心战略问题应由那些具备了最充分决策条件并肩负最重大政治责任的人决断”，[46]法院必须考虑军方的合理关切，例如，战地指挥官需要专注于战事，而不是后方烦琐的诉讼。[47]但是，宪法同时也将“非经正当程序不受本国政府强制关押的权利”确立为“基本”（fundamental）权利。[48]所以，最高法院必须“在因监禁导致的自由减损和与其相对立的政府利益之间进行权衡”。[49]在权衡之后，大法官奥康纳得出结论，行 73
政机构不得“损害基本的……获得告知权（right to notice）和陈述己见的机会（opportunity to be heard）”。[50]必须在“严肃的时间以严肃的方式赋予他们”这些权利。[51]对自己的（敌方战斗人员）身份认定提出质疑的“公民—在押人员”必须“被告知作出这种身份认定的事实基础，并获得一个公平的机会，可以在中立裁决者面前反驳政府的事实主张”。[52]至于正当程序中的其他要件，则“可以对

---

① 桑德拉·戴·奥康纳，1981～2006年任职于最高法院，是最高法院第一位女性大法官。在任职初期经常与最高法院内的保守派保持一致，后期成为重要的“摇摆票”或“关键票”大法官。2009年奥巴马总统授予她非战斗人员所能获得的最高荣誉——总统自由勋章（Presidential Medal of Freedom）。

② 复数意见（Plurality）：在某个案件中，如果一份审判意见无法得到半数以上大法官的支持，则无法形成多数派（Majority）审判意见，在这种情况下，得到最多支持的意见被称为复数意见。

适用于敌方战斗人员的诉讼程序加以简化，以减轻它们在军事冲突期间对行政机构造成的不必要的潜在负担”。[53]

奥康纳补充到，“任何对分权原则的理性解读都无法”支持政府提出的那种更加极端的立场（如法院只能审查关押方案整体而不得审查个案中的关押决定）。[54]这“只会使权力集中到单一的政府机构手中”。通过援引钢铁工厂占领案，她得出结论，最高法院“在很久之前就已经明确表示，当事关本国公民的权利时，战争状态不是总统的一张空白支票”。[55]

哈姆丹案

最高法院在2006年审理了第三件关塔那摩案件——哈姆丹诉拉姆斯菲尔德案。[56]拥有也门国籍的萨利姆·艾哈迈德·哈姆丹在阿富汗被捕，并被关押于关塔那摩港。政府将他送交一个特别军事委员会审判，指控他参与共谋——与其他基地组织成员共谋袭击平民、谋杀以及实施恐怖活动。[57]指控的具体内容为，政府声称哈姆丹曾是奥萨马·本·拉登的“保镖兼私人司机”，为基地组织运送过武器，曾将奥萨马·本·拉登护送到基地组织训练营，同时自己也接受过武器训练。[58]最高法院需要回答的问题是，政府是否可以合法地将哈姆丹送交一个依据行政命令组建的特别军事委员会进行审判。[59]与常规法院相比，这类委员会被允许（为了“国家安全”利益）对被告提供较少的程序性保护措施——例如，委员会可以将被告人排斥于诉讼程序之外，从而单独接触并审查特定的证据。[60]

最高法院以5:4的投票结果认定，政府对特别军事委员会的启用属于非法，并
74 在审判意见中回顾了最高法院于内战刚刚结束之时裁决的米利根案，在该案中，一名印第安纳州平民同样受到了军事审判。当时的首席大法官萨尔蒙·P. 蔡斯①曾写到，除非“压倒性的必要性”（controlling necessity），否则在战时“为审判和惩

① 萨尔蒙·P. 蔡斯，1864～1873年任职，继罗杰·托尼之后成为美国第六位首席大法官，他的任职完全扭转了其前任支持奴隶制的倾向。蔡斯一生热衷政治活动，曾参加辉格党、自由党、自由土地党（Free Soil）、共和党和民主党等多个党派，任职最高法院之前曾任参议员和林肯内阁的财政部部长。

罚犯罪行为而设立审判机构”的权力属于国会，未经授权总统不得染指。[61]

国会确实没有颁布过任何直接授权总统为关塔那摩囚犯设立这类委员会的成文法。与此最直接相关的成文法仅规定，“军事法庭”（courts-martial）的管辖权“并不具有排他性”，同时补充到，“对于成文法或者战争法规定的可以由其他军事审判庭审判的罪犯或犯罪行为”，“军事委员会”同样有权审判。[62]对于前者（成文法），双方均认为被告被指控的行为——参与发生在阿富汗和其他国家的共谋犯罪——并不违反任何成文法。最高法院在详细考察了军事委员会的发展历史后得出结论，若涉及的犯罪中包含某种发生于敌对状态开始之前的共谋行为，且该行为发生在“交战区域”以外，则“战争法”不允许“军事审判庭”审理这项犯罪。[63]

此外，《统一军事司法法典》① 规定，“在条件允许的情况下”，应该“尽量”把军事法庭和军事委员会的审判程序“统一起来”，使两者与常规刑事法院的审判程序相一致。[64]最高法院指出，总统试图利用诉讼程序规则上的差异：委员会规则允许将未经（被告）质证的证据作为定罪的依据，而军事法庭规则则不允许。② 多数派大法官认为，这种不一致不具有正当性。[65]

最高法院的四位成员进一步说到，军事委员会的诉讼程序违反了国际公约，即可适用于“非国际性武装冲突场合”[66]的《关于战俘待遇之日内瓦公约》，公约禁止在“未经具有文明人类所认为必需之司法保障的正规组织之法庭宣判”的情况下执行刑事判决。[67]至少“在没有任何证据证明有实际需要”的情况下，哈姆丹被剥夺了“出庭”的权利，“以及接触对其不利的证据的权利”，这违反了公约规定。[68]多数派中的第五位成员，大法官肯尼迪认为无须对条约问题进行裁决。[69]简言之， 75
多数派大法官裁决在押人员获胜——但依据的是成文法，而非宪法。

---

① 《统一军事司法法典》（Uniform Code of Military Justice）：早在1775年第二届大陆会议就制定了“69条战争条款”来约束大陆军。后来，国会在1950年依据《宪法》第2条第8款规定的制定陆海军管理条例的权力制定该法典，其他法律废止，该法典成为美国军事司法的依据。

② 相对于已经非常成熟、非常接近常规法院程序的军事法庭程序，当时布什政府设立的军事委员会程序摒弃了很多对被告人有利的程序规则，这受到一些深受程序正义思想影响的美国人的反对。尤其是在法律界，当时还有些军事法院系统的资深法官站出来呼吁社会不要将两者混淆，认为军事委员会的存在是对军事法院系统的侮辱。

布迈丁案

第四件案件——2008年判决的布迈丁诉布什案,〔70〕是迄今为止最重要的案件。这是因为，作为对拉苏尔案的回应，国会废除了那部最高法院认定其为准许在押人员提出人身保护令申请提供依据的成文法，代之以禁止他们提出此类申请的新法。〔71〕

案件发生时，包括拉赫达尔·布迈丁在内的数名关塔那摩在押人员向一家联邦地区法院提出申请，要求获得释放并宣称他们根本不是敌方战斗人员。该法院相信拉苏尔案准许自己审查布迈丁的申请，于是同意进行审查。但在此期间，国会于2006年颁布了这部新的法律，规定〔72〕“对于关押在古巴关塔那摩港的外国在押人员本人或其代理人提出的人身保护令申请，任何法院、大法官或者法官都不具有对其进行审理或审查的管辖权”。下级法院随即驳回了布迈丁的申请,〔73〕接着，最高法院同意就该成文法是否违宪进行裁决。

《宪法》第1条中记载了与本案相关的规定：“不得中止人身保护令之特权①，除非发生内乱或外患时公共安全要求中止这项特权。”〔74〕当2006年成文法获得通过时，国会并未面临“叛乱”或“入侵”问题，但即便如此，也并不必然意味着申请者享有“人身保护令特权”。最高法院在拉苏尔案中裁决，关塔那摩在押人员享有一项由国会专门成文法规定的特权保护。〔75〕但当该成文法不复存在，在押人员是否享有这项同样规定在宪法中的特权保护呢？所有这些可能听起来都太专业了，其实则不然。问题其实很简单，对于那些被关押在军事基地的拥有敌方战斗人员身份的外国人，宪法本身是否以准许其质疑关押行为合法性的方式向他们提供了保护。

最高法院又一次以5:4的投票结果认定宪法确实提供了这种保护，而且本案

① 特权（privilege），指仅有特定个人或人群享有的特殊权利、利益或者豁免权。英国诺曼征服初期，各地贵族根据当地习惯法判案，与国王之间没有紧密联系。国王派出的法官则提供了较为公平的通行方法，吸引臣民申请人身保护令特权，归附国王，削弱当地贵族权力。从起源上说，这种权力是王权斗争的结果，并非个人天然享有；从受益者来说，能够申请保护令的人群也是逐步扩大的，所以称之为特权。

的论证过程在很大程度上是对拉苏尔案的进一步阐述。在代表多数派大法官撰写的审判意见中，大法官肯尼迪首先强调了保护令的根本重要性，[76]赞扬了保护令在英国历史上起到的重要作用，它如同守卫一般，捍卫着铭刻在《大宪章》里的一项原初性权利（“未经……国法裁判”不受“监禁”的权利）；[77]他提到，布 76
莱克斯通将保护令称为“我们自由的坚固堡垒”，[78]如亚历山大·汉密尔顿所言，堡垒提供了一种安全保障，它对抗着“恣意监禁……这种暴政所把持的最令人生畏的武器”。[79]

其次，大法官肯尼迪对历史上的实践做法进行了回顾。政府声称，英国法院（只）会为被关押在英格兰“主权”领土上的外国人签发保护令。[80]而现在，虽然美国的租约规定古巴保留“最终主权”，但美国可以永远对基地行使“完整的管辖权和控制权”。[81]大法官肯尼迪的结论是，从历史来看，实践意义上的主权（而非法律意义上的主权）似乎才是（签发令状所应遵循的）实施原则，这在一定程度上是因为，“严格意义或规范意义上的主权概念无法为签发英国境外令状的做法给出一种全面的或者大体令人满意的解释”。[82]在本案中，实践方面的考虑强烈要求将关塔那摩港视作美国主权领土。

再次，大法官肯尼迪提到了艾森特雷格案，在该案中最高法院拒绝审查由被判犯有战争罪的德国公民提出的人身保护令申请，他还重申了拉苏尔案之所以认定该案区别于其他案件的原因。[83]

他在结论中主张，在确定人身保护令这一宪法特权的适用范围时，应将在押人员的身份、“被逮捕地和被关押地的性质”以及“在决定囚犯享有令状特权后必然会产生的实践困难”等因素考虑在内。[84]历史、先例以及实践等方面的考虑均对在押人员有利。因此，最高法院认定，人身保护令的特权保护应扩展至本案申请人。[85]

四位异议大法官主张这种宪法特权仅属于美国公民和身在美国主权范围内的非美国公民，在他们看来关塔那摩在押人员不在此列。[86]他们进而认为《在押人员待遇法》① 实际上并没有中止保护令，因为其中规定，哥伦比亚特区巡回上诉法院有权审查在押人员的敌方战斗人员身份认定。首席大法官在异议意见中主

① 《在押人员待遇法》（Detainee Treatment Act），即本案中提到的新成文法，实际是在2005年年底通过的，其中还规定禁止对在押人员实施酷刑，对在押人员进行审讯时必须严格按照规范等。

77 张，至少我们应该等待下级法院对该条文作出解释。[87]

但是，多数派大法官对此表示反对，认为这项上诉审查条文存在本质上的缺陷。[88]他们注意到，“当前案件中涉及的在押人员……并非那些”在等待政府决定期间“受到短期监禁的在押人员”。[89]相反，对于一些案件来说，“时间已经过去了六年之久，却迟迟未见人身保护令或其他恰当的替代方式所要求的司法监督”。[90]但这并不意味着“敌方战斗人员一进入适用令状保护之领土，人身保护法院就应立即介入”。[91]然而，在本案中，“并没有证据表明行政机构所承受的负担已经沉重到无法在合理期限内对人身保护诉讼作出回应”。[92]

最高法院认定，对于外国在押人员在交战期间遭受的关押行为，国会必须允许法院对其合法性作出裁判，在这一点上，最高法院已经超越了米利根案。[93]这是因为，与发生于内战之后的米利根案不同，布迈丁案中的在押人员并非本国公民，而且在本案裁决之时交战状态仍在持续。最高法院同样超越了钢铁工厂占领案。同该案的区别在于，国会通过了一项明确否认权力的法律，但它否认的不是总统的权力，而是法院的权力，禁止法院插手一项国家安全战略。通过在布迈丁案中宣示其依据“中止条款”① 承担的责任，最高法院庄严宣告自己有权审查对政府关押行为提出的质疑，对此，任何人不得禁止。

可见的事实：判决中的法律原则

如果对拉苏尔案、哈姆迪案、哈姆丹案和布迈丁案进行综合考虑的话，这些判决在两个问题上站在了政府一边。最高法院再次确认了行政机构（经国会授权后）拥有在“实际战事持续期间”关押敌方战斗人员的宪法权力，这与之前所有战争时期并无区别。[94]最高法院还认定，行政机构可以将与本国为敌的美国公民当作敌方战斗人员予以关押。[95]

但另一方面，最高法院则对在押人员给予了全面支持：那项对人身保护令作

① “中止条款”（Suspension Clause），即前文提到的《宪法》第1条第9款“对国会的限制”中的第2项，“不得中止人身保护令特权，除非发生叛乱或入侵时，公共安全要求中止这项特权”。

出规定的成文法确实赋予了关塔那摩在押人员向法院证明其遭受非法关押的权利。[96]当在押人员对其“敌方战斗人员”身份提出质疑时，无论他是外国人还是本国公民，行政机构都必须向他提供正当程序中的基本要件（中立的裁决者，展示己方证据、观点并获知对方证据、观点的公平机会，等等）。[97]最高法院进一步认定，行政机构没有利用特别军事委员会审判敌方战斗人员的成文法权力，而且国会也没有在不满足“中止条款”条件的情况下中止关塔那摩在押人员人身保护令“特权”的宪法权力；[98]因此，在押外国人可以请求法院将其释放。[99]总 78
之，审判意见表示，即便在严重的安全威胁面前，宪法也没有向总统（或国会）开具任意采取应对措施的空白支票［对总统（或国会）采取的应对措施绝非毫无制约］。

如果将关塔那摩系列案件与其他同样涉及外交权和战争权的案件进行对比，则会观察到两个更具普遍意义的事实。

首先，该系列案件延续了最高法院与西塞罗（“法律缄默不语”）渐行渐远的趋势，并趋向于英国法官阿特金勋爵①在“二战”期间描述过的一种姿态：

> 在这个国家里，即便炮声呼啸，法律也不会缄默不语。它们可以被改变，但无论是在安宁承平之时抑或共克时艰之季，它们都在用同一种语言说话。在英王的子民与企图侵犯其自由的行政机构之间，法官们毅然伫立，警觉地注视着任何被法律所禁止的强制措施。他们的伟业一直以来都是撑起自由的一根支柱，是镌刻在自由圣典中的一项准则，而我们现在的浴血奋战同样也正是为了守卫这份自由。[100]

这种转变从钢铁工厂占领案就已经开启，而到了关塔那摩系列案件时已然变得非常显著。钢铁工厂占领案首次解决了总统处理国内事务的权力问题，而关塔那摩系列案件关注的则是政治机构（包括总统和国会）在实际战事持续期间处理国际事务的权力问题。为了解这种转变，让我们审视一下该领域内一些曾经值

---

① 阿特金勋爵（Lord Atkin），1928～1944年任职于英国上议院，为上议院常任上诉法官（Lords of Appeal in Ordinary）之一。在2009年上议院的司法职能被废除之前，负责审理有特别重大影响的案件，对多种案件拥有最终决定权。在英国，在高等法院和上诉法院法庭上，应对法官称呼“My Lord”，在法庭之外，出庭律师称呼法官为“Judge”，其他人则称呼法官为“Sir”，而较高级别的法官一般都有贵族头衔。

得信赖的法律权威的命运。

“对于公然宣布与本国为敌并与本国开战之人，如果为获得本国法律所提供的利益和保护而在本国提起诉讼的话，他的诉求不会得到受理。”[101]布莱克斯通的这种思想命运如何？这种在奎林案和艾森特雷格案中被多次提及的观点已经寿终正寝，被埋葬在了关塔那摩。

“宪法从来就没有对战时的总统过分掣肘。”[102]司法部部长弗朗西斯·比德尔的这种观点命运如何？那样的日子或许一去不返了。

“就其本质属性而言，军方的决定明智与否不受司法评判。”大法官罗伯特·
79 杰克逊在是松案中表达的这种观点命运如何？只有在战争结束之后，甚至结束很久之后，最高法院才可以着手恢复宪政。[103]这种思想又被置于何地了呢？后者已经完全被束之高阁；而对于前者，现在的做法则是具体问题具体分析。

“是执着于一条法律，而坐视其他所有法律成为具文，放任政府分崩离析？还是干脆违反这条法律？”[104]林肯总统对其中止人身保护令的行为所做的激动人心的辩护命运如何呢？米利根案在一定程度上支持了这种观点，所以最高法院直到内战结束才对该案作出裁决。但最高法院裁决关塔那摩系列案件之时，战争仍在继续。一些大法官甚至指出，正是由于战争仍在继续，而且已持续了六年之久，才需要对这些案件作出裁决。

对于在柯蒂斯-莱特案和是松案中阐述的“政治问题”原则，关塔那摩系列案件并没有直接推翻这些判决，而是（与钢铁工厂占领案一起）抽干了之前这些案件的论证效力——虽然它们如同潜藏于水下的冰山，或许某一天还会再度浮出水面。

其次，虽然关塔那摩系列案件因论述不够彻底而容易遭到批评，但最高法院解决这些案件的方式却是值得大加赞许的，其中既包括详细的论述，也包括适时的缄默。布迈丁案的多数派大法官确实为人身保护令的海外适用范围提出了指导方针。它指出，应将在押人员的“公民资格和敌方战斗人员身份”纳入考虑范围，还要考虑“身份认定适当与否”，“逮捕地和被关押地的性质”，以及“在决定囚犯享有令状特权后必然会产生的实践困难”等。[105]该案之后，若哥伦比亚特区巡回上诉法院适用这份指导方针，它将会认定，保护令特权的适用范围并不包含阿富汗巴格拉姆空军基地，因为那里距离实际战场太近了。[106]布迈丁案具有指导意义，虽然最高法院仅表示关塔那摩是因为距离战场足够遥远，足够接近美国大陆，且处于美国的充分控制之下，才落入了保护令的地理适用范围。同理，当最高法院在哈姆迪案中阐述宪法赋予在押人员的“（正当）程序”时，仅开列了最基本的要件（如中立的裁决者，展示己方证据、观点并获知对方证据、观点的公平机会）。至于宪法还作出了哪些其他要求，最高法院则将这一问题留给了未来。[107]

其他大法官本可能偏爱一种“泾渭分明”的规则。有论者认为美国公民和美 80
国境内的外国人均应受到保护令的庇护，关押在海外的敌方战斗人员则不得享有。[108]还有论者进一步认为，如果案件涉及美国公民，政府有责任将其送上法庭（虽然审判中的程序保障可能并不严格），或者释放；但对于在战场上被作为敌方战斗人员而俘获的外国人，则不必给予这样的待遇。[109]

这种“泾渭分明”的规则确实可以使法律变得明确，对适用者提供指导。但永远存在一种风险：最高法院可能在没有设定足够的限定条件或例外规则的情况下将那条清晰的界限划到错误的地方。之后的事态会证明这种规则损害了它所要增进的安全利益，或对公民自由施加了过度限制，甚至根本无法使用 。

例如，异议大法官本想在关塔那摩与佛罗里达之间划出一条“泾渭分明”的界限，但这种区别将会非常细微。毕竟，美国控制着关塔那摩，那里距离佛罗里达如此之近，距离战场又如此遥远——为什么 90 英里的海面会在法律上造成如此显著的区别呢？回忆一下在柯蒂斯－莱特案中最高法院为了向总统和国会保证法院不会干涉其战争行为而划出的那条“泾渭分明”的界限；是松案已经展示了，为换取这种“泾渭分明”的确定性，公民自由曾经付出了过于高昂的代价。

隐含的意义：序幕结束，正剧开场

关塔那摩系列案件展示了最高法院在审视安全和公民自由之间的平衡时所采用的最新方式，体现了一场持续进行的演化过程的高峰。今天的最高法院并没有选择置身事外，宣称此类案件提出了无法审查的“政治问题”，也没有在受理案件之后例行公事般地以总统或国会胜诉了事，当安全措施同其他宪法性保障发生冲突时，它选择了更加深入地参与其中。它会听取政府的声音，考虑政府的主张，但它不会不加区别地为政府的每项决定背书，不会充当政府的“橡皮图章”。

我认为（最高法院）回应方式的演化并非只是宪法分权制衡机制运行方式的演化。最高法院的立场确实已经从尊重转变为监督，而且它断定，其他两个政府机构越界了，而这种情况从钢铁工厂占领案就已开始，并在关塔那摩系列案中达到顶峰。但问题依旧存在：为什么那些长久以来都被证明是可以接受的事情，现在却被认为“越界”了呢？我提到过一些我个人认为引发了这种改变的因素，包括是松案的教训，以及（在布朗诉教育委员会案后）公众对最高法院民权保护
81 作用的认同不断增长。除此以外还有另一个重要变化。外部现实世界对我国国民日常生活的渗透似乎已经不再像以往那样被当作反常事件，不能再将这种渗透作为反常决定的正当性基础。钢铁工厂占领案（发生于朝鲜战争和“冷战”期间，在“二战”后接踵而至）以及关塔那摩系列案件（发生于美国历史上最漫长的战争期间）都是在外国问题，确切地说是在外国威胁很可能无限期持续下去的背景下作出裁决的。在布迈丁案中，一些大法官强调了他们对那些已持续六年之久（比内战或“二战”更加漫长）的关押行为的担忧。

即便这个世界对我们来说过于复杂，我们也不能装作任何改变都不曾发生。改变已经降临，而且这种改变并不只是外国威胁的增长。外国威胁只是更为广阔的现实世界中一个特别令人不安的面相而已，我之前曾用相互依存来形容这个现实世界，所谓相互依存即包括了或好或坏的多种方式的总和，在这个相互依存的现实世界里，外国的各种活动及其参与者渗透到我国国民的日常生活当中，催生了我们与其他国家共同面临的一些问题。

相互依存意味着，当之后再遇到类似之前讨论过的案件时，最高法院会越发需要考虑境外发生的非司法性和司法性的各种活动。对于前者，最高法院必须了解一些外国的具体环境——其中包括，美国所面临的不断变化的安全威胁，以及美国和它的伙伴们应对这些威胁的方式——这样才能在各种法律或事实问题中作出细致的区分，找出不易觉察的界限。这种对增长见闻的需求将迫使最高法院与了解外国环境的新信息源进行比以往更为深入的接触。最高法院已经承诺将会裁决涉及国家安全的案件，不再推诿，不再甘当“橡皮图章”，它通过这种方式含蓄地承认了一种意愿，即希望参与到那些与国家安全风险有关的冷峻现实中去。

此外，最高法院将发现自己之所以要去探寻海外世界并不仅仅是为了了解我们所面对的各种威胁的本质属性，更是为了创造一种应对它们的有效方法。其他国家的法院和立法机构曾经而且正在面临类似的国家和平威胁和安全威胁，而在我国最高法院试图在安全与自由之间寻求平衡之前，它们就已经开展了类似的实践。这些 82
机构创造的解决方案提供了一些富有建设性的范例，美国最高法院可以善加利用。[110]例如，思考一下大法官克拉伦斯·托马斯①在其为哈姆迪案撰写的异议意见中提出的问题，当时他指出，“不能保证”在押人员总能“接触到律师”，或接触到据以认定其敌方战斗人员身份的“事实依据”。他担心，一旦准许其开展这种接触，囚犯就会泄露机密信息，危害情报来源，并最终“摧毁情报收集机关”。[111]

英国政府已经解决了这一问题，其方法为，规定类似案件的辩护律师必须从一份接受过忠诚调查（security clearance）的律师名单中选出。在案件开始时，辩护律师可以会见被代理人，但在获取载有相关机密信息的政府秘密文件之后，任何与被代理人进一步的会谈都必须获得特别许可。政府承认，这套系统确实使在押外国人无法享受由拥有完整接触权的律师提供的更为优质的代理服务。但相比其他选项：不允许律师辩护、不允许律师接触保密信息或者释放潜在的恐怖分子等，这已经是最好的折中方案了。[112]英国最高法院（当时的上议院上诉委员会②）曾经表示，这套系统可能在一定程度上违反了《欧洲人权公约》，③ 因为“不公开的材料是对在押人员提起诉讼的唯一依据，或者对诉讼起

---

① 克拉伦斯·托马斯，从1991年开始任职于最高法院，美国第二位黑人大法官。曾任公平就业机会委员会（Equal Employment Opportunity Commission）主席，后被任命为哥伦比亚特区巡回上诉法院法官，就职仅16个月后就被老布什总统提名为最高法院大法官，但由于在公平就业机会委员会期间曾爆出性丑闻，该提名在参议院仅以52∶48的投票结果获得通过。其法学思想倾向于保守，坚持严格按照文本原意来解释宪法和法律，主张限制联邦权力，保护各州和地方政府的权力不受联邦权力的侵蚀，但同时认为联邦行政机构应该拥有广泛权力。

② 上议院上诉委员会（Law Committee of the House of Lords）：英国在2009年10月1日之前不设“最高法院”，由英国上议院（House of Lords）承担最高法院的大部分职能。历史上上议院曾作为一个整体受理案件，作出终审判决，后改为由具备法律资格的上议院议员组成上诉委员会审理案件。《2005年宪法改革法》通过之后，上议院的这部分司法职能改由新设的英国最高法院承担，原上诉委员会的成员大都进入新设的最高法院成为首届大法官。

③ 在英国退出欧盟之前，英国最高法院或之前的上议院上诉委员会为英国的终审法院，但对于涉及欧盟法律或《欧洲人权公约》的案件，上诉人仍然可以上诉至欧洲法院（European Court of Justice）或欧洲人权法院（European Court of Human Rights）。

到了决定性作用”，而这些材料并没用向被告展示过，被告和律师也就无从讨论，[113]然而，这套系统仍被继续采用。[114]

与此相似，以色列也创制了一种方法，允许本国武装力量在恐怖分子嫌疑人不接触律师的情况下，最高将其关押34天，只要政府能够在单方出庭时成功地使法官相信当时的环境迫使其必须采取这种措施（例如，防止恐怖分子对律师说，“告诉我的母亲我现在很好”，但其实这是一种暗语，意思是“炸掉那家餐厅”）。[115]但在这种情况下，政府每隔几天就必须再次出庭来解释为什么仍然需要继续关押。法院甚至可以下令，关押时间越长，政府就必须越频繁地出庭，而每次负担的法定证明责任也越重。

西班牙采用的制度与英国相似，但约束性更强。一旦向恐怖分子嫌疑人下达
83 了“单独禁闭令”，就可以对被告处以长达13天的审前隔离羁押。在这段时间里，他不得委托自己的律师，而必须接受由一位法律援助律师提供的代理服务，也不允许他与这位法律援助律师单独会面。[116]

我无意褒贬英国、以色列或西班牙的具体制度，我只是想指出：在为我们共同面临的问题寻找解决之道方面，其他同样致力于保障基本人权的民主国家已经走在了我们前面；我们会从对其实践做法的考察中获益，而躲在真空中自己摸索则会一无所获。[117]

我并不是说我们能够或者应该引入其他国家的解决方式。我的意思是，我们要解决的终究是一个美国宪法问题，而对于这个问题，别国的范例可以帮助我们找出符合本国宪法的答案。

并非只有涉及关押行为合法性的案件才会产生安全/民权问题。除此之外还存在其他类型的案件，如涉及电子监听、数据保留、① 运用特定种类的证据指控恐怖分子等行为的合法性问题的案件，以及其他相关问题的案件。这些对联邦政府在“反恐战争”中的政策提出诸多质疑的案件已经渗透到各联邦法院之中，而且很可能还会不断涌入。我在引言中提到了最高法院在2013年审理的一起监听案件，在该案中，政府对外国恐怖分子嫌疑人与其美国律师之间的交谈实施了监

① 在电子通信领域，数据保留（Data Retention）指的是由政府或商业组织对电话的呼叫详细记录（Call Detail Records，CDRs）和网络交通及交易数据（Internet Protocol Detail Records，IPDRs）的储存。

控。上诉人主张该监控项目违宪，但最高法院多数派大法官认定这些上诉人并非该诉讼请求的适格当事人。[118]虽然本案的几份审判意见都没有提到国外的实践做法，但一份由“法庭之友”提交的书面陈述却重点介绍了欧洲人权法院对类似监听案件的处理方法。[119]通过这种方式或其他方式获得的咨询意见并不能左右判决结果，但却无疑是有益的。

参考国外范例绝不是什么新奇的举动。回顾大法官杰克逊在钢铁工厂占领案中的附议意见，在应如何恰当地平衡民主政体中的国会权力与总统权力的问题上，他曾经引证过欧洲各国的政体以证明自己的观点。研究其他民主国家的经验可以帮助我国法官解决他们自己的案件，并能帮助他们更有效地寻找到一些方法，使我国能够与外国盟友戮力同心，共同应对相同的威胁。

我之前提到，未来的安全/自由案件会迫使最高法院向海外寻求对这些威胁本身更为详尽的了解。内战和“二战”是关乎民族存亡的传统战争。当前的恐怖主义威胁则不同。例如，基地组织曾威胁要实施多种形式的袭击：从生化袭击， 84
到为反政府武装提供后勤支援，资助其颠覆传统政府（如叙利亚），再到轰炸平民。[120]恐怖组织可以由很多松散的附属单元组成，这些单元构成了一个网络，网络中的任何部分都能以自己的方式颠覆与其为敌的政府或杀戮平民。[121]思考一下基地组织在“9·11”事件后的15年中发生的转变：它的据点曾散布于阿富汗和巴基斯坦，它的组织也维持了相对严密的等级制度。而今天，以基地组织名义活动或打着基地组织意识形态旗号的恐怖分子已经很少直接听命于他们的“总部”；但他们仍在发动血腥的自杀式袭击，其目标是驻守在渥太华市国会山的军队、纽约市的警察、得克萨斯州的美军士兵以及巴黎的新闻记者。①[122]这种威胁会在之后的很多年里以类似的或完全不同的形式持续。在考察这些威胁时，必须注意它们各自的特点。

是松案说明，将宪法解读为对总统毫无制约（开具空白支票）会对公民自由造成极大的损害。而在一场安全威胁更为分散且持续时间更长的“战争”中，是

① 这里提到的事件分别是，2014年10月22日渥太华连环枪击案，1名枪手在打死1名执勤军人后被安保人员击毙；2014年10月23日纽约皇后区短斧袭击案，嫌疑人手持短斧袭击4名警察，造成2名警察受伤，另有1名平民被流弹击伤；2014年4月2日胡德堡枪击案，包括枪手在内的4人被打死，14人受伤；2015年1月7日法国《查理周刊》总部枪击案，导致14人死亡，11人受伤。

松案中表现的那种尊重总统和国会的态度会对自由造成更大的危害。也正是出于同样的原因，在总统和国会面临的威胁形式变化莫测、袭击者的邪恶意图直到攻击发起时才会显现的情况下，绝不能将它们的手脚束缚得太紧。威胁的形式不断变换，在这种情况下，对快速灵活反应的阻碍也会成为一种危险。

在毫无制约的行政机构和备受掣肘的行政机构这两种令人沮丧的选项之外，还存在另一种选项——具体案件具体审查。但如我所言，一旦介入安全威胁评估当中，最高法院也就承担起一项重大的责任，即了解数量庞大且不断增长的具体背景事件以及具体参与者。对事物进行归纳是一种顽固的习惯，但我们必须克制："泾渭分明"的规则并不适合一场我们无法确切辨识其形态的"战争"。例如，在"9·11"事件刚刚结束之时，几乎没有人能预见到基地组织在之后的13年内竟然没能再对美国发动过任何一场堪称成功的恐怖袭击。[123]法院无力准确预测安全和公民自由会在未来面临何种性质的风险，这就有力地说明了法官应当采取具体案件具体审查的方式。

世界变化非常迅速，即便是关塔那摩系列案等案件中讨论过的那些曾经确定
85 无疑的实质区别，其实用性和可靠性也已经不再是不证自明的了。当然，区别确实存在，本国公民和外国人这种传统而重要的法律区别就是一例。但是，在一个以大规模旅行和移民、国际贸易以及互联网为特征的世界里，外国人的"外来性"已经不同于以往。同样，"二战"时的北非、欧洲、中途岛和菲律宾这些地方似乎也比今天要遥远得多。或许关塔那摩也是如此。这些地方都不再像以前那么具有外来性。我们该如何将一名在某个遥远国度（如也门）密谋袭击美国并通过互联网联络行动的美国公民归类呢？在2011年，当时还在世的安瓦尔·奥拉基①正是这样一名激进主义教士。[124]如果无法确定法律应该如何对美国境外的美国公民和境内的外国人实施区别对待的话，法院就会如实地反映出这种不确定性，它们（像在哈姆丹案中所表现的那样）不愿在人群中划出一条清晰而意义重大的界限，从而使一部分人的基本人类自由得到保护的同时，又让另一部分人无

① 安瓦尔·奥拉基，美国出生的也门裔美国人，也门阿訇和伊斯兰教义讲师，在美国受过良好的高等教育。美国官方声称他深度参与了基地组织发动的针对美国的恐怖袭击，并帮助基地组织招募恐怖分子。他在2011年9月30日被美军无人机轰炸，死在了也门北部焦夫省的一辆汽车之中。

法享受到这种保护。

随着我国最高法院同西塞罗渐行渐远并转向阿特金勋爵，它不可避免地要用恰当的方式向他人寻求帮助，这其中包括拥有专门知识的律师，有时也包括邀请来协助回答两个传统问题的技术专家。第一个问题是为什么？为什么此时必须对和平时期惯常的权利保护措施加以限制？要求施加这种特殊限制的国家安全需要具体包括哪些内容？倘若出于安全考虑，政府不便公开解释的话，它或许可以（究竟是否可以，我并无定见）私下①将有关信息告知法官。无论是出于何种安全考虑，政府都必须让中立裁决者相信，这些限制措施是正当的。第二个问题是为什么不？为什么政府不能以一种约束性更小的方式满足安全需要？

如我所言，这两个问题都是传统问题。但随着最高法院试图评估安全事务，这两个问题的答案中的技术性很可能就会越来越强，提问者必须考虑的外国细节信息也会越来越多。政府通常都是有备而来，而且它不但清楚自己会被问及这些问题，也清楚这些问题会产生怎样的影响。政府提交的意见书是有帮助的，但最高法院不能完全依靠政府。它需要的是一份客观的事实记录以及各种意见书，这些意见书要反映出各方律师和其他中立各方所做的详尽分析。

仅就科技层面而言，评估安全事务就已经是一个不易达成的目标。例如， 86
2013年，在爱德华·斯诺登②未经授权泄露情报信息之后，总统的情报与通信技术审查小组③召集了来自学界和政府内部的多名专家，对情报部门的工作进行审查。[125]批评者认为，审查小组吸纳了过多的律师和政治问题专家，而技术人员不足。[126]一个游说组织④写到：“要想让美国政府的情报监控项目发挥监管职能，

① 原文为拉丁语 *in camera*，在密室中，引申为私下。具体做法可以是在法庭后面的法官办公室里进行非正式的交流，也可以是在无旁听者的非公开法庭上进行。

② 爱德华·斯诺登，美国电脑专家，曾为中央情报局雇员。他于2013年从国家安全局非法获取了秘密情报，随后将美国的全球监控计划公布出来。

③ 情报与通信技术审查小组（National Intelligence Review Group on Intelligence and Communications Technologies），是2013年根据奥巴马总统向美国国家情报总监（Director of National Intelligence）签署的一份总统备忘录成立的，由5名成员组成，其职责为在4个月内完成审查报告。

④ 游说组织（advocacy group）也称 pressure group，lobby group。这些组织通过各种方式提出自己的主张，以此影响舆论和民意，达到左右政府政策的目的。这里的游说组织“民主与技术中心”（CDT）是一家以推动网络公开、网络创新和网络自由为宗旨的非营利性组织，始建于1994年，总部位于美国华盛顿。

对技术问题进行全面、充分的理解至关重要。而现有监管机构对技术问题缺乏了解，所以这些项目才出现了重大缺陷。”[127]我并不是说这种批评是正确的，但我赞同对技术问题的了解确属必要。

这种必要性是显而易见的。对法官和律师来说，“对技术问题进行全面、充分的理解”往往确实“是至关重要的”。[128]长久以来，法官、律师以及学者都是通过相互说明、研究、批判和讨论来了解这类技术问题。关塔那摩系列案件反映了未来在国际国内实务性的专业知识方面可能出现哪些新需求，从这个意义上来说，法律职业共同体内各部分之间继续进行上述交流活动就显得尤为重要。但仅靠这种交流无法解决问题。显然，单靠技术方面的信息无法对宪法问题作出全面解答，但我们不能因此而低估这些信息的重要性，当这些宪法问题牵涉权力分配的时候更是如此。宪法通过“分权制衡”原则保护我们免遭权力滥用的荼毒，而在权力滥用所引发的种种恶果中，对个人自由的威胁只是其中之一。对这种宪法保护的需求不会随时间的推移而消弭。

我之所以提到这一点是因为我们有理由相信，今天的公众很可能已经对政府机构间（这里主要是指行政机构和立法机构之间）传统的权力制约功能丧失了信心。例如，很多人担忧情报部门掌握了过多的美国公民私人信息。大多数人都承认收集与恐怖主义相关的数据是必要的，但如何才能防止政府越界呢？在过去，公众可能还寄希望于由国会各情报委员会①对行政机构情报部门实施的监管。但今天，公众可能已经对国会失去了必要的信心。在司法机构方面，一个特
87 别联邦法院②对情报收集程序享有司法管辖权。但它对于公众的慰藉作用却是有限的，因为该法院的诉讼程序（包括类似于警察对嫌疑人实施电话监听的申请程序）必然经常要秘密进行。[129]

行政机构也处于类似的境遇。尽管为监管情报收集而设立的行政部门近来

① 这里指的是美国参议院情报特别委员会（United States Senate Select Committee on Intelligence, SSCI）和美国众议院常设情报特别委员会（United States House Permanent Select Committee on Intelligence）。

② 指外国情报监控法院（Foreign Intelligence Surveillance Court），依据《监控法》（Foreign Intelligence Surveillance Act, FISA）建立，主要审查由国家安全局和联邦调查局提起的监控请求，审核通过后由该法院下发监控令（FISA warrant），情报机关就可以合法地实施监控活动。

层出不穷——这里只列出一小部分：国家安全局监察主任办公室，① 总统情报顾问委员会，② 以及（由两党参与的）隐私与公民自由监督委员会③——公众仍旧表示怀疑。皮尤研究中心④最近公布的一份报告显示，美国人感觉他们似乎已经对其个人信息“失去了控制”。大约有“70%的社交网站用户对政府在社交网站用户不知情的情况下接触其分享的信息感到了一定的或更高程度的担忧”。[130] “80%的成年人‘赞成’或者‘非常赞成’美国人应该对政府的电话和互联网交流监控表示担忧”。[131]

公众将最高法院视为仍在防范权力滥用的少数几个堡垒之一，因此最高法院必然会发现自己已经越发深刻地介入了安全事务之中。只有在最高法院能够得出充分合理结论的情况下，这种介入才能令公众对公共机构重拾信心。而要做到这一点，最高法院就必须充分了解处于等式两端的安全和公民自由。在我看来，这是全新的现实世界所施加的主要制度性挑战。关塔那摩系列案件预示了我国法律体系的未来，我相信，从这些案件开始，我们已经无法回头。如此看来，一切过往都只是序幕。

---

① 国家安全局监察主任办公室（NSA's Office of the Inspector General）：监察主任办公室制度于1976年首次创立，是在各个联邦部门内部设立的、监督所在部门的非法行为及低效行为的专门机构，现在已经有70多个联邦部门设置了此类办公室。

② 总统情报顾问委员会（the President's Intelligence Advisory Board，PIAB）：总统行政办公室的顾问机构，机构名称和职能更换过多次，原先主要负责对外情报方面的工作，现在全面负责向总统提供有关情报质量、情报分析和反间谍活动方面的建议。

③ 隐私与公民自由监督委员会（Privacy and Civil Liberties Oversight Board）：行政机构内的独立机构，其职能为向总统和行政机构高级官员提供建议，保证行政机构的反恐措施不会侵犯隐私和公民自由。

④ 皮尤研究中心（Pew Research Center），成立于2004年，是一家总部位于华盛顿特区的无党派美国智库，该中心致力于为公众提供美国和全世界范围内关于社会问题、公众舆情以及人口趋势的信息。中心隶属于成立于1948年的非营利性非政府组织“皮尤慈善信托”。该信托因美国大型石油公司太阳石油公司创始人约瑟夫·N. 皮尤得名。1948～1978年，老皮尤的四个成年子女分别设立了七个慈善基金，在经过一番整合之后，皮尤慈善信托成为这七个基金的继受者或唯一受益人。

注释

〔1〕参见 New York Times Co. v. United States，403 U. S. 713（1971）。

〔2〕参见 Miranda v. Arizona，384 U. S. 436（1966）（被逮捕者的权利）；New York Times Co. v. Sullivan，376 U. S. 254（1964）（对出版业的保护）；Gideon v. Wainwright，372 U. S. 335（1963）（获得辩护的权利）。

〔3〕*List of Parties to the Geneva Convention*（《日内瓦公约》缔约国名单），INT' L COMM. OF THE RED CROSS，https：//www. icrc. org/applic/ihl/ihl. nsf/States. xsp? xp_ viewStates = XPages_ NORMStatesParties&xp_ treatySelected = 375（last visited Feb. 7，2015）。

〔4〕*The Universal Declaration of Human Rights*：*History*，UNITED NATIONS，http：//www. un. org/ en/documents/udhr/history. shtml（last visited Nov. 12，2014）.

〔5〕*The Court in Brief*（法院简章），EUROPEAN COURT OF HUMAN RIGHTS，http：//www. echr. coe. int/ Documents/Court_ in_ brief_ ENG. pdf（last visited Nov. 12，2014）。

〔6〕参见《儿童权利公约》(Convention on the Rights of the Child)，Nov. 20，1989，1577 U. N. T. S. 3；《禁止酷刑和其他残忍、不人道或有辱人格的待遇或处罚公约》（Convention Against Torture and Other Cruel，Inhuman or Degrading Treatment or Punishment），《防止及惩治种族灭绝罪公约》(Dec. 10，1984，1465 U. N. T. S. 85；Convention on the Prevention and Punishment of the Crime of Genocide)，Dec. 9，1948，78 U. N. T. S. 277。

〔7〕参见 INTER – AMERICAN COURT OF HUMAN RIGHTS（美洲国家间人权法院），http：//www. corteidh. or. cr/ index. php/en（last visited Nov. 11，2014）；AFRICAN COURT ON HUMAN AND PEOPLES' RIGHTS（非洲人权与民族权利法院）http：//www. african – court. org/en（last visited Nov. 11，2014）。

〔8〕对于这一问题的概述，参见，VICKI C. JACKSON & MARK TUSHNET，COMPARATIVE CONSTITUTIONAL LAW 297 – 409，748 – 60，1780 – 90（2014）。

〔9〕Authorization for Use of Military Force，Pub. L. No. 107 – 40，115 Stat. 224（2001）.

〔10〕参见 *The Guantánamo Docket*，N. Y. TIMES，http：//projects. nytimes. com/guantanamo（last visited May 1，2015)（提供了所有被囚禁者的抵达和转移情况的全面数据）。

〔11〕ALBERT T. CHURCH，U. S. DEP' T OF DEFENSE，REVIEW OF DEPARTMENT OF DEFENSE DETENTION OPERATIONS AND DETAINEE INTERROGATION TECHNIQUES 99（2005）.

〔12〕参见，例如，Rasul v. Bush，215 F. Supp. 2d 55，57 – 58（D. D. C. 2002）。

〔13〕参见，例如，同上，第 72 ~ 73 页。

〔14〕Rasul v. Bush，542 U. S. 466，470 – 73（2004）.

〔15〕28 U. S. C. § 2241（a）(2012). ［收录于《美国法典》第 28 卷第 2241 节（a）款的条文。——译者注］

〔16〕参见 *Rasul*，542 U. S.，第 475 ~ 476 页。

〔17〕Hamdi v. Rumsfeld，542 U. S. 507，510 – 13（2004）.

〔18〕同上，第 525 ~ 526 页。

〔19〕*Rasul*，542 U. S.，第 478 ~ 484 页。

〔20〕同上，第 474 页［引述了 Shaughnessy v. United States *ex rel.* Mezei，345 U. S. 206，218 – 19

(1953) 大法官杰克逊的异议意见]。

〔21〕同上，第 474～475 页 [引述了 *Ex parte* Quirin，317 U. S. 1 (1942)]。

〔22〕同上，第 484～485 页 [引述了 Disconto Gesellschaft v. Umbreit，208 U. S. 570，578 (1908)]。

〔23〕同上，第 482 页 {引述了 *Ex parte* Mweyna，[1960] 1 Q. B. 241，303 (C. A.) (Lord Evershed, M. R.)}。[“Q. B.”指的是王座法庭系列 (Queen's Bench)；“C. A.”指的是审理案件的上诉法院 (Court of Appeal)；“M. R.”指的是“Master of the Rolls”，是英格兰和威尔士第二资深的法官，仅次于英格兰和威尔士首席法官 (Lord Chief Justice)。——译者注]

〔24〕同上，第 467～468 页。

〔25〕参见，同上，第 475 页。

〔26〕同上，第 475～476 页 [引述了 Johnson v. Eisentrager，339 U. S. 763，777 (1950)]。

〔27〕同上，第 476 页 (“这些案件中的上诉人与艾森特雷格案中的在押人员之间存在重要区别：他们的国家并未与美国开战；他们否认参与或计划对美国实施入侵；他们没有受到过任何审判，甚至也没有被起诉和定罪，他们被监禁在一块由美国独自享有完整管辖权和控制权的领土上长达两年以上”)。

〔28〕同上，第 485 页。

〔29〕同上，第 487 页 (大法官肯尼迪的附议意见)。

〔30〕同上，第 487～488 页。

〔31〕同上，第 488 页。

〔32〕同上，第 504～505 页 (大法官斯卡利亚的异议意见)。

〔33〕同上，第 493 页。

〔34〕同上，第 498～499 页。

〔35〕Hamdi v. Rumsfeld，542 U. S. 507 (2004).

〔36〕同上，第 510 页。

〔37〕*Ex parte* Quirin，317 U. S. 1 (1942).

〔38〕*Hamdi*，542 U. S. at 520 (“战争法中明确规定了一项原则，实际战事停止之后不得继续关押”)。

〔39〕参见，同上，第 541 页 (大法官苏特的附议意见) [“即便政府所主张的事实完全真实存在，政府也无法证明‘武力决议’(Force Resolution) 授权实施本案中所涉及的监禁行为。如果政府无法提供进一步的诉讼材料，就必须依照《禁止监禁法》(Non－Detention Act) 释放哈姆迪”]。

〔40〕参见，同上，第 554 页 (大法官斯卡利亚的异议意见)。

〔41〕同上，第 554 页 [“在 (人身保护令) 未被中止的情况下……即便行政机构宣称存在军情紧急的情况，也不足以成为不经起诉而直接实施监禁的理由”]。

〔42〕同上，第 524 页 (复数意见)。

〔43〕同上，第 527 页 [引述了被上诉人的辩论意见，第 26 页，*Hamdi*，542 U. S. 507 (No. 03－6696)]。

〔44〕同上，政府主张，法院至多也只能依据一种高度尊重性的“一些证据”标准 (“some evidence” standard)，对政府认定公民为敌方战斗人员的决定予以审查。

〔45〕参见，同上，第 540～541 页 (大法官苏特的附议意见)。

〔46〕同上，第 531 页 (大法官奥康纳的意见)。

〔47〕同上，第 531～532 页。

〔48〕同上，第531页。
〔49〕同上。
〔50〕同上，第533页。
〔51〕同上。
〔52〕同上。
〔53〕同上。
〔54〕同上，第536页。
〔55〕同上。
〔56〕Hamdan v. Rumsfeld, 548 U. S. 557 (2006).
〔57〕同上，第566页。
〔58〕同上，第570页。
〔59〕参见，同上，第572页。
〔60〕参见，同上，第613～615页［“如果受托审判机构（appointing authority）或审判官（presiding officer）在诉讼过程中的任何时段认为应当对刑事被告人及其非军籍律师‘隔离’（close）某项证据，则可以禁止该被告人及该律师接触该证据”］。
〔61〕同上，第592页［引述了*Ex parte* Milligan, 71 U. S.（4 Wall.）2, 140（1866）］。
〔62〕同上，第593页［引述了10 U. S. C. § 821（2006）］。
〔63〕同上，第600页［“该违法行为必须是在战区实施的且是在相关冲突进行期间（during）而不是之前发生的”］。
〔64〕同上，第620页［引述了10 U. S. C. § 836（b）（2006）］。
〔65〕同上，第622页［“我们推定，总统对‘可行性’（practicability）问题所做的决定无法为军事法庭诉讼程序的变动提供正当性基础”］。
〔66〕同上，第629页｛引述了《关于战俘待遇之日内瓦公约》［Geneva Convention（Ⅲ）Relative to the Treatment of Prisoners of War］｝, Aug. 12, 1949,［1955］6 U. S. T. 3316, 3318。
〔67〕同上，第630页［引述了Geneva Convention（Ⅲ），前注66, 6 U. S. T. at 3320］。
〔68〕同上，第634页（原文中引述部分已删去）。
〔69〕参见，同上，第637页（大法官肯尼迪的附议意见）（本案应适用国内成文法）。
〔70〕Boumediene v. Bush, 553 U. S. 723（2008）.
〔71〕参见，同上，第735页［“《在押人员待遇法》第1005条（e）节对28 U. S. C. § 2241作出修正，规定，‘对于由国防部关押在古巴关塔那摩海军基地的外国人或者其代理人所提出的人身保护令申请，任何法院、大法官或者法官均不得受理。’”（引述了《在押人员待遇法》, Pub. L. No. 109－148, 119 Stat. 2739, 2742）］；同上，第732页（“上诉人所提出的关于关塔那摩在押外国人的问题，我们在之前的案件中并未彻底解决：我们知道，除非相关机构依据‘中止条款’中止了人身保护令，任何人都无权剥夺他人申请人身保护令这一宪法特权。那么这些在押外国人是否享有该特权呢”）。
〔72〕《在押人员待遇法》, Pub. L. No. 109－148, 119 Stat. 2739, 2742。
〔73〕Boumediene v. Bush, 476 F. 3d 981（D. C. Cir. 2007）（在国会通过了《2005年在押人员待遇法》后，该法院驳回了人身保护令申请）。
〔74〕美国《宪法》第1条第9款第2项。
〔75〕Rasul v. Bush, 542 U. S. 466, 484（2004）（“我们因此认定，第2241条授权地区法院受理上诉

人的人身保护令申请，对关塔那摩海军基地关押行为的合法性提出质疑”）；另参见，同上，第489页（大法官斯卡利亚的异议意见）（“上诉人并未声称宪法是地区法院拥有管辖权的唯一依据”）。

〔76〕参见 *Boumediene*，553 U. S. at 739 – 45。

〔77〕同上，第740页（原文中引述部分已删去）。

〔78〕1 William Blackstone，Commentaries 137（将人身保护令称为“第二部《自由大宪章》和我们自由的坚固堡垒”）。

〔79〕The Federalist No. 84，at 418（Alexander Hamilton）（Terence Ball ed.，2003）（文中同样提到了布莱克斯通）。

〔80〕参见 *Boumediene*，553 U. S. at 746 – 47［“政府声称普通法令状只在国王拥有主权的领土范围内发生效力。上诉人则声称管辖权附随于国王的官员，只要在有官员的地方，令状就应当发挥效力。双方都对这一问题进行了细致的研究，但都没能给出确切的答案。双方引注了很多之前的案件。在这些案件中，国防部依据自己的标准对在押犯人进行甄别，认定他们为敌方战斗人员，并将他们关押在关塔那摩或类似的领土之上，也就是说，政府对这些领土均拥有完整的军事和民事控制权。但是，这些案件并没有告诉我们法院是否被授予了受理这类在押人犯所提出的人身保护申请的权利，我们也不知道政府是否应该以缺乏管辖权为由拒绝受理此类申请。”（原文中注释已删去）］。

〔81〕同上，第753页（原文中引述部分已删去）。

〔82〕同上，第751页。

〔83〕同上，第762～764页（讨论了艾森特雷格案）。

〔84〕同上，第766页。

〔85〕同上，第771页（“我们认定《宪法》第1条第9款第2项在关塔那摩基地完全有效。国会必须根据‘中止条款’的要求重新立法”）。

〔86〕同上，第827页（大法官斯卡利亚的异议意见）［“人身保护令状从来就不是为海外的外国人而设的；因此‘中止条款’对于他们并不适用，最高法院对于这类军事事务的干涉是彻头彻尾的越权（*ultra vires*）”］。

〔87〕同上，第802页（首席大法官罗伯茨的异议意见）。

〔88〕参见，同上，第777～778页（多数派大法官的审判意见）。

〔89〕同上，第794页。

〔90〕同上。

〔91〕同上，第795页。

〔92〕同上，第794页。

〔93〕同上，第798页。

〔94〕参见，例如，Rasul v. Bush，542 U. S. 466，475 – 479（2004）（讨论了艾森特雷格案）。

〔95〕参见，例如，Hamdi v. Rumsfeld，542 U. S. 507，519（2004）（“如果我国想要将本国国民认定为敌方战斗人员，是不存在任何障碍的”）。

〔96〕*Rasul*，542 U. S. at 484（“因此，我们认定，第2241节确实将诉讼管辖权授予了地区法院。如果上诉人对其在关塔那摩所遭受关押的合法性提出质疑，地区法院有权受理他提出的人身保护令申请”）。

〔97〕*Hamdi*，542 U. S. at 533（“因此，我们认定，如果公民—在押人员质疑他的敌方战斗人员身份

认定，他必须被告知作出这种身份认定的事实基础，并获得一个在中立的裁决者面前反驳政府事实主张的机会”)。

〔98〕Hamdan v. Rumsfeld，548 U. S. 557，567 (2006) [“我们的结论是，审判哈姆丹的特别军事委员会的组织结构和其适用的诉讼程序违反了《统一军事司法法典》和《日内瓦公约》，所以（该委员会）无权审理该案”]。

〔99〕Boumediene v. Bush，553 U. S. 723，771 (2008) (“我们认定《宪法》第1条第9款第2项在关塔那摩基地完全有效。如果要取消在押人员向最高法院申请人身保护令的特权，国会必须进行符合‘中止条款’要求的立法”)。

〔100〕Liversidge v. Anderson，［1942］A. C. 206 (H. L.) 244.［“A. C.”指的是上诉案件，即 (Appeal Cases)；“H. L.”指的是由议会上议院审理，即 (House of Lords)。——译者注］

〔101〕参见 Andrew Kent，*Judicial Review for Enemy Fighters*：*The Court' s Fateful Turn in* Ex parte Quirin，*the Nazi Saboteur Case*，66 Vand. L. Rev. 153，182 (2013)［引述了 Sparenburgh v. Bannatyne (1797) 126 Eng. Rep. 837 (C. P.) 837－39］(“C. P.”指由 Carrington 和 Payne's Nisi Prius 记录的案件。——译者注)

〔102〕参见 William H. Rehnquist，All the Laws but One：Civil Liberties in Wartime 191 (2d ed. 2001)。

〔103〕Korematsu v. United States，323 U. S. 214，245 (1944)；同上，第246页。(“有时，军事命令可能会超出宪法所规定的范围，这只是偶然事件。如果我们在审查之后认可这种做法，那么就会将这种偶然事件确立为一条宪法原则。这类事件有一种自我扩张的能力，它究竟会派生出什么，我们完全无法掌控。我们应当对这种危险保持警觉，本案恰好为我们提供了清楚认识这种危险的最好例子。”)

〔104〕参见 Rehnquist，前注102，第28页。

〔105〕*Boumediene*，553 U. S.，第766页。

〔106〕Al Maqaleh v. Hagel，738 F. 3d 312，337 (D. C. Cir. 2013).

〔107〕参见 Hamdi v. Rumsfeld，542 U. S. 507，533－35 (2004)。

〔108〕参见 *Boumediene*，553 U. S. at 827 (大法官斯卡利亚的异议意见)。

〔109〕参见 *Hamdi*，542 U. S. at 577 (大法官斯卡利亚的异议意见)。

〔110〕大略参见，Kent Roach，The 9/11 Effect：Comparative Counter Terrorism (2011) (探讨了国际和国内的各种反恐法律和政策)。

〔111〕*Hamdi*，542 U. S. at 598 (大法官托马斯的异议意见)。

〔112〕参见，U. K. House of Commons，Constitutional Affairs—Seventh Report ¶¶44－66 (2005)；David Jenkins，*There and Back Again*：*The Strange Journey of Special Advocates and Comparative Law Methodology*，42 Colum. Hum. Rts. L. Rev. 279 (2011)。(“House of Commons”即英国下议院；“¶¶44－66”即文中第44段到第66段的内容。——译者注)

〔113〕Sec'y of State for the Home Dep't v. AF，［2010］2 A. C. 269 (H. L.) 354.

〔114〕参见 Christopher Forsyth，*Principle or Pragmatism*：*Closed Material Procedure in the Supreme Court*，U. K. Const. L. Ass'n. (July 29，2013)，http：//ukconstitutionallaw. org/2013/07/29/christopher－forsyth－principle－or－pragmatism－closed－material－procedure－in－the－supreme－court。

〔115〕参见，以色列军事法律和宪法问题专家提交的，支持上诉人一方的法庭之友法律意见书，第23～25页，Boumediene v. Bush，553 U. S. 723 (2008) (Nos. 06－1195，06－1196)。

〔116〕Human Rights Watch，Concerns and Recommendations on Spain 5（2014），http：//www. hrw. org/sites/default/files/related_ material/20140731%20HRW%20HRCttee%20submission_ Spain. pdf.

〔117〕例如，有人已经考虑过美国是否应当借鉴英国的模式。参见，Robert S. Litt & Wells C. Bennett，Brookings Inst.，Better Rules for Terrorism Trials 3（2009）［讨论了建立“国家安全案件律师资格制”（National Security Bar），由通过忠诚调查的律师参与对恐怖主义案件进行的庭审］。

〔118〕Clapper v. Amnesty Int'l USA，132 S. Ct. 2341（2013）.

〔119〕加拿大公民自由协会（Canadian Civil Liberties）等提交的意见书，支持被上诉人一方的主张，第8页，*Clapper*，132 S. Ct. 1341（No. 11 –1025）。

〔120〕参见 Abdel Bari Atwan，After Bin Laden：Al Qaeda，The Next Generation 13 – 39（2d ed. 2013）；Brian Michael Jenkins，Rand Corporation，Al Qaeda in Its Third Decade：Irreversible Decline or Imminent Victory 25（2012）（介绍了对基地组织的不同观点，并勾勒出多种潜在威胁）。

〔121〕参见 The Evolution of the Global Terrorist Threat：From 9/11 to Osama bin Laden's Death（Bruce Hoffman & Fernando Reinares eds.，2014）（分析了“9·11”事件后涉及基地组织的主要恐怖袭击计划，以及其中哪些是相对独立的，哪些依附于某个集权型的组织和整体性的袭击计划）。

〔122〕参见 Ally Pregulman & Emily Burke，Ctr. for Strategic & Int'l Studies，Homegrown Terrorism 1 –2（2012）。

〔123〕参见 Peter Bergen et al.，Bipartisan Pol'y Ctr.，2014：Jihadist Terrorism & Other Unconventional Threats 5（2014）（注意到，在“9·11”事件之后，基地组织没能再对美国发动任何一场堪称成功的袭击，自2005年伦敦地铁爆炸案以来，基地组织也再没能对任何西方国家发动任何一场堪称成功的袭击，而且在“9·11”事件之后，受基地组织蛊惑的恐怖分子在美国只造成了21名受害者遇难）。

〔124〕参见 Peter Finn，*Al – Awlaki Directed Christmas “Underwear Bomber” Plot，Justice Department Memo Says*，Wash. Post，Feb. 10，2012。

〔125〕参见 Liberty and Security in a Changing World：Report and Recommendations of the President's Review Group on Intelligence and Communications Technologies 10 – 13（Dec. 12，2013），http：//www. whitehouse. gov/sites/default/files/docs/2013 – 12 – 12_ rg_ final_ report. pdf。

〔126〕参见 Tony Romm，*President Obama's Surveillance Board Packed with Insiders*，Politico（Aug. 28，2013），http：//www. politico. com/story/2013/08/obama – surveillance – board – insiders – 96003. html。

〔127〕*Technologists' Comment to the Director of National Intelligence Review Group on Intelligence and Communications Technology*，Center for Democracy & Tech.，at 1（Oct. 4，2013），https：//www. cdt. org/files/pdfs/nsa – review – panel – tech – comment . pdf.

〔128〕比较 Litt & Bennett，前注117，第3页（讨论了建立“国家安全案件律师资格制”）。

〔129〕该法院的概况，参见，U. S. Foreign Intelligence Surveillance Ct.，http：//www. fisc. uscourts. gov/about – foreign – intelligence – surveillance – court（last visited Feb. 8，2015）。

〔130〕Mary Madden，Pew Research Ctr.，Public Perceptions of Privacy and Security in the Post – Snowden Era 3（Nov. 2014），http：//www. pewinternet. org/files/2014/11/PI_ PublicPerceptionsofPrivacy_ 111214. pdf.

〔131〕同上。

第二部分

海外家园

美国成文法的境外适用范围

我们已经了解了在维护个人自由方面付出的努力曾以何种方式引领了最高法院在法律问题处理方式上的改变。我曾提到，这种演变在很大程度上要归因于这个世界不断变化的本质属性，同样也要归因于宪法政府体系中应当具有的那种稳定的自我纠错机制（cycles of self-correction）。

这是一个高度相互依存的世界，它所面临的全球性威胁（特别是恐怖主义）可能将持续一代人或更长时间，在这样的世界里，特殊的安全需要不会像以往那样间歇性地出现并迅速消失。在这样的背景下，最高法院如果还像之前那样以安全为由逃避宪法问题，就等于承认总统理所当然地具有那种“非凡的权力”，而在过去，人们只有在战时极端条件下才会希望总统行使这种权力；这样一来，也就等于认可了一种删减版的宪法基本自由。然而，最高法院既没有选择做总统的“橡皮图章”，也没有选择静待挽救个人自由的良机出现，而是选择了一种新的方式，即深度介入安全问题。这种新的方式使它有责任将自己的意识和认识拓展到那些传统上处于其视线之外的领域，去获得外国的现实状况和法律状态、政策以及各种机构等方面的知识。这是最高法院担负的一种新的职责，但这种责任很可能并不是临时性的。我们现在已经非常接近于这种状态。

如果说本书第一部分展示了最高法院在宪法解释的改变和客观世界的改变这两个层面上对这个变化中的世界作出了间接回应，那么第二部分则将展示这个变化中的世界本身正是美国法律变革背后的直接驱动力。这部分的案例不是宪法案件而是成文法案件。这些案件所提出的问题是，应如何解释美国成文法。例如，如何确定某项成文法的地域适用范围，或者某个外国人是否有权在美国法院提起诉讼，这些都不是新问题。然而，在一个相互依存的世界里，在解答这些问题时则会遇到诸多新的挑战。

要为这些问题寻找到适合于今天的答案，最高法院就必须将外国的法律和本国法律视为一个广泛联通的法律网络的组成部分，对其进行更具综合性的考量。从这个意义上说，“礼让”（comity）这个古老的法律概念就具有了更为广泛的含义。“礼让”过去仅指涉一种需求，即需要确保国内法和外国法不会向同一个人
92 施加彼此矛盾的义务；它曾经避免了不同国家法律之间的相互侵扰。但在现代，这一概念的含义更为丰富。在适用“礼让”时，最高法院开始越发希望作出能够同相应的外国法相协调的国内法解释，使两种法律能够更有效地实现其共同目标。由于并不存在世界最高法院这种机构，各国法院必须在缺乏直接协调配合的情况下开展渐进改良式的行动（act piecemeal），以求取与外国成文法的解释相契合的国内法解释，不使它们发生抵触。所以，我国最高法院确实听取了（也应该听取）那些来自外国的声音，听取那些了解并且有能力介绍相关外国法律与实践之人的声音。

我将用两组案例来说明这种正在发生的变化，阐释最高法院到目前为止找到的各种答案。第5章集中讨论了美国商事成文法及其境外适用范围问题。美国法律在多大程度上规制了那些主要在海外进行的商事活动？在对美国成文法的适用范围进行解释的时候，法院应该在何种程度上把外国的法律和相应的惯例纳入考虑范围？世界市场变得比以往更为重要，经济的相互依存程度增高，各国对有序自由的市场表现出更为广泛的认同，将其视为一种经济规范，所有这些都改变了我国最高法院对这类问题的解答方式，从仅仅强调避免国内成文法与相应的外国成文法的直接冲突，转而强调两者间的协同合作。

第5章介绍了四个案件，分别涉及反垄断法、“证据披露”（discovery）法、证券法、著作权法。这些案例共同展现了最高法院如何在“礼让”原则的指导下追求法律的协调一致。它们同时也说明了，最高法院必然要寻求并运用一种涵盖内容更为广泛，能够使最高法院更为练达地处理案件的认识和知识。

第6章探讨的是一个并不那么世俗的主题：对遭受人权侵犯的受害者提供补偿的美国成文法的域外适用（extraterritorial application）。对于在海外遭受到严重侵犯人权行为的外国受害者，美国法庭会在何种程度上向他们施以援手？基本个

人权利需要保护，这一概念不仅在美国而且在全世界范围内都已经被广泛接受。但一个在美国境外遭受酷刑（torture）的外国公民是否能在美国法院获得赔偿？ 93
稍后的讨论将回顾《外国人侵权责任法》（*Alien Tort Statute*，ATS）的立法过程，以及民权倡导者在“二战”后重新发现这一法律的过程。在考察解释该法的最高法院案例时，我们将看到，在外国环境中产生的制度性困难使该法的适用工作变得复杂起来，甚至使最无可争议的人权法则的适用也变得复杂起来。和第5章中的商事案件一样，我们将会看到，当最高法院能够追问现代“礼让”所提出的一个基本问题的时候，它就能够更加有效地判断《外国人侵权责任法》的域外适用范围，这个基本问题就是：要如何解释国内法才能够使其与那些同样致力于践行人权法则的别国法律和惯例共同发挥作用。

最后还应强调的是，虽然美国法律的新的适用方式更加需要我们对外国活动和法律加深认识，但也只是“认识”而已。将这种认识与美国法律在外国活动中的适用更好地协调起来，并不意味着美国法院要将外国法律作为判案依据。

95

第 5 章

管理国际商业活动

当案件牵涉到外国事件、外国人或外国财产的时候，法院必须决定该适用哪个国家的法律。在回答这个问题的时候，法院会遵循一些原则，而这些原则也决定了其本国法律的适用范围。例如，在中世纪，如果一名罗马公民在佛罗伦萨对一名佛罗伦萨公民提起诉讼，声称佛罗伦萨人对其位于罗马的财产造成了损害，那么法院会适用一套被称为“法则区别”（statutist）制度的规则。根据该制度，无论对象是财物、人身还是婚姻，其实际位置决定了它的法律地位和权利；由于该制度简单明确，不同城市和国家的法律都可以和谐共处，把冲突降到最小范围。因此，在我们的这个中世纪场景里，法院很可能会按照罗马法律而非佛罗伦萨法律，来决定那位在罗马拥有财产的权利人的权利及赔偿事宜，即便他曾在佛罗伦萨盘桓也依然如此。[1]

倘若大多数人在一生的大部分时间里都稳定地（生活）在同一个区域的话，法则区别规则尚能运转良好。但历史学者告诉我们，随着贸易和交通的发展，在决定一国法律的适用范围以及选择交易活动适用法律的问题上，开始产生更为复
96 杂的制度。例如，在 17 世纪，荷兰法律以务实的态度修改了这种较为简单的法则区别规则，使其更符合在多地经商的商人们的需求。[2]

此时，同样的事情也在美国悄然发生，法院和法律评论家们发展出了他们自己的复杂学说体系，以此来决定对各种冲突适用何种法律，特别是是否应当适用

美国法律。为此，各法院曾运用各种不同的法律原则，如利益平衡原则①和所谓的"合理性规则"，以及（美国成文法的）"反域外适用推定"（the presumption against extraterritorial application）和"礼让"原则（将其他国家的利益纳入考虑范围的一种司法惯例），指导法学家们开展分析研究。[3]但学说和规则都不可避免地附带例外规则，而且根据这些学说和规则作出的推定并不能完全回答实际问题。这种问题在商业领域尤为严重。

近来，我们见证了全球商业活动的进一步剧烈扩张。在过去的40年中，世界贸易量占全球经济总量的比重增长了一倍，从大约15%增长到30%以上，贸易额从（以2005年美元价值计算）18.1万亿美元增长到55.9万亿美元。[4]美国的进口额占国内生产总值的比重从6.4%增长到16.8%，出口额所占比重从6.7%增长到了13.5%，两者的总量从4.98万亿美元增长到14.5万亿美元（以2005年美元价值计算）。[5]大约1/3的个人消费品支出被用在了由外国生产的产品上。[6]每年有超过两千三百万美国人出国旅行。[7]大型商业组织往往由网络组成，这些网络连接起位于许多不同国家的分支机构，每个分支机构都会在瞬息之间对其他机构作出反应，与其他机构共同制订商业计划。[8]

因此，正如中世纪晚期的贸易增长迫使各国修正或干脆放弃原有的法则区别制度一样，今天的我们也意识到了自己正处在一个法律变革的时代当中。商事纠纷变得越发复杂，管辖权的界限变得模糊，而管辖权范围的界定对于国际商业活动则具有重大的全局性影响。虽然每个案件都取决于对某个特定成文法的解释，但通过对这些案件进行综合考察，我们还是能够归纳出最高法院在解释方式上的改变。

一方面，正如刚才所提到的，最高法院已经不再追求单纯地避免不同国家法律的直接冲突，而是追求往往具有类似内容的各国法律在执法中协同一致。 97

另一方面，最高法院之前可能认为，对外国成文法有大概认识就足以对案件作出裁决，而现在它发现，还必须努力了解外国法律惯例中的更多细节，同时经常需要了解外国和国际商业惯例中的更多细节。为了给国内成文法找到一种令人

① 在国际私法领域，利益平衡原则是指当冲突双方对应当适用哪国法律来解决冲突发生矛盾时，应当衡量发生冲突的法律所保护的利益是什么以及哪种利益更应当受到保护。

信服的解释，最高法院必须了解外国的监管惯例、执法惯例、诉讼程序，有时甚至要了解市场营销实践。

同第一部分一样，对外国信息的需求本身产生了一个问题，即最高法院如何才能最有效地获取并理解这些信息。对此，我们要依靠法庭双方和（包括本国行政机构和外国政府在内的）其他利害关系人提交的意见书。这些意见书会向我们提供相关主题的学术资料，如法律重述、① 法律专著和学术文章。但这些就足够了吗？我将用本章中的四个案件来展示最高法院是如何努力解决这些问题的。

恩帕格兰案：反托拉斯法②

美国反托拉斯法禁止公司为限制贸易或建立限制竞争的市场结构［如垄断组织（monopolies）］而缔结协议。1890 年，国会通过了备受赞誉的《谢尔曼反托拉斯法》（以下简称《谢尔曼法》）。[9] 除其他事项外，该法禁止处于竞争关系的公司限制产品价格，并对违法者处以刑事处罚。[10] 该法还允许价格垄断③行为的受害者对限价者提起诉讼，并从中获得律师费和三倍于损失金额的赔偿。[11]

虽然《谢尔曼法》并未规定其地域适用范围，但美国反垄断当局一贯认为，该法至少应适用于一部分发生在海外的活动。于是，在 20 世纪初，司法部对几家美国银行和包括一家墨西哥公司在内的其他公司提起诉讼，声称它们通过把墨

① 由美国法律协会（American Law Institute）发布的几个法律专著系列，是由普通法传统中的法官判例集结并提炼而成的。虽然这些“重述”本身并没有法律约束力，但由于普通法尊重先例，因此具有极高的说服力。第一次重述于 1923 年开始，1944 年完成，内容包括了代理、冲突法、合同、物权、侵权等方面；第二次重述始于 1952 年；最近的一次则开始于 1987 年。

② 反托拉斯法（Antitrust Law）：Trust（信托）原本是英美法国家为摆脱普通法中刻板的法律传统或规避一些封建义务而产生的一种衡平法法律关系，即由信托创立人将财产转交或转让给受托人，并为受益人的利益而管理这些财产。第二次工业革命后，美国出现了借助信托这一法律关系来控制大工业企业，从而形成垄断的趋势。1882 年，标准石油公司首席法律顾问塞缪尔 · D. 托德率先运用“公司信托”（corporate trust）实现了对旗下企业的控制。从那个时期开始，trust 就成为垄断的代名词。反垄断法也被称为反托拉斯法。

③ 价格垄断（Price-Fixing），或称为限价，本质上是一种协议，是指处于市场一方（购买或出售）的市场参与者达成协议，只在一定的固定价格（fixed price）下购买或出售产品，或者通过控制产品的供求量将产品价格维持在一定水平。

西哥的所有剑麻（一种纤维）交易集中交由一家代理商承办，垄断了剑麻在美国的进口和销售。[12]与此类似，政府在 20 世纪 40 年代针对美国铝业公司（以下简称美铝）① 提起的著名反托拉斯案件也涉及很大一部分发生在国外的活动。[13]政 98
府在 20 世纪 50 年代和 60 年代针对一些瑞士和美国钟表制造商提起的反托拉斯案件也是如此；[14]针对通用电气公司等电灯生产企业的诉讼亦然；[15]还有一起针对的则是一些奎宁生产商——这些外国药品公司在欧洲缔结的卡特尔协议②，直接导致了美国市场上的奎宁售价飙升。[16]

但在何时才会对发生在海外的活动适用《谢尔曼法》呢？在我刚才提到的所有这些案件中，国内行为和国外行为掺杂在一起，两类行为共同作用形成了垄断并抬高了美国的产品售价。该如何分析一家美国香蕉公司和哥斯达黎加政府在哥斯达黎加境内签署的定价协议？虽然最高法院在 1909 年就注意到价格垄断属于犯罪行为，但它认定《谢尔曼法》不适用于这项协议，因为“美国明显不会试图把在巴拿马或者哥斯达黎加实施的行为认定为犯罪”。[17]

在美铝案中，美国最杰出的法官之一，勒尼德·汉德法官③创设了一项标准，在之后的几十年时间里，这项标准指导了对《谢尔曼法》适用范围的解释。他认定，如果实施海外行为的目的是影响美国的市场活动或者物价，并且影响确实发生的话，则《谢尔曼法》适用于这些行为。[18]美国法律甚至刑法当然适用于那些向美国境内投掷石块、发射子弹或者输送瑕疵产品的犯罪分子，即便作案人员在行为时站在国界之外也不能例外。[19]符合汉德法官这两项条件的限价者与他们并无不同。这些限价者输送的不是瑕疵产品，而是经不正当手段溢价的产品。[20]

但是，后来人们清楚地认识到，汉德法官这项被广泛应用的标准并不能回答所有案件的适用性问题。反托拉斯法异常复杂，可能产生违法行为的环境背景迥异，受其影响的受害者的国籍也各不相同。[21]例如，假设在洪都拉斯主营伐木业

① 美国铝业公司（Alcoa），是世界上第三大铝制品生产者（排在中国铝业和俄罗斯铝业联合公司之后），总部设在美国匹兹堡，主要经营铝、钛、镍等轻质金属制品，产品被广泛用于空中客车 A380 等航空飞机和三星手机等工业品。2016 年被拆分为一个铝制品贸易实体和一个铝制品生产公司。

② 卡特尔协议由本处于竞争关系的企业之间签订，通过规定收购价或售价、降低产量或者其他手段，控制产品价格并排挤新竞争者进入市场。

③ 勒尼德·汉德，曾任纽约南区联邦地区法院法官和联邦第二巡回上诉法院首席法官，法哲学家，是美国学者和最高法院大法官们引述次数最多的下级法院法官。

务的一家名为提博兰（Timberlane）的美国木材公司起诉美国银行（Bank of America），声称该银行与多个洪都拉斯机构共谋把提博兰赶出洪都拉斯木材行业，这种行为削弱了洪都拉斯木材出口业的竞争，并导致美国木材价格上涨。适用汉德法官那种限缩性的两段式考察法，美国反托拉斯法是否仍能规制这种
99 行为？

在20世纪70年代末和80年代初，第九巡回上诉法院在对该案进行反复审查之后，最终认定不适用反托拉斯法。[22]当第一次面对该案时，法院为解决纠纷而精心设计出一个“合理性规则”。[23]法院首先写到，“美国反托拉斯法无疑会扩展至一些在别国发生的行为”。[24]但这“并不是意味着”美国法律“会规制所有在别国发生的行为”。[25]毕竟，域外管辖权（extraterritoriality）“会牵涉到其他相关国家”，而且这些“国家时常会因美国法院对权力的广泛主张感到愤慨，并对此进行抗议”。[26]法院裁决，要适用美国反托拉斯法，外国活动不仅必须（如汉德法官所指明的那样）对美国商业产生一定的“实际或预期”影响，而且“相比其他有关国家”，“美国的利益”也必须“足够显著”。[27]在进行这种“利益衡量”分析的时候，法院应该将以下因素纳入考虑范围：

> （1）与外国法律或政策相冲突的程度；（2）当事人的国籍国或效忠对象国，以及企业组织或法人的所在地或主要营业地；（3）能够在何种程度上期望各国执行判决结果；（4）（相对于其他国家）该行为对美国影响的相对显著性；（5）在何种程度上存在损害或影响美国商业的明确目的；（6）这种影响的可预见性；（7）（与海外行为相比）本土行为在被起诉活动中的相对重要性。[28]

总之，在越发纷繁复杂的世界里应当进行更加精细的分析。

在提博兰案的上诉过程中，第九巡回上诉法院再次遭遇该案，并适用了这一套新的分析框架。法院发现，洪都拉斯法律并未禁止本案中提博兰公司所反对的这些做法（例如，甚至允许竞争者之间以协议方式“分配地盘或市场份额，限制售价或产量，或者切断原材料来源”）；[29]这些限制竞争行为对美国木材市场的影响微小；[30]而且同“洪都拉斯的经济政策和商事法律”发生“冲突”的可能性非
100 常大，已经超过了对美国造成的负面经济影响。[31]综合考虑，美国反托拉斯法不

应适用于本案，而且原告也不得继续就本案提起上诉。[32]

第九巡回上诉法院的判断标准确有可取之处，但也存在不足。一方面，可以说新标准对汉德法官的美铝案标准进行了改进，不仅将域外行为对美国市场的影响纳入考量范围，而且考虑到了适用美国法律后美国经济政策与别国经济政策之间可能产生的潜在冲突，还考虑到了各国运用本国法律作为判决依据的相应利益。另一方面，这套复杂的标准为广泛的司法裁量权开启了大门，并因此增加了不可预测性。法院该如何确定这七个因素存在与否、程度高低以及影响大小呢？它们将如何确定每个因素的相对重要性呢？确实有评论者认为，提博兰案所采用的解决方式只会为外国政府及其出口贸易带来不确定性，它们不知在海外该如何行事才能规避美国反托拉斯法的制裁及其三倍处罚。[33]这势必对贸易产生不利影响。

在20世纪80年代早期，当其他法院仍纠结于提博兰案的同类案件并试图建立自己的海外适用问题解决框架时，[34]国会为澄清此类问题而通过了一项《谢尔曼法》修正案。[35]新条文在开篇规定，《谢尔曼法》“不应适用于与外国有关的贸易或商业活动”，[36]但又设立了一些例外规则。根据其中一项规则，如果在海外发生的行为对国内商业活动造成了“直接的、实质性的和可以合理预见的影响”，并且该行为（如价格垄断）能够“引发”《谢尔曼法》“诉讼”的话，则《谢尔曼法》仍可适用。[37]另一项例外规则规定，当海外行为涉及“进口贸易或进口商业活动”时，《谢尔曼法》仍然适用。[38]

修订后的《谢尔曼法》明确规定，至少要满足汉德法官的美铝案两段式考察法才能对外国行为适用《谢尔曼法》：必须对美国商业活动造成“直接”影响，而且这种影响必须是“可以合理预见的”，法院才会准许其诉讼请求。[39]但1982年修正案仍然留下了很多悬而未决的问题。首先，该法并未提及法院是否也应当像第九巡回上诉法院在提博兰案中所做的那样，适用“礼让”原则的分析框架。[40]其次，适用“实际或预期影响”标准时，如何判断外国活动对美国商业的影响是否足以构成“实际”影响？何时才能推定外国行为人注意到了这种影响，101
从而将其认定为“预期”影响？最后，修正后的成文法并未规定如何处理既导致外国市场物价攀升，但也对美国市场产生负面影响的（对当事人造成损害的）限制竞争行为。这些问题，特别是最后这个问题将恩帕格兰案带进了最高法院。

恩帕格兰案牵涉到一家世界性的维生素卡特尔组织。该组织由多家维生素生产商组成，其中很多生产商的总部设在欧洲，但有一些总部设在美国。[41]这些卡特尔成员将维生素销售给世界各地的分销商，并限定了产品的销售价格，为此，美国司法部在20世纪90年代对多名卡特尔成员提起指控。12家公司和13名个人认罪，向政府缴纳了数百万美元的罚金。很快，向这些公司支付了超额货款的美国分销商陆续提起民事诉讼，要求获得超收货款的三倍赔偿和相应的律师费。其中一些诉讼以和解告终，维生素公司为此支付了20亿美元以上的赔偿金。[42]

恩帕格兰案关注的是一些尚未通过美国民事诉讼获得赔偿的维生素分销商。这些设立于外国——厄瓜多尔、巴拿马、澳大利亚和乌克兰——的分销商把买进的维生素产品销往美国以外的地区。[43]重要的是，恩帕格兰案中的原告并未宣称在美国购买过任何维生素产品或在美国境内直接参与过任何交易活动。[44]针对最高法院可能提出的询问，它们愿意承认自己的损失（因交纳超额货款而导致的损失）应完全归咎于本案中的秘密协议对外国商业活动造成的负面影响。[45]即便如此，这些分销商仍认为他们应当有权依据《谢尔曼法》提起诉讼，因为该组织实施的非法价格垄断活动同样对美国商业造成了重大损失，而这正是《谢尔曼法》明确禁止的。它们主张，虽然损害产生于从海外（而非美国本土）买入溢价维生素这一行为，但这并不重要。一家全球性的卡特尔组织人为地导致了产品在美国售价攀升，这就达到了必要条件。分销商为什么不能在美国法院提起诉讼并获得赔偿呢？从某种意义上说，被美国法律认定为犯罪的活动对他们造成了伤害，那
102 么美国法院为什么不能允许他们提起诉讼呢？

最高法院（在提博兰案的四分之一个世纪后）最终认定这些分销商无权索赔。[46]审判意见中写到，反托拉斯法的救济对象不包含本案这种情况下的分销商，也就是说，当（被告的活动）对外国商业活动造成的负面影响独立于对美国商业活动造成的负面影响时，公司或个人不能因在外国商业活动中受到了损害而获得赔偿。

最高法院是如何得出这个结论的？在对这类案件进行法律解释时往往会用到一项解释法则，而该法则会适用“反域外管辖权推定”（presumption against extraterritoriality）——推定美国成文法在外国不适用。[47]但是，这一法则并没有

多少指导作用，因为所有人都承认《谢尔曼法》在一定情况下确实会适用于域外。问题并不在于《谢尔曼法》是否适用于外国行为，而在于在何时以及何种情况下适用于外国行为。

《谢尔曼法》的文本本身也没有给予过多提示。条文规定，《谢尔曼法》适用于某些“与外国有关的贸易或商业活动行为”，而这些行为必须（1）对美国商业造成“直接的、实质性的和可以合理预见到的影响”，并且（2）能够“引发”《谢尔曼法》“诉讼”。[48]本案中卡特尔组织的行为满足第一个条件，因为该行为对美国商业产生了直接影响（抬升美国维生素售价），而且这种影响的确是可以预见的（该组织的目的也的确在于产生这种影响）。该行为也在美国引发了“诉讼”，司法部已经对恩帕格兰案的被告提起了多项刑事诉讼，而且美国分销商也对他们提起了民事诉讼。所以，若严格按照字面意思理解，似乎应当适用《谢尔曼法》。

但事实依然是，这些设立于厄瓜多尔、巴拿马、澳大利亚和乌克兰的原告公司所受到的损害独立于价格垄断行为对美国商业活动造成的任何影响。所以，《谢尔曼法》的本意究竟是这些公司不得成为原告，还是把卡特尔成员视为海盗这种长久以来被当作人类公敌的罪犯（下一章将对此详细说明），并据此处置他们？简单来说，是不是只要有美国人曾受到过限价“海盗”的伤害（并且至少有部分美国人提起了诉讼），那么在世界上任何地方受到类似伤害的人就都能在美国提起赔偿之诉？《谢尔曼法》对此只字未提。

为了解决这一问题，也为了使对《谢尔曼法》的解释符合国会的意图，最高法院在很大程度上借助了“礼让”概念。长久以来，法院都会在那些存在潜在法律冲突的案件中提到这一概念，因为人们有理由假设国会希望尽可能避免这类冲
103 突的发生。最高法院“在对存在歧义的成文法进行解释时，通常会避免不合理地干涉他国主权”。[49]至少有一位最高法院成员，即大法官安东尼·斯卡利亚，将这种成文法解释方法等同于国际通行的“惯例性礼让”（prescriptive comity）原则，该原则规定，出于对外国司法管辖权的尊重，各国应避免对海外的个人或活动不合理地适用本国法律。[50]在恩帕格兰案中，最高法院灵活地适用了该学说。最高法院的问题是，当“外国行为造成了能够单独引发原告诉讼的独立的外国损害”，对该行为适用《谢尔曼法》是否合理。[51]最高法院的最终答案是否定的，

在这类情形下适用《谢尔曼法》将对“外国独立管理自身商事事务的能力”造成不必要的“干涉”。[52]

实际上，“礼让”的含义在其漫长的发展历史中变换过多次。在中世纪，随着贸易和商业的扩张，“礼让”开始成为一种解决区域间管辖权冲突的指导原则。[53]当时，“礼让”主要表现为一种尊重诉讼地法律的规则，这不同于法则区别制度中通过考察标的物实际位置来决定可适用法律的方法。在18世纪和19世纪，“礼让”发展为一种更为包容的学说，当外国法律更为可取而又不违背公共政策时，法院会采用“礼让”学说作为适用外国法律的正当性依据。[54]在当代，学者们认为“礼让”源于对国家主权的尊重。[55]它是“各国在处理国家间事务时用到的一个传统的外交概念和传统国际法概念”。虽然各国并没有相应的法律责任，但它们尊重彼此在个案中的政策选择及其享有的利益，不去查问各国法律的实质内容。人们普遍认为“礼让”在惯例法和国际习惯法中占有一席之地。[56]

今天，当美国法院适用“礼让”学说时，它们往往会遵循“合理性规则”。美国法院对这些外国诉讼主体及其行为行使管辖权是否合理？由当代学者编写并评述的一部关于当代法律的著作《对外关系法重述》引导法院提出了同样的问题。[57]书中体现的思路更接近于提博兰案审理法院的思路，它列举了法院在决定 104
是否应对人或对事行使管辖权时所要考虑的诸多因素——包括相关活动与规则国之间是否存在地域联系，对活动负有责任的个人与规则国之间的关系，引发争议的活动有哪些特征，当事双方正当预期的性质，对这些活动进行管理是否符合国际传统、其他国家的利益以及发生冲突的可能性，等等。[58]

因此，最高法院在恩帕格兰案中推定，“如果外国行为造成了独立的外国损害，而且这种外国损害又单独引发了原告诉讼”，对该行为适用美国反托拉斯法不具有“合理性”。[59]在这种情况下适用反托拉斯法很可能会削弱他国管理其国内经济事务的能力，而美国反托拉斯制度从中获得的收益则是“微小”的。[60]如果引发诉讼的行为只对外国商业产生影响，为什么要用美国法律替代外国法律？毕竟，现在很多国家都制定了反托拉斯政策，并设置了执行机关。在此背景下，例如，加拿大、英国、日本等国对于如何最好地保护本国消费者免受限制竞争行为的损害都作出了自己的决定，我们不应贸然干预。

恩帕格兰案的法庭之友法律意见书对适用美国反托拉斯法后引发的国际冲突进行了着重介绍。一些意见书强调，在最近几十年里，越来越多的国家都颁布或强化了打击价格垄断行为的法律。[61]我本人就是这一进程的亲历者。在20世纪60年代末，我供职于司法部反垄断局，时常参加由经合组织（OECD）① 下属的反托拉斯执法机关举办的会议。美国似乎总是对打击竞争企业间的价格垄断和兼并等限制竞争行为表现得最为积极。相比之下，法国和意大利则显得犹豫不决，认为兼并会提高本国公司的竞争力，以抗衡美国公司；日本人似乎同样缺乏热情，他们的反垄断当局甚至使政府相信，应当由政府代表商业利益实施干预和指导（而不是自由竞争市场），这样才会使本国经济更加强大。然而，那个时代已经过去。今天，上述这些国家以及其他各国的反垄断当局都在严格适
105 用打击大部分价格垄断行为的法律。而恩帕格兰案中的一些意见书则认为，事实上，这些国家的转变为适用美国法律提供了强有力的理由。它们认为，在当下，无论你在任何地方发现了价格垄断者，从他那里取得赔偿已经变成了一件非常合理的事情。[62]

但是，另一些意见书则表示，虽然对价格垄断采取制裁措施已经成为常态，但各国执法制度却存在重要区别。例如，英国与荷兰告知美国最高法院，对恩帕格兰的不利判决将会破坏它们两国、欧盟和其他国家实施的“宽免”和“特赦”② 程序。[63]这些程序鼓励公司检举跨国卡特尔组织，向政府揭发这些组织的密谋活动。英、荷意见书警告说，本案中“提出的扩张美国对三倍赔偿自诉案件的管辖范围”将使揭发者无法凭借宽免程序摆脱美国三倍赔偿的威胁，因

---

① 经济合作与发展组织（Organization for Economic Cooperation and Development，OECD），简称经合组织，其前身是建立于1948年的“欧洲经济合作组织”。成立之初，该组织负责管理“二战”后美国与加拿大为欧洲重建所提供的援助。“马歇尔计划”结束后，该组织将工作重心转向其他经济发展问题。随着1957年《罗马条约》的签订，欧洲共同体开始形成，相关国家于1960年年底签订《经济合作与发展组织公约》，成立经合组织，以取代之前的“欧洲经济合作组织”，美国和加拿大由观察员转为新组织的正式成员，三年后日本加入该组织。而之后，尤其是“冷战”结束后，该组织继续壮大。该组织声称自己是一个由民主和市场经济国家组成的论坛组织，对跨国企业管理、教育、环境以及税收等诸多领域的问题广泛交换意见，协同合作。

② 特赦（Amnesty）指的是政府根据国家主权所派生出的权力，出于公共政策方面的考虑，不再追究一些人的责任，不再诉诸法庭。宽免或宽恕（Leniency）则是在量刑或决定惩罚额度时从轻处理。

而“削弱”了它们“对揭发者的吸引力”。[64]因此，美国的管辖权将“对国际卡特尔执法活动产生负面影响”。它们还指出，“德国和美国的执法官员也同意这种观点”。[65]

日本政府强调了另一种关切。它告知美国最高法院，日本与美国之间签署过“一份反托拉斯双边合作协定”；[66]该协定是“由各国反托拉斯当局组成的一个国际关系网络①的一部分”；[67]一个对该网络中的很多组成机构起指导作用的国际“理事会”②“已经认识到，为了在限制竞争领域顺利开展合作，各成员国［包括美国在内］需要保持稳健和自我克制”；[68]“美国的反托拉斯自诉律师”或“拥有全球性集团诉讼③管辖权的美国法院”之间则没有形成类似的磋商协调网络；[69]而且“任何国家的政府或法院都无力监督和解决”因准许恩帕格兰案的诉讼程序继续进行而“引发的冲突”。[70]

美国在其意见书中对其他各国表示了赞同。意见书指出，恩帕格兰案中的扩张性管辖权不仅会威胁到美国本国的揭发者特赦程序，也会“破坏”近年来同外国反托拉斯当局发展起来的合作关系。[71]它进一步指出，经合组织（美国是其成 106
员之一）在1986年就认识到“需要……落实国际法原则和礼让原则，也需要为了在限制竞争领域展开合作而保持稳健和自我克制”，这与日本的观点完全一致。[72]意见书还提请最高法院注意，欧盟与美国在1991年9月签订了一份旨在通过建立一套通报与请求（notifications and requests）机制来促进执法合作的“反托拉斯合作协定”，各国反托拉斯当局可以通过该机制要求海外有关当局对违法者启动执法程序。[73]美国政府警告说，如果允许恩帕格兰案这类案件在美国法院

① 这里指的是成立于2001年的“国际竞争网络”（International Competition Network，ICN），是各国竞争法主管机关交流对话、加强合作的专业化非正式机制，其成员数量已经超过130个。

② 这里指的是“经合组织理事会”（OECD Council），经合组织成员国在国际反托拉斯领域拥有举足轻重的地位，后文的内容则是日本政府引用了《经合组织理事会关于成员国就影响国际贸易的限制性商业行为进行合作的推荐意见（修订版）》（*Revised Recommendation of the Council Concerning Co-operation Between Member Countries on Anticompetitive Practice Affecting International Trade*）的部分内容。

③ 集团诉讼（Class Action），是指由一个或多个成员作为集团全体成员的代表，代表全体当事人起诉或应诉的诉讼。作为原告或被告的诉讼集团与其代表在诉讼中具有共同的利害关系，将集团成员作为一个集体就其权利或责任作出裁决，比在一系列的单个诉讼中作出裁决更为有效。由于反垄断案件的受害者一般人数众多、分布广泛，且案情相对一致，故很多都采用集团诉讼的方式。

进行诉讼，这种协作制度就会受到威胁。美国总检察长写到："如果外国执法机关害怕其合作成果最终被用来支持之后在美国进行的三倍赔偿诉讼（它们认为这类诉讼是不适当的），合作关系就可能趋于紧张，甚至国际卡特尔执法活动都会遭到全面破坏。"[74]

最高法院最终被这些意见说服。它推定"各国即便对价格垄断这类基本行为的看法一致，也会在如何给予适当救济的问题上发生严重分歧"。[75]适用规定有三倍损害赔偿的美国法律将会使外国公民得以"绕开本国稍显吝啬的救济方案，从而打破了体现于该国反托拉斯法中的各种对立考虑因素间的平衡"。[76]如此一来，美国与其他国家共同打造的合作协定就会遭到破坏，因为这些（合作）项目赖以存在的善意和相互尊重（因美国法律的适用而）遭到了侵蚀。因此，最高法院裁决，若外国公司在海外遭受了独立的外国损害，则不应准许其依据美国法律提起诉讼，这种许可是不"合理的"，因为它违背了礼让原则。[77]

对于我们来说本案的裁决有三个重要方面：

首先，商业活动和对这些活动的管理行为具有的国际属性，使最高法院不但需要考虑如何避免不同国家实体法之间的冲突，还要仔细揣摩不同国家在执行相似规则时所选取的不同程序方式。最高法院也会把旨在协调多国执法活动的行政协定纳入考量范围。

其次，最高法院所寻求的不只是单纯（这里的单纯并不包含任何价值评判）
107 避免不同国家法律之间的冲突，还致力于促进国际商业监管体系的顺畅运行。最高法院将其所使用的"礼让"这一术语描述为："顾及其他国家正当的主权利益……其具体方式为［帮助］可能发生冲突的各国法律和谐共处——当今这个高度相互依存的商业社会特别需要这种和谐共处。"①[78]

最后，最高法院在得出结论前参考了对国际惯例具有相当认识的有关各方的意见书，并从中获益。美国政府解释了国际合作协定的运作机制，这些协定所具有的重要性，以及有利原告的判决将如何破坏这些协定。此外，其他一些国家以及欧盟的反托拉斯当局也作出了同样的贡献。

---

① 本案的判词正是由本书作者大法官布雷耶撰写的，作者早在审理该案的2004年就注意到了本书中反复提到的"高度相互依存的世界"这一主题。

英特尔案：证据披露①

我们刚刚看到了，在决定如何恰当地解释反托拉斯成文法时，最高法院将各种外国执法程序纳入了考虑范围。然而，对外国司法程序进行考察却往往是知易行难，英特尔公司诉超微半导体②案就说明了这一点。[79] 本案涉及证据披露规则——该规则允许双方当事人从对方那里获取书面证据和证人证言，同时还涉及一项美国成文法，该法是为了使个人获得证据披露材料以便其能够在外国审判机构使用而专门制定的。这项看似简单的成文法在实践中引发了诸多解释上的困难。

本案开始于2000年10月，当时，AMD这家业务遍及全球的公司向欧盟委员会③的反托拉斯法执法机构递交起诉状，声称另一家大型跨国公司——AMD的竞争对手英特尔公司违反了欧洲反托拉斯法。在请求欧盟委员会执法当局——欧盟竞争总署④对此展开调查的同时，AMD极力寻求总署对一些文件进行证据披露，这些文件是英特尔在其另一个竞争对手提起的一件自诉案件中提交法院的，这家位于阿拉巴马州的联邦地区法院在当时封存了这些文件。[80]

当欧盟当局裁定它们并不需要借助这些文件来开展调查后，AMD决定尝试以自己的方式向总署提供这些文件（或许自己也会借机一阅）。最终，AMD请 108
求一家位于加利福尼亚州北部（两家公司总部附近）的联邦地区法院下令英特

---

① 证据披露（Discovery），是民事诉讼中的一种审前程序，双方当事人可以通过该程序从对方当事人处获知与案件有关的事实与信息，以此为庭审做准备。在美国，披露的方式包括：书面证词（deposition）、书面质询（written interrogatories）、请求承认（requests for admissions）、请求出示书面证据（requests for production）等。

② 超微半导体（Advanced Micro Devices，AMD），成立于1969年，总部位于美国旧金山湾区，专门从事微处理器及相关技术设计，是计算机中央处理器和图形处理器生产商。在业内，其规模仅次于著名的英特尔公司。

③ 欧盟委员会（European Commission，EC）是欧盟的执行机构，负责贯彻欧盟理事会（Council of the European Union）和欧洲议会（European Parliament）的决策，维护欧盟各基本条约，以及管理欧盟日常事务。其组织结构类似于一个由28名成员组成内阁制的政府。

④ 欧盟竞争总署（Directorate-General For Competition，DG－Competition），总部位于比利时布鲁塞尔，负责为欧盟制定和实施竞争政策，承担了调查和决策的双重职能。

SEALED

尔公司出示这些文件。[81]

一家加利福尼亚州北部的法院如何能命令英特尔出示封存在阿拉巴马州的联邦法院内的文件呢？毕竟，无论是在加利福尼亚州或是阿拉巴马州，还是美国的其他什么地方，AMD 和英特尔双方并没有牵扯到任何一件案件之中。AMD 指出，在它看来，一项成文法赋予了加利福尼亚州的地区法院命令英特尔出示文件的权力。该成文法规定：

> 个人居住地或其被查明的地址（is found）① 所在司法管辖区的地区法院有权下令其出庭作证……或者出示书面证据……供由外国或国际审判机构主持的诉讼程序使用，这里的诉讼程序包括正式指控前的刑事调查。该命令可以在外国或国际审判机构提出要求后作出，也可以在任何利害关系人申请后作出。[82]

AMD 宣称自己正是这种“利害关系人”；它还补充到，现已“查明”英特尔位于北加利福尼亚州司法管辖区；欧盟竞争总署属于“外国审判机构”；而且 AMD 希望在该审判机构所主持的“诉讼程序”中使用这些文件。因此该地区法院“有权下令”英特尔出示这些文件。[83]

地区法院对此却并不那么确定。首先，它认为欧盟竞争总署并不是（《美国法典》）第 1782 节规定的“审判机构”。[84]但第九巡回上诉法院推翻了这一裁定，[85]并推定，由于该机构的活动在特定情况下确实会引发“准司法”程序，所以这些活动并不是纯粹行政性质的。因此，可以将欧盟竞争总署视为“审判机构”。[86]此外，英特尔要求法院为 AMD 设置一个门槛义务，即要求其证明，在将要使用这些（希望从美国获得的）文件的外国司法管辖区内，这些文件同样是可以被披露的。对此，第九巡回上诉法院同样予以拒绝。其他两个上诉法院曾采用过英特尔所主张的这种外国可披露性规则（foreign discoverability rule），但第九巡回上诉法院拒绝这样做。[87]最高法院解释该成文法的舞台就此搭建完毕。 109

本案向最高法院提出了四个成文法解释方面的技术性问题：（1）欧盟竞争总

---

① 这里的“found”，指的是为了确定管辖权或送达文书而发现或查明某人位于某司法区内，或某公司在某司法区内从事营业活动。

署是否属于第1782节规定的“审判机构”?(2) AMD是否属于“利害关系人”?(3)欧盟委员会的调查是否属于“诉讼程序”?(4)如果AMD无法满足下列条件中的任何一项的话，该法是否仍然允许其获取这些文件：①按照最终会使用这些文件的外国司法管辖区的法律，AMD有权获得这些文件；②按照美国法律，如果类似案件发生在美国，AMD有权获得这些文件；③前两项条件均成立。[88]

最高法院依据这部成文法的历史对这些问题作出解答。从一百五十多年前开始，美国法院一般会以回复“调查委托书”(letters rogatory)的方式帮助外国法院获取信息；这些委托书由外国外交官发出，请求美国法院提供证言，以备在海外的诉讼程序当中使用。[89]国会将这种实践做法编入了一项颁布于1948年的授权性成文法，并在1965年和1996年对其进行了两次扩充。其中的1965年修正案意义重大。这次修正体现了由国会设立的一个专家委员会的工作成果，而之所以设立该委员会则是考虑到(早在1958年就已经开始的)“国际经贸与金融交易的迅猛增长”；委员会的任务是“以力求改进的态度，调查并研究美国与外国之间在司法协助与合作领域业已存在的实践做法”。[90]1965年修正案授权美国法院强制证人出庭作证，并强制要求其出示任何“外国或国际审判机构的诉讼程序”希望获得的文件或其他物证。[91]

最高法院在英特尔案中认为，从历史角度来看，确实应该对这项成文法的用语进行扩张性解释。但它也认识到这一结论并不是那么显而易见的。两份内容截然相反的意见书提供了理解该问题的框架。欧盟委员会以法庭之友的身份递交了其中的一份意见书，建议对第1782节进行限缩性解释。[92]欧盟委员会表示，由自己亲自递交意见书“实属罕见”,[93]而它之所以决定公布自己的观点完全是因为，该成文法的扩张性解释“会对欧盟委员会的执法任务构成直接威胁”,[94]会使“竞争法的执法程序……陷入危机”,[95]而且可能会产生“令人无法接受的后果”。[96]欧盟委员会甚至警告说，扩张性解释会“破坏国际礼让”并“侵犯到美国外交政策伙伴的主权利益”。[97]

另外，美国司法部递交的意见书则认为，该成文法本身就预设了扩张性的解
110 释。[98]这份意见书回顾了这项成文法的历史，引述了在20世纪60年代早期担任1965年修正案起草委员会主席的汉斯·斯密特教授的文章，并提出一些地区法院能够用以妥善处理欧盟委员会异议与关切的替代性方案。[99]

在对这些观点进行梳理之后，最高法院转而考虑本案中的具体问题。

第一个问题，欧盟竞争总署是否属于“审判机构”？欧盟委员会的答案是否定的：它是一个调查机构，而非司法机构。它负责决定是否提起诉讼，这更接近于美国司法部反垄断局那样的行政机构。它主持的程序不是（美国司法程序通常具有的）对抗式的。它在最后可以对是否构成违法作出裁定，这更像美国联邦贸易委员会的职能。但在它作出裁定后，这类裁定会面临司法审查。[100]最重要的是，如果不顾反对，执意将欧盟竞争总署视为“审判机构”的话，就等于允许那些急于获取对手机密经营信息的商业主体向欧委会提起“假托”诉讼，借此在美国提交书证文件披露申请。[101]这将对欧盟委员会的保密规则、公诉制度，特别是其“宽免程序”（leniency program）构成威胁，根据该程序，像卡特尔组织成员这样的“揭发者”可以以欧盟委员会为其保密为条件，向其提供定罪信息。[102]大概在20世纪60年代早期，当时欧洲的反托拉斯执法机构还并不活跃，欧洲国家在这方面的利益也没有那么重要。但在今天，欧盟委员会表示，这些利益“至关重要”。[103]欧盟委员会还表示，即便没有这部成文法，它也完全能够获得自己需要的信息。它可以命令在欧洲营业的公司提交信息，也可以通过双方的合作协定要求美国司法部提供协助。[104]

对条文的措辞和历史进行考虑的意义何在？从这两方面可以很清楚地看出，国会希望该法的适用能够涵盖与美国行政机构所主导之程序相类似的外国程序。[105]条文中使用的是“审判机构”，而非法院，例如，其中还清楚地规定，该成文法的规制对象涵盖了检察官在正式公诉之前的调查环节所提出的请求。[106]如果拿一个美国机构进行比照的话，则欧盟竞争总署类似于美国的联邦贸易委员会，其职责在于调查潜在的欧洲竞争法违法行为，并向欧盟委员会提出建议，法院有权对所有这些工作进行司法审查。不仅如此，欧盟竞争总署只是第1782节涉及的几千家外国机构的其中一家而已。或许欧盟竞争总署确实不希望AMD想要获取的文件被披露出来， 111
或许它也确实不希望被称为“审判机构”，但其他机构又当如何呢？[107]

欧盟委员会警告说，倘若最高法院将第1782节解释为授权在本案中进行证据披露的话，该成文法“事实上”将适用于“行政机构在世界上任何地方实施的每一个行为，包括管理、调查和许可，只要它们最终可以受到司法审查即可”。国会的本意绝不会是要把地区法院变成交换所有这些程序所涉及信息的交易所。[108]这一点可谓切中要害，然而，要划出一条清楚的界限却绝非易事。对海外程序进行区分时应依据怎样的法律标准？对外国行政机构认识有限的最高法院该如何找出正确的区分规则？或许最高法院可以尊重机构的自身定位（这正是我在异议意见中所持的观点）；[109]但这样做则会产生相互矛盾的结果。最终，最高法院认定欧盟竞争总署属于“审判机构”，但它并没有为外国机构的分类确立任何刚性规则或指导框架。[110]

第二个问题，AMD 是否属于“利害关系人”？AMD 并不是海外的诉讼当事人。它只是单纯地提请欧盟竞争委员会注意英特尔可能违反了反托拉斯法，并提交了证据。但最高法院注意到，“如果欧盟委员会停止调查或驳回申请的话”，AMD 有权“向法院提起诉讼”。[111]此外，斯密特教授也曾写到，选用“任何利害关系人”这一表述的“目的不仅是将诉讼当事人纳入其中……而且还要把所有仅能从协助活动中获得合理利益的相关主体纳入其中”。[112]最高法院推定，AMD 属于该表述所指涉的范畴。[113]

第三个问题，欧盟委员会的调查是否属于“诉讼程序”？最高法院的回答是肯定的。调查虽不是一项“判决性的”（adjudicative）诉讼程序，但确实是一项诉讼程序。国会表示它希望将该成文法扩展到调查领域。[114]有观点认为，本节内容“只在判决性诉讼程序处于‘待决状态’（pending）或‘即将举行’（imminent）时适用”，但最高法院对此予以否定。[115]与此相反，该成文法“规定，只要根据合理预期，欧盟委员会会作出可以由欧洲法院进行审查的决定性裁决（dispositive ruling），即可适用本节内容”。[116]

第四个问题，是否应当设置限定性规则，例如，限定如果根据将要使用被披露证据的外国司法管辖区的法律，或对案件中类似情况作出规定的美国法律，个
112 人无权寻求证据披露，则不适用该成文法？我在异议意见中支持设置这类规则，例如，该成文法不应允许公民个人获取与外国检察官作出的不予起诉决定有关的信息，不应允许房地产开发商获取能助其获得英国房屋管理当局①津贴的相关信

① 英国房屋管理当局（British Housing Authority），从 1885 年起，英国政府开始为城市贫民建造廉租房，使他们能够用很低的价格获得城市住房。由于这些项目规模较大，对房地产商很有吸引力。承接这类项目可以获得政府津贴。这里是指地产开发商通过证据披露而掌握其竞争对手的信息。

息。[117]欧盟竞争总署也对此类规则表示了强烈赞赏。

但是，反对如此解释该成文法的理由同样相当充分。

一方面，正如最高法院所指出的，条文中对外国可披露性问题只字未提。而且，它也只是允许但并未要求法院下达提交书证文件的命令。在任何具体案件中，地区法院都可以听取外国对强制提交提出的异议，限制或驳回第 1782 节申请，以免造成国际纠纷。此外，英特尔提出的外国可披露性规则将会引发更多的诉讼，要求法院确认个案中涉及的外国法律是否允许提交在该案中引发争议的文件。这种限定性原则的适用会比初看起来要困难得多。

另一方面，司法部同样也认为无须设置限定性规则。地区法院可以在欧盟竞争总署认为不妥时拒绝发布命令。[118]这也正是最高法院所持的观点。最高法院强调，“地区法院绝不会仅仅因为拥有这项权力就必然准许所有的第 1782 节申请”。[119]法院“会将外国审判机构的性质，海外程序的特征……外国政府……或相应机构”对我国“司法协助的接受程度”，以及可能带来的负担等因素“都纳入考虑范围”。[120]总之，最高法院认为，该法适用范围广泛，但各法院应该根据具体案件的不同背景，对其适用范围进行合理限制。[121]

这是一种明智的折中方案吗？欧盟委员会并不这么认为。它指出这种具体案件具体分析的方式存在不足之处。首先，法院只有在“了解外国主权利益”的情况下，“才能对这些利益的复杂性进行公正的衡量”。[122]但向欧盟委员会“通报”案件情况的“机制并没有建立起来”。[123]其次，即便得到了通报，它还会浪费自身的“稀缺资源”，用于说服美国法院不要去执行私人申请。[124]再次，不同法官
处理问题的方式不尽相同，这就产生了“不可预见性和不稳定性”。[125]最后，地 113
区法院“每一项与欧盟委员会意见相左”的裁决“都可能刺激到与重要盟友之间的关系”；这些裁决将干扰“欧盟委员会和美国的执法机构间正常的国际合作”，并且可能会使“国际礼让”蜕变成“国际摩擦”。[126]司法部并不否认这些问题，但它相信这些考虑“最终会为建立具有普遍意义的”监管“规则提供基础，而这些规则则会为地区法院的裁量活动指明方向”。[127]但是，在尚未获知更多的下级法院经验和其他外国政府机构态度的情况下，最高法院目前并不应该急于推出这类普遍规则。

就本章主题而言，我们应该从最高法院的审判意见中学到些什么？

第一，为了解决案件——这就要求对美国成文法的文本作出解释——除了考察（并努力了解）外国法律程序的详情外，最高法院别无选择。第 1782 节提到了外国的“诉讼程序”“审判机构”以及海外“利害关系人”。要想将这些术语适用到具体的案件事实当中，最高法院就需要对外国的惯例和规则加以认识。如果说恩帕格兰案将最高法院引入了一片崭新的领域——不但要求最高法院了解海外的反托拉斯实体法，还要了解该法在实施过程中的规则和实践方式——那么英特尔案则又向前迈进了一步。现在，最高法院还需要对在海外施行的技术性更强的规则和制度加以认识，而且需要对外国的司法机构、行政机构以及其他类似机构作出区分。

第二，对这些问题进行考察的难度远远超乎人们的想象。最高法院并不是外国法律制度方面的专家。

第三，对可能产生的后果进行预测非常重要。在下列两种模式中，哪种模式会造成更多的困难？（1）刚性的限定性规则，这种模式将引导当事人围绕外国法在哪些情况下允许或是否允许披露争议书证文件等问题展开诉讼；（2）具体案件具体分析的自由裁量（discretionary）模式，这种模式授权地区法院灵活决定在哪些情况下对证据披露加以限制，但这可能造成欧盟委员会所担忧的损害。事实上，最高法院无法确定哪种模式更为可行。对于该问题，它几乎没有任何直接相关的法律经验。它选择了具体案件具体分析的自由裁量模式，但只有时间才能最终告诉我们这种模式是否可行。

第四，我们需要以更有效的方式来认识与案件存在必然联系的外国实际情
114 况。在本案中，只有欧盟委员会和美国司法部提交了政府意见书。最高法院采信了这些意见书，以及一篇由一位享有盛誉的国际法律程序教授在 20 世纪 60 年代早期完成的评论文章。这些材料是否充分？最高法院注意到，我们无法确定欧盟委员会的观点——美国的证据披露制度不会对其在海外的工作提供很大帮助，所以应当采用限缩性解释——是否在其他外国机构间取得了普遍共鸣。[128]我们是否掌握了足以对本案作出裁决的信息？

这种“信息差”（information gap）可能会逐步弥合。法律职业是由法官、律师和学者三部分组成的。当该系统运行良好时，三者之间会产生循环反馈。法官

根据律师的辩论意见作出裁决，辩论意见的基础并不仅仅是经验，还包括学者所撰写的研究报告、论文以及专著，法院的裁决在研究中得到整合和批判，构成了学者研究成果的部分基础，而这些成果又通过律师反馈给法官，从整体上催生出更好的判决。有了这套系统，再加上对日益国际化的法律实践需求的认识逐步加深，或许会逐渐弥合这种“信息差”。但我要在此时抛出我的问题：我们怎样才能更好地回答英特尔案中所呈现的跨国法律程序问题（multinational procedural questions）呢？

莫里森案：证券管理

莫里森案这件证券类案件是另一个极好的案例，它再次向我们说明了这个变化中的世界市场会对一项重要的美国成文法的解释产生怎样的影响。[129] 在本案中引起争议的成文法授权证券交易委员会（SEC）① 制定打击证券欺诈行为的相应规则。[130] 在 20 世纪 30 年代，SEC 颁布了最为著名的 10b－5 规则。该规则重申了成文法中的表述，禁止“任何人”发布重大虚假陈述或者参与其他“与任何证券交易相关联”的欺诈行为。[131] 这项规则是否适用于发生在海外的欺诈活动呢？

对这一问题可以进行多种解答。法院可以考察欺诈活动是发生在美国（以及在多大程度上发生在美国），还是海外；可以评估受欺诈的买方或卖方是居住在美国（以及具体居住人数是多少），还是其他国家；还可以考虑促成证券易手的交易行为是发生在美国，还是海外。我们之后还会回到这些细节，但现在要关 115
注的重点是，最高法院在处理更为宏观的问题（何时适用 10b－5 规则）时所采用的应对方式在数年间发生了转变。而这样做正是为了回应外国证券市场不断变化的属性。

---

① 证券交易委员会（Securities and Exchange Commissions，SEC），是根据《1934 年证券交易法》成立的独立联邦机构。其职责为执行联邦证券法律，提出证券规则建议，并管理与证券、股票和期权交易有关的活动和组织。

历史沿革

要认识这部法律是如何变化的，我们必须首先回顾发生在 20 世纪 60 年代和 70 年代的一些案件，特别是一些由纽约的第二巡回上诉法院审理的案件，其中尤其需要关注亨利·弗兰德里法官撰写的审判意见。这些案件的影响力最为深远，因为整个法律职业共同体长久以来都认为第二巡回上诉法院（以及享有盛誉的弗兰德里法官）对证券法和证券市场知之甚深。

虽然第二巡回上诉法院审理证券类案件的方式是在一系列案件中逐步形成的，但在 20 世纪 80 年代，由弗兰德里法官、詹姆斯·奥克斯法官以及乔恩·纽曼法官三位享有盛誉的法学家所组成的合议庭①审理的国际投资信托（International Investment Trust，IIT）诉康菲尔德案则可以被看作这一进程的缩影。[132] 该案案情复杂，但我可以对其加以简化。本案的原告，国际投资信托是一家依据卢森堡法律设立，并由一家设立于卢森堡的公司负责管理的投资信托机构②，但该机构的运营地则是瑞士。IIT 共有 150,000 名“基金持有人”（fund holders）［可以将他们视为股东（shareholders）］，这其中只有 200 人居住于美国。在其鼎盛时期，该公司掌管着大约 3.75 亿美元的资金，其中有 40% 被用于投资美国证券。[133]

投资者以 IIT 的名义提起诉讼，③ 声称他们（或者更准确地说，是 IIT）在 IIT 购买由美国人约翰·金所有或控制的几家公司证券的过程中受到了欺诈。IIT 的股东宣称，约翰·金旗下的几家公司炮制了多份旨在夸大公司预期估值的虚假

① 一般情况下，美国联邦巡回上诉法院审理的案件由三名上诉法官组成合议庭审理，这不同于地区初审法院一般由一名独任法官审理，也不同于最高法院全体九名大法官审理。在审理一些重大案件时，巡回上诉法院中的多数法官可以决定由该法院所有在职上诉法官出庭进行“全院庭审”（en banc），辩诉双方也可申请上诉法院进行全院庭审，但并不一定会被披准。

② 这里的信托机构（Trust）与之前的“托拉斯”不同。之前提到该制度最早被用来规避中世纪的一些封建义务，之后则被用于避税或财产管理，此外也被广泛用于慈善等。此处所指的信托体系复杂精细，衍生的法律制度蔚为壮观，但我国读者对其比较陌生。

③ 这种情况被称为 derivative action（派生诉讼或者股东代位诉讼），一般来说，当公司权利被侵犯而公司管理层没有提起诉讼时，股东在经过一定程序后可以为了公司利益以公司名义提起诉讼。虽然本案中的投资人并非严格意义上的“股东”，但也被准许提起此类诉讼。

陈述；因此IIT为购买证券支付了过高的对价；当真相大白后，IIT的价值大幅缩水，① 损失了大约3500万美元。[134]

10b－5规则是否适用？在回答这一问题时，法院对IIT从约翰·金旗下公司购买的三类证券进行了区分，这三类证券包括：（a）设立于缅因州的上市公司，金氏资源公司（King Resources Company，KRC）的20万股普通股股票；（b）由约翰·金个人拥有绝大部分股权的私营公司②，科罗拉多公司（the Colorado Corporation，TCC）签发的一份可转换债券③；以及（c）由KRC下属的一家设立于荷属安的列斯群岛的特设子公司——金氏资源资本公司（King Resources Capital Corporation，KRCC）发行的欧洲美元④债券。[135] 116

第二巡回上诉法院认定，10b－5规则显然适用于前两类证券。这些股票和可转换债券均为“美国公司的证券”，而且这些证券的交易或购买都是在美国境内“全面完成”（fully consummated）的。[136]具体而言，IIT在场外市场⑤从一家名为利佩尔的美国证券经纪商那里购得了KRC公司的普通股股票，并将其存入了在纽约银行⑥的纽约市办公室开设的委托保管账户⑦。从丹佛购入的科罗拉多公司债券也被存入了这个账户。因此，这些交易中唯一的“外国”因素就只剩身

---

① 信托机构的价值是由其所管理的资产价值所决定的，如果信托机构投资失误的话，自身的价值也会下跌。

② 私营公司（Private Company），在美国语境中，私营公司并不是一人股东公司，而是股东人数较少、股份转让受限制、不能随意转让的公司，可称为股权不公开公司。

③ 可转换债券（Convertible Note），简称可转债，一种金融衍生品，可以转换为债券发行公司的股票，其转换比率一般会在发行时确定。可转换债券通常票面利率较低，持有者将债券转换成股票的权利被视为对这种低利率的一种补偿。如果持有者把可转换债券转换为普通股的话，所换得的股票价值一般会远大于原债券价值。但是，一旦转换成股票的话，债券持有人就要承担股票下跌的风险，不再有债券保值特性。

④ 欧洲美元（Eurodollar），指储蓄在美国境外银行的美元，不受美国联邦储备系统的监管。由于主要出现在“二战”结束后实施了“马歇尔计划”的欧洲，故得名。

⑤ 场外市场（over-the-counter market），证券买卖的双方直接接触，进行议价并达成协议，而不受证券交易所的监控。

⑥ 纽约银行（the Bank of New York），由美国开国元勋、财政部部长亚历山大·汉密尔顿于1784年建立，曾是美国第二古老的银行［排在北美银行（the Bank of North America）之后］。2007年与梅隆金融公司合并，组成新的纽约梅隆银行（BNY Mellon）。

⑦ 委托保管账户（custodial account），一种为受益人（beneficiary）开设的金融账户，账户管理者被称为保管人（custodian），一般情况下这种账户是为收款人明确的特定交易而开设的，开设这种账户是为了使账户内资金能够得到快速分配。

为外国法人的“买方（国投信托）和从海外发出的订单”。[137]但这些因素无法改变案件的结果。当证券和销售均具有基本的美国属性之时，我们没有理由拒绝为外国购买者提供美国法律的保护。

到目前为止，本案件似乎并不困难。但涉及 KRCC 债券（bonds）[“公司债券”（debentures）] 的第三类证券该如何认定呢？这其中的欺诈行为存在明显更多的外国因素：这种公司债券是面向欧洲以美元发行的，债务的承担者是一家外国公司（KRCC，由 KRC 完全所有的子公司，总部设在荷属安的列斯群岛），而且 IIT 是从欧洲的二级市场购入这些债券的。虽然很多欺诈性的行为确实发生在美国或由美国人完成，但这些证券本身却是外国的，而且这些交易本身以及承担证券责任的公司也是外国的。[138]

法院认为 10b－5 规则仍然适用。这是为什么呢？其中最容易处理的部分就是外国子公司。法院认定，KRC 下属的这家荷属安的列斯群岛机构不具备任何显著的商业目的（significant business purpose）。之所以在“整套证券发行过程中”塞入这个机构，“仅仅是因为欧洲投资者们不愿购买直接由美国公司发行的公司债券”，但该机构“没有任何运营资产，其发行的公司债券均由 KRC 担保，而且这些债券可以转换成 KRC 的普通股股票”。[139]

但对这些本身属于国际债券①的债券又该如何认定呢？难道它们不是外国的吗？法院认为不是，或者至少不全是。一方面，这些债券的发行是由其母公司
117 KRC 发起的规模更大且“协调紧密”的发行活动的一部分 。也就是说，KRCC 价值1500 万美元的公司债券是在 KRC 先期发行了自己价值2500 万美元的公司债券（在美国境内销售的美国证券）之后发行的，而且是一项更大规模的融资计划中“一个不可或缺的组成部分”。[140]另一方面，KRCC 的所有债券发行工作几乎都在美国境内完成：证券销售书（prospectus）在美国拟就。财会审核工作在美国完成。几乎所有的必要工作都不是在海外完成的。[141]于是就产生了这样的局面：一个外国买家，一个名义上的外国卖家（但与一家美国公司存在不可分割的联系），一桩外国交易，名义上的外国证券，以及（在）美国（实施）的欺诈行

① 国际债券（Eurobond），字面意思是“欧元债券”，但实际上这种债券和欧元或者地理上的欧洲都没有关系，是指计价货币并非证券发行地或交易地货币的债券。

为，所有这些加起来就与美国建立起了得以适用10b－5规则的充分联系 。

对于我们来说，IIT诉康菲尔德案中最重要的部分是法院分析问题的方式。在考察了整个交易的每个细节之后，法院选择采用一种细节分析与整体把握并重的方式来决定案件与美国之间的关联程度。于是，在认定第一类证券（20万股KRC普通股股票）的销售是“在美国境内全面完成”之后，法院进而表示，该因素“与其他所有因素一样……任何单一因素的存在与否……都不一定具有决定性意义”。[142]它声明：“我们认为无论是发行方具有美国国籍，还是交易在美国境内完成，均不是”触发10b－5规则适用的“必要条件，也不是充分条件”。[143]但如果这两个因素同时具备，则会对适用美国法律构成“强有力的支持”。[144]

法院还提到了该成文法的立法目的。它表示“国会一直以来更在意那些会令美国商业企业（而非纯粹的外国商业企业）承担责任的欺诈性证券发行行为”。[145]但在涉案证券“实质上属于美国证券”的情况下（KRCC的公司债券就被法院推定为美国证券），国会也会希望适用它所制定的反欺诈法。“国会的意图”未必是要“坐视美国沦为炮制欺诈性证券产品的出口基地，即便这些产品只会向外国人兜售”。[146]

最后，法院还提及了另一个案件，该案中“有很多欺诈行为发生在美国”这一事实就引发了10b－5规则的适用，即便这些股票是外国公司的股票，而且是买方从海外购得的。[147]法院相信，“如欺诈行为在美国实施……美国法院不会置 118
之不理”。[148]

所以，10b－5规则的适用仰赖于不同因素的综合作用，该规则很可能会禁止与那些于国内筹备却在海外交易的证券相关联的欺诈行为，而且同样会保护外国购买者。如果对别国境内的外国证券销售行为适用10b－5规则，这些国家会如何看待？第二巡回上诉法院考虑到了卢森堡可能作出的反应，IIT的总部就设在该国，在该国破产，而且遵守的是该国破产法院的法律程序。同时，法院表示：“卢森堡的首要利益在于纠正其创立的法人机构所犯下的错误。如果我国的反欺诈法律比卢森堡的更加严格，那么卢森堡自然不会因适用了我国法律而受到冒犯……本案被告人的行为是在美国实施的，对于按照美国法律审判其行为，他们无法提出合理的反对。”[149]

但第二巡回上诉法院的观点是否正确？即便其观点是正确的，在今后的案件中是否必须坚持同样的结论？

在之后的20年中，第二巡回上诉法院和全国其他联邦上诉法院在确定10b－5规则的海外适用性时，一直沿用这种多因素考察法（multifactor tests）。每个巡回区都发展出了自己专属的适用公式，但它们考察的基本问题均包括了行为发生地、涉案活动对美国证券市场的影响，以及买卖双方的国籍和证券交易场所所在国等。在评估这些因素时，各法院也都像IIT案中那样，不但高度重视证券认购或购买行为的实际发生地，而且对欺诈性虚假陈述的作出地也非常关注。然而，各法院的分析并不完全相同，有些法院认为对美国市场的“影响”比其他因素更为重要，而另一些法院则把美国境内行为的违法程度放在了首要位置。[150]随着涉及外国证券或外国购买者的案件变得越来越常见（因为各金融市场日趋融合），
119 评论者开始批评美国司法机构在10b－5规则的海外适用问题上缺乏连贯性。[151]

现今：莫里森案

现在让我们转回最高法院于2010年审理的莫里森案。[152]1998年，澳大利亚最大的银行——澳大利亚国民银行收购了一家名为“邻家借贷”（HomeSide Lending）的不动产抵押贷款服务公司，该公司的总部设在佛罗里达。邻家借贷通过经营不动产抵押贷款盈利——每月向业主寄送催款账单并回收款项——抵押时间越长，邻家借贷盈利越多。邻家借贷运用模型计算自身的盈利能力，该模型部分建立于对利率、再融资①以及抵押周期的典型时长等变量的假设之上。这些假设后来被证明与事实不符，夸大了邻家借贷的预期收益。[153]

在2001年年中，澳大利亚国民银行宣称邻家借贷的价值低于之前的预期，并将其账面价值下调约22.5亿美元。结果，澳大利亚国民银行的股价直线下跌。

---

① 这里的再融资（refinancing），是指业主将不动产重新抵押给其他放贷方，并清偿对邻家的债务，以此完成债务置换，获得更低的还款利率。

银行官方对此次价值高估表示谴责，并将其减记①为一次意外的利率下调，这次利率下调导致了更多抵押贷款人选择再融资并在模型预计期限之前还款。[154]

但是，澳大利亚国民银行的一些股东认为这次事件并不像官方解释的这样单纯。他们认为邻家借贷管理层蓄意操纵计算模型，而澳大利亚国民银行管理层对此心知肚明，却并未采取任何行动。一些于2000年和2001年年初（也就是收购邻家借贷之后、减记之前）在澳大利亚股票交易所购买了澳大利亚国民银行股票的澳大利亚公民指控该银行欺诈。他们在纽约市提起诉讼，声称澳大利亚国民银行违反了10b－5规则。[155]

现在摆在我们面前的是外国买方（澳大利亚人）、外国股票（在澳大利亚股票交易所挂牌的澳大利亚国民银行股票）、外国交易（在澳大利亚和其他一些国家购买了银行股票），但有美国公司牵涉其中的欺诈行为则是（发生在）美国（境内）的。如果构成证券欺诈的行为发生在美国境内，但受欺诈行为影响的销售行为发生在海外的话，10b－5规则是否适用？下级法院认为并不适用，并驳回了该案。第二巡回上诉法院合议庭认定，虽然在美国境内发生的活动确实触发了对海外证券交易的联邦管辖权，但本案中的境内活动已经微小到可以忽略不计
120 的程度。[156]最后，最高法院同意就该问题进行审查。

所有大法官均认为，如果综合考虑的话，本案中的欺诈行为、购买行为、证券以及诉讼双方等因素都与澳大利亚联系紧密，而与美国的联系太过细微，因而不适用美国证监会的相关规则。[157]但对我们而言，本案的意义并不在于其判决结果。毕竟第二巡回上诉法院也得出了相同的结论。相反，我们应当注意的是多数派大法官和附议大法官在确定是否适用美国成文法时所做的分析。

有两位大法官赞同10b－5规则并不适用于本案，并且在审查该问题时运用了与第二巡回上诉法院相似的分析框架。大法官史蒂文斯把这种应对方式归结为两个问题：（1）非法行为（或者“为完成”该行为而实施的“各项实质行动”）是否发生在美国境内；（2）非法行为的“目的是不是要在美国造成损害结果，以及这种损害结果是否实际发生”。[158]如果其中任意一项条件得到满足，投资者就可以依据10b－5规则向美国联邦法院提起赔偿诉讼。大法官史蒂文斯解释到，

---

① 减记（write-down），一种金融术语，即在资产价值缩水导致资产账面价值高于实际价值的情况下，将账面价值下调至当前实际价值水平的会计记账方法。

这种应对方式由第二巡回区在“几十年的时间里，通过几十个案件”发展和“改进”，并得到了“国会和证券交易委员会的默许，也获得了其他兄弟巡回区的广泛认同”。[159]这种方式是依据《谢尔曼法》的文本和立法目的制定的，反映了文本原意和立法目的。弗兰德里法官和他在第二巡回上诉法院的同事们当然“知道美国法院不能，也不应该将（他们的）精力耗费在解决那些并不影响美国人民，或所涉欺诈行为发生在美国境外的案件上”。[160]但他们也知道，国会希望自己制定的证券法涵盖某些具有国际成分的欺诈行为，而且他们精心设计出了一套实现国会意图的考察标准。[161]

所以，这两位少数派大法官希望沿用某种类似具体案件具体分析的应对方式，通过考察多方因素（如在美国所实施行为的性质，该行为与整个欺诈行为的联系，以及欺诈行为对国内市场或投资者的影响）来决定是否适用该规则。即便案件涉及的是从外国交易所购买股票的外国投资者，两位附议大法官仍支持这种方式。[162] 121

但是，最高法院的多数派大法官选取了另一种应对方式。他们将《证券交易法》第10（b）条和证券交易委员会配套制定的10b－5规则解释为两者已然包含了对地域适用范围的明确准则。换句话说，10b－5规则仅适用于“与以下任一行为相联系”的情况：（1）“美国股票交易所挂牌证券的购买或销售”或者（2）“所有其他证券在美国境内的购买或销售”。[163]本案原告并未在美国的交易所购买或销售过澳大利亚国民银行的证券，也并未在美国境内完成其购买或销售行为，所以10b－5规则不适用。[164]问题就此解决。

这份裁决体现了一种重大改变，它改变了指导过大多数联邦巡回区的判例法。最高法院用一条简明的原则替换了具体案件具体分析的方式：在评估欺诈行为与美国的整体联系时，无须在各种因素间权衡，只要简单地观察案件中证券交易行为的发生地即可。与第二巡回区和其他很多巡回区不同，最高法院并未探究国会希望如何将证券法适用于本案的具体情况。根据这份泾渭分明的判决可以推断，如果在其裁决时莫里森案已经具有法律效力，第二巡回区很可能不会将10b－5规则适用于KRCC的国际债券。

最高法院给出了作出这一重大改变的几点理由：

第一，最高法院陈述了人们针对第二巡回区应对方式提出的一种相当普遍的批评意见。与泾渭分明的规则相比，多因素考察标准含混不清，难以适用，并且容易产生相抵触的裁决结果。该如何确定国会的意图，它究竟是希望“将美国法院宝贵的司法资源……用于”保护外国股票购买者，还是希望“将问题留给外国法院”?[165]从海外买入（证券）的购买者的国籍差异（美国人或外国人）是否会导致差别待遇？欺诈行为在美国境内发生是不是适用10b－5规则的充分条件？面对一种设置了多种具有相关性而非决定性因素的考察标准，法院真的能够切实贯彻执行吗？正如我们在本章第一部分所看到的，多因素考察标准和很多普通法
122 判例均遭受了类似质疑。

第二，最高法院援引了成文法反域外适用推定：这项“历史悠久的美国法律原则规定，除非出现相反的意图表示，否则国会立法应当只适用于美国领土范围之内”。[166]在考察过《证券交易法》的用语后，最高法院认定，该成文法并未“明确”表示国会希望将该法适用于域外。[167]最高法院因此推断，《证券交易法》第10（b）条，即10b－5规则的成文法依据，不适用于域外。

要如何借助反域外适用推定来解答本案问题呢？所有人都承认本案中有一些行为，即欺诈性行为，确实发生在美国境内。这一事实难道没有触发《证券交易法》的适用吗？要回答这个问题，就必须着眼于该成文法的目的，而不仅仅是它的用语。或许正是由于这个原因，最高法院承认“本案中的反域外适用推定（与往常很多案件一样）并不具有不言自明的终局性”。[168]

第三，最高法院强调了证券类成文法的一个基本目的——保证美国金融市场的诚信（integrity）。最高法院解释到，具体而言，联邦证券法的目标是保护在美国境内从事证券购买和销售的投资者——包括买入或卖出美国证券交易所挂牌证券的投资者，以及在美国领土内通过其他途径参与证券交易的投资者。尤其是10b－5规则，制定该规则的目的正是保护参与这些交易的投资者免遭欺诈性虚假陈述。最高法院相信，将第10（b）条和10b－5规则的适用范围限定于在美国境内发生的证券交易，实现了国会的意图。[169]

第四，也是对我们来说最重要的一点，最高法院表示，“（该成文法）同其他国家的法律无法兼容的可能性非常明显，所以如果国会真的希望在外国适用成文法的话，‘它会对（该成文法）与外国法律和司法程序的冲突问题提出解决办法’”。[170]为了充分阐释这种思考，最高法院写到：

> 其他国家都会对其国内证券的交易活动以及在其领土范围内发生的证券交易活动加以管理。而且，对于欺诈行为的构成要件、强制披露信息的内容、损失的赔偿范围、诉讼中可实施证据披露的证据类型、可合并审理的诉讼类型、律师费的赔偿范围等很多问题，其他国家的监管办法往往与我国不同。[171] 123

最高法院还列举了外国机构以法庭之友身份递交的意见书。这些机构包括澳大利亚、法国和英国政府，来自法国、德国和瑞士的金融机构和企业，以及欧洲的协会组织和全球性协会组织。最高法院表示："所有（意见书）都指责" 10b－5规则的"海外适用会对外国的证券监管造成干扰，并敦促我们采用一种更为明确的考察标准，避免这种结果"。[172]

弗兰德里法官曾断言，如果"我国的反欺诈法律比卢森堡更加严格，该国自然不会因我国法律的适用而受到冒犯"。对这一主张该如何看待呢?[173]最高法院认定，这种确信已经变得缺乏依据。最高法院写到，"美国并没有成为纠合了外国证券市场欺诈犯的巴巴里海岸①"，（但它又补充到，"有人担心美国已经成为那些自称在外国证券市场受到欺诈之人的代理律师开展集团诉讼的香格里拉"②）。[174]

最高法院没有像恩帕格兰案中那样过多谈及礼让。但它的判决体现了法庭之友意见书的观点，承认礼让是协调全世界执法制度所必需的重要原则。与其在恩帕格兰案中对外国反托拉斯法律及监管制度所表明的看法一样，最高法院在莫里森案中深刻地认识到，外国的证券法律及监管制度在2010年已经变得相当复杂而且高度发达。更重要的是，这些法律制度与美国的法律制度并不相同。例如，瑞士创立了一套证券综合监管系统，其中包含一个中央监管机构（瑞士金融市场监督管理局）、强制登记制度、反欺诈保护措施、行政调查程序和民事惩罚程序。但瑞士法律并未授权对证券欺诈开展集团诉讼，并且在判断信息披露事项的"重要性"（materiality）问题上采用了不同的标准，损失计算方法也不尽相同。[175]法

① 巴巴里海岸（Barbary Coast），巴巴里是西方对北非伊斯兰地区的旧称，该地区在16世纪到19世纪名义上是奥斯曼帝国的辖区，实际上是海盗和奴隶贩子的基地，这些海盗袭击地中海及北大西洋的船只和沿海居民，所以后来用该地区来比喻犯罪温床。

② 香格里拉（Shangri-La），1933年的英国小说《消失的地平线》中的虚构地名，其词源可能为藏语。小说作者詹姆斯·希尔顿将其描述为一片神秘和谐的乐土。

国的制度也有其自身的特点：法国不允许当事人自主退出集团诉讼①，并且只有在证明（被告）存在过失时才会支持（当事人）的赔偿请求。[176]

随着很多不同证券市场监管体系日趋成熟，在程序和实体两方面进行合作的需求越发强烈，越发需要每个体系都具有法律确定性；同时，已经不再需要由美
124 国反欺诈法律来规范全世界的证券交易。总之，全球各金融市场及其现代化金融监管体系所构成的现实世界需要一套能够与其他国家和谐共处的美国体系。最高法院认为，要达成这种和谐就需要对《证券交易法》的地域适用范围作出更明确的解释。这正是莫里森案中的法庭之友法律意见书向最高法院表达的意愿。[177]而最高法院最终表示赞同。

肯特桑案：著作权

在最近数年里，最高法院一直在努力确定美国商事成文法的适用范围，现在就让我们在最后一个案例中了解一下这个进程。这个在本书最初部分提到过的案件关注的是《著作权法》以及其中一项条文是否适用于在美国境外开展的商事交易。与恩帕格兰案、英特尔案和莫里森案一样，本案的案件事实同样展示了当代商业活动的现实状况：当前，各国市场联系非常紧密，相互之间高度融合，最普通的商业交易都可能牵涉到分布于世界各地的各种活动和各色机构组织。本案展现了国际商业惯例及与其相关的大量商业活动的本质属性所施加的一种深刻影响，即影响了最高法院对一项主要规制本国事务的成文法的解释。在不涉及恩帕格兰案和莫里森案等案中的礼让争议（美国和其他国家的执法优先权之间可能发生冲突）的情况下，最高法院更愿意对境外活动适用本国法律。

在 1997 年，一位名叫苏巴普·肯特桑的泰国公民在泰国政府奖学金的资助下来

① 自主退出集团诉讼（opt-out class actions）：当事人参加集团诉讼的方式可分为申请加入和强制加入两种。强制加入，是指当法院颁发集团诉讼许可之后，所有与案件相关的当事人（如何划定范围由法院决定）自动受案件判决的约束，但有些地方的法律也允许被强制加入诉讼的当事人申请退出该诉讼。而即便是申请加入，加入的时间、退出的方式、是否因退出该诉讼而失去单独诉讼的权利、单独诉讼时是否受原诉讼中事实认定的约束等问题都会因法院所在地法律的不同而有所不同。

美国留学。[178]他在康奈尔大学完成数学专业本科学习后，又在南加州大学获得了该领域的博士学位。之后他回国从事了十年的教学工作，这是他获得奖学金的条件。[179]

当肯特桑还在美国的时候，他注意到很多美国教材的价格要比在泰国书店销售的、同为英文版的出口版本高出很多。因此他请泰国的朋友和家人为他购买这些海外版教材并邮寄到美国，他们也照做了。肯特桑将其中一些书留作已用，并将其余部分卖给了学生和其他人。他在把部分收益偿付给家人和朋友后，将剩余部分作为盈利留了下来。[180] 125

2008 年，一家名为约翰·威立（John Wiley & Sons，以下简称威立）① 的学术教材出版商以侵犯著作权为由起诉肯特桑。威立在美国境内出版并销售教材。[181]但该公司也通过它的外国全资子公司——约翰·威立（亚洲）股份有限公司［John Wiley & Sons（Asia）Pte Ltd.，以下简称威立（亚洲）］② 销售这些书的海外版（海外版也是同样的英文版，不同之处在于，这些书籍是在海外印制和销售的）。这些海外版本售价更低，并且每本书中都附有一份声明，标明本书“在亚洲印刷”并且“仅被授权在欧洲、亚洲、非洲和中东地区销售，不得被出口到其他地区”。[182]因此出现了两种相同版本的威立教材：一种价格高昂，“在美国印刷和销售”；另一种价格低廉，在亚洲印刷和销售。第二种书中附含一份声明，明确表示未经威立允许不得将本书带入美国。[183]

联邦法院庭审之后，陪审团认定，肯特桑未经威立许可将 8 本亚洲版威立书籍带入美国并转售给美国读者，这构成了著作权侵权行为。陪审团评议认定，每次转售活动给威立造成了 75,000 美元的损失，共计 60 万美元。[184]肯特桑首次上诉失败后，本案被送到最高法院。[185]

本案涉及的问题对于国内和国际商业活动都具有重要意义。联邦《著作权法》规制的对象涵盖了非常多的产品。受著作权保护的不仅有书籍，还包括期刊或网络文章、电影、音乐、视频游戏、电视节目等。汽车和其他消费产品中的程

---

① 约翰·威立（John Wiley & Sons），1807 年创立于美国纽约市，早年出版了很多文学、法律和宗教类书籍，创作了《白鲸》（*Moby Dick*）的赫尔曼·梅尔维尔以及创作了大量诗歌和悬疑作品的爱伦·坡的很多作品都由约翰·威立出版，后来转为出版科教类书籍。

② 股份有限公司，“Pte Ltd.”是 private company limited by shares 的缩写，是英联邦国家的一种公司组成方式。“private”是指其股票不能向公众发售，因此对公司信息披露的要求较低。

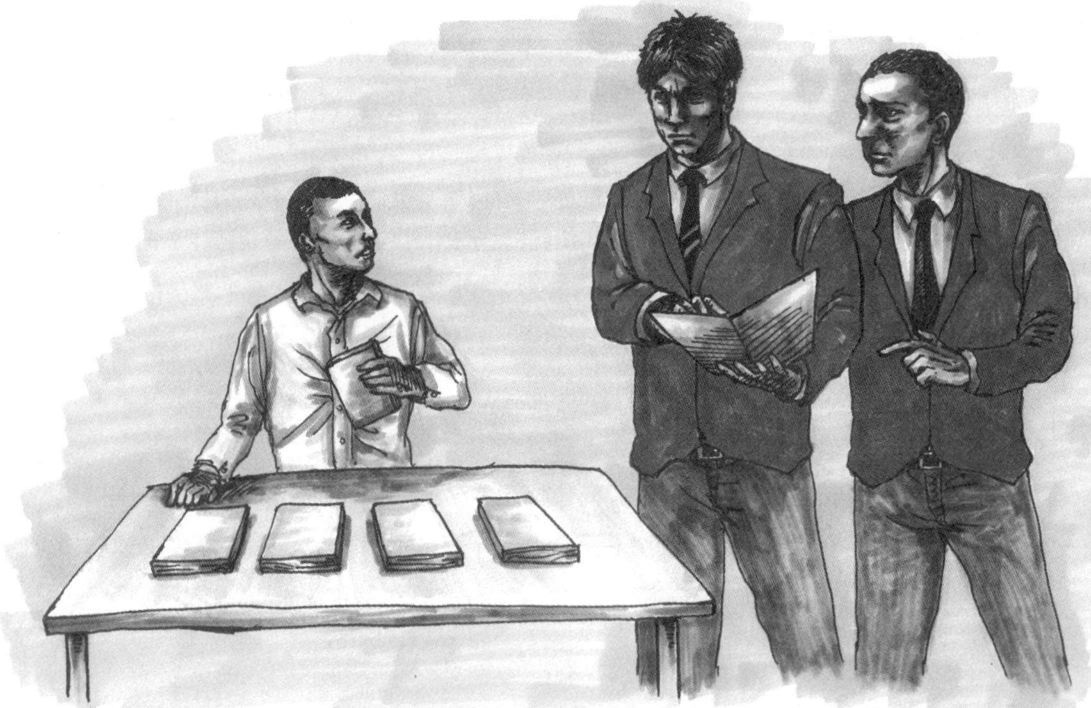

序软件，这些产品标签的外观设计，甚至标签上的文字也同样受著作权保护。而且其中很多产品是在全球范围内销售的。各种意见书报告称，这些产品交易额甚至达到了数千亿或数万亿美元。因此，威立究竟是否有权禁止肯特桑以出售为目的将威立的廉价海外版教材带进（import）美国，以及它是否有权在美国转售这些教材的问题将影响美国以及全世界的生产商和消费者。

同时，这个法律问题也和我们解决的大多数成文法问题一样，技术性很强。《著作权法》授予了著作权所有者“通过销售或其他转移所有权的方式，向公众发行（distribute）① （作品）复制件（copies）②”的“专有权利”（exclusive right）。[186]但它同时又对这种权利进行了限制，规定“依本法合法制成的特定复制件（a particular copy…lawfully made under this title）的所有者……无须著作权所有者授权，有权出售或以其他方式处分该复制件的占有权（possession）”。[187] 126
也就是说，以委托售卖方式从出版商那里取得了书籍（复制件）的书店不得在未经出版商许可的情况下出售这些复制件（如书籍《第二十二条军规》的复制件）。出版商作为著作权的所有者，拥有这项“专有权利”。但是，你作为一名普通消费者，一旦从书店购买了一本《第二十二条军规》（一个复制件），就可以随意处分它。你可以将它赠送或转售给朋友。出版商所享有的处分这本《第二十二条军规》（复制件）的专有权利由于你的购买行为而受到了限制。这种限制被称为“首次销售”（first sale）原则。它有时也被称作“权利用尽”（exhaustion），也就是说，复制件的首次销售行为“用尽”了著作权持有者对该复制件的各种专有权利。

最高法院要审理的问题就涉及在海外生产和销售的教材复制件。威立（亚洲）的业务是印刷英文教科书，这些教科书的著作权则是其美国母公司——威立公司所持有的［通过著作权转让（assignments）、许可证交易或许可使用③的方

---

① 在著作权法领域里，“发行”指的是以出售或者赠与方式向公众提供作品的原件或者复制件。

② “复制件”是指通过印刷、复制、拓印、录音、录像、翻录、翻拍等方式制作的作品副本。这里的复制件指的是出版公司印刷的书籍。

③ “许可证”（licenses）和“许可使用”（permissions）的不同在于，在取得著作权许可证后，许可证持有人一般可以选择再将许可证作为自己的所有物转让出去，而获得许可使用的权利人只能在著作权原持有人许可的范围内使用这一权利。

式从作者那里获得]。[188]之后，威立（亚洲）将这些教材出售（或者委托售卖）给泰国的各家书店。肯特桑让他的父母和朋友从泰国的书店购买这些英文教材并邮寄给他，用以在美国高价转售。[189]最高法院必须裁决：在泰国发生的“首次销售”复制件的行为（如出售给肯特桑的父母）是否触发了“首次销售”原则？如果触发，肯特桑则可以任意处分这本教材（复制件）——他可以将其转售给朋友或其他人。如果没有触发，他就违反了《著作权法》。

那么，为什么不能将“首次销售”原则适用于这种情况呢？我在之前段落中用斜体字标注的法条条文或许给出了答案：“首次销售”原则适用于“依本法合法制成的特定复制件”。[190]［这里的“本法”（title）指的是《著作权法》本身——一部美国成文法。］所以，肯特桑的这本在泰国合法印制而且最初也是在当地合法售卖给顾客的教科书（复制件）是“依本法制成”的吗？如果不是，肯特桑当然就不能在美国发行（distribute）这本教科书（复制件），甚至他在之前就不能将其带进美国。《著作权法》中的另一项条文规定，在未经著作权所有者许可的情况下进口（import）复制件的行为侵犯了基本的专有“发行权”
127 （right to distribute）。[191]但如果这些复制件是“依本法合法制成”的，就会触发“首次销售”原则，威立在进口和发行这两个方面对这些复制件的专有权利就会受到限制，如此一来，肯特桑的行为就完全合法了。[192]

依本法合法制成这种表述，在地域上，是否只针对美国境内出版或印刷的书籍？如果是，则这种除役性的（liberating）“首次销售”条款不适用于肯特桑这种情况，因为他获取并转售的复制件是在海外印制的。这样一来，当肯特桑将它们带入美国时，他已经违反了法律。如果这种表述针对的范围更广，包括了以符合美国法律要求的方式出版或印刷的所有书籍，肯特桑就可以安然回家了。

一般情况下，在裁决复杂的法律文本问题时，法院会从文本表述、历史、传统、先例、目的以及后果这些方面入手。我认为，在这些传统的考量因素中，大部分因素都不会为我们带来明确的答案。先来思考一下文本表述。“依本法”究竟意味着什么？我们是应该赋予它某种地域性解释，认为它指涉了位置选定（也就是美国境内），还是应该赋予它某种非地域性解释，认为它所指涉的是在任意地点制作，但其制作方式却“依照”或“符合”《著作权法》的所有复制件？[193]

乍看起来，地域性解读似乎更为自然。毕竟，违反《著作权法》的行为

（如未经许可发行或进口复制件）一般都发生在美国境内。因此，对于在海外制成或销售的书籍而言，查问其制作或传播过程是否“符合”美国的法律条文，这本身就是在查问一个难以回答的假设性问题。

另外，《著作权法》的部分条文似乎适用于海外。例如，它规定，“依据本法受到保护”的作品包括在海外创作而尚未发表的作品，[194]以及在与美国签订了著作权条约的近180个国家内“首次发表”的作品。[195]因此，躺在其爱尔兰作者位于都柏林的书桌抽屉里的手稿似乎被包括在内，一份首次录制于日本并且正在京都的美术馆中播放的芭蕾舞演出录像亦然。[196]如果该法适用于最初在海外写就或者通过其他方式制成的作品，为什么不适用于在著作权持有者许可的情况下在海外印制和销售的书籍呢？

探讨《著作权法》的历史是否会有所帮助？最高法院指出“首次销售”原则是一项历史悠久的普通法原则。17世纪早期，伟大的英国法官爱德华·库克爵 128
士①曾解释说，普通法明智地禁止了“马匹或其他动产”的卖方把不得转售该财产作为（成交）条件强加给买方，因为这种对财产转让的限制“阻碍了贸易和交通，以及人与人之间的议价活动和契约的订立”。[197]把不得再次出售设定为首次销售的条件确实会妨碍市场竞争；在试图执行这类条件时，法院会面临严重的执行困难，比如，追查马匹或其他货物的最初所有者。[198]今天，受著作权保护的商品也是同样道理。但即便历史表明美国普通法的“首次销售”原则历史悠久而且对经济效率意义重大，它仍没有为本案中的特定问题提供决定性的答案。

探讨《著作权法》的目的是否会有所帮助？不难发现，在美国适用的这种“首次销售”原则是为刚刚提到的那些目标服务的——鼓励买方市场竞争、使法

---

① 爱德华·库克爵士（Sir Edward Coke），被认为是伊丽莎白时代和詹姆士时代英国最伟大的法学家。库克出生于中产阶级家庭，曾在剑桥大学和内殿律师学院学习，成为大律师（barrister）。曾任下议院议长，后被提拔为Attorney General（国王首席法律顾问，负责英王政府的法律事务，因不同时期该职务侧重点不同，也可认为是英国的总检察长），因其在任上的出色表现而被授予贵族身份，转任民事诉讼法庭首席法官（虽然该法庭的判决仍可由王座法庭复核，但基本上垄断了当时的所有重要民事裁判事务，权力很大）。在这一职位上，库克爵士宣称国王应当服从法律，议会的法令如果侵犯了普通法规定的权力或有违理性的话，则无效，但由于其激进立场又被转任为王座法院首席大法官［位于大法官（Lord Chancellor）之下］。在这一任上，他限制了叛国罪的适用范围，并认定英王詹姆士一世下发的一封王室信件违法，因此被解职。其法律观点和学术著作对整个英美法系影响极大。

官摆脱繁重的（财产）保管链调查。但这并没有告诉我们国会是否希望在首次销售发生于海外时适用该原则。事实上，在这种情况下适用该原则不利于同一本书的美国和外国出版商实施区域分割，并在各自的区域中销售书籍。但国会或许想鼓励这种分割，因为这种分割很可能会帮助美国出版商在美国维持高售价并借此获得高额利润。而多数派大法官指出，国会当时刚刚废止了“印制条款”（manufacturing clause），该条款曾要求在美国销售的书籍必须在美国印刷。[199]这难道不是国会青睐自由贸易并因此希望将“首次销售”原则适用于外国商品的明证吗？或者，国会钟爱的只是一定程度的自由贸易，它或许是将“非首次销售”原则作为过去强势保护主义的一种仍然可取的残余保留了下来？

与很多案件一样，多数派大法官认为这些传统角度的论据在一定程度上都指向一个方向，而这个方向对肯特桑有利。而异议大法官的观点则与此相反。

多数派大法官还认为，对肯特桑最为有利的论据存在于商业后果之中，特别
129 是那些需要从国内外两方面综合考虑的商业后果。他们指出，美国图书馆协会①以法庭之友身份递交的意见书告诉我们，在美国的图书馆里至少有两亿本在海外出版的书籍。[200]其中很多书籍都是在美国境外印刷后被购回的；这其中又有很多书籍仍然受著作权保护（在当代，这种保护可以长达一个世纪以上）。[201]图书馆是否因此而有义务获得发行（传播）这些书籍的许可？[202]如果图书馆无法找到外国著作权持有人，或者难以同他们取得联系的话，又该如何呢？

科技公司提醒我们，“机动车辆、微波炉、计算器、移动电话、平板电脑以及个人电脑”都含有受著作权保护的软件程序或外观包装。[203]如果“首次销售”例外规则不适用于在外国制造和销售的产品，美国汽车经销商就必须首先获得每个汽车软件中的每个著作权持有者的许可，而后才能对在海外制造并销售的汽车实施进口转卖。[204]

零售商告诉我们，在2011年，美国进口了价值超过2.3万亿美元的外国产品。这些产品中有很多是在海外首次销售之后再由美国零售商购买的。很多产品

---

① 美国图书馆协会（American Library Association），非政府组织，1876年创立于费城，现总部位于芝加哥，是世界上最古老也是最庞大的图书馆协会。协会的宗旨是，“通过交流观点，取得一致的认识，引导合作，在图书馆科学和图书馆经营管理的各个领域中促进合作、督促社会舆论、组织和完善图书馆活动，通过在其会员之间培养良好的职业素质，促进全世界图书馆的利益”。

的标签、徽标和操作说明都受著作权保护。零售商们是否会认为自己将面临侵权诉讼?[205]

旧书经销商表示，从托马斯·杰弗逊和本杰明·富兰克林时代开始，他们就是在“首次销售”原则适用于在海外出版和印制的书籍这一前提下营业的。此外，如果旅行者希望从海外购买十几本或更多外国书籍馈赠国内亲友（这些亲友可能还会把它们转赠他人），他们该如何是好呢?[206]

艺术博物馆馆长告诉我们，他们经常展出从外国博物馆借来的外国艺术家的作品，外国博物馆则可能是通过外国艺术家或收藏者的捐赠或售卖获得这些艺术品的。美国博物馆是否必须在“展出”这些作品前获得其著作权持有者的许可，即便该艺术家或著作权持有者已经将作品捐赠或售卖给了外国博物馆?[207]（要知道，很多年来，毕加索的后代们围绕其作品的所有权归属争诉不休。）

总之，负面的商业后果过多，也过于严重，对于那种将“首次销售”原则限定于在美国境内发表或初次售卖的产品或其组成部分的限定性解释而言，这是非常不利的。 130

异议意见中指出，在美国的一些地区，异议大法官们的解释（海外“非首次销售”原则）已经成为法律，而多数派大法官所惧怕的，如“恐怖游行”① 一般的负面后果并未出现。[208]异议大法官认为存在可以减少或完全避免这类损害的其他方法。可以援引《著作权法》的其他章节，这样一来，美国的零售商、制造商、博物馆以及其他机构无须获得著作权持有人的许可，就可以复制或转售那些被带入美国境内的受著作权保护的作品。[209]此外，异议大法官主张，多数派的解释阻碍了将国际市场分割为不同销售区域的做法，也会产生负面后果。这会使著作权法力图保护的作者和出版商无法实现利润最大化 。[210]

但这些异议论点最终未能占得上风。国际市场的规模、各市场之间的相互依存关系以及包含了国内外零部件的海量产品，所有这些都使负面后果的预言变得似乎真实可信。与此同时，当多数派大法官对市场分割协议所涉及的受著作权保

---

① 恐怖游行（parade of horrible），至晚从19世纪开始在美国形成的一种传统，在独立日当天，人们会穿着奇装异服进行游行。目前在新英格兰地区的部分社区仍然保留着这一传统。“恐怖游行”作为一种修辞方式则是表达了叙述者对某种行为的反对，采取该行为后会产生一系列令人极度不安的后果。

护作品的价值作出估算之后，无论是异议大法官还是最高法院的其他成员都未能给出足以反驳该估算结果的数据。我们同样也无法准确推断出维持区隔市场（separate markets）对于消费者或生产商可能具有的重要性。

最高法院的审判意见中明确指出，市场分割使生产商或出版商得以实施差别定价。例如，对于同一本书，出版商可以在一个市场（如美国）将其高价卖出，同时在另一个市场（如泰国）售以低价，而不必担心像肯特桑这样的人会低价买入后再高价售出，摧毁双重定价制。而如果从著作权法的角度考虑，这究竟是喜还是忧呢？出版商会赚更多的钱，但著作权法的目的并不一定是不计成本地去实现出版商利润最大化。消费者或许会从中受益，又或许不会，这取决于出版商究竟是会选择提高产品的海外售价，还是会降低国内售价。但由于无法获知市场实际运行情况方面的信息，无论是多数派大法官还是异议大法官都只能说“这要看情况了”。

此外，市场分割在欧盟全境都是被禁止的。它的辩护者最多也只能说，知识产
131 权领域最关键的国际条约（TRIPs）① 将这一问题留给了各国自行决定。而当事涉各国出版商间的跨国贸易之时，美国支持允许差别定价和市场分割的协议条款。[211]

最终，对不良后果的恐惧占了上风（至少是在我称之为传统论证方式的帮助下取得了胜利）。最高法院以6:3 的投票结果认定，无论首次销售是否发生在境内，均适用“首次销售”原则。肯特桑赢得诉讼。

需要注意的是，我从最高法院的肯特桑案判决中总结的经验与从之前讨论过的其他三个案件中汲取的经验类似。

首先，对于多数派大法官而言，“恐怖游行”在很大程度上似乎并非杞人忧天，这是因为我们同其他美国人一样，懂得美国对于跨国贸易的依赖程度已然提高，美国商业领域中从未出现过如此之多的海外成分，从外国渠道涌入美国的产品贸易量不断增多，此外，在全世界范围内，通信也变得更为迅捷。因此，当零售商表示他们害怕受著作权保护的产品标签会引发诉讼的时候，当图书馆问及“我们海量的外国藏书该如何处置”的时候，当技术专家因为高技术设备中的每

① TRIPs（Agreement On Trade – Related Aspects of Intellectual Property Rights），即《与贸易有关的知识产权协定》。于 1994 年关贸总协定乌拉圭回合的最后阶段达成协议，现由世界贸易组织负责管理实施，其中为成员国的知识产权保护措施定下了一些最低标准。该协定是由发达国家尤其是美国主导的，被认为对发展中国家不利。

个软件均需备有转售许可而担忧的时候，他们的担忧听起来确实真实可信，最高法院不会把这些声音当成童稚之语而置之不理。

其次，为了圆满解决本案，最高法院不得不详细了解国内外市场之间的相互影响。它需要全面理解产品的海外销售对美国人民的影响。正如我所言，这些信息确实已经构成本案最为重要的特征。

最后，获知引发争议的外国问题的信息来源有很多。我们所获得的（上文中提到的）信息是由在该问题上享有高额经济利益的商业机构或非营利机构所组成的协会提供的。具有对立利益的出版商充分展示了他们在这一问题上的立场，但他们无法给出（而且很可能没人能够给出）足以展现分割市场必要性的详细信息。美国政府以法庭之友的身份递交了意见书，支持出版商一方，[212]但对于“首次销售”原则在其他国家的实施状况，未选用该原则国家的相关情况，以及如果废除该原则后会出现何种结果等问题，相关人员几乎没有作出任何说明。 132

简　评

在扩张或限缩美国成文法适用范围问题上，以上讨论的四个商事案件并未呈现出任何一致性的趋势。在反托拉斯案件中，最高法院限缩了成文法的适用范围；在证券案件中，也是一样。在证据披露案件中，最高法院扩张了成文法的适用范围；在著作权案件中，同样如此。如果说这些案件有任何共通之处的话，则是最高法院在判决中都考虑到了与裁决相关的国际影响。当最高法院裁决与外国诉讼主体或外国活动有关的案件时，这些影响往往具有重要性。与以往相比，这些影响似乎已然变得更为重要，起到了更为重要的作用，因为国际市场本身变得更为重要了，国际市场的组成部分也变得越发相互依赖。

这些案件还证明，要解释美国成文法，最高法院必须对外国的法律和商业惯例具有相当的了解。它无法再通过适用反域外适用推定，或者其他的法律经验法则（a legal rule of thumb），来解答自己遇到的成文法问题。在确定反托拉斯、证据披露、证券监管方面的美国成文法适用范围的时候，在确定著作权“首次销售”抗辩的适用范围的时候，最高法院都必须彻底摆脱某个推定的束缚。要摆脱这种束缚就需要深入了解外国法律程序和外国实体法。美国法律程序和外国法律程序间相互作用的方式，与本章所探讨的各个法律领域中的最高法院判决密切相关。

此外，在解释成文法时，最高法院并未单纯地寻求避免冲突，而是力求使美国法律与类似的外国法律相协调，从而使这些（法律）体系在共同作用中能够更有效地达成共同的目标。最高法院在恩帕格兰案中也提到了这一点。多数派大法官与异议大法官在英特尔案中的分歧并不在于这一目标是否合理，其分歧仅仅在于通过何种方式才能更有效地达成这一目标——是应当选用某种对证据披露成文法的适用范围加以限制的规则，还是应当采取具体案件具体分析的方式。在证券和著作权案件中，最高法院在跨境协调问题上并未明确表态，但其审判意见中的
133 论理部分和结论部分①与这一目标完全契合。

最高法院回应方式的改变体现了它在礼让概念认识上的类似变化——从单纯强调避免冲突这一偏重形式意义的目标，转向维护同外国相关执法当局的协同合作机制这一更具实践意义的目标（这种变化也和行政机构为配合外国当局而努力调整监管规则的工作相契合）。[213] 在思想认识层面上，行政机构的这些工作与最高法院的相关工作并无分歧，它们体现了一种改变，而这种改变则反映了这个世界的变化。

最后，这些案件说明，司法机构必然会越发需要了解外国惯例、规则、法律以及司法程序等方面的信息。法官不需要成为所有国家法律的专家。甚至几乎没有法官可以称得上美国所有法律部门的专家。但是，他们可以期望律师或法律界的其他成员通过向最高法院递交意见书的方式提供有关的法律信息。其他国家或者相关的外国协会所提交的意见书也同样有益。尽管如此，这些案件仍然展现了法官在处理外国法律和惯例问题时所表现出的不确定性。我们该如何获取我们需要的所有知识呢？这个知识鸿沟②问题我之后还要谈到。

---

① 论理部分（reasoning）指的是审判意见中对案件的分析和对审判结果的论证部分；结论部分（holding）或者认定部分则是宣示判决结果，即“依据某法，根据某事实，判决如下”。这两部分都属于判例中的“Ratio Decidendi”或称正文部分，在判例法传统中对之后的案件具有约束力。与此对应的则是“Obiter Dictum”或称附文部分，即与本案没有直接联系的部分，不具有约束力。

② 知识鸿沟（knowledge gap），一种传播学概念，原指因社会地位不同而使人们获取的知识量产生差异，而且这种差异会随着时间的推移而增大，形成无法逾越的鸿沟。这里指由于美国法院在获取外国法律信息方面的能力无法与相关信息产生的速度相协调，也会出现类似的知识鸿沟。

注释

〔1〕参见 Joel R. Paul, *The Transformation of International Comity*, 71 LAW & CONTEMP. PROBS. 19, 20 - 22 (2008)。

〔2〕参见，同上，第 22 ~ 23 页。

〔3〕参见 Dan E. Stigall, *International Law and Limitations on the Exercise of Extraterritorial Jurisdiction in U. S. Domestic Law*, 35 HASTINGS INT'L & COMP. L. REV. 323, 335 - 39 (2012)。

〔4〕*World DataBank: World Development Indicators*, WORLD BANK, http://databank.worldbank.org (最后访问时间：2014 年 10 月 1 日)。

〔5〕同上。

〔6〕Galina Hale & Bart Hobijn, *The U. S. Content of "Made in China"* 2 (Fed. Reserve Bank of S. F. Economic Letter No. 2011 - 25, Aug. 8, 2011), http://www.frbsf.org/economic-research/publications/economic-letter/2011/august/us-made-in-china/el2011 - 25.pdf.

〔7〕*U. S. Travel to International Destinations Increased Two Percent in* 2013, INT'L TRADE ADMIN., DEP'T OF COMMERCE (最后访问时间：2014 年 7 月 21 日), http://travel.trade.gov/outreachpages/download_data_table/2013_Outbound_Analysis.pdf。

〔8〕跨国公司所雇用的人数占到了美国私营部门雇佣总量的 25%，而在那些雇用了 10,000 人以上的公司中，跨国企业更是占到了 40% 以上。参见，KEVIN B. BAREFOOT & RAYMOND J. MATALONI, JR., BUREAU OF ECON. ANALYSIS, OPERATIONS OF U. S. MULTINATIONAL COMPANIES IN THE UNITED STATES AND ABROAD: PRELIMINARY RESULTS FROM THE 2009 BENCHMARK SURVEY 30 (Nov. 2011), http://www.bea.gov/scb/pdf/2011/11%20November/1111_mnc.pdf; Press Release, Bureau of Econ. Analysis, Summary Estimates for Multinational Companies: Employment, Sales, and Capital Expenditures for 2010 (Apr. 18, 2012), http://www.bea.gov/newsreleases/international/mnc/2012/mnc2010.htm。(经济分析局的媒体报告。——译者注)

〔9〕Sherman Antitrust Act of 1890, 26 Stat. 209 [codified as amended (修订并编入) at 15 U. S. C. § 1 (2012)]。

〔10〕15 U. S. C. § § 1 - 2 (2012).

〔11〕同上，§ 15 (a) ("任何因反托拉斯法所禁止的事项而遭受财产损失或商业损失的人……可提起诉讼，要求对其遭受损害进行三倍赔偿，并有权要求其承担诉讼费，其中包含合理的律师费")。

〔12〕United States v. Sisal Sales Corp., 274 U. S. 268 (1927).

〔13〕United States v. Aluminum Co. of America (*Alcoa*), 148 F. 2d 416 (2d Cir. 1945).

〔14〕United States v. Watchmakers of Switz. Info. Ctr. Inc., 133 F. Supp. 40 (S. D. N. Y. 1955).

〔15〕United States v. General Elec. Co., 115 F. Supp. 835 (D. N. J. 1953). ("D. N. J." 即新泽西地区法院。——译者注)

〔16〕参见 United States v. N. V. Nederlandsche Combinatie Voor Chemische Industrie, No. 70 Civ. 2079, 1970 WL 505 (S. D. N. Y. July 8, 1970)。["Civ." 指民事案件 (Civil Case)；"WL" 为汇编机构 "Westlaw"；有些案件没有被官方汇编机构收录，在引用这些案件时要注明该案件的案件号

码（docket number）。——译者注]

〔17〕American Banana Co. v. United Fruit Co. , 213 U. S. 347, 357 (1909).

〔18〕*Alcoa*, 148 F. 2d at 443 –45（认定，“虽然本案中的协议是在海外签订的，但如果签订者的目的在于影响出口，并确实影响到了出口，那么这些协议就是非法的”）。

〔19〕参见 Ford v. United States, 273 U. S. 593, 623 (1927)（“如果有人故意在国外作出某种行为，而该行为对国内产生了影响，那么他应当在损害发生地承担责任”）；另参见 Charles Doyle, Cong. Research Serv. R94 – 166, Extraterritorial Application of American Criminal Law (2012)（详细描述了美国刑法的域外适用）。在美国境内，各法院适用效果考察法（effects test）来决定是否有权管辖外州的刑事被告。参见 Strassheim v. Daily, 221 U. S. 280, 285 (1911)（“如果损害行为发生在一州的司法管辖区外，但行为人的意图却是对区内造成损害，并实际造成了损害的话，那么一旦该州成功地将元凶带入区内，就可以对其实施处罚”）；美国境内的案件参见 Pascarella v. Radakovich, 548 F. Supp. 125, 126 –27 (N. D. Ill. 1982)（“很早之前就已经明确，如果行为发生在州外，而其影响却及于州内的话，宪法允许该州要求行为人承担相应的刑事责任”）; People v. Blume, 505 N. W. 2d 843, 845 –46 (Mich. 1993)（认定，“当某一行为的目的是在州内造成损害影响，而这种影响也确实存在的情况下，该州有权对发生在州界以外的行为行使管辖权”）; Innis v. State, 69 P. 3d 413, 417 (Wyo. 2003)（认定“对于在州外实施并在州内造成影响的行为……州法院在对实施该行为的被告进行惩罚的问题上拥有广泛的管辖权”。一些私人民事案件同样遵循了类似的规则）。参见 Helicopteros Nacionales de Colombia, S. A. v. Hall, 466 U. S. 408 (1984); Int' l Shoe Co. v. Washington, 326 U. S. 310 (1945)。[“N. D. Ill.”是伊利诺伊北区联邦地区法院；“N. W.”和“P.”都是 West 针对美国各州的案件划分出来的不同汇编序列，即“西北区”（North West）和“太平洋区”（Pacific）。——译者注]

〔20〕参见 *Alcoa*, 148 F. 2d at 443 –45。

〔21〕美国反托拉斯法的域外适用同样造成了外交上的困难。参见 Joseph P. Griffin, *Extraterritoriality in U. S. and EU Antitrust Enforcement*, 67 Antitrust L. J. 159, 160 –61 (1999)（描述了在 20 世纪 50 年代到 70 年代，即美国法院开始宣称自己对反托拉斯案件拥有广泛的域外管辖权之后，“外国政府作出了相当强烈的反应”，其中包括了“外交抗议”和“外国法院的反制行动”）。

〔22〕Timberlane Lumber Co. v. Bank of Am. (*Timberlane II*), 749 F. 2d 1378 (9th Cir. 1984); Timberlane Lumber Co. v. Bank of Am. (*Timberlane I*), 549 F. 2d 597 (9th Cir. 1976).（两个案件分别被称为提博兰一案和提博兰二案。——译者注）

〔23〕*Timberlane I*, 549 F. 2d at 613.

〔24〕同上，第 608 页。

〔25〕同上，第 609 页。

〔26〕同上。

〔27〕同上，第 613 页。

〔28〕同上，第 614 页。

〔29〕Timberlane Lumber Co. v. Bank of Am. (*Timberlane II*), 749 F. 2d 1378, 1384 (9th Cir. 1984).

〔30〕同上，第 1384 ~ 1385 页。

〔31〕同上，第 1386 页。

〔32〕同上。

〔33〕参见，例如，A. V. Lowe, *Blocking Extraterritorial Jurisdiction: The British Protection of Trading*

Interests Act, 1980, 75 AM. J. INT'L L. 257, 268–69 (1981)("提博兰案方式的主要缺点在于它采用了一种具体问题具体分析的事后分析思路。由于外国企业无法确切得知自己会在何种情况下遭遇反托拉斯诉讼——这种问题由于个人有权提起反托拉斯诉讼而越发严重——因而无法预测这些因素的属性，也无法预测美国法院会如何确定这些因素的相对重要性。但因为他们有可能受到美国的诉讼管辖，所以即便这种可能性很小，他们仍然不得不依照美国的法律规则行事"); Edward L. Rholl, *Inconsistent Application of the Extraterritorial Provisions of the Sherman Act: A Judicial Response Based Upon the Much Maligned "Effects" Test*, 73 MARQ. L. REV. 435, 469 (1990)(主张"'利益衡量'方式的缺点在于缺乏准确性……虽然法官在遵循同一种方式，但具体适用时却可能大相径庭。在第一个例子中，法官并不知道该如何设定各个因素的权重。同样，他们也不知道具体该如何衡量这些利益……由于缺乏准确性，适用时就会出现不确定性。提博兰案法院当然明白会出现这种状况，事实上这也正是其所希望看到的。但是，由于适用美国反托拉斯法的重点在于提供保护，无论是受害者还是潜在的违法者都需要一定程度的确定性，以明白哪些行为属于违法行为"); John Byron Sandage, *Forum Non Conveniens and the Extraterritorial Application of United States Antitrust Law*, 94 YALE L. J. 1693, 1706 (1985)("我们无法对这些利益因素之间的相对重要性加以标准化处理，美国法律适用的可预测性也会因此被削弱。只有当那些促使美国法院拒绝适用域外管辖权的因素相对明确且易于适用之时，经济活动参与者才能预先安排好自己的交易行为。而提博兰案方式在很大程度上并没有给出确切的标准，因而也就无法获得这种结果"); John H. Shenefield, *Thoughts on Extraterritorial Application of the United States Antitrust Laws*, 52 FORDHAM L. REV. 350, 369 (1983)(主张提博兰方式并没有"为诉讼当事人和他们的律师们提供必要的可预测性"); 另参见, MARK R. JOELSON, AN INTERNATIONAL ANTITRUST PRIMER: A GUIDE TO THE OPERATION OF UNITED STATES, EUROPEAN UNION, AND OTHER KEY COMPETITION LAWS IN THE GLOBAL ECONOMY 46 (2006)["一些评论者将提博兰案中提出的原则以及其派生出来的其他判例法归为'无法给予法律咨询的法律'(uncounselable law)，也就是说，这些评论者认为，一名试图指导商人如何在合理性管辖规则下遵守法律的律师，无法准确预测出法院在适用这种复杂的、多因素管辖权考察法后会得出怎样的结论"]。Steven A. Kadish, *Comity and the International Application of the Sherman Act: Encouraging Courts to Enter the Political Arena*, 4 NW. J. INT'L L. & BUS. 130 (1982)(主张，"应该舍弃提博兰案分析方式，或者至少要对其作出限制……因为这种方式在实践中将会遇到无法克服的困难，而且它将会使法院卷入政治旋涡")。关于司法机构对提博兰案利益衡量方式的评价参见 Laker Airways Ltd. v. Sabena, Belgian World Airlines, 731 F. 2d 909, 948 (D. C. Cir. 1984)["在这类案件中，利益衡量方式在两个主要问题上受到攻讦：(1) 法院进行中立性利益衡量的能力非常有限；(2) 选用利益衡量方式很难达成推动国际礼让的目标"]。

〔34〕其他一些上诉法院在决定是否将《谢尔曼法》适用于海外时，适用了与第九巡回上诉法院在提博兰案中相类似的利益衡量准则。参见 Industrial Inv. Dev. Corp. v. Mitsui & Co., 671 F. 2d 876, 885 (5th Cir. 1982)(讨论了提博兰案的利益衡量准则及其适用情况); Montreal Trading Ltd. v. Amax, Inc., 661 F. 2d 864, 869–70 (10th Cir. 1981)["我们认为(提博兰案)中的分析囊括了需要纳入考量的因素"]; Mannington Mills, Inc. v. Congoleum Corp., 595 F. 2d 1287, 1297–98 (3rd Cir. 1979)(表示"基本同意"提博兰案"方式")。

〔35〕Foreign Trade Antitrust Improvements Act of 1982, Pub. L. No. 97–290, 96 Stat. 1246 [编入 at 15 U. S. C. § 6 (a) (2012)]。

〔36〕同上。

〔37〕同上。

〔38〕同上。

〔39〕但是，对于那些影响了美国出口贸易的活动，则会适用一种某种程度上要求更低的标准。司法部认为，只需要对美国市场造成一定影响（some effect）就可适用《谢尔曼法》，而并不需要这种影响是可预见的。参见 U. S. Dep't of Justice & Fed. Trade Comm'n, Antitrust Enforcement Guidelines for International Operations §3. 11 (1995), http://www. justice. gov/atr/public/guidelines/internat. htm。

〔40〕事实上，众议院的立法报告对于这一点已经说得很明白了。参见 H. R. Rep. No. 97 - 686, at 10 (1982)（本法案无意禁止也无意鼓励对具有特定国际属性的交易另行给予司法承认。如果法院确定案件符合对其实施标的物管辖权的条件，本法案不会影响法院通过适用礼让理念……或其他方式将交易的国际属性纳入考量范围）；另参见 Griffin，前注 21，第 162 页［“对于第九巡回区所采用的‘合理性管辖规则’（jurisdictional rule of reason）分析方法，国会采取了一种中立立场。国会只是申明了行使司法管辖权所需要符合的条件，法院仍然可以通过进行利益衡量来对司法管辖进行限制，对此国会既不禁止，也不鼓励”］。［“H. R. REP.”即对众议院做的报告(Report on House of Representatives)。——译者注］

〔41〕F. Hoffmann-La Roche Ltd. v. Empagran, S. A., 542 U. S. 155, 159 (2004).

〔42〕美国递交的法庭之友法律意见书第 1 ~ 3 页，*Empagran*, 542 U. S. 155 (No. 03 - 724)。

〔43〕*Empagran*, 542 U. S. at 159 - 60.

〔44〕同上，第 160 页。

〔45〕同上。

〔46〕同上，第 164 ~ 168 页。

〔47〕参见 William S. Dodge, *Understanding the Presumption Against Extraterritoriality*, 16Berkeley J. Int'l L. 85 (1998)。

〔48〕15 U. S. C. § 6a (2012).

〔49〕*Empagran*, 542 U. S. at 164.

〔50〕参见 Hartford Fire Ins. Co. v. California, 509 U. S. 764, 817 (1993)（大法官斯卡利亚的异议意见）［“在提博兰案和其他有关案件中提到的‘礼让’并不是对法院的礼让，不是说法院为了将案件留给其他更适宜审理该案的法院来审判，所以拒绝行使管辖权。更准确地说，应该将其定名为‘惯例性礼让’（prescriptive comity），即主权国家通过限制其法律的适用范围来表达相互之间的尊重”］；另参见，*Empagran*, 542 U. S. at 164。

〔51〕*Empagran*, 542 U. S. at 165.

〔52〕同上。

〔53〕Paul，前注 1，第 21 ~ 22 页。

〔54〕同上，第 23 ~ 24 页。

〔55〕Stigall，前注 3，第 335 ~ 336 页。

〔56〕同上，第 335 页［引述了 Cedric Ryngaert, Jurisdiction in International Law136 - 137 (2008)］。

〔57〕参见 Restatement (Third) of Foreign Relations Law of the United States § 403 (1) (1987)（“即使根据第 402 条存在管辖基础，但若法律所涉及的个人或活动与外国存在联系且在此种情况下行使管辖权不合理，该国可以不行使法律规定的管辖权”）。

〔58〕同上，§ 403 (2)。

〔59〕F. Hoffmann-La Roche Ltd. v. Empagran, S. A., 542 U. S. 155, 165 – 66 (2004).

〔60〕同上，第165页。

〔61〕参见，例如，德意志联邦政府和比利时政府出具的法庭之友法律意见书，支持了上诉人的观点，第1~3页，*Empagran*, 542 U. S. 155 (No. 03 – 724) (介绍了德国和比利时反托拉斯法的情况)；欧洲各银行出具的用于支持上诉人的法庭之友法律意见书，第12页，*Empagran*, 542 U. S. 155 (No. 03 – 724) [“欧盟及其成员国（以及其他一些法域）都在积极追究非法卡特尔组织的法律责任，对违反其反托拉斯法的行为处以高额罚金”]。

〔62〕参见，例如，由反托拉斯法后援会（The Committee to Support the Antitrust Laws）和全国证券与消费者律师协会（National Association of Securities and Consumer Attorneys）出具的法庭之友法律意见书支持了被上诉人的观点，第15~16页，*Empagran*, 542 U. S. 155 (No. 03 – 724) (认为，虽然外国法域中已有相应法律，但仍然需要对违法行为适用美国法律)。这些法庭之友还声称，由于卡特尔组织都是跨国性的，为了施加充分的全球威慑力，必须对外国的价格垄断行为适用美国反垄断法。参见，例如，经济学家Joseph E. Stiglitz和Peter R. Orszag的法庭之友法律意见书支持了被上诉人的观点，第2~12页，*Empagran*, 542 U. S. 155 (No. 03 – 724) (“如果不能惩治全球卡特尔组织，剥夺它们在海外获得的利益、令其赔偿所造成的损害，美国反托拉斯法的最基本目标——运用威慑手段阻止卡特尔在美国形成——将无法实现”)。[在美国，反托拉斯案件、小股东发起的证券案件和消费者案件都是重要的集团诉讼案件类型。这些案件一般由专门代理此类案件的律师事务所发起。由于个人受害者往往因为受到的损失不大而不主动发起诉讼，通常都是由律师发现问题后主动去寻找受害人，并最终达成和解，而律师事务所最后分到大部分赔偿金。所以，这类律师事务所很希望能扩大这些类型案件的适用范围。约瑟夫·E. 斯蒂格利茨（Joseph E. Stiglitz）是新凯恩斯主义学派的重要成员，2001年诺贝尔经济学奖获得者；彼得·R. 奥尔扎格（Peter R. Orszag）是拉扎德集团（Lazard）投资银行副主席和常务董事。——译者注]

〔63〕英国、爱尔兰和荷兰出具的用于支持上诉人的法庭之友法律意见书，第9~10页，*Empagran*, 542 U. S. 155 (No. 03 – 724)。

〔64〕同上，第12页。

〔65〕同上。

〔66〕日本政府出具的用于支持上诉人的法庭之友法律意见书，第10页，*Empagran*, 542 U. S. 155 (No. 03 – 724)。

〔67〕同上。

〔68〕同上，第11页。

〔69〕同上。

〔70〕同上。

〔71〕美国出具的用于支持上诉人的法庭之友法律意见书，*Empagran*，第20页，542 U. S. 155 (No. 03 – 724)。

〔72〕Organization for Economic Cooperation and Development [OECD], *Revised Recommendation of the OECD Council Concerning Cooperation Between Member Countries on Restrictive Business Practices Affecting International Trade*, OECD Doc. No. C (86) 44 (Final) (May 21, 1986), reprinted in 25 I. L. M. 1629 (1986). (“I. L. M.”是期刊名称，即*International Legal Material*。——译者注)

〔73〕参见，Griffin，前注 21，第 373 ~ 378 页（简述并分析了该协定）。

〔74〕美国出具的用于支持上诉人的法庭之友法律意见书，前注 71，第 22 页。

〔75〕*Empagran*，542 U. S. at 167.

〔76〕同上。

〔77〕同上，第 168 ~ 169 页。

〔78〕同上，第 164 ~ 165 页。

〔79〕Intel Corp. v. Advanced Micro Devices，Inc.，542 U. S. 241（2004）.

〔80〕同上，第 250 ~ 251 页。

〔81〕同上，第 251 ~ 252 页。

〔82〕28 U. S. C. § 1782（a）（2012）.

〔83〕参见 *Intel*，542 U. S. at 251 & n. 5。

〔84〕Advanced Micro Devices Inc. v. Intel Corp.，No. C – 01 – 7033，2002 WL 1339088，at 1（N. D. Cal. Jan. 7，2002）［认定欧洲竞争总署"缺乏主持审判程序的资格"（原文中引述部分已删去）］。

〔85〕Advanced Micro Devices，Inc. v. Intel Corp.，292 F. 3d 664（9th Cir. 2002）.

〔86〕同上，第 667 页［"总署向欧盟委员会递交审理建议（recommendations）——欧盟委员会有权作出有约束力的处罚决定，课以罚款或罚金，通过这种方式执行欧盟条约。如果不服欧盟委员会的处罚决定，可以向初审法院（Court of First Instance）提起诉讼，并可诉至欧洲法院（Court of Justice）。"总署所实施的披露程序至少会导致一种准司法程序］。

〔87〕同上，第 668 ~ 669 页（"……对寻求披露一方设置门槛义务，要求其证明该证据在外国诉讼程序中是可以被披露的，我们认为这种主张于法无据"）。

〔88〕Intel Corp. v. Advanced Micro Devices，Inc.，542 U. S. 255，253 – 54（2004）.

〔89〕同上，第 247 页，注 1。

〔90〕同上，第 248 页［引述了 Act of Sept. 2，Pub. L. No. 85 – 906，§ 2，72 Stat. 1743（1965）］。

〔91〕同上，第 248 ~ 249 页。

〔92〕欧盟委员会的法庭之友法律意见书支持撤销原判决，*Intel*，542 U. S. 255（No. 02 – 572）。

〔93〕同上，第 2 页。

〔94〕同上。

〔95〕同上，第 12 页。

〔96〕同上，第 14 页。

〔97〕同上，第 16 页，第 18 页。

〔98〕美国的法庭之友法律意见书支持维持原判决，*Intel*，542 U. S. 255（No. 02 – 572）。

〔99〕同上，第 3 ~ 7 页，第 26 ~ 28 页。

〔100〕欧盟委员会的法庭之友法律意见书支持撤销原判决，前注 92，第 4 ~ 9 页。

〔101〕同上，第 14 页。

〔102〕同上，第 14 ~ 15 页。

〔103〕同上，第 15 ~ 16 页。

〔104〕同上，第 11 ~ 12 页（解释说，对第 1782 条做限缩性解释"不会削弱委员会的调查职能"）。

〔105〕参见 S. Rep. No. 88 – 1580，at 7 – 8（1964）［"之所以选用'审判机构'（tribunal）这个词，正是为了突出它所给予协助的对象并不局限于传统的法院。例如，在外国的预审法官

(investigating magistrates) 审理案件时，人们希望法院也有权考虑是否要对其给予协助。鉴于行政和准司法程序在全球范围内持续增长的形势，为外国行政审判机构和准司法审判机构提供那些需要在美国获取的证据已经变得异常 (impelling) 重要，甚至已经和为传统外国法院提供证据的重要性等量齐观。因此，(a) 小节为美国向所有这些程序进行司法协助提供了可能性"]。["S. REP." 即 (Senate Report) 参议院报告。——译者注]

〔106〕参见 *Intel*, 542 U. S. at 247 - 49。

〔107〕参见，同上，第 266 页 ["我们已经知道欧盟委员会对 § 1782 (a) 所持的观点，但我们并不知道国际社会中其他类似的、兼有司法和公诉职能的机构是否也持相同观点"]。

〔108〕欧盟委员会的法庭之友法律意见书支持撤销原判决，前注 92，第 9 页。

〔109〕*Intel*, 542 U. S. at 271 - 72 (大法官布雷耶的异议意见)。

〔110〕同上，第 257 ~ 258 页 (多数派审判意见)。

〔111〕同上，第 256 页。

〔112〕Hans Smit, *International Litigation Under the United States Code*, 65 Colum. L. Rev. 1015, 1027 (1965).

〔113〕*Intel*, 542 U. S. at 256 - 57.

〔114〕同上，第 248 ~ 249 页。

〔115〕同上，第 259 页。

〔116〕同上。

〔117〕同上，第 268 ~ 270 页 (大法官布雷耶的异议意见)。

〔118〕美国的法庭之友法律意见书支持维持原判决，前注 98，第 26 ~ 28 页。

〔119〕*Intel*, 542 U. S. at 264 (多数派的审判意见)。

〔120〕同上。

〔121〕同上，第 264 ~ 265 页。

〔122〕欧盟委员会的法庭之友法律意见书支持撤销原判决，前注 92，第 17 页。

〔123〕同上。

〔124〕参见，同上，第 4 页。

〔125〕同上，第 17 页。

〔126〕同上。

〔127〕美国的法庭之友法律意见书支持维持原判决，前注 98，第 29 页。

〔128〕参见 *Intel*, 542 U. S. at 266。

〔129〕Morrison v. Nat' l Austl. Bank Ltd. , 561 U. S. 247 (2010).

〔130〕Securities and Exchange Act of 1934, Pub. L. No. 73 - 291, 48 Stat. 881 [修订并编入 at 15 U. S. C. § § 78a - 78pp (2012)]。

〔131〕Securities and Exchange Commission (SEC) Rule 10b - 5, 17 C. F. R. § 240. 10b - 5 (2013). ("C. F. R." 即 "Code of Federal Regulations" 联邦规则汇编——译者注)。

〔132〕IIT v. Cornfeld, 619 F. 2d 909 (2d Cir. 1980).

〔133〕同上，第 913 页。

〔134〕同上，第 914 页。

〔135〕同上。

〔136〕同上，第 918 页。

〔137〕同上。

〔138〕同上，第919～921页。

〔139〕同上，第919～920页。

〔140〕同上，第919页。

〔141〕同上，第920页。

〔142〕同上，第918页。

〔143〕同上。

〔144〕同上。

〔145〕同上，第920页。

〔146〕同上［引述了 IIT v. Vencap, Ltd., 519 F. 2d 1001, 1017 (2d Cir. 1975)］。

〔147〕同上，第918页［援引了 Leasco Data Processing Equip. Corp. v. Maxwell, 468 F. 2d 1326 (2d Cir. 1982)］。

〔148〕同上，第920页。

〔149〕同上，第921页。

〔150〕参见，例如，Zoelsch v. Arthur Andersen & Co., 824 F. 2d 27, 35－36 (D. C. Cir. 1987)（适用了第二巡回区的考察标准，并认定，由于买卖双方均为外国人，且所有的关键活动都发生在海外，所以法院没有管辖权）；Psimenos v. E. F. Hutton & Co., 722 F. 2d 1041, 1047 (2d Cir. 1983)（注意到，法院在康菲尔德案中认定自己拥有管辖权的两个关键因素本案中也都存在）；Grunenthal GmbH v. Hotz, 712 F. 2d 421, 425－26 (9th Cir. 1983)（在适用第二巡回区法院的考察标准时更为宽松，并推定，即便原被告双方均为外国人，而且涉案证券也没有在美国的证券交易市场交易，但由于很多欺诈行为发生在美国，所以法院仍然拥有管辖权）；Continental Grain (Australia) Pty. Ltd. v. Pac. Oilseeds, Inc., 592 F. 2d 409, 420－22 (8th Cir. 1979)（"即便本案中的原告并非来自本国，证券不是本国证券，没有在国内的证券交易市场交易……也不必然表示法院无法对本案实施诉讼标的管辖。我们仍然需要审查被告在美国所实施的行为与原告所声称的欺诈计划之间的关系"）。

〔151〕例如，Kun Young Chang, *Multinational Enforcement of U. S. Securities Laws: The Need for Clear and Restrained Scope of Extraterritorial Subject-Matter Jurisdiction*, 9 FORDHAM J. CORP. & FIN. L. 89, 108－09 (2003)［"这里的问题在于，各法院适用反欺诈条款的基础是司法机构的一个具体的(ad hoc)案件判决，而不是立法或行政机构制定的明确规则……每个法院都不得不在缺乏国会指导的情况下纠缠于证券法的域外适用问题，它们根据自己的想法任意扩张或限缩司法管辖权的适用范围，却没有对这种模糊的、几乎不受任何制约的考察标准提出质疑。由于缺乏明确的指导，美国法院逐渐对反欺诈法律赋予了过于宽泛的适用范围，诉讼标的管辖的裁决标准也因此变得自相矛盾。因此，从事跨国贸易的各方无法对他们行为的司法后果作出明确的预测"］；Stephen J. Choi & Linda J. Silberman, *Transnational Litigation and Global Securities Class-Action Lawsuits*, 2009 WIS. L. REV. 465, 467－68 (2009)（"不幸的是，围绕证券类集团诉讼的域外适用问题，仍然充满了不确定因素。各法院在实践中所适用的原则——如行为与效果考察标准——往往是模糊不清、令人难以预测的……在考虑域外适用问题时，并不是所有的法院都采取了相同的考量方式；外国投资者最终是否可以在一所联邦法院内获得赔偿，往往取决于该法院具体选择了用哪种分析框架来考察这一问题"）。

〔152〕Morrison v. Nat'l Austl. Bank Ltd., 561 U. S. 247 (2010).

〔153〕同上，第250～253页。

〔154〕同上，第252页。

〔155〕同上，第252～253页。

〔156〕Morrison v. Nat'l Austl. Bank Ltd., 547 F. 3d 167, 176 (2d Cir. 2008)［判定，"我们认为，相对于（发生在）佛罗里达的数字造假行为，澳大利亚国民银行在澳大利亚的行为和疏忽在欺诈活动中显然居于更加核心的地位，而且更直接地导致了投资者们的损失。因此，法院对该案不具有管辖权"］。

〔157〕*Morrison*, 561 U. S. at 273.

〔158〕同上，第282页（大法官史蒂文斯的附议意见）（原文中的引号已删去）。

〔159〕同上，第278页。

〔160〕同上，第281页（原文中的引号已删去）。

〔161〕参见，同上，第281～282页。

〔162〕同上，第281～286页。

〔163〕同上，第273页（多数派的审判意见）。

〔164〕同上。

〔165〕同上，第257页［引述了Bersch v. Drexel Firestone, Inc., 519 F. 2d 974, 985 (2d Cir. 1975)］。

〔166〕同上，第255页［引述了EEOC v. Arabian Am. Oil Co. (*Aramco*), 499 U. S. 244, 248 (1991)（原文中的引号已删去）］。

〔167〕同上，第265页。

〔168〕同上，第266页。

〔169〕同上，第267～268页。

〔170〕同上，第269页（引述了*Aramco*, 499 U. S. at 256）。

〔171〕同上。

〔172〕同上。

〔173〕IIT v. Cornfeld, 619 F. 2d 909, 921 (2d Cir. 1980).

〔174〕同上，第270页。

〔175〕国际商会（International Chamber of Commerce, ICC）等机构作为法庭之友提交的法律意见书，以支持被上诉人，第24页，*Morrison*, 561 U. S. 247 (No. 08－1191)。

〔176〕同上，第29页。

〔177〕参见，例如，同上，第4页（"这些以法庭之友身份出庭的国家已建立了严格的反证券欺诈法律制度，这些制度反映了它们在如何最有效地保护投资者这一问题上所做的谨慎的政策选择。如果将美国的法律适用于发生在海外的骗局的话，那些没有选择美国模式的国家事实上将无法贯彻自己的政策选择，国际礼让也将受到严重破坏"）。

〔178〕Kirtsaeng v. John Wiley & Sons, Inc., 133 S. Ct. 1351, 1356 (2013).

〔179〕同上。

〔180〕同上。

〔181〕同上，第1357页。

〔182〕同上，第1356页。

〔183〕同上。

〔184〕同上，第1357页。

〔185〕同上。

〔186〕17 U. S. C. § 106（3）（2012）.

〔187〕同上，§ 109（a）。

〔188〕*Kirtsaeng*，133 S. Ct. at 1356.

〔189〕同上。

〔190〕17 U. S. C. § 109（a）（2012）.

〔191〕同上，§ 602（a）（1）（“未经本法规定的著作权所有权人许可……将从美国境外获取的作品复制件输入美国的行为侵犯了发行复制件的专有权利”）。

〔192〕参见 *Kirtsaeng*，133 S. Ct. at 1357－58。

〔193〕参见，同上，第 1358 页（讨论了对这一表述的两种解读）。

〔194〕17 U. S. C. § 104（a）（2012）（“这些作品……在尚未发表期间，依据本法受到保护，不论作者的国籍和居住地如何”）。

〔195〕同上，§ 104（b）（2）（“如果……作品在美国首次发表，或者，如果作品在外国首次发表，而且在发表当日该国为条约缔约国，则这些作品……受本法保护”）。

〔196〕*Kirtsaeng*，133 S. Ct. at 1359－60.

〔197〕同上，第 1363 页［引述了 2 Edward Coke，The First Part of the Institutes of the Laws of England § 360（Francis Hargrave & Charles Butler eds.，Robert H. Small 1853）］。

〔198〕同上。

〔199〕同上，第 1361 页。

〔200〕参见美国图书馆协会等机构作为法庭之友提交的法律意见书，以支持上诉人，*Kirtsaeng*，133 S. Ct. 1351（No. 11－697）。

〔201〕参见 17 U. S. C. § 302（规定，对于创作于 1978 年 1 月 1 日之后的作品，其受保护的期限为作者终生加作者去世后 70 年）。

〔202〕参见 *Kirtsaeng*，133 S. Ct. at 1364（讨论了美国图书馆协会提出的问题）。

〔203〕“公共知识”（一家非营利公益组织）等机构作为法庭之友提交的法律意见书，以支持上诉人，第 10 页，*Kirtsaeng*，133 S. Ct. 1351（No. 11－697）。

〔204〕*Kirtsaeng*，133 S. Ct. at 1365.

〔205〕参见，同上。

〔206〕同上，第 1364～1365 页。

〔207〕同上，第 1365 页。

〔208〕同上，第 1373 页，第 1386～1390 页（大法官金斯伯格的异议意见）（“所谓的恐怖游行大部分只是最高法院的幻想而已”）。

〔209〕同上，第 1389～1390 页。

〔210〕同上，第 1383～1385 页。

〔211〕同上。

〔212〕美国作为法庭之友提交的法律意见书，以支持被上诉人，*Kirtsaeng*，133 S. Ct. 1351（No. 11－697）。

〔213〕参见 S. Rep. No. 106－71，at 23。例如，已经有 124 家监管机构加入了国际证监会组织（International Organization of Securities Commissions，IOSCO）。参见 IOSCO，Annual Report 2013 64－67，https：//www. iosco. org/annual_ reports/2013/pdf/annualReport2013. pdf。同时，美国

反托拉斯监管机构也通过签订非正式协议的方式，与外国相关机构密切合作，致力于制定协调统一的执法战略。例如，在2012年联合技术公司（United Technologies）和古德里奇公司（Goodrich）并购案（这项并购是航空运输产业史上的最大并购案）中，美国、加拿大和欧洲的反托拉斯执法机构达成协议，同意在各自管辖区内为该并购案设立协调一致的并购条件，以此促成案件和解。参见 Leslie C. Overton, Deputy Assistant Att' y Gen., U. S. Dep' t. of Justice, Remarks at the Fifth Annual Chicago Forum on International Antitrust Issues: International Antitrust Engagement: Benefits and Opportunities 4 – 5 (June 12, 2014), http://www.justice.gov/atr/public/speeches/306510.pdf。

134

第 6 章

开启法庭之门：《外国人侵权责任法》与人权

现在我们将目光转向一项旨在促进基本人权保护的成文法。大多数国家的公民均认为保护人权是一项重要目标。他们同样认为要实现这一目标必然需要法治。但是，“法治”是一个非常宽泛的目标，在切实捍卫人权方面，它需要一系列法律制度、成文法、规则和习惯作为支撑。本章要探讨的《外国人侵权责任法》就是这样一部实施性质的成文法。但要对该法作出符合其自身目标的解释确非易事，这在很大程度上是因为任何解释都会牵涉到其他国家。

我们将对 ATS 进行详细考察。与第 5 章一样，这种考察将会表明，我们需要认识外国的实践做法，需要找到一种有助于协调这些实践做法的解释。但我们也将看到，为什么无法像对商事成文法那样轻易地为 ATS 寻找到这种解释。

菲拉尔蒂加案

1976 年 3 月 29 日，在巴拉圭的亚松森，17 岁的卓伊利托 · 菲拉尔蒂加遭到绑架并被折磨致死。他的父亲约耳 · 菲拉尔蒂加医生是一位民权领袖，乡村卫生所的所长，而且众所周知，他还是巴拉圭独裁者阿尔弗雷多·斯特罗斯纳①的反对者。在第二天凌晨3时，警察吵醒了卓伊利托的姐姐多莉，并把她带到亚美科·佩纳－伊纳拉位于附近的住所之中，这位佩纳－伊纳拉是当地的一名高级警官。佩纳－伊纳拉向多莉展示了卓伊利托的遗体。当多莉逃走之时，他冲着多莉 135
大喊："这不就是你们一直梦寐以求的吗，这是咎由自取。现在赶紧给我闭嘴吧。"[1]多莉说，她当时答到："现在你可以对我逞凶，但我终将向全世界揭露你的暴行。"[2]

之后，多莉一家在巴拉圭的法院对佩纳－伊纳拉提起了多项诉讼。然而，多莉、她的母亲以及多莉一家的律师却在不同场合遭到了关押和恐吓。诉讼不了了之。[3]

在1978年年中，佩纳－伊纳拉卖掉了他在亚松森的房产，离开巴拉圭，来到美国纽约市。此时，多莉正住在华盛顿特区。在得知佩纳－伊纳拉正待在纽约市的布鲁克林之后，她找到律师并在联邦法院对佩纳－伊纳拉提起诉讼，要求其赔偿一千万美元。[4]

多莉的赔偿请求依据的是国会在1789年颁布的一项成文法：《外国人侵权责任法》。该法的条文简单得令人难以置信："对于外国人仅基于违反万国法②或者合众国所缔结条约的侵权行为而提起的任何民事诉讼，地区法院拥有初始管辖权。"[5]

多莉在诉讼请求中提到，她弟弟所遭受的酷刑和谋杀是一种"侵权行为"（因民事过错导致伤害），更是一种违反"万国法"的侵权行为。此外，她是一名巴拉圭公民，是"外国人"，而且她的赔偿诉讼也是"民事诉讼"。因此，联

---

① 阿尔弗雷多·斯特罗斯纳，1954年通过军事政变上台，在长达35年的时间里统治着巴拉圭，是现当代拉丁美洲统治时间最长的独裁者。由于采取反共政策，他在位的大多数时间里都获得了美国的支持。1989年被另一次军事政变推翻，流亡巴西，并在那里度过了最后的17年时光。

② 万国法（law of nations）与国际法（international law）不同，"law of nations"是从拉丁语 *jus gentium* 直译而来，指被各国认可的关于权利与正义的基本准则。在美国建国时期，国际法"领域"包括国家间的条约和协议（*jus inter gentes*），以及万国法（*jus gentium*）两部分，而这种区分可以追溯到古罗马法。"万国法"的内容包括：禁止在未经宣战的情况下攻击外国船只或公民；遵守停战条约、和平条约和边界条约；保护失事船只，保护其乘客、船员及货物不受侵犯；缉捕海盗（即便本国人民未受侵犯）；优待战俘；在内战时保护外国外交人员，外国的商船、乘客、船员及货物等。

邦法院拥有“管辖权”，即拥有审理本案、裁决佩纳－伊纳拉负有责任以及给予她损害赔偿的权力。[6]

但在现实中，问题要复杂得多。首先，多莉·菲拉尔蒂加的诉讼没有法律先例。国会之所以在1789年制定ATS是出于一个特殊的原因。在五年前的1784年，在美国费城，一位名叫夏尔·戴·隆尚的法国退役军官对法国总领事弗朗索瓦·德巴贝－马布瓦①心怀怨恨，想趁机羞辱他，当马布瓦在街上行走时，戴·隆尚击打了他的手杖。[7]法国对此表示抗议并试图引渡戴·隆尚，但宾夕法尼亚州拒绝将他送回法国。此时，大陆会议②正处于空闲状态，几乎无事可做。大陆会议虽然承认戴·隆尚的行为（对外国外交官的人身造成妨害）违反了国际法，但认为，从法律角度来讲，应由宾夕法尼亚州决定如何处理该事
136 件。大陆会议最多只能要求外交部部长向法国致歉并解释其中的法律问题。宾夕法尼亚州后来对戴·隆尚提起公诉，但大陆会议仍然因自身缺乏法律权力而蒙羞。[8]

另一起事件加剧了这种担忧。1787年，一名纽约市警察闯入荷兰大使官邸并逮捕了一名仆人。荷兰政府向国务卿约翰·杰伊（后来成为美国第一任首席大法官）提出抗议。作为回应，纽约市市长逮捕了这名警察，[9]但正如这位市长给杰伊的信中所写的，“无论是大陆会议”还是州“立法机构”都没有“针对侵害大使特权的行为颁布过任何法令；所以……处罚所依据的是普通法……万国

---

① 弗朗索瓦·德巴贝－马布瓦，除了总领事一职外，当时还被选为美国文理科学院和美国哲学会的外国荣誉会员。他与美国渊源很深，1779年即被任命为法国公使秘书，奉命调查美国十三州的自然人文历史环境，当时刚要卸任的弗吉尼亚州州长托马斯·杰弗逊为其详细描述了弗吉尼亚州的情况［后集结出版为《弗吉尼亚州笔记》(*Notes on the State of Virginia*)，被认为是1800年以前美国最重要的书籍］，后来在杰弗逊任职美国总统期间，他代表法国促成了“路易斯安那购地案”，令美国领土增加了一倍。德巴贝－马布瓦回国后历经政治动荡，但在法国大革命、拿破仑执政、波旁王朝复辟直到奥尔良王朝时期一直没有受到太大冲击，历任财政部部长、审计法院（Cour des Comptes）院长等职。

② 大陆会议（Continental Congress），即北美十三州在1774～1789年成立的联合议会，是美国国会的前身。在1784年，大陆会议处于（第一次大陆会议和第二次大陆会议之后的）第三阶段，其正式的名称应该是“邦联议会”（Confederation Congress）。当1781年独立战争胜利在即，各州签订《邦联和永久联合条约》(*Articles of Confederation and Perpetual Union*)，以邦联议会的名义取代之前的大陆会议。但此时政府的结构还未能确定，只拥有一个一院制的邦联议会，财权、军权、行政权都很弱，绝大部分权力还都由各州享有，所以才说其“无事可做”。这种情况一直持续到1789年颁布的《宪法》生效为止。

法”。[10]在当时，违反万国法就意味着“违反普通法”，但大陆会议无力应对这场外交事故，无法保证违法者受到制裁，这种状况再一次令其蒙羞。

当《宪法》生效、联邦政府被赋予新的权力之后，国会迅速颁布了 ATS，此时，国会成员的头脑里很可能还萦绕着这两起事件。ATS 为外国公民提供了在美国法院提起诉讼的权利，使其得以对万国法违法行为（无故以手杖击打他人，或未经允许闯入他人住宅）提起诉讼，将施暴者绳之以法。

但有证据表明，国会颁布该成文法的意图并不只是保护美国境内的外国官员。1794 年，一伙美国人加入法国私掠船队①，袭击了英国的塞拉利昂殖民地。英国大使②提出抗议，要求这些美国人对事件负责。美国司法部部长威廉·布拉德福德③回复称，由于袭击事件发生在美国境外，美国无法以犯罪惩处。[11]但他补充到（使用了刚颁布的《外国人侵权责任法》中的语言），“毫无疑问，遭受这些挑衅行为侵害的公司或个人有权通过民事诉讼方式在美国法院获得救济，对于外国人仅基于违反万国法或者合众国所缔结条约的侵权行为而提起的所有案件，美国法院被明确赋予了管辖权”。[12]

因此，这部成文法的早期历史表明，本法的目标不仅在于保护外国官员免遭袭击，还包括保护外国人免受私掠行为和海盗行为这两种世界公认的非法行为的侵害。该成文法提供了第二类保护，这并不意外，因为当时世界上的很多地区都 137
将海盗视为“人类公敌”。任何抓获海盗的国家都可以对其处以绞刑，并将海盗

---

① 私掠船（Privateer），在当时，交战国会向私人船只颁发私掠许可证，允许其对外国船只使用一切战争手段。被俘获船只的拍卖所得由私掠资助人、船员和授权国分享。这些私掠船可视为交战国的雇佣军，是当时重要的武装力量。这种做法培养了大量优秀的水手和军官，为交战国节省了开支。但如果它们的破坏行为超出了许可证的范围，则可能被视为海盗行为。

② 在当时的欧美外交界，各国驻外使节的等级和排序是非常敏感的问题。通常认为，大使（Ambassador）是（代表了主权的）君主及其政府的私人代表，是最高级别的外交官员，只有主要君主国之间才可以互派大使。小君主国和共和国最高只能派出特命全权公使［Envoy Extraordinary and Minister Plenipotentiary，简称公使（Envoy）］，仅代表政府。1815 年的维也纳会议和 1818 年的亚琛会议正式将驻外最高外交官的级别划为四个等级：大使、公使、常驻公使（Minister Resident）和代办（Chargé d'affaires，由派出国外交部派出的官员）四等。这种等级制直到 1961 年《维也纳外交关系公约》签署时才被新规范取代。

③ 威廉·布拉德福德，美国第二任司法部部长，早年在普林斯顿大学学习，后于 1776 年自愿以列兵身份加入宾州民兵，并于民兵役满后加入大陆军。曾任宾州司法部部长，并被华盛顿总统任命为联邦司法部部长，但上任一年半后就死在了任上。

劫掠的财物归还给受害者。[13]

接下来是连续160年的沉寂，在此期间ATS几乎无人问津。我们只能找到很少一些提及该成文法的案件，其中大部分与私掠船队或奴隶贸易有关。[14]但是，1975年，备受尊重的亨利·弗兰德里法官审查了一项依据该成文法提出的欺诈索赔请求，该请求是由一些英国投资者在纽约市提起的，针对的是一家设立于巴哈马的公司。投资者指出他们属于“外国人”，并声称，由于几乎所有国家都禁止欺诈行为，这家巴哈马公司的欺诈行为违反了万国法。因此，ATS赋予了他们在美国获取损害赔偿的权利。[15]

弗兰德里法官写到，“必须”对该成文法“进行限缩性解读”以免美国法院卷入其宪法审判权之外的外国事务。[16]他补充道，该成文法所禁止的只是“与影响国家间关系或个人与其他国家间关系的准则、法规或习惯相违背的行为”。[17]“《十诫》① 中的第八诫‘汝不可偷盗’并不属于这种世界性的准则或习俗。”[18]弗兰德里法官说，ATS“历史悠久却很少被使用”。它是“法律领域的罗恩格林②……似乎无人知道它来自何方”。[19]最终，上诉法院下令驳回这一诉讼请求。

现在让我们回到多莉·菲拉尔蒂加的案件。初审法院明白它必须对万国法做限缩性解释，认定国际法并未规定国家（巴拉圭）应如何对待本国公民。因此，初审法院驳回了这一诉讼请求。[20]多莉上诉到弗兰德里法官所在的法院，而当时它刚刚认定国际法并不禁止欺诈行为。这次，该法院要裁决的问题是，《外国人侵权责任法》是否会因多莉的弟弟受酷刑致死而赋予多莉获得损害赔偿的权利。

法院对ATS采取了一种全新的、截然不同的态度，认定该成文法的确允许多莉主张其诉讼请求。法院写到：

---

① 《十诫》（*Ten Commandments*），是指《圣经》中记载的，由上帝借由先知摩西向以色列民族颁布的十条律法，在基督教、天主教和犹太教的版本中略有不同。

② 罗恩格林（Lohengrin），亚瑟王传说中的人物，其父为圆桌骑士团（Round Table）成员、圣杯（Holy Grail）三骑士之一的帕西瓦里。罗恩格林接到密令，要求他去保护失去了庇护者的布拉班特公国（Duchy of Brabant，在今荷兰），于是他乘坐由天鹅牵引的小船来到布拉班特，与已故布拉班特大公的女儿埃尔莎结婚并为当地服务多年，但他告诉他的妻子不能问及自己的身世。数年后，埃尔莎还是开口问及此事，罗恩格林向她解释后又乘坐天鹅船离去。

> 鉴于无数国际条约均对酷刑表达了一致谴责，而且几乎所有国家都不再将酷刑作为推行其官方政策的手段……我们认定，政府官员对在押人员实施酷刑违反了国际人权法中确立的准则，因而违反了万国法。[21] 138

对我们来说，这份判决现在看来或许是合情合理的，甚至几乎是不言自明的。但在当时，它却把这项成文法转向了一个崭新的方向，以至于法院感到有责任对一些相对复杂的问题作出详细解释。

例如，我们该如何确定万国法的内容？第二巡回法院引述了一个1820年的案件，最高法院曾在该案中表示，查明万国法（内容）的手段包括“考察公法学者的研究成果……各国的普遍惯例和实践或承认并执行该法的司法判决”。[22]第二巡回法院还提到了另一个1900年的最高法院案件，该案重申，“文明国家（对规则）的普遍承认”可以成就“国际法的确定规则”：是否存在这种“承认”可以借由“习惯和惯例”予以查明，是否存在这种“习惯和惯例”则又可以通过“法学家和评论家的研究成果”加以确定，“这些法学家和评论家通过多年的工作经历、学术研究和丰富经验，已经非常熟悉其专业领域的问题”——尽管如此，最高法院仍警告说，他们的研究成果中所要考察的内容，不应是“作者对应然法律的推断，而应是实然法律的可靠证据”。[23]第二巡回法院还提到了《联合国国际法院规约》①，《联合国国际法院规约》列举了国际法的渊源，包括“国际协约（公约）”②“国际习惯”“为文明各国所承认（之一般法律原则）”“司法判例”“权威最高之（专家）学说”。[24]

但我们是如何得知万国法禁止国家对其公民施以酷刑的？上诉法院又一次给出了一份严谨的答案：条约、宣言、“各国的惯例、审判意见以及法学家的研究

---

① 《联合国国际法院规约》(*the Statute of International Court of Justice*)：联合国国际法院是联合国六大主要机构之一，也是最主要的司法机构，位于荷兰海牙。该法院负责管理主权国家政府间的民事司法问题，对各国提交的案件作出有法律约束力的仲裁，并就联合国机关和专门机构提交的法律问题提供咨询意见。《联合国国际法院规约》与《联合国宪章》一并签订并生效，被约定为《联合国宪章》的组成部分，是国际法院的宪章及管理依据。

② 协约（conventions），现在一般译为公约。《联合国国际法院规约》的生效文本中包括中文版《联合国国际法院规约》，中文版具有法律效力，而当时的书面语习惯与现在不同，这里以中文本《联合国国际法院规约》为准。

成果”均表明万国法确实禁止这种行为。[25]联合国的所有成员均“担允采取共同及个别行动……以达《联合国宪章》第55条所载之宗旨”，而第55条规定联合
139 国“应促进……人权之……普遍尊重与遵守”。[26]由联合国大会决议通过的1948年《世界人权宣言》（按照学者的说法，它现在已经成为“国际社会的权威声明”）[27]宣示，“对任何人不得施以酷刑”。[28]联合国大会还宣布，这是“一项国际法基本原则”。[29]其他大量国际条约和宣言也同样禁止酷刑。此外，美国国务院以及该领域的学者也都认定，“没有任何政府宣称对本国国民施以酷刑属于政府的正当权利”。[30]

之后，法院谨慎地补充到，“要求一项规则必须在获得‘文明国家普遍承认’后才能对这些国家具有约束力，这确实是个苛刻的条件”。[31]“只有在世界各国以明确的国际协议的形式表示，某种不法行为属于其共同关切，而并非仅仅是部分国家关切的情况下，这类得到普遍承认的非法行为才会成为该成文法所规定的国际法违法行为。”[32]禁止酷刑正是这样一种“清楚明确”的规则，它的依据是国际条约和国际惯例。[33]

法院推定，不应将ATS解释为“赋予外国人新的权利”，它只是“为那些已经被国际法承认的权利开启了联邦法院的诉讼之门”。[34]今天，“人道主义方面的考虑以及现实方面的考虑已经结合起来，世界各国认识到，尊重基本人权既符合自身利益，也符合共同利益……肉体免于酷刑便是……（基本人权的）其中一项”。[35]而且“就民事责任而言，酷刑已经成为与之前的海盗和奴隶贸易一样的‘hostis humani generis’，即人类公敌”。[36]

上诉法院的裁决使多莉·菲拉尔蒂加可以继续推进她的诉讼，可以向下级法院证明她所陈述的事实，她也确实做到了，并最终赢得了500万美元的赔偿判决。（她的父亲约耳·菲拉尔蒂加也获得了大约500万美元，从而使总赔偿金达到1000万美元。）[37]但她却不大可能真正取得这笔赔偿，因为在地区法院裁定驳回菲拉尔蒂加的诉讼请求之后，佩纳－伊纳拉就返回了巴拉圭。尽管如此，她仍然表示：“我在1978年就来到了这个国家，只希望能再亲眼看到这个凶手。感谢
140 美国法律的帮助，我得到的已经远远不止于此。”[38]

菲拉尔蒂加案之后：扩张《外国人侵权责任法》的适用范围

第二巡回法院在菲拉尔蒂加案中所做的结论似乎并未引发争议——至少乍看上去确实如此。该判决的论理部分简单明了，而且似乎对该判决的法律结论给予了相当有力的支持。法院非常详尽地展示了最高法院能够以何种方式认定“万国法”禁止酷刑，以及它为什么能够作出这种认定，同时也表明 ATS 允许遭受“万国法”违法行为侵害的外国人获得赔偿。然而，在法律领域时常出现这样的状况，人们会在一段时间后发现，一些最初看似简明清晰的事物其实暗藏了严重的不确定性，缺乏准确性，并会产生源源不断的法律和实践问题。在菲拉尔蒂加案之后也出现了这种情况。

菲拉尔蒂加案突然向人权律师以及其他人表示他们可以利用 ATS 帮助受害者了。大量人权案件接踵而至——在之后的 30 年里，巡回法院公布了大约 80 起诉讼的审判意见，而从 1993 年开始，有大约 150 起针对公司法人的诉讼被提交到法院。[39]

其中一些诉讼案件所呈现的事实与菲拉尔蒂加案几乎如出一辙。原告基本上都会请求地区法院，并在之后请求上诉法院，适用菲拉尔蒂加案的论理部分。而当费迪南·马科斯①统治期间的菲律宾受害者在夏威夷（也就是这位被罢黜总统及其家人的避难地）对他们提起诉讼的时候，或者在其他类似情况下，法官都满足了原告的请求。

让我们特别关注由阿基米德·特拉亚努的母亲提起的诉讼案件。阿基米德于

① 费迪南·马科斯，1965～1986 年任菲律宾总统。“二战”时曾参加美菲联军与日本侵略军作战，而且可能参加过著名的“巴丹死亡行军”。为应对菲律宾共产党的武装起义，他在 1972～1981 年发布戒严令，实施军事管制和独裁统治。在其任内，大肆镇压反对派，大兴基础设施建设，并通过这些建设项目中饱私囊。他的妻子就以拥有2700 双鞋子而闻名世界。在执政后期国家债务陡升，腐败猖獗。后因他的政治对手、反对党领袖贝尼格诺·阿基诺（后来的菲律宾总统阿基诺的父亲）被刺杀和提前大选等事件激起民变，在美国总统里根的建议下，马科斯去职，逃亡美国。

1977 年参加了一场在菲律宾举行的公众集会，集会的发言人是艾米·马科斯－马尼托克，她是总统的女儿。阿基米德在会场上提出了一个并不友善的问题，随后菲军方情报人员将他带走，对他施以酷刑，并最终将他杀害。在数年后的 1986 年，费迪南·马科斯和他的家人以及其他一些政府高官离开菲律宾，搬到了夏威夷。在他们一行抵达美国的第二个月，阿基米德的母亲，已在夏威夷定居但仍保留了菲律宾国籍的阿加皮塔，在联邦法院对马科斯，并在（马科斯死亡）之后针对其遗产提起诉讼。[40] 1994 年 2 月，陪审团裁决她及其他提出类似诉讼请求的原告获得总计 12 亿美元的损害赔偿（这一数字最终涨到了近 20 亿美元）。[41]

在马科斯的遗产（管理人）① 提起上诉时，第九巡回区上诉法院维持了原裁
141 决，[42] 认为该案与菲拉尔蒂加案几乎完全相同。用第九巡回法院的话来说，第二巡回法院曾在该案中表示，ATS 所涵盖的是那些“具体的、获得普遍承认的而且必然被承认的”（specific, universal, and obligatory）国际法违法行为。[43] 第九巡回法院“赞同第二巡回法院的推定，《外国人侵权责任法》创制了一项诉讼理由（cause of action），该诉讼理由针对的是一些违反国际人权准则的行为，这些准则是具体的、获得普遍承认的而且必然被承认的，它们‘赋予全人类反抗其本国政府的各种基本权利’”。[44] 与第二巡回法院一样，第九巡回法院认定本案的事实符合这些条件。

之后，在针对一些来自其他国家的外国领导人和官员提起的酷刑类案件中，受害者或者其代理人获得了胜利。其中包括针对一位阿根廷将军、[45] 埃塞俄比亚军事独裁当局的一位前任地方官员、[46] 危地马拉国防部部长[47] 等人提起的案件。有时，这些胜利只是名义上的，因为被告无力偿付。有时被告不会出庭，所以原告不战而胜。[48] 但即便在这些情况下，受害者仍能感受到法律权威带来的正义。

然而酷刑并不是严重侵犯人权行为的唯一类型。在一段时间后，遭受其他类型侵犯的受害者也开始依据 ATS 提起诉讼。随着这些案件被递交到法院，围绕该成文法对海外活动的适用而产生的法律和实践问题变得越发复杂起来。与其他

---

① 根据美国法律，如死者留有有效遗嘱，且遗嘱指定了相应人选的话，死者遗产的管理由（遗产）执行人（executor）负责管理，依据遗嘱内容分配；如果未留遗嘱、遗嘱无效或者未作出相应安排的情况下，由（遗产）管理人（administrator）负责管理，依据成文法或相应的普通法分配。本案中负责管理马科斯遗产的是其遗产管理人。

很多法律原则的情况一样，那些在菲拉尔蒂加案和马科斯案中看似成效显著的法律原则已经被推向了其自身的逻辑极限。

律师和法官们开始将该成文法适用到了易于识别的酷刑行为以外的其他违法行为。[49]起初，法院发现很难把酷刑同奴役、灭绝种族、草率处决①以及（强迫）失踪②等其他严重侵犯人权行为区别开来。该成文法是否适用于这些类型的侵权行为？哪些行为以及在何种情况下会具备（与酷刑）同等的恶性？免于“任意逮捕、拘禁或放逐”的权利，免于“对私生活、家庭、住所或通信……的任意干涉，或者对荣誉和名誉……的攻击”的权利，“自由迁徙”权、“婚嫁”权、自由“思想”权、自由“发表意见”权、（享受）“社会保障”的权利等，这些在《世界人权宣言》中提到的其他权利该如何对待？[50]该如何对待（儿童）免于童工劳动的权利？

各巡回法院所采用的考察标准，即只有“具体的、获得普遍承认的而且必然被
142 承认的”权利才会落入 ATS 的管辖范围，其成效究竟如何？这种考察标准似乎并没有表面看起来那么明确。婚嫁权、自由迁徙权或者免于任意逮捕或拘禁的权利中有哪些内容不够“具体”，没有“获得普遍承认”，或者并非“必然被承认”？此外，在草率处决和普通谋杀，“（强迫）失踪”和普通绑架，或者奴役和极端恶劣的工作环境之间的区别等方面，这一考察标准又能给予我们哪些帮助？

这些问题逐渐浮出水面。在一个案件中，第二巡回法院支持了一项诉讼请求，该诉讼请求声称，在波斯尼亚内战③期间，波斯尼亚的塞族叛乱武装首领不但下令实施酷刑，还下令实施或亲自参与了针对非塞族平民开展的草率处决、种族灭绝和战争罪行为。[51]在另一个案件中，初审法院同样支持了一项诉讼请求，

---

① 草率处决（summary execution），指将被指控犯罪的对象立即处以死刑而不提供公正完备的审判程序的行为。

② 失踪（disappearance），这里指的是“强迫失踪”（forced disappearance）。根据联合国大会通过的《保护所有人免遭强迫失踪国际公约》，强迫失踪是指由国家代理人，或者得到国家授权、支持或默许的个人或组织，实施逮捕、羁押、绑架，或者以任何其他形式强行剥夺自由的行为，并拒绝承认剥夺自由之实情，隐瞒失踪者的命运或下落，致使失踪者不能得到法律的保护。

③ 波斯尼亚内战，在南斯拉夫社会主义联邦共和国解体过程中，波黑地区的克罗地亚人和波斯尼亚人希望脱离南斯拉夫独立，该地区的塞尔维亚人则反对独立。在塞尔维亚人抵制投票的情况下，波黑于 1992 年 3 月通过公投宣布独立，并得到了当时的欧共体的承认。当地塞尔维亚人以此为由展开军事行动，波斯尼亚内战就此展开。

诉讼请求中声称，刺杀萨尔瓦多总主教①的行为是一项反人类罪行。[52]律师还递交了一些声称环境遭到严重破坏的案件。虽然其中大部分案件均被驳回，但有一个初审法院裁决（跨国污染导致的）环境恶化可能会违反ATS，因为国际审判机构曾适用sic utere②法律原则，根据该原则，财产所有者不能以损害他人的方式使用自己的财产。[53]

另一个难题则是，法院不仅开始扩张可以凭借该成文法提起诉讼的行为的种类，而且还开始扩张可以成为诉讼对象的个人或机构的种类。人们逐渐形成了一种共识，根据当前的万国法，非国家（nonstate）行为主体实施的酷刑行为等特定行为不属于该成文法的管辖范围。[54]但是，如果被告在行动时所代表的不是被正式承认的国家，而是类似于国家的政治实体或准国家组织，应当如何认定这种行为呢？在卡拉季奇案，也就是之前提到的波斯尼亚案件中，第二巡回法院认定，“在国际法违法行为（如酷刑）所要求的国家行为意义上”，一个自称斯普斯卡共和国③的波斯尼亚塞族政治实体，“符合作为国家的标准”，因为（该政治实体）“声称它控制了一定的领土，控制了其势力范围内的人民，而且曾与其他政府缔结条约”。[55]同时，审理本案的法院以及其他一些法院认定，很多其他的 143
侵犯行为甚至不需要以国家行为的形式出现，就可满足ATS诉讼中对国际法违法行为的要求，因为即便其实施者为个人，这类行为仍然受国际法谴责。[56]但是，另外一些法院对此并不赞同，而且分歧仍在持续。[57]

各法院还需要考虑的是，被告必须在何种程度上亲自参与犯罪才能令其承担责任。对于共犯，即协助并唆使政府官员或政府机构实施犯罪的主体，该如何处

---

① 此处所指的萨尔瓦多总主教，是奥斯卡·罗梅罗（Óscar Romero）总主教。他主持的总教区是天主教在萨尔瓦多唯一的总教区。罗梅罗总主教生前站在贫困民众一边，代表萨尔瓦多内战中的死难者为侵犯人权事件发声，曾饱受萨尔瓦多政府的非难。1980年，罗梅罗总主教于一次弥撒中被枪击身亡。1997年罗梅罗总主教的列圣（canonization）调查程序启动，目前已经完成第三阶段的宣福礼（beatification），获得“真福”（Blessed）称号（距离封圣仅一步之遥），但他在萨尔瓦多当地民望极高，已经被称为“圣人”（Saint）。

② *sic utere*，拉丁语法律格言，意思是，对自己财产的利用不应损及他人之财产。

③ 斯普斯卡共和国（Republic of Srpska），其原意为“塞尔维亚人的共和国”，之前被翻译为“塞族共和国”，但其与塞尔维亚共和国（Republic of Serbia）完全不同，为避免混淆，现多翻译为斯普斯卡共和国。拉多万·卡拉季奇（Radovan Karadžić）为该国首任总统，并在波斯尼亚战争期间寻求与塞尔维亚共和国合并。

理？在面对这类问题的时候，大部分法院均认定，协助并唆使他人违反万国法的共犯（如为刺杀总主教的刺客提供枪支的人），可以被认定为 ATS 中的适格被告。[58]

法院一旦明确表示，可以依据该成文法认定协助和唆使违法行为的主体承担责任之后，人权受害者就开始发现了一种极有价值的扩展法律适用范围的方法：起诉公司法人。这种做法可能导致在侵犯人权的国家从事商业活动的机构向这些国家施压，以改变它们的做法。无论从任何一个方面来说，起诉公司法人都有许多实际的好处。公司往往资金雄厚，在美国找到它们或它们的代理人也并非难事，而且它们很可能希望达成和解，而不愿意面对庭审所引发的公众关注。

于是，一些缅甸居民在美国加州针对优尼科①提起诉讼，优尼科是一家在缅甸开展商业活动的公司。[59]原告所声称的内容包括，优尼科曾帮助军方对他们实施了强迫劳动、谋杀、强奸和酷刑等 ATS 规制的违法行为。第九巡回法院允许（初审法院）继续审理该案，它认定，若被告公司“在知情的情况下”提供“实际的帮助或鼓励，从而对犯罪的实施产生了实质性的影响”，则违反了 ATS。[60]优尼科选择庭外和解。[61]

在其他案件中，原告们会声称被告公司在其他国家帮助政府暴力驱赶和平抗议者，暴力镇压工会组织，实施种族灭绝，施行种族隔离，或者使用剧毒除草剂②，等等。针对公司提起的诉讼案件数量增长得更为迅猛。有资料显示，“原告已经递交了 180 件以公司为被告的 ATS 案件；其中有 155 件（85%）是在 1993 年之后递交的，这其中有 136 件（76%）是在 2000 年之后递交的”。[62]

144 该资料还显示，其中有很多案件被驳回。[63]一份于 2004 年公布的资料显示，在当时根据该成文法提起的 38 件以公司为被告的诉讼中，只有 5 件幸免于（被告提起的）驳回动议。[64]但是，对于原告而言，递交这类案件可能仍然是有益

① 优尼科，又称加州联合石油公司（Union Oil Company of California，Unocol），建立于 1890 年，由三家石油公司合并而成。在当时，这三家公司均与此时如日中天的标准石油公司没有任何关联关系。在其创业初期受到了标准石油公司的打压，但最终成功生存了下来，成为石油巨头之一。

② 在“越战”期间，越南游击队经常利用丛林进行掩护。美军为了清除植被而投放了大量的剧毒除草剂“橙剂”，此举造成了严重的环境污染，使很多士兵罹患癌症，并导致了大量新生儿畸形案例。

的，至少在公司根据和解协议提供赔偿的情况下确实如此。而和解也开始更为频繁地出现，特别是在 2004 年之后。[65]

问题

还存在其他一些原因导致 ATS 没有起初所表现的那样易于适用。其中一些是常见的法律解释问题。法院会如何适用“万国法违法行为”这个基本的法律标准呢？我之前曾提出疑问，谋杀、逮捕、拘禁、镇压抗议者、微薄的劳动报酬或环境破坏等行为在何种情况下才会构成国际法违法行为？明知该国暴力压制人权却仍然留在当地从事商业活动的公司是否有责任对人权受害者进行赔偿？如果没有，还需满足哪些条件才能令其担责？

我们还了解到，当法院在判断哪些主体能够成为 ATS 侵权诉讼的适格被告时会遇到一些难题。如果必须符合“国家行为”法院才能受理某些特定的诉讼请求（如酷刑），那么控制了相当领土或人口的准军事组织、分离主义分子或恐怖分子团伙在何种情况下才会符合“国家”（主体）这一条件？此外，如果受害者对国家行为主体提起诉讼，实际的应诉者又会是谁？（不要忘记《外国主权豁免法》① 以及国家元首享有的豁免权。）

这些还不是问题的全部。例如，是否存在对递交诉讼请求的时间限制？遭到纳粹迫害的受害者可否就福特汽车公司的外国子公司在纳粹占领期的行为提起诉讼？[66]应当在何种程度上对“二战”中的暴行适用赔偿诉讼？在殖民非洲过程中出现的暴行呢？

受害者应当在哪家法院提起诉讼？假设侵害行为发生国的法律现在允许就此

---

① 《外国主权豁免法》(*Foreign Sovereign Immunities Act*)，颁布于 1976 年，其中规定了当外国主权国家在美国联邦法院或州法院受到起诉时，该诉讼应受到何种限制，还规定了法律文书的送达、判决结果的执行等方面的特殊规则。在国际法中，政府在本国法院享受的豁免权被称作“主权豁免权”（Sovereign Immunity），而在外国法院所受到的保护一般被称为“国家豁免权”（State Immunity）。最初，如果某国或其官员在外国法院遭到起诉的话，该国会认为这是对其主权的一种侵犯，从而引起外交争端，所以逐渐产生了“国家豁免权”原则。而目前的倾向是淡化这种豁免权，或者通过设立各种例外规则绕开这一原则。

类违法行为索赔，而且当地的司法体系似乎也运转良好，受害者是否必须在该国提起赔偿诉讼？如果外国公司拥有一家在美国营业的子公司，该如何处理？当诉讼基础（basis of the lawsuit）为公司的海外行为（也就是说没有任何行为发生在美国境内）时，受害者是否必须在该公司的总部或主要营业地所在国（如荷兰、
145 法国或英国）提起诉讼？［我们即将看到，在一个裁决于2014年的案件中，最高法院认定，如果诉讼基础为海外行为，母公司并未在该国设置总部或主要营业地，并且它在该国的“业务量以及业务的性质无法令其拥有该国公司的地位”，则原告不得以（在该国）设有子公司为由向其母公司提起ATS诉讼。］[67]

一般而言，适用ATS的法院，是应当认为自己只是在适用某种外国法律（此类案件涉及的国际法），还是应当认为自己在适用某种融入了国际法因素却仍属美国法律的美国普通法？

当然，我们有理由追问，这些问题是否比联邦法院在解释其他成文法或宪法条文时经常遇到的问题更加困难。诚然，几乎没有成文法是绝对明确的。有哪些行为属于反托拉斯法律所禁止的“贸易限制”？哪些种类的行为违反社保基金受托人应“审慎”（prudence）行事这一基本法律义务？“言论自由”，“平等法律保护”，或者未经“正当法律程序”不得剥夺“任何人”的“自由”等宪法用语又该如何理解？这些表述究竟是何含义，该如何适用？从这个意义上来看，ATS或许并没有那么特殊。

但是，扩张解释的反对者则主张该成文法确有不同，事实上它有四个特殊之处，所有这些特殊之处都将我国的司法体系（包括我国的最高法院）同世界其他地区的法院和法律制度联系起来。

1. 合法性（legitimacy）。第一个特性涉及一项基本的宪法原则。这项原则是理论性的，但就它所体现的理论而言，大多数美国人都自然地感受到了这种理论的重要性，并笃信这种重要性。回忆一下铭刻在《宪法》开篇处的那七个字：“我们合众国人民。”[68]再回忆一下詹姆斯·麦迪逊所指出的美国政府与欧洲君主政府的重要区别。他写到，美国《宪法》是“自由授权下的权力宪章”，而非（欧洲开明国家的那种）“权力授权下的……自由宪章”。[69]在美国，人民，而不是中央权力当局，才是联邦合法权力的来源。

所以，除非美国人民能够将行使政府权力的依据追溯到人民本身，否则他们

很可能会认为这种行使政府权力的行为并不是完全合法的。制定成文法的代表是 146
经联邦选举制度推选出来的，我们可以通过这种制度轻易地将国会成文法追溯到人民。法官是由民选总统提名并经参议院认可的，我们可以通过（这种方式）将联邦法官对联邦法律的解释和适用追溯到人民，虽然这种方式并不那么直接，（其效力）却同样是确定无疑的。《宪法》本身就是“我们合众国人民”的作品。《宪法》是建国先贤在一个特定时期（18 世纪）制定的，但我们仍然可以把“人民”理解为其中不仅包括了曾批准《宪法》的那一代人，还包括了在它的庇护下生活的所有人，当时的人和现代人通过对《宪法》的认同而赋予其合法性。而且，公众也已经在两百多年的历史进程中接受了这种解释。

现在来考虑 ATS 中规定的“万国法”。是谁为“万国法”赋予了实质内容？从某种程度而言，是美国法官。但这种回答是不完整的。正如菲拉尔蒂加案所述，ATS 要求法官去查找并认可国际法院、外国法院以及学者的观点。[70]这些机构和个人究竟是些怎样的主体？具体而言，他们与“合众国人民”具有怎样的联系？我们该如何将他们观点的权威性追溯到“合众国人民”？

美国法院在裁决技术性较强的问题，如同时涉及美国和其他国家的商事法或家庭法问题时，上述问题还不算严重。但 ATS 却触及更深的层面。涉及我国宪法所保护的基本人权，也涉及其他更为广泛的权利。批评者关注的是，当美国法官将外国学者和外国机构（对法律）的解释和理解适用于 ATS 诉讼的审理时，这些与“合众国人民”并无直接联系的法律渊源会影响到对我们自己的美国法律的解释和理解，无论是对侵权法、刑法还是宪法的解释和理解都会受到影响。如果考虑到未来的案件数量，案件的性质和庞杂程度，以及可能产生的实际影响，那么美国司法机构在 ATS 案件中对外国法律渊源的依赖和适用最终是否会背离民主？

2. 能力（capacity）。批评者提出的另一个问题是，在个人及公司均违反“万国法”的情况下，法院，其实也就是美国法院，是对其实施系统性裁决的适
当机构吗？原告已经针对石油公司、天然气公司、矿业公司、银行、金融服务公 147
司、食品服务公司以及农业公司递交了 ATS 诉讼请求。他们声称被告公司实施了极端有害的行为，包括排放剧毒化学品；造成其他形式的严重环境破坏；帮助政府强迫该国平民在公司的工厂内进行非自愿劳动；帮助当局镇压、监禁当地平

民，对他们施以酷刑，或者将其杀害；等等。[71]

但以上事实是否足以支撑这些诉讼请求？更为重要的是，如果事实证明确实发生了一些事件，这些事件也确实是恶行，但却并没有原告最初所宣称的那么恶劣，甚至与其宣称的内容严重不符，那么这些事实是否能够支撑此类诉讼请求？我们假设被告回应称，它们采取措施降低了化学排放物的毒性；它们造成的环境破坏并不比在美国境内运营的许多美国公司造成的破坏严重很多；尽管薪资水平和劳动条件不尽如人意，但也没有差到“强迫劳动”或“奴役”的地步，或作出其他类似回应。再假设它们进而表示，即便士兵对平民施暴，公司本身却几乎从未鼓励他们这样做，或者公司的行为是迫于被驱逐出境、被没收财产或其他更为严重的压力或威胁，这些回应又会对此类诉讼请求产生什么影响？

陪审团会对基本事实作出判断，例如，谁对谁说了什么，以及谁在什么样的场合作出了什么样的肢体动作。但对陪审团作出指导的是法官。首先裁决（由陪审团认定是否存在的）事实是否构成 ATS 规定的“万国法”违法行为的也是法官。

法官是作出这个决定的合适人选吗？在大多数国家里，监管机构，而非法官，在大量类似问题的裁决中起到了重要作用，这些问题包括：工厂排放物的毒性是否超标？最低标准的劳动条件包括哪些内容？对于法律禁止的环境破坏行为等违法行为，公司在哪些情况下可以选择袖手旁观，或者予以配合？由监管机构来处理这些日常问题的原因之一是，一般而言，它们掌握的相关信息最为充足。与法官或其他官员相比，尤其是与美国法官等外国法官相比，当地监管机构普遍更加了解该如何在那些会对本国造成损害的政策之间进行权衡，例如，是选择容忍恶劣的劳动条件，还是选择以放弃部分外国投资为代价改善劳动条件。同时，与其他国家相比，美国司法制度的规则有利于原告，（高昂的）诉讼费用会迫使
148 被告选择庭外和解。特别是在公司的行为无法准确定性［也就是说，该行为可能（arguably）引发 ATS 责任，但又无法确定］的情况下，迫使公司选择和解的压力将会很大。而正是在这些案件中，当地监管机构会对企业的行为作出比美国法官更准确的评价。

3. 干扰（interference）。第三种批判意见是，美国法官对在海外遭受人权侵

犯的外国人所做的裁决会干扰美国的外交关系。

外交关系还会受到其他形式的影响。例如，南非政府利用本国的真相与和解[①]程序来弥合种族隔离制度在国民间造成的裂痕。它已经同很多曾在种族隔离时代与政府开展过商业活动的外国企业进行了谈判。而且已经达成协议，这些协议中包含了多种形式的赔偿，在南非政府看来，这些赔偿负担并没有沉重到迫使公司逃离南非的程度。同样也是这个后种族隔离时代的政府，害怕针对这些公司提起的 ATS 诉讼会使谈判取得的和解成果付之东流，于是向一些美国法院递交意见书，要求驳回这些案件。[72]

与此类似，印度尼西亚、英国、瑞士、德国、加拿大和巴布亚新几内亚都向美国国务院或法院提交过请求，希望（法院）驳回相应的 ATS 诉讼。[73]至少有一位有见地的评论家指出，“包括加拿大、英国和荷兰等美国最亲密的伙伴和盟友在内的外国政府”，已经越来越“担忧” ATS 诉讼的“影响”，这部分是由于它们害怕美国法官适用的是美国化的国际法，而这种美国化的国际法与“它们能够参与其中的、真实的国际法程序脱节”。[74]这种对美国国际法“霸权”的恐惧与美国对美国法律“国际化”的担忧互为镜像，而两者同样真实存在。[75] 149

4. 普适性（universality）。第四种批判意见所考虑的是，美国法院能做的事情，外国法院同样也能做到。我之前提到过，消弭相抵触判决的“世界最高法院”并不存在。在目前的情况下，ATS 的扩张解释向原告提供的救济超出了其他国家提供的救济，但这并不妨碍其他国家调整自己的救济方式。例如，西班牙法院可以准许巴勒斯坦难民在西班牙起诉以色列内阁的卸任官员，宣称难民的基本权利遭到剥夺。事实上，类似的诉讼已经出现。[76]因此，美国法院在考虑是否允许特定的 ATS 诉讼继续进行时，应当考虑到这种反制效应。但真正的问题在

---

① 真相与和解（Truth and Reconciliation），南非在 1994 年种族隔离制度取消后设立了一种类似法庭的“修复式司法制度”（Restorative Justice），由真相与和解委员会（Truth and Reconciliation Commission，TRC）负责主持。修复式司法理念认为，不应只从法律角度来解决犯罪问题，而应该从社会冲突、人际关系冲突等多方面综合考虑。真相与和解委员会的作用就在于邀请种族隔离时代的受害者讲述他们的亲身经历，并选择其中一些举行公开听证。施暴者也有权为自己辩护，并请求赦免自己的民事和刑事责任。如果委员会认定其暴行是由于政治因素造成的（而非个人的恶性），其行为没有超过一定的限度，且施暴者完全坦白的话，委员会则会予以赦免，以这种方式努力达成社会和解。委员会的主席是诺贝尔和平奖获得者图图大主教。

于，如果判决所遵循的原则被推而广之，并被世界上的其他法院适用，这些原则是否会运转良好。所谓“礼让”原则的另一层含义是指，通常情况下，如果我们否认其他类似国家拥有制定某种法律的权利，我们就不能坚持自己拥有这种权利。尽管如此，如何在 ATS 背景下适用礼让仍然是一个没有得到解答的问题。

让我们简要总结一下随菲拉尔蒂加案而起，因联邦法院竭力在更多不同类型的诉讼请求中适用 ATS 而产生的这些特殊问题。第一，合法性，民主问题：万国法的内容与美国人民之间的联系是否足够牢固，足够清晰？第二，能力，一个制度性问题：对于一项规范公司法人的外国行为，并被认为是在维护这些国家利益的法律，由美国法官决定其内容是否适当，包括外国监管机构在内的监管机构是否更能胜任这一任务？第三，干扰，一个外交关系问题：司法机构在美国境内实施 ATS 的做法在多大程度上干扰了美国的外交政策？第四，普适性，一个推广问题：若其他国家的法官仿照美国法官行事，那么美国法官能否通过自身对该成文法的适用，帮助建立一套切实可行的国际体系？

概括起来，我在 ATS 的恰当适用范围方面提出的这些宽泛的问题有三种类型的答案，或者说有三种解答问题的方法：

第一种答案，任凭该成文法扩张。对争议行为无须多言；受害者理应得到赔偿；很多国家都在寻求合作，（使人民）免遭侵犯人权行为的侵害；大力实施该
150 成文法自然是美国的分内之事。对于那些应受谴责的行为，向其受害者提供赔偿何错之有？

但是，我们又该如何解决前面提到的这四个主要问题？当法官在 ATS 案件中适用国际条约和国际标准时，美国法律会受到怎样的影响？对于往往与国际人权文件的措辞相差无几的美国法律，法官是否会不可避免地将其解释为，这些美国法律赋予外国人与美国人同等的保护？而随着对国际法的解释或适用逐渐影响对美国的宪法和成文法措辞的解释，民主制度下全体选民对这些措辞含义的影响力是否在逐渐下降？

又该如何看待 ATS 司法判决对于美国外交关系和外交政策的影响？外国在鼓励企业到当地投资方面作出了很大努力，而这些投资则是海外性质的。对于这些努力，美国基本上持支持态度。美国法院对强迫劳动、童工以及环境退化等活

动附加的公司责任是否会驱赶外国投资？而如果是这样的话，我国的对外关系，以及促进世界最不发达国家的经济发展、教育和民主化这些更为广泛的目标又会面临怎样的影响？

第二种答案选择了相反的道路：通过这样或那样的方式严格限制 ATS 的适用范围。例如，可以把 ATS 解释为只规制与 18 世纪万国法相违背的行为，即对“违反安全通行制度①的行为、对大使权利的侵犯行为以及海盗行为”。[77]但是，该成文法的文本可以被赋予更加宽泛的解释，而且该成文法的目的可能正在于此；另外，自“二战”结束后，各国事实上已经达成共识，酷刑、种族灭绝、奴役、战争罪行为以及海盗行为是无法容忍的。那么，该如何看待多莉·菲拉尔蒂加？如何看待费迪南·马科斯的受害者？我们当真不希望对那些造成他们苦难的行为适用这项成文法吗？如果我们提问，“谁是当今的海盗？”难道有人会因为名单中出现了诸如佩纳－伊纳拉和马科斯家族成员这样的人物而感到惊异吗？[78]

我认为这种将 ATS 空壳化的做法，既不会使人权（受害者）陷于得不到国际保护的境地，也不会令受害者无法获得其他救济。仅就美国而言，国会已经颁 151
布了另一部成文法——《酷刑受害者保护法》（*Torture Victim Protection Act*），该法允许在美国境外遭受酷刑的外国人和美国公民在美国提起赔偿诉讼。[79]该法不适用于公司被告，只适用于以法律名义行事的政府被告。[80]但有迹象表明，该法并未免除 ATS 所可能提供的任何其他附加救济。

在其他地区，人们根据条约建立起国际刑事法院②，到目前为止，已经有 122 个缔约方（但美国不在其中）加入了这项条约，这家法院通过刑事指控的方式，对参与战争、灭绝种族等罪行的个人加以威慑，以此促进人权保护。[81]它还有权命令“被定罪人”向“受害者”提供“赔偿”（包括“归还、补偿和恢复

---

① 安全通行制度（safe conducts），在国际冲突或国际战争中，冲突一方可以向个人（通常是敌国民众）发放一种通行证或文件，保证其在穿越己方领土时不会受到干扰。发放这种证件的目的包括帮助已经宣布投降的敌人撤出战场，与对方代表进行谈判，或者为无国籍人士提供方便。列宁当年作为俄国公民，就是借助了安全通行制度才得以从流放地瑞士出发，经交战国德国，畅通无阻地回到了祖国。

② 国际刑事法院（International Criminal Court，ICC），根据 2002 年生效的《国际刑事法院罗马规约》建立，地点位于荷兰海牙。目前已经有超过一百个国家加入了该规约，但中国、俄罗斯、美国和以色列均未加入。该法院与联合国没有直接联系。

原状”）。[82]但是，国际刑事法院的管辖效力严重依赖于其成员的配合，其中包括军方的配合工作，即将刑事被告人送交该审判机构。虽然军方曾帮助国际刑事法院的前身——前南斯拉夫国际刑事法庭①，收押了一些刑事被告人，[83]但国际刑事法院已经认识到，由自己完成收押只会更加困难。在其成立后的十几年时间里，它仅对12起案件启动了立案程序，而其中定罪的只有两例。[84]另一种局限性则在于，到目前为止，国际刑事法院仅对自然人拥有刑事管辖权，对公司则没有刑事管辖权。人权受害者试图让参与伤害他们的公司承担责任，却无法在国际刑事法院得偿所愿。[85]尽管如此，我猜想，美国法院之所以没有将 ATS 打入它之前所处的氤氲之地，最具决定性的因素则正是多莉·菲拉尔蒂加。如果被问及“从法律上或道义上来讲，你认为审理菲拉尔蒂加案的法院是否更应当作出相反的结论?”大多数法学家（以及大多数普通美国人）必然会做否定回答。

第三种答案，妥协：寻找中间立场。但是否存在这样一种中间立场？法院和评论者们往往都会寻找一套既能够保留 ATS 的功用，又不至使其过犹不及的解释，我所谓的过犹不及是指批评者提出的那四个基本问题中固有的风险。为了理解可能存在的中间立场，以及我们能够在何种程度上将其称为“中间”，我必须作出更多说明。具体而言，我们需要了解两个案件，即索萨案和基奥贝勒案，在
152 这两个案件中最高法院不得不努力解决这些问题。

最高法院的解释：索萨案

最高法院在2004年首次对 ATS 作出解释。从扩张解释论者的角度来看，该案件的事实并不是特别有利。本案发端于1985年发生的一连串事件，当时，墨

① 前南斯拉夫国际刑事法庭（International Criminal Tribunal for the former Yugoslavia），于1993年根据联合国安理会第827号决议设立的临时法庭。其主要任务是审理自1991年以来发生在前南斯拉夫地区的严重违反国际人道法的罪行。之后，联合国安理会又于2010年建立了“国际刑事法庭余留事项处理机制”（International Residual Mechanism for Criminal Tribunals）来处理前南斯拉夫国际刑事法庭和联合国卢旺达刑事法庭的后续事务，所以，其实前南斯拉夫国际刑事法庭并非国际刑事法院的直接前身。

西哥毒贩在墨西哥绑架了一名美国缉毒局（Drug Enforcement Administration, DEA）探员。他们将他掳到墨西哥中部城市瓜达拉加拉的一所民宅中，并在两天多的时间里对他实施酷刑拷问，直至其死亡。当时在场的众人之中有一位名叫温贝托·阿尔瓦雷茨－马泰因的医生，他协助施暴者确保受害者存活，以便他们可以继续审问。

几年之后，联邦大陪审团①在洛杉矶以谋杀罪起诉阿尔瓦雷茨医生。在墨西哥政府拒绝引渡之后，缉毒局设计将他带到美国。他们雇用了一些墨西哥人，让他们在墨西哥掳拐②阿尔瓦雷茨，把他在旅馆中拘禁了一夜，并在第二天用私人飞机将他送到了得克萨斯州的美国特工手中。阿尔瓦雷茨在1992年因谋杀和酷刑受审，但地区法院最终支持了他提出的无罪释放请求。[86]

之后形势逆转。1993年，当阿尔瓦雷茨回到墨西哥之后，他在洛杉矶对何塞·弗朗西斯科·索萨提起诉讼，而索萨正是被缉毒局雇用的掳拐者之一。最终，地区法院依据ATS判给阿尔瓦雷茨25,000美元作为任意掳拐（arbitrary abduction）的赔偿，法官认为该行为违反了“万国法”。[87]上诉法院维持了这一判决，[88]之后又以全院审理③的形式维持原判。[89]之后，最高法院同意接手该案，以决定该成文法所规定的责任是否涵盖这种情况。

最高法院要考虑的基本问题是，什么样的行为会引发ATS责任，并因此构成赔偿（责任）。“万国法”涵盖了哪些类型的侵害活动？ATS的适用范围究竟有多广？最高法院希望能探索出一条中间道路。

一方面，最高法院否定了那种几乎将使该成文法虚置的主张。作为绑架者－

① 大陪审团（grand jury）：与陪审团不同，大陪审团制度是在正式起诉之前由检察官主导的一种司法程序。大陪审团根据已有证据来决定对嫌疑人的指控是否具有“合理根据”（probable cause），并以此决定是否将其起诉至法院。大陪审团与陪审团制度有很大区别，如大陪审团人数可能更多，且并非“一案一团”，大陪审团不适用证据法上的证据排除规定。

② 在美国语境中，绑架（kidnapping）和掳拐（abduction）之间有时可能存在些微差异。前者是指，在违反他人意愿的情况下，运用暴力将其转移到其他地方，并将其非法拘禁。后者是指，运用暴力或欺骗手段将成人或儿童带离其住所或亲属，而受害者在很多情况下都认识掳拐行为的实施者。

③ 全院审理（en banc）：与panel（组成合议庭）相对的审判方式。美国最高法院和州最高法院均采取全院审理的方式，而联邦和州上诉法院一般只委派三名法官组成合议庭主持上诉案件的审理工作。但在审理非常重要的案件时，当事人也可以申请上诉法院进行全院审理，但很少被批准。被批准的案件一般争议性很大。

被告人（kidnapper-defendant）的索萨认为，ATS 纯粹是针对司法管辖权制定的，
153 是否能形成诉讼理由取决于其他的美国实在法（positive law）法典。索萨指出，该成文法的文本是由管辖权术语组成的；它规定“对于外国人仅基于违反万国法而提起的任何民事诉讼，地区法院拥有初始管辖权”。[90]按照索萨的观点，这意味着，如果国会或者州立法机构为万国法违法行为创设了侵权责任，那么联邦地区法院就可以审理被告涉嫌实施该侵权行为的案件。但没有任何立法机构创设过这类侵权责任，因而（法院）无案可审。[91]

最高法院拒绝了这种主张，它指出，当国会在 1789 年通过 ATS 的时候，并没有任何一部联邦成文法或州成文法为万国法侵权行为创设过诉讼理由。最高法院分析称，国会之所以制定这部成文法不可能只是希望将其“束之高阁，以备未来的国会或州立法机构使用”。[92]事实上，“当（该成文法）颁布之时，联邦法院（所获得的）司法管辖权使其能够审理一类非常有限的诉讼请求，这种类型的诉讼请求由万国法加以规定，并被普通法所认可”。[93]

另一方面，最高法院也拒绝了另一种实际上会使（ATS）“火力全开”的主张。原告阿尔瓦雷茨医生主张，国会希望赋予的不只是“司法管辖权”，还包括“一种创设新的侵权行为诉讼理由的权力”，而它没有详细说明这些诉讼理由究竟有哪些内容，是否会受到限制，或者受到了怎样的限制。[94]最高法院表示，这种过于宽泛的“解读”“并不可取”。[95]但即便如此，法院仍然能够审理那些基于国际法违法行为而提出的侵权案件，因为“违反万国法的侵权行为在当代普通法中获得了承认”。[96]

但是该成文法究竟承认了哪些侵权行为？最高法院在寻求一种有限的解释，它认定，该成文法只涉及“一些小范围内的万国法违法行为，它们符合司法救济的条件，而且不会对国际事务造成严重影响”。[97]这些“较小范围内的诉讼”包括布莱克斯通所列举的，“违反安全通行制度的行为、对大使权利的侵犯行为以及海盗行为”。[98]对于其他侵权行为，最高法院推定，“法院应当要求，所有依据当代万国法提出的诉讼请求都要符合一种被文明社会所接受的，并且经过详细阐
154 述的国际规范，其详细程度要与 18 世纪的准则相仿”。[99]

要强调的是，“对于那些与该成文法颁布时存在的准则相比，内容不够明确，而且在文明国家的接受程度较低的国际法规范”，联邦法院“并未承认违反这些

规范的行为能够（根据联邦普通法①）成为私人赔偿请求的对象”。[100] 在这里，最高法院引用了上诉法院在菲拉尔蒂加案中所做的分析，并对其表示肯定：可以依据该成文法认定酷刑实施者承担责任，因为“与之前的海盗和奴隶贸易一样，酷刑已变成人类公敌‘hostis humani generis’”。[101]

最高法院意识到了我所讨论的那些主要问题，因而补充到，法院“在将万国法适用于私人权利时应当格外谨慎”，[102]它指出，与18世纪不同，当时很多人都相信法律是“被找到或者发现的”而不是“被制定或创造”出来的，但在今天，法律是被制定出来的已经成为一种普遍共识，在本案这类案件中，法官承担了立法者的职能。[103]尽管如此，最高法院仍然认定，“与一份将问题抛给立法机构，让其对绝大部分案件进行（统一）判断的判决相比，一份创设私人诉讼权利的判决更为可取”，在没有检察官参与的民事诉讼当中更是如此（毕竟检察官还能够在是否提起诉讼问题上行使裁量权）。[104]此外，“联邦法院试图为违反新的国际法规范的行为制定专门的救济措施，这确实会提高在外交政策方面产生负面影响的风险”。[105]最后，虽然国会颁布了《酷刑受害者保护法》（1991年），但除了酷刑方面的私权诉讼之外，“国会这一（立法）机构并未采取行动推动”其他领域的私权诉讼。[106]

我们需要“谨慎对待”这些考虑因素，但这些因素并未要求最高法院“彻底关闭通往万国法的大门”。[107]但是，这些因素已经足以否定阿尔瓦雷茨在这起特定诉讼中提出的所有求偿权。在考察过相关的国际渊源之后，最高法院推定，在禁止跨国掳拐行为问题上并不存在足够详细的国际法规范，在禁止“任意”拘禁行为问题上，即便拘禁行为确实违反了各国的国内法，这样的国际法规范也并不存在。[108]阿尔瓦雷茨最多只能寄希望于《（第三次）对外关系法重述》，其中规定，若某国“实施，鼓励，或纵容……长期任意拘禁行为”，则违反国际法。[109]但该规定过于笼统，而且无论如何理解，它都无法涵盖阿尔瓦雷茨所遭受的拘禁。

---

① 联邦普通法（federal common law）指的是在联邦法院系统中发展起来的普通法。由于美国实行的是彻底的联邦制，所以对于一般的普通法案件，联邦最高法院无权审查州最高法院作出的最终决定，各州根据自己发展起来的普通法传统来判案。但如果国会授权联邦法院在某个领域自行制定实体法，或者某个领域涉及了某种独特的联邦利益的话，联邦法院就可以在无成文法规定的情况下在该领域内发展自己的普通法。即便如此，最高法院自1938年以来对联邦普通法一直持谨慎的态度。索萨案判词中对这一问题做了大段论述，最高法院认为，联邦普通法不应该比ATS更加激进，如果该案的案情不符合相应的“国际法准则”，那么也不应将联邦普通法作为受理该案的依据。

155 （由我撰写的）一份附议意见还提到了另一个考虑因素：

> 由某国法院实施国际法规范意味着其他国家的法院也可以效仿行事，所以，我的问题是：礼让理念引导各国限制本国法律的适用范围和实施范围，以展现对他国主权权利的尊重，那么，依据 ATS 行使管辖权这种做法是否符合礼让理念。[110]

不同国家间的法律能否和谐运转？在一个相互依存程度持续提高的世界中，这个问题的重要性也会持续提升。[111]在 18 世纪，各国不仅在海盗行为属于犯罪行为这一实体法原则上达成一致，还在一项程序法原则上达成共识，即不论在何处发现了海盗，任何国家都可以对其提起刑事诉讼。[112]到了索萨案的时代，各国对于酷刑、灭绝种族、反人类犯罪以及战争犯罪等行为也形成了一种相对广泛的共识，这些行为不但在实体法层面上违反了万国法，而且“在世界范围内”，这些行为都应受到惩罚或公诉，也就是说，无论在何处发现被告，他都应当受到惩罚或被提起刑事诉讼。[113]但我无法找到类似的程序法共识来支持（美国法院）对阿尔瓦雷茨这样的案件行使司法管辖权，这“进一步支持了最高法院的结论，ATS 并不认可本案中”这种基于任意拘禁而“提出的诉讼请求”。[114]

索萨案之后

很多下级法院似乎从索萨案中找到了（受理 ATS 案件的）许可，而并未发现其中的警告意味。在接下来的数年中，在该案前就已经形成的趋势继续发展。公司被告出现在了越来越多的诉讼当中，[115]原告仍在努力拓展他们能够提起的民事诉讼类型的范围，而地区法院和上诉法院则准许很多诉讼继续进行。例如，哥伦比亚特区巡回上诉法院①受理了一起案件，在该案中，原告声称一家公司——

① 哥伦比亚特区巡回上诉法院，美国 13 个联邦上诉法院之一。美国把全国划分为 11 个巡回区，各设立 1 个联邦巡回上诉法院，此外华盛顿还设有美国联邦巡回区上诉法院，与其他的巡回法院以地域划分管辖权不同，该法院对特定事项行使上诉管辖权，负责管理有关关税、专利、向美国索赔等案件。另外，哥伦比亚特区巡回上诉法院则仅管辖哥伦比亚特区的上诉案件，在它之下仅设立一所地区法院，即哥伦比亚特区联邦地区法院。但与其他 11 个巡回区不同的是，该法院可以直接审查首都联邦政府机构的政策法规和决策，不必等待上诉，此外该法院还可以直接受理涉及其他行政机构的行政诉讼案件。

埃克森美孚石油公司，协助并唆使印度尼西亚士兵对印度尼西亚平民施以酷刑和长期拘禁，甚至将其杀害。[116]在第九巡回上诉法院合议庭受理的一起诉讼中，原告试图令一家矿业公司为其帮助巴布亚新几内亚政府实施战争罪、反人类罪以及种族歧视的行为负责，尽管国务院极力主张法院撤销该案，但无济于事。[117]第二 156
巡回法院准许原告对包括银行、石油公司以及汽车公司（福特公司和通用汽车公司也名列其中）在内的几家公司被告提起诉讼，原告声称它们协助并唆使他人在南非实施种族隔离制度，[118]尽管南非政府向法院表示，这类诉讼会妨碍南非的真相与和解程序，但法院并未理会。美国国务院以同样的理由建议撤销该案。[119]但第二巡回法院仍然没有下令撤销。相反，它将该案发回地区法院，令其判断是否应当依据国际礼让或"政治问题"原则等切实理由①撤销该案。[120]地区法院的回答是否定的，于是大量此类诉讼得以继续进行。[121]

接着，第二巡回法院审理了基奥贝勒诉荷兰皇家石油公司案。本案原告是一些尼日利亚公民和曾在尼日利亚居住的居民，他们的诉讼请求与荷兰皇家壳牌石油公司②的子公司——壳牌石油发展公司（Shell Petroleum Development Company, SPDC）于 20 世纪 90 年代在位于尼日尔三角洲的奥贡尼兰地区进行的石油勘探活动有关。当村民对 SPDC 的活动所造成的环境退化提出质疑的时候，该公司向当地政府寻求保护。按照原告的说法，SPDC 同尼日利亚军警共谋，通过杀戮、强奸、殴打、鞭笞、拒绝提供医疗救护、焚烧房屋、摧毁整个村庄以及其他骇人听闻的方式镇压了当地的抵抗活动。原告表示，所有这些都是 SPDC 假军方之手完成的，它对其中一些事件提供了直接帮助，对其他事件也完全知情，而且因所有这些事件而受益。[122]

摆在第二巡回法院面前的首要问题是，诉讼请求中提到的这些公司是不是 ATS 案件的适格被告。该上诉法院与很多下级法院都曾经认定，国际法规定，协

① 切实理由（prudential reasons），有译者译为"审慎的理由"。但 prudential reason 一般与 moral reason（道德的理由或道德理性）相对，即抛开道德考量，从实际的得失利弊方面进行判断。这里的意思是，第二巡回法院指示地区法院从以上几个切实存在的法律原则方面考虑，而不要考虑案件的道德背景。

② 荷兰皇家壳牌石油公司（Royal Dutch Shell），1907 年由荷兰的荷兰皇家石油公司和英国的壳牌运输贸易公司合并而成，注册于英国，总部设在荷兰。与英国石油公司、埃克森美孚公司、雪佛龙石油公司、康菲石油公司和道达尔石油公司并称为"石油超级巨头"（supermajors），以盈利计算，是 2016 年度全世界第七大公司企业。

助和唆使他人违反万国法的被告，如总主教刺杀案中的武器提供者，应当承担责任。[123]该法院还认定，在对 ATS 的具体内容进行补充时，法官应当以国际法，而非国内法作为依据。[124]因而，第二巡回法院在基奥贝勒案中所要回答的问题是，根据国际惯例法，能否认定公司应承担协助和唆使万国法违法行为的责任。

法院的回答是否定的。国际惯例法并不承认公司应为“万国法违法行为”即
157 本案中的侵犯人权行为承担责任。[125]在考察过相关的国际法渊源之后，第二巡回法院合议庭推定，国际惯例法坚决否认公司的国际刑事责任（corporate liability for international crimes）这一概念，而且国际审判机构也从未认定过公司应承担万国法违法行为的责任。[126]因此，美国法院不能在 ATS 诉讼中认定这种责任，因为这类诉讼请求“超出了 ATS 所规定的那种有限的司法管辖权”。[127]

有一位法官表示，他仅赞成判决结果（但不赞同本案的论证过程）。他写到，关于万国法的实体法违法行为应具备哪些构成要件，即 ATS 涵盖了哪些行为这一问题，国际法已经规定了适当的判断依据，然而，关于（法院）能够认定哪些人要为这些违法行为承担民事责任这一问题，则需要由国内法作出规制。[128]这份附议意见认为，国际法倾向于不承认公司侵犯人权行为的刑事责任，因为公司法人与自然人不同，属于纸面主体。但这“无法支持公司……可以在参与国际法规范所禁止的活动时无须对受害者承担民事赔偿责任这一结论”。[129]事实上，对于“是否要对国际法违法行为提供私人民事救济措施等（法律）实施方式问题”，国际法“几乎完全将其交由各国自行决定”，而且“通过颁布 ATS，美国选择了……对自然人违法者和公司违法者……不做区别”。[130]但是，这位持附议意见的法官仍然同意驳回该案，他认为，无法从起诉书的陈述内容中合理地推断出该公司蓄意引起了上述骇人听闻的侵犯人权事件。[131]

基奥贝勒案

于是，ATS 在最高法院二次亮相的舞台搭建完毕。在 2011 年，最高法院同意审理基奥贝勒案，而且，在接到第一轮陈述意见并听取了口头辩论之后，它指令双方就一个更深层次的问题展开辩论：“对于那些因发生在别国主权领土范围

内的万国法违法行为而产生的诉讼理由，（ATS）是否以及在何种情况下会予以承认。”[132]最高法院最终将不会解答双方最初所提出的公司责任问题，而将解答这个关于域外行为方面的更深层次的问题。这个以五票对四票的结果形成的审判意见简洁明了，而且乍看起来似乎全无变通的余地。它并未讨论原告“是否”提 158
出了一个恰当的万国法违法行为，而是讨论了ATS诉讼理由是否可以“适用于外国主权领土上发生的行为”。[133]大体而言，答案是否定的：ATS并不规制在海外发生的行为。

多数派大法官通过援引法律的反域外适用推论开始论证：除非成文法“对域外适用作出明确规定，否则该成文法中就没有对域外适用作出任何规定”。[134]这一推论的重要性在于，它有助于“避免”美国法律与外国法律发生“意外冲突”，[135]它还会防止法院“损害立法和行政机构在外交事务方面的决定权”。[136]在考察了ATS的文本内容和历史背景后，多数派大法官认定，“没有证据”表明国会希望推翻反域外适用推定。[137]“没有迹象表明颁布ATS是为了将美国变成促使国际规范得以执行的特殊诉讼场所。”[138]恰恰相反，多数派大法官写到，首届国会（颁布该成文法的国会）希望国际社会能够接纳这个“新生的共和国”，而不是排斥它。[139]而如果像原告所希望的那样将ATS的适用范围拓展到海外的话，加拿大、德国、印度尼西亚、巴布亚新几内亚、南非、瑞士以及英国对ATS所持的反对态度则会加剧产生国际争端的风险。其他国家的担忧并非杞人忧天。[140]

即便是像下级法院在马科斯案诉讼中所认定的那样，只有“具体的、获得普遍承认的而且必然被承认的”规范才会被该成文法认可，这些担忧也不会减少。要提起民事诉讼，仍然需要对符合这些要求的规则进行详尽阐释，这其中包括，谁是适格的被告，诉讼时效如何计算，以及应该向哪家法院递交诉讼请求［也就是说，是否存在用尽（当地救济）规则］。对其中每个问题的解答都“会对外交政策产生重大影响”，因为在这些程序性问题上，不同国家会作出不同的规定。[141]简言之，准许对域外行为（甚至是对那些在海外被实体法禁止的行为）提起ATS诉讼会产生国际纠纷。

那么这一判决是否意味着多莉·菲拉尔蒂加诉讼时代的终结呢？她所指控的行为发生在美国境外，而且被告是一名外国人。但是，多莉也不必放弃希望。多数派大法官避开了两个关键问题，以这种方式为她所代表的诉讼类型以及其他一

159 些未知类型的诉讼保留了可能性。首先，审判意见中明确表示，本案并不涉及具有“美国公民”身份的被告。[142]审判意见中并未回答，甚至并未提到，外国人是否可以根据该成文法将美国人列为被告，指控其实施了“万国法”违法行为。其次，在审判意见的最后部分，最高法院在详细说明了“基奥贝勒案中的所有相关行为都发生在美国境外”之后，又继续作出以下重要表述：“即便原告的诉讼请求触及并关涉（touch and concern）美国领土，这些诉讼请求还必须具备推翻反域外适用推定的充分效力从而实现这种触及和关涉。”[143]（最高法院）没有对“触及并关涉”这一表述作出进一步解释。这种表述意味着什么？最高法院注意到，“公司往往在很多国家‘在场’（present）”，而“仅仅是公司在场”（假设是在美国在场）还并不“充分”。[144]但是，如果行为发生在海外，怎样才能使一项诉讼请求具备“触及并关涉美国领土的充分效力?”最高法院对此只字未提，审判意见也就此戛然而止。

最高法院中的四位成员（包括我在内）共同撰写了一份附议意见，其中认为，在特定环境下，国会确实希望将该成文法适用于在海外发生的活动。毕竟，该成文法是在“一种‘外国问题’意识的支配下”“颁布的”，而且该成文法的文本中“明确提到了‘外国人’‘条约’‘万国法’”。[145]颁布该成文法的目的是处理“万国法违法行为方面的问题，提供司法救济，同时（保证这些司法救济活动）不会对国际事务造成严重影响”。[146]而且，“我们认定，该成文法规制的三种活动中，至少有一种，即海盗行为，通常发生在海外”。[147]基于以上原因，这份附议意见认定，反域外适用推定在 ATS 中并不适用。

相反，我们相信，国会希望该成文法的司法管辖范围能够与其在实体法上的规制范围保持一致。而且（像索萨案中那样），我们在确定这两个范围的时候均会考察国际惯例法。在考察过“那些有助于我们确定该成文法管辖范围的国际司法管辖规范”之后，我们指出，国际法会在三种情况下授权对万国法违法行为实施管辖：（1）违法行为发生在该国领土范围之内；（2）被告为该国国民或公民；①（3）该行为对该国的重要国家利益造成严重影响。[148]就第三种情况而言，“避免本国沦

① 在美国语境下，国民（national）与公民（citizen）存在一定区别。例如，在波多黎各和关岛等美国海外领地出生的美国国民不具有美国公民身份，他们在国会没有代表权，这部分国民以及因其他原因丧失公民权的国民被称为“非公民国民”（non-citizen national）。

为最基本国际规范违反者的‘避风港’”正是一项能够为我们审理案件提供合法性依据的“国家利益”。[149] 160

在将这些原则适用于本案之后，我们认定荷兰皇家石油公司的行为并不在ATS 的管辖范围之内：所有行为均发生在海外的尼日利亚，而且被告是外国公司，该公司在美国的唯一场所是一个设立在纽约市的办事处，其主要业务为销售该公司的股票。[150]鉴于本案诉讼请求的（外国）属性，以及被告与美国之间仅存在细微的间接联系，“人们很难相信这项诉讼活动会有助于避免美国沦为‘人类公敌’的‘避风港’，或者是为了维护美国的其他特殊（distinct）利益”。[151]因此，仅基于上述这些理由，我们认为原告的诉讼不应继续进行。

对多数派的审判意见及其判决结果表示赞同的其他大法官撰写了其他几份附议意见。[152]有两位大法官将多数派意见中的“触及并关涉”解读为，由在海外发生的事件所引起的所有案件都无法进行诉讼，或者基本无法进行诉讼。[153]多数派中的第五位成员——大法官肯尼迪写到，“最高法院的审判意见在《外国人侵权责任法》的适用范围和法律解释方面的一些重要问题上采取了谨慎态度，没有对这些问题作出解答”。[154]他继续写到，“有些诉讼案件中会宣称保护个人（权利）的国际准则遭到了严重侵犯，有些诉讼案件则无法被《酷刑受害者保护法》和本案的论理部分和结论部分的内容所涵盖；对于如何在这些争议中恰当地适用反域外适用推定，仍需作出进一步阐述”。[155]

因此，有四位大法官认为，如果施暴者在美国寻求避难，则 ATS 可以规制其在海外实施的行为。多数派的审判意见为那些因海外行为而产生的诉讼在未来继续进行保留了可能性，具体而言，这其中包括那些涉及美国被告的诉讼，也包括那些所涉及的诉讼理由会“触及并关涉”美国领土的诉讼。大法官肯尼迪则更为明确地表示，法庭的大门没有关闭。

简　评

我们该如何理解最高法院的立场？或许，它已经创造了一种中间立场。索萨案和基奥贝勒案都对原告能够依据《外国人侵权责任法》提出的诉讼类型进行

了限制。但它们并未对多莉·菲拉尔蒂加或者费迪南·马科斯的受害者所提案件
161 的法律合法性（legal legitimacy）予以直接否定。这些案件仍然居于当代 ATS 诉讼的核心位置。事实上，整个世界都在谴责这些案件中呈现出来的酷刑和杀戮，认同国际法应当禁止政府实施这类行为，认同这类行为的实施者就是人类公敌。基奥贝勒案中的多数派大法官们对此并不否认。而且，由于菲拉尔蒂加案和马科斯案的被告在美国避难，所以基奥贝勒案的审判意见实际上并没有推翻这些案件的判决结果。

在基奥贝勒案中，最高法院的四位成员认为，美国拥有一项能够为该成文法的适用提供依据的“特殊利益”（distinct interest），即“确保美国不会沦为酷刑实施者或其他人类公敌的避风港（使其逃避民事和刑事责任）”。[156]有一位大法官认为，对于应如何在 ATS 案件中适用“反域外适用推定”，“仍需要”在今后的案件中做“进一步阐述”。[157]此外，多数派大法官中的另外四位成员提到，当案件所涉及的活动“触及并关涉”美国时，该“推定”有可能被推翻。[158]对于同多莉·菲拉尔蒂加和费迪南·马科斯的受害者拥有类似遭遇之人所提出的案件而言，法庭的大门并没有完全关闭。

如果法庭的大门仍然敞开，法院就必须继续面对 ATS 在司法解释和政策选择方面提出的挑战：哪些人是当今的海盗？哪些人是当今的“人类公敌”？在索萨案之前，下级法院已经表示，该成文法适用于那些被“具体的、获得普遍承认的而且必然被承认的”国际规范所禁止的活动。索萨案则表示，该成文法所涵盖的是那些“被文明世界所接受的，并且经过详细阐述的国际规范，其详细程度要与 18 世纪的准则相仿”。[159]这些规范包括哪些？基奥贝勒案中的多数派大法官和几份附议意见均提到了酷刑、灭绝种族、反人类犯罪以及战争犯罪。是否只包括这些呢？

从技术角度来讲，ATS 案件清楚地表明了，联邦法院在适用该成文法时并没有直接适用国际法。相反，它们适用的仍是美国法律，具体而言，即联邦普通法，这其中只选取了国际法中的部分规范（符合上述条件的那些规范）。我在上文所提到的那些条件是笼统的。谋杀、绑架、任意拘禁等普通的国内犯罪同样耸
162 人听闻，同样造成了严重的危害。但这些行为大概都不会被 ATS 所涵盖。即便如此，在某些案件中，优秀的律师往往能够在起诉书中合理地宣称，这类犯罪已

经提升到了万国法违法行为的层面。对这类案件该如何界定？

ATS 诉讼的适格被告有哪些？在基奥贝勒案中，最高法院再次明确表示，“仅仅是”在美国“在场”无法使公司成为适格被告。那么，还需要符合哪些必要条件？将总部设在美国的美国公司是否能够成为适格被告？在美国开展其主要经营活动的外国公司是否能够成为适格被告？又该如何认定在美国销售尼日利亚奥贡尼兰地区出产的石油或者其他与违法行为相关联产品的外国公司？

原告可以向哪所法院提起诉讼？美国（以及其他很多国家的）法律中有一项叫作“当地救济用尽”（exhaustion of remedies）的原则。该如何将其适用于 ATS？这是否意味着多莉·菲拉尔蒂加必须首先在巴拉圭对佩纳－伊纳拉提起诉讼（或者她要能够证明在当地提起诉讼毫无意义）之后才能提起诉讼？这是否又意味着基奥贝勒案中的原告应该首先在荷兰，即该案公司被告的主要营业地所在国提起诉讼？

另外一项被称为不便管辖原则（forum non conveniens）的法律原则规定，在原告能够在“更为便利”的诉讼地提起诉讼的情况下，法院有权撤销这一案件。所以，因一起在意大利发生的坠机事故而起诉英国航空公司的美国原告必须在英国或意大利，而不是在美国提起诉讼。该如何将这一原则适用于 ATS 案件？在基奥贝勒案中，美国总检察长主张，下级法院对于部分 ATS 案件拥有管辖权，但它们应当“特别主动地”适用“不便管辖”原则，并且要“（首先）假定应当撤销”那些“存在其他适当诉讼地”的案件。[160]

该如何协调与外交事务间的关系？如果国务院因为南非种族隔离诉讼等案件会干扰其处理外交关系的能力而要求法院撤销这些案件，法院是否应当予以满足？是否应当自动撤销这些案件？如果不是自动撤销的话，该在何时撤销？美国允许检察官来决定是否提起刑事诉讼，而在民事赔偿诉讼中他们却没有类似的权力。但比利时和西班牙则授予了本国检察官撤销民事诉讼的权力，他们会在自己认为某项民事诉讼缺乏合理依据或者会对外交事务造成不当影响的情况下撤销这项诉讼。[161] 163

该如何看待礼让（原则）？美国的诉讼行为会在何种情况下产生在国际范围内推广时无法发挥功效的法律原则？最高法院将如何获知这种法律原则是否已经产生？例如，其他国家是否承认外国人有权因遭受严重违反“万国法”的海外违法行为侵犯而获得赔偿？很多国家已经接受了对外关系法中的“普遍管辖”原则，在某些情况下，该原则似乎为这一问题提供了肯定的答案。[162]但是，这种管辖原则在绝大多数情况下均适用于刑事公诉案件，而并不必然适用于民事赔偿诉讼或以公司为被告的案件。然而，有一家比利时法院和一家荷兰法院曾分别准许原告获得酷刑行为的损害赔偿。[163]此外，国际刑事法院会命令被定罪人向受害者提供赔偿。[164]我们是否能够对我国的成文法作出相应的解释，以便（在其他国家效仿我国做法的情况下）各国（的司法活动）不会发生抵触？

最高法院该如何回答这些问题和其他类似问题？大法官们并不熟悉其他国家的习惯做法。律师可以在意见书中对这些习惯做法作出解释，在索萨案和基奥贝勒案中，来自英国、荷兰、阿根廷、法国以及欧盟的律师正是这样做的。[165]国务院可以通过由总检察长递交意见书的方式向法院通告有关情况。当然，我们也可以阅读专家撰写的相关评论文章。但这些来源是否能够提供足够的信息？最高法院将会继续纠缠于这一问题，而其最终答案只能由未来的（具体）需要来决定。

似乎可以比较确定的是，ATS 至少可以在菲拉尔蒂加案和马科斯诉讼所阐述的范围内继续发挥作用，而且它会产生三个方面的影响：其一，最高法院将维护法治，而法治会保护海外严重犯罪的部分受害者向行凶者追究责任的能力。其二，ATS 的适用范围和适用方式方面的问题将会不可避免地继续涌现出来，而回答这些问题则需要最高法院去了解外国法律、外国的习惯做法以及人权领域的国际关系，但我们无法预知我们将通过何种方式了解这些信息。其三，国会或许会对我在本章中提出的诸多问题提供最为理想的解答。这部成文法已经有两百多年
164 没有修订过了。在第 5 章探讨的商事案件当中，最高法院在相关美国成文法的预期适用范围问题上得到了国会的更多指导，这是因为这些成文法是国会在更晚近的时候制定的。最高法院可以通过对 ATS 作出司法解释的方式不遗余力地塑造美国的人权诉讼（制度）。但如我所说，ATS 陈旧而笼统，并在很多关键问题上选择了沉默。只有国会才能使其实现有效的现代化。

注释

〔1〕参见 Filartiga v. Pena-Irala, 630 F. 2d 876, 878(2d Cir. 1980)。

〔2〕Dolly Filartiga, *American Courts, Global Justice*, N. Y. TIMES, Mar. 30, 2004, http://www.nytimes.com/2004/03/30/opinion/american-courts-global-justice.html.

〔3〕参见 JEFFREY DAVIS, JUSTICE ACROSS BORDERS: THE STRUGGLE FOR HUMAN RIGHTS IN U. S. COURTS 17-18(2008)。

〔4〕*Filartiga*, 630 F. 2d at 878-79.

〔5〕28 U. S. C. § 1350(2012).

〔6〕*Filartiga*, 630 F. 2d at 879.

〔7〕Respublica v. De Longchamps, 1 U. S. (1 Dall.) 111, 111-14(O. T. Phila. 1784). [“Dall.”即“Alexander J. Dallas”,最高法院第一位案件记录者;“O. T. Phila”即“Court of Oyer and Terminer, at Philadelphia”,即坐落在费城的(宾夕法尼亚州)刑事法院;当时美国宪法还未问世,也就不存在联邦法院系统,但有些早期案例也被 Dallas 收录进来。——译者注]

〔8〕参见 Kiobel v. Royal Dutch Petroleum Co., 133 S. Ct. 1659, 1666(2013); Sosa v. Alvarez-Machain, 542 U. S. 692, 716-18 & n. 11(2004)。

〔9〕*Kiobel*, 133 S. Ct. at 1666-67.

〔10〕Curtis A. Bradley, *The Alien Tort Statute and Article III*, 42 VA. J. INT'L L. 587, 641-42(2002)[引述了 3 DEP'T OF STATE, THE DIPLOMATIC CORRESPONDENCE OF THE UNITED STATES OF AMERICA(美国国务院发布的《美国外交通讯》)447(1837)]。

〔11〕Breach of Neutrality, 1 Op. Att'y Gen. 57(1795).

〔12〕同上,第 58~59 页。

〔13〕参见,例如,United States v. Smith, 18 U. S. (5 Wheat.) 153, 162(1820)[提到,“所有国家均采用的一般做法是:只要有人从事(海盗行为),无论其是本国人还是外国人,无论其侵害的对象是谁,也无论他们与谁达成了互不侵犯协定,各国都会一体处罚”]。

〔14〕PETER HENNER, HUMAN RIGHTS AND THE ALIEN TORT STATUTE: LAW, HISTORY, AND ANALYSIS, 37-43(2009). 亨纳尔注意到,在菲拉尔蒂加案裁决之前,原告共提起了 21 项诉讼,申请法院根据《外国人侵权责任法》来管辖自己的案件,但法院只同意对其中的两起案件给予管辖。其中一件是 1961 年的案件,而另一件则要回溯到 1795 年。同上,第 43 页。

〔15〕IIT v. Vencap, Ltd., 519 F. 2d 1001, 1015(2d Cir. 1975).

〔16〕同上。

〔17〕同上。

〔18〕同上。

〔19〕同上。

〔20〕Filartiga v. Pena-Irala, 630 F. 2d 876, 880(2d Cir. 1980)(梳理了下级法院的判决)。

〔21〕同上。

〔22〕同上[引述了 United States v. Smith, 18 U. S. (5 Wheat.) 153, 160-61(1820)]。

〔23〕同上,第 880~881 页[引述了 The Paquete Habana, 175 U. S 677, 694, 700(1900)]。

〔24〕同上，第 881 页注 8［援引了 the Statute of the International Court of Justice arts. 38, 59（《联合国国际法院规约》第 38 条、第 59 条），June 26, 1945, 59 Stat. 1055, 1060］。

〔25〕同上，第 884 页。

〔26〕U. N. Charter arts. 55 – 56（《联合国宪章》第 55 ~ 56 条）。

〔27〕Egon Schwelb, Human Rights and the International Community: The Roots and Growth of the Universal Declaration of Human Rights, 1948 – 1963, at 70 (1964).

〔28〕Universal Declaration of Human Rights, G. A. Res. 217 (Ⅲ) (A), art. 5, U. N. Doc. A/RES/217 (Ⅲ) (Dec. 10, 1948).（"G. A. Res." 即 "General Assembly Resolutions"，联合国大会决议。——译者注）

〔29〕G. A. Res. 2625 (XXV), U. N. Doc. A/Res/25/2625 (Oct. 24, 1970).

〔30〕美国作为法庭之友提交的备忘录，第 16 页注 34，*Filartiga*, 630 F. 2d 876 (No. 79 – 6090)。

〔31〕*Filartiga*, 630 F. 2d at 881.

〔32〕同上，第 888 页。

〔33〕同上，第 884 页。

〔34〕同上，第 887 页。

〔35〕同上，第 890 页。

〔36〕同上。

〔37〕Filartiga v. Pena-Irala, 577 F. Supp. 860, 867 (E. D. N. Y. 1984).（"E. D. N. Y." 即纽约东区联邦地区法院。——译者注）

〔38〕Beth Stephens, Filartiga v. Pena-Irala, *From Family Tragedy to Human Rights Accountability*, 37 Rutgers L. J. 623, 626 (2006)（引述了多莉·菲拉尔蒂加的话）。

〔39〕美国律师协会的法庭之友法律意见书，支持上诉人，附录 B，Kiobel v. Royal Dutch Petroleum Co., 133 S. Ct. 1659 (2013) (No. 10 – 1491)；Jonathan Drimmer, *Resurrection Ecology and the Evolution of the Corporate Alien Tort Movement*, 43 Geo. J. Int'l L. 989, 996 (2012)。

〔40〕*In re* Estate of Ferdinand E. Marcos Human Rights Litig., 978 F. 2d 492, 495 – 96 (9th Cir. 1992).

〔41〕Ralph G. Steinhardt, *Fulfilling the Promise of* Filartiga: *Litigating Human Rights Claims Against the Estate of Ferdinand Marcos*, 20 Yale J. Int'l L. 65, 66 (1995).

〔42〕*In re* Estate of Ferdinand Marcos Human Rights Litig., 25 F. 3d 1467, 1475 – 76 (9th Cir. 1994)；另参见，In re *Marcos*, 978 F. 2d at 499 – 503（维持了之前的裁决）。

〔43〕In re *Marcos*, 25 F. 3d at 1475［引注了 Filartiga v. Pena-Irala, 630 F. 2d 876, 881 (2d Cir. 1980)］。

〔44〕同上（引述了 *Filartiga*, 630 F. 2d at 885 – 87）。

〔45〕Forti v. Suarez-Mason, 694 F. Supp. 707 (N. D. Cal. 1988).

〔46〕Abebe-Jira v. Negewo, 72 F. 3d 844 (11th Cir. 1996).

〔47〕Xuncax v. Gramajo, 886 F. Supp. 162 (D. Mass. 1995).（"D. Mass" 指马萨诸塞联邦地区法院。——译者注）

〔48〕Kenneth Anderson, Kiobel v. Royal Dutch Petroleum: *The Alien Tort Statute's Jurisdictional Universalism in Retreat*, 2012 – 2013, Cato Sup. Ct. Rev. 149, 163.

〔49〕参见 Beth Stephens et al., International Human Rights Litigation in U. S. Courts at 140 (2d ed. 2008)（阐述了酷刑"是得到最广泛承认的国际法违法行为之一，被《反酷刑公约》《世界

人权宣言》《日内瓦公约》所禁止,而且每一个审理相关问题的美国法院均认定酷刑符合 ATS 的适用范围")。

〔50〕Universal Declaration of Human Rights,前注28,第9条、第12~13条、第16条、第18~19条、第22~23条。

〔51〕Kadic v. Karadzic, 70 F. 3d 232, 238 –44 (2d Cir. 1995).

〔52〕Doe v. Saravia, 348 F. Supp. 2d 1112, 1157 (E. D. Cal. 2004)("刺杀罗梅罗总主教的行为符合反人类罪的所有要件。罗梅罗刺杀事件发生在由国家支持的暴力气氛当中,这种气氛弥漫在整个萨尔瓦多,而且是由执政军方针对平民大众所实施的系统性的、惨无人道的攻击所构成的。执行谋杀行为的死亡小组……的行动是一场军方精心设计的阴谋的组成部分,这场阴谋的目的是恐吓平民群众,令其屈服。杀害罗梅罗是为了使其不能继续批评国家安全部门和国家实施的镇压活动……萨拉维亚明白他参与谋杀的是萨尔瓦多最重要的平民之一,是该国崇敬的总主教。由于这一特别行动是在其他广泛而系统地袭击平民大众事件的背景下发生的……它达到了……构成反人类罪的标准")。("E. D. Cal"即加州东区联邦地区法院。——译者注)

〔53〕依据 ATS 提起环境损害赔偿遭驳回的案例,参见 Flores v. S Peru Copper Corp., 414 F. 3d 233, 255 –66 (2d Cir. 2003);以及 Beanal v. Freeport-McMoran, Inc., 197 F. 3d 161, 166 –67 (5th Cir. 1999)。Aguinda v. Texaco, Inc., No. 93 Civ. 7527, 1994 WL 142006 (S. D. N. Y. Apr. 11, 1994),这个地区法院的案件并不是因管辖权问题而被驳回的,但之后又被以"不便管辖"(forum non conveniens)为由驳回,上诉时的案件名称(sub nom)为 Jota v. Texaco, Inc., 157 F. 3d 153 (2d Cir. 1998)。

〔54〕参见,例如,Carmichael v. United Techs. Corp., 835 F. 2d 109, 113 –14 (5th Cir. 1988)[认为,只有"官方(实施的)酷刑"(official torture)行为才属于 ATS 的管辖范围];Tel-Oren v. Libyan Arab Republic, 726 F. 2d 774, 791 –95 (D. C. Cir. 1984)(爱德华兹法官的附议意见)[在分析针对非国家主体巴勒斯坦解放组织提出的诉讼请求时,认定"非官方酷刑共识"无法"成为对菲拉尔蒂加案……进行扩张解读,从而使第1350节(ATS)涵盖非国家主体所实施的酷刑行为的依据"]。

〔55〕*Karadzic*, 70 F. 3d at 245;另参见 Tachiona v. Mugabe, 169 F. Supp. 2d 259, 315 – 16 (S. D. N. Y. 2001)(认定一个准军事集团符合国家行为的要求)。

〔56〕*Karadzic*, 70 F. 3d at 239 –43(认定,对奴役、海盗、灭绝种族和战争罪行为的禁令完全适用于个人,其根据既包括《日内瓦公约》这样的当代国际条约,也包括其他历史文件);与该案件一致的还有,例如,*In re* Agent Orange Prod. Liab. Litig., 373 F. Supp. 2d 7, 52 – 54 (E. D. N. Y. 2005);Iwanowa v. Ford Motor Co., 67 F. Supp. 2d 424, 445 (D. N. J. 1999)。

〔57〕参见 STEPHENS ET AL.,前注49,第256~257页。

〔58〕参见,例如,Cabello v. Fernandez-Larios, 402 F. 3d 1148, 1157 – 58 (11th Cir. 2005);Doe v. Saravia, 348 F. Supp. 2d 1112, 1148 –49 (E. D. Cal. 2004);Eastman Kodak Co. v. Kavlin, 978 F. Supp. 1078, 1091 (S. D. Fla. 1997)。司法部部长布拉德福德于1795年发表的意见支持了这种观点,其中宣称,对万国法违法行为的"实施,协助,或唆使"都会产生《外国人侵权责任法》所规定的责任。Breach of Neutrality, 1 Op. Att'y Gen. 57, 59 (1795).

〔59〕Doe I v. Unocal Corp., 110 F. Supp. 2d 1294 (C. D. Cal. 2000);Doe I v. Unocal Corp., 963 F. Supp. 880 (C. D. Cal. 1997).("C. D. Cal."为加州中区联邦地区法院。——译者注)

〔60〕Doe I v. Unocal Corp., 395 F. 3d 932, 947 (9th Cir. 2002).

〔61〕虽然第九巡回法院合议庭认定该案可以继续进行，并且该决定是以全院庭审（en banc）再审的方式作出的，双方却达成了秘密和解协议，案件被主动撤销了。参见 Doe I v. Unocal Corp. , n 403 F. 3d 708（9th Cir. 2005）（en banc）。

〔62〕Drimmer，前注 39，第 996 页。

〔63〕同上，第 998 页。

〔64〕Beth Stephens, *Upsetting Checks and Balances: The Bush Administration's Efforts to Limit Human Rights Litigation*, 17 HARV. HUM. RTS. J. 169, 179 (2004).

〔65〕Anderson，前注 49，第 169 ~ 171 页；Drimmer，前注 39，第 996 页。

〔66〕参见 Iwanowa v. Ford Motor Co. , 67 F. Supp. 2d 424, 446（D. N. J. 1999）[原告依据 ATS 对福特公司在纳粹治下的行为提起诉讼，法院认定原告的诉讼请求有效（viable）]。

〔67〕Daimler AG v. Bauman, 134 S. Ct. 746, 761 n. 19 (2014).

〔68〕U. S. CONST. pmbl. （"pmbl" 即 preamble，序言。——译者注）

〔69〕参见 JAMES H. READ, POWER VERSUS LIBERTY: MADISON, HAMILTON, WILSON, AND JEFFERSON 29（2000）[引述了詹姆斯·麦迪逊于 1792 年刊登在《国民公报》（National Gazette）上的文章]。

〔70〕参见 Filartiga v. Pena-Irala, 630 F. 2d 876, 881 n. 8（2d Cir. 1980）。

〔71〕参见 Anderson，前注 48，第 154 ~ 155 页。

〔72〕参见 Sosa v. Alvarez-Machain, 542 U. S. 692, 733 n. 21（2004）（讨论了南非对于美国地区法院诉讼行为的反对）；Khulumani v. Barclay Nat'l Bank Ltd. , 504 F. 3d 254, 295 – 311（2d Cir. 2007）（科曼法官对审判结果的一部分表示附议，对另外一部分表示异议）[对南非政府官员和国务院法律咨询办公室关于南非种族隔离诉讼的反对意见做了梳理，这些诉讼中包括三起 ATS 集团诉讼，所代表的当事人涵盖了从 1948 年至今的（受害者），其诉讼对象为于种族隔离期间在南非营业的美国、加拿大和欧洲公司]。但是，要注意的是，在第二巡回法院拒绝驳回这件有关南非种族隔离问题的 ATS 案件后，南非发生了政府更迭，而且，由于某些诉讼请求遭到驳回，该诉讼的审理范围也被缩小了。在 2009 年，南非的立场已经（转变为）对这项诉讼给予正式支持。参见 Ingrid Wuerth, *The Alien Tort Statute and Federal Common Law: A New Approach*, 85 NOTRE DAME L. REV. 1931, 1959（2010）。

〔73〕参见 Doe v. Exxon Mobil Corp. , 654 F. 3d 11, 77 – 78（D. C. Cir. 2011）（卡凡诺法官的异议意见）（引注了一些案件和原始资料）；*Developments in the Law: Extraterritoriality*, 124 HARV. L. REV. 1226, 1283（2011）。

〔74〕Anderson，前注 48，第 170 页。

〔75〕参见，同上，第 170 ~ 171 页。

〔76〕参见 Gabriel Bottini, *Universal Jurisdiction After the Creation of the International Criminal Court*, 36 N. Y. U. J. INT'L L. & POL. 503, 557 – 60（2004）（列举了奥古斯托·皮诺切特在英国面临的刑事指控，乍得前独裁者在塞内加尔面临的刑事指控，46 名阿根廷人在西班牙面临的刑事指控，在比利时提起的、对象为乔治·W. 布什总统和阿里尔·沙龙的刑事诉讼）。（皮诺切特为智利前总统和军事独裁者，沙龙为以色列前总理。——译者注）

〔77〕Sosa v. Alvarez-Machain, 542 U. S. 692, 715（2004）（引注了 4 WILLIAM BLACKSTONE, COMMENTARIES *68）。

〔78〕参见 Filartiga v. Pena-Irala, 630 F. 2d 876, 890（2d Cir. 1980）（"就民事责任而言，酷刑已经与之前的海盗和奴隶贸易一样，成为人类公敌 '*hostis humani generi*'"）；*In re* Estate of Ferdinand

Marcos, Human Rights Litig., 25 F. 3d 1467, 1475 (9th Cir. 1994)（"国际法违法行为所违反的规则必须是具体的、获得普遍承认的而且必然被承认的规则"）；另参见 Kiobel v. Royal Dutch Petroleum Co., 133 S. Ct. 1659, 1675 (2014)（大法官布雷耶的附议意见）（对以上两个案件表示赞同）；*Sosa*, 542 U. S. at 731－32（同样对两个案件表示赞同）。

〔79〕*Torture Victim Protection Act of 1991*, Pub. L. No. 102－256, 106 Stat. 73.

〔80〕Henner，前注14，第67页。

〔81〕*Rome Statute of the International Criminal Court*（《国际刑事法院罗马规约》）art. 5, July 17, 1998, 2187 U. N. T. S. 90（"U. N. T. S."即"*United Nations Treaty Series*"，《联合国条约汇编》）。

〔82〕同上，第75条。

〔83〕参见 Dagmar Stroh, *State Cooperation with the International Criminal Tribunals for the Former Yugoslavia and for Rwanda*, 5 Max Planck Y. B. United Nations L. 249 (2001)。

〔84〕参见 David Davenport, *International Criminal Court: 12 Years, $1 Billion, 2 Convictions*, Forbes, Mar. 12, 2014。

〔85〕参见美国作为法庭之友提交的法律意见书，以支持被上诉人，第29～30页，*Kiobel*, 133 S. Ct. 1659 (No. 10－1491)。

〔86〕Sosa v. Alvarez-Machain, 542 U. S. 692, 697－98 (2004).

〔87〕Alvarez-Machain v. United States, No. CV 93－4072SVW (SHX), 1999 WL34976473, at 17 (C. D. Cal. Mar. 18, 1999).［案件号中的"CV"指本案为民事（civil）案件；"SVW"是承办该案的法官的姓名缩写；"SHX"是承办该案的联邦治安法官（magistrate judge）的姓名缩写。——译者注］

〔88〕Alvarez-Machain v. United States, 266 F. 3d 1045, 1051－53 (9th Cir. 2001)［认定暴力跨境绑架和任意拘禁行为为国际习惯法律规则（international customary legal norms）所禁止］。

〔89〕Alvarez-Machain v. United States, 331 F. 3d 604, 641 (9th Cir. 2003) (en banc).

〔90〕28 U. S. C. § 1350 (2012).

〔91〕在索萨案的几年之前，哥伦比亚特区巡回法院的几位法官就已经提出，ATS纯粹是针对司法管辖权制定的，而且要构成ATS诉讼请求，不但需要声称其构成国际法违法行为，还需要国会立法来创设诉讼理由。参见 Al Odah v. United States, 321 F. 3d 1134, 1146 (D. C. Cir. 2003)（伦道夫法官的附议意见）；Tel-Oren v. Libyan Arab Republic, 726 F. 2d 774, 801 (D. C. Cir. 1984)（博克法官的附议意见）。

〔92〕Sosa v. Alvarez-Machain, 542 U. S. 692, 719 (2004).

〔93〕同上，第712页。

〔94〕同上，第713页。

〔95〕同上。

〔96〕同上，第714页。

〔97〕同上，第715页。

〔98〕同上，第720页、第724页、第730～732页。

〔99〕同上，第725页。

〔100〕同上，第732页。

〔101〕同上［引述了 Filartiga v. Pena-Irala, 630 F. 2d 876, 890 (2d Cir. 1980)］。

〔102〕同上，第728页。

〔103〕同上，第 725 页。

〔104〕同上，第 727 页。

〔105〕同上，第 727 ~728 页。

〔106〕同上，第 728 页。

〔107〕同上，第 729 页、第 731 页。

〔108〕同上，第 731 ~738 页。

〔109〕同上，第 737 页［引述了 Restatement（Third）of Foreign Relations Law of the United States § 702（1986）］。

〔110〕同上，第 761 页（大法官布雷耶的附议意见）。

〔111〕同上（原文中的引述部分已删去）。

〔112〕同上，第 762 页。

〔113〕同上，第 762 ~763 页。

〔114〕同上，第 763 页。

〔115〕该案似乎并未禁止向公司提起 ATS 诉讼。在索萨案宣判当年，发生了 6 起针对公司的 ATS 诉讼，而在该案宣判后的第一年，这一数字则是 12。在 2009 年，这一数字跃升至 20，之后两年则分别是 15 和 17。参见 Drimmer，前注 39，第 996 页。

〔116〕Doe v. Exxon Mobil Corp.，654 F. 3d 11（D. C. Cir. 2011）. 埃克森承认“（禁止）非法杀害平民、对平民施以酷刑和长期任意拘禁等行为显然已经成为明确的国际法规范”。同上，第 17 页。因此，上诉法院没有再询问这一问题，它表示“无须再纠缠于国际法中的哪些规则能够为 ATS 诉讼提供诉讼理由”。同上，第 17 页注 3。本案的问题在于“协助和唆使行为是否会承担 ATS 责任”。同上，上诉法院认为应当承担。同上，第 15 页。

〔117〕Sarei v. Rio Tinto，PLC，487 F. 3d 1193（9th Cir. 2007）.

〔118〕Khulumani v. Barlcay Nat'l Bank Ltd.，504 F. 3d 254（2d Cir. 2007）.

〔119〕同上，第 258 ~259 页。

〔120〕同上，第 260 ~264 页。

〔121〕*In re* S. African Apartheid Litig.，617 F. Supp. 2d 228，296 –97（S. D. N. Y. 2009）.

〔122〕Kiobel v. Royal Dutch Petroleum Co.，621 F. 3d 111，123（2d Cir. 2010）.

〔123〕*Khulumani*，504 F. 3d at 260.

〔124〕例如，Presbyterian Church of Sudan v. Talisman Energy，Inc.，582 F. 3d 244，254 – 59（2d Cir. 2009）。

〔125〕*Kiobel*，621 F. 3d at 120.

〔126〕同上。

〔127〕同上。

〔128〕同上，第 151 ~154 页（勒瓦尔法官的附议意见）。

〔129〕同上，第 152 页。

〔130〕同上。

〔131〕同上，第 188 页。

〔132〕Kiobel v. Royal Dutch Petroleum Co.，133 S. Ct. 1659，1663（2013）.

〔133〕同上，第 1664 页。

〔134〕同上［引述了 Morrison v. Nat'l Austl. Bank Ltd.，561 U. S. 247，255（2010）］。

〔135〕同上[引述了 EEOC v. Arabian Am. Oil Co., 499 U. S. 244, 248 (1991)]。

〔136〕同上[引述了 Sosa v. Alvarez-Machain, 542 U. S. 692, 727 (2004)]。

〔137〕同上,第 1665 页。

〔138〕同上,第 1668 页,最高法院援引了约瑟夫·斯托里在 1822 年写下的一段文字,"从来就没有任何国家自称是全世界的道德守护者(custos morum)"。同上[引述了 United States v. The La Jeune Eugenie, 26 F. Cas. 832, 847 (C. C. Mass. 1822)]。["F. Cas." 即 Federal Cases, West 从 1880 年正式开始汇编联邦法院的案例,West 并没有将之前(1789~1880 年)的案件根据时间顺序编排,而是以字母顺序结集,编成 30 卷;"C. C. Mass." 即马萨诸塞巡回法院。——译者注]

〔139〕同上。

〔140〕同上,第 1669 页。

〔141〕同上,第 1665 页。

〔142〕同上,第 1668 页。

〔143〕同上,第 1669 页。

〔144〕同上。

〔145〕同上,第 1672 页(大法官布雷耶的附议意见)[引述了 28 U. S. C. § 1350 (2012)]。

〔146〕同上[引述了 Sosa v. Alvarez-Machain, 542 U. S. 692, 715 (2004)]。

〔147〕同上(原文中注释已删去)。

〔148〕同上,第 1673~1674 页。

〔149〕同上,第 1674 页。具体而言,国际法"在很久之前就将不使本国沦为海盗的避风港确立为一项责任";一些条约规定,缔约国要承担搜寻并惩罚海外犯罪的外国实施者的义务;其他国家还设立了一些国内机制,原告可以通过这些机制参与刑事诉讼程序,借此要求外国被告为其在外国实施的行为提供民事赔偿。同上,第 1674~1676 页。

〔150〕同上,第 1677~1678 页。

〔151〕同上,第 1678 页。

〔152〕同上,第 1669 页(大法官阿利托的附议意见);同上(大法官肯尼迪的附议意见)。

〔153〕同上,第 1669~1670 页(大法官阿利托的附议意见)。

〔154〕同上,第 1669 页(大法官肯尼迪的附议意见)。

〔155〕同上。

〔156〕同上,第 1671 页(大法官布雷耶的附议意见)。

〔157〕同上,第 1669 页(大法官肯尼迪的附议意见)。

〔158〕同上(多数派的审判意见)。

〔159〕Sosa v. Alvarez-Machain, 542 U. S. 692, 725 (2004)(原文中的引号已删去)。

〔160〕美国的法庭之友补充法律意见书部分支持维持原判,第 24~27 页,*Kiobel*, 133 S. Ct. 1659 (No. 10-1491)。

〔161〕参见 PHILIP ALSTON & RYAN GOODMAN, INTERNATIONAL HUMAN RIGHTS 1152 (2012)。

〔162〕参见 ANTONIO CASSESE ET AL., CASSESE'S INTERNATIONAL CRIMINAL LAW 278 (2013)(提到,"对于国际犯罪公诉案件而言,允许普遍管辖已经成为一种趋势");AMNESTY INTERNATIONAL, UNIVERSAL JURISDICTION: A PRELIMINARY SURVEY OF LEGISLATION AROUND THE WORLD—2012 UPDATE 2, 13 (2012)(认定超过 75% 的联合国会员国至少对部分国际犯罪规定了普遍管辖,但只有 48% 的会员国明

确承认对酷刑实施普遍管辖）。

〔163〕参见，例如，Ashraf Ahmed El Hojouj，400882/HA ZA 11－2252，21 March 2012（在荷兰作出的判决）；BBC NEWS，*Dutch Court Compensates Palestinian for Libya Jail*，Mar. 28，2012，http：//www. bbc. com/news/world-middle-east-17537597. www. bbc. com/news/world-middle-east－17537597。

〔164〕Rome Statute of the International Criminal Court，前注 81，第 75 条；另参见 Conor McCarthy，*Reparations Under the Rome Statute of the International Criminal Court and Reparative Justice Theory*，3 INT'L J. TRANSITIONAL JUSTICE 250（2009）（讨论了国际刑事法院的赔偿规则）。

〔165〕参见 *Kiobel*，133 S. Ct. 第 1675～1676 页（提到了欧盟委员会、荷兰和英国的法庭之友法律意见书）；*Sosa*，542 U. S. 第 733 页注 21（讨论了欧盟委员会的一份法庭之友法律意见书）。

第三部分

国土之外

国际协议

现在，我们把目光从美国成文法的司法解释转到一个国际性更为显著的主题，即国际协议①的司法解释。美国总统“经咨询参议院并取得其同意后有权缔结条约，但须经出席参议员三分之二的批准”。[1]他也可以同其他国家订立行政协定（executive agreements）②，这种协定一般只需取得国会两院简单多数成员的批准，更接近于制定成文法的程序。此外，总统还可以发布行政命令（executive orders），授权行政部门与外国对等部门订立各种正式或非正式的协定（agreements）。他有时可以根据国会之前对他进行的概括授权（如通过在成文法中设立一项监管项目）发布这种命令；而有时，他则可以（直接）根据宪法所赋予的权力发布这种命令。[2] 167

反垄断执法机构或银行监管机构等监管机构同样可以与外国的对等机构订立并不那么正式的“合作协定”（cooperation agreements）。[3]在实践中，所有这些不同种类的国际协议都会对美国商业主体或个人的行为产生影响。一般而言，任何国际协议都可能引发需要法院解决的法律纠纷。

因国际协议的解释而产生的各种问题从合众国建国之日起就已经存在，然而目前需要最高法院解决的解释问题则反映了这些协议的一些本质性的变化。近

① 在英语语境下，international agreement 是一个较宽泛的概念，一般翻译为“国际协议”。Treaty 本身也是一种国际协议，而 treaty 和 international agreement 在很多情况下可以互换。

② 订立行政协定指总统依其行政权力，与外国政府签订的协定，其效力优于与之相悖的州法律。虽然此类协定没有明确的宪法授权，但是其宪法上的有效性是早已被确立的。与条约所处理的事务相比，行政协定通常解决相对次要的问题。

来，总统和参议院确实在更加频繁地行使缔约权。建国之初的几位总统每年只会签署一两项条约，而近来每年签署的条约则高达数十项。[4]同时，条约的主题也发生了变化。建国伊始，几乎所有条约都是关于战争与和平、领土、军备、贸易以及间或出现的外国人财产权等主题。在当代，条约还涵盖了个人的社会和政治权利、[5]民事商贸合同的技术规范、[6]争端仲裁，[7]甚至结婚、离婚和儿童监护权[8]等曾经完全属于国内事务的内容。这些变化并不足为奇，因为在当今世界，日常的旅行、通信、商务交易活动，甚至家庭关系等往往都会牵涉到国界的
168 两端。[9]

此外，今天的很多条约是多边条约，而且往往会创立新的（条约）组织。这些条约授予条约行政主体（treaty-based administrative entity）制定下位规则制度的广泛权力。[10]美国还进一步与条约组织（treaty-based organizations）签订了条约（美国已经签订过五十余项这类条约）。[11]可以将美英两国签订的《根特条约》① 与《联合国宪章》进行对比：前者结束了美国独立战争，而后者则在“二战”结束时创立了联合国。还可以将美英两国于18世纪末签订的《杰伊条约》②与20世纪的《马拉喀什建立世界贸易组织协定》进行比较：前者规范了美英两国间的贸易活动，而后者所创立的组织则为规范世界上大多数国家间的贸易活动制定了规则。

为适应这些新变化，最高法院解释国际协议的方式发生了哪些变化？本部分将介绍一些能够帮助读者解答这一问题的案件。这些案件将从程度及类型两个角度来展示这种变化。在解释国际协议时，使缔约国间的相关法律与惯例相协调的重要性比解释成文法时更为显著。而更为重要的是，由解释产生的解决方案要具有可行性，从而展现出法治是行之有效的。我们也更加需要了解那些依据条约

① 《根特条约》1814年年底签订于比利时的根特，但由于交通不便，该条约在1815年年初才到达美国，一个月后美国参议院批准了该条约，为英美之间的“1812年战争”画上了句号。双方的领土基本上恢复到战前状态，美国人民认为自己逼和了当时如日中天的大英帝国而爱国热情高涨，所以这场战争也被称为“第二次独立战争”。

② 《杰伊条约》全称为《英国国王陛下与美利坚合众国友好、通商与航海条约》，因美方的首席谈判代表约翰·杰伊而得名。条约规定，英军撤出美国的西北自治领和宾夕法尼亚州以西俄亥俄河以东的美国领土；将战争期间的债务和美国与加拿大的边界划定问题提交仲裁；美国有权在英属印度和加勒比地区进行有限的贸易，同时美国限制本国的出口贸易。

（或协定）成立的规则制定组织（rule-making bodies）在实践中是如何运作的。基于以上原因，法院也更需要详细了解外国的以及国际性的规则、法律及其实践。我将会通过具体案例来阐释这些问题。

第 7 章所关注的是一种传统的解释，其对象是一类对儿童监护权加以规制的传统条约。第 8 章所关注的是一种越发常见的条约，即通过提供国际仲裁机制来保护投资活动的国际条约。第 9 章探讨了一些宪法问题和其他法律问题，而之所以会产生这些问题则是因为，通过条约或其他类似方式（如行政协定或不同国家间的监管机构达成的协定）建立的国际机构被赋予了越来越多的权力。

注释

〔1〕U. S. CONST. art. Ⅱ，§ 2.

〔2〕S. REP. No. 106－71，at 21－26（2001）（详细描述了国会—行政机构订立协议的显著增长）；Oona A. Hathaway，*Treaties' End：The Past，Present，and Future of International Lawmaking in the United States*，117 YALE. L. J. 1236，1286－301（2008）（分析了国会—行政机构订立协议的增长）。

〔3〕参见 S. REP. No. 106－71，at 23（2001）。例如，已经有124家监管机构加入了“国际证监会组织”（International Organization of Securities Commissions，IOSCO）。参见 IOSCO，ANNUAL REPORT，at 2013 64－67，https：//www. iosco. org/annual_ reports/2013/pdf/annualReport2013. pdf。同时，美国反托拉斯监管机构也通过签订非正式协定的方式，与外国相关机构密切合作，致力于制定协调统一的执法战略。例如，在2012年的联合技术公司（United Technologies）和古德里奇公司（Goodrich）并购案中（这项并购是航空运输产业史上最大并购案），美国、加拿大和欧洲的反托拉斯执法机构达成协议，同意在各自管辖范围内为该并购案设立协调一致的并购条件，以此促成案件和解。参见 Leslie C. Overton，Deputy Assistant Att'y Gen.，U. S. Dep't. of Justice，Remarks at the Fifth Annual Chicago Forum on International Antitrust Issues：International Antitrust Engagement：Benefits and Opportunities 4－5（June 12，2014），http：//www . justice. gov/atr/public/speeches/306510. pdf。

〔4〕参见，同上，第39页，表格Ⅱ－1（据其统计，在1789年至1839年共订立了60项条约，每年大约只有1项条约，而在1939年至1989年则订立了702项条约，每年平均约14项）。行政协定的增长则更为迅猛。参见，同上（在1789年至1839年只订立了27项行政协定，而在1939年至1989年则订立了11,698项行政协定）；另参见 Hathaway，前注2，第1288页表格1（展示了20世纪30年代到2006年的数据，可以看出，每年签订的行政协议数量增长迅猛，相比之下，每年签订条约数量的增幅则要和缓一些）。

〔5〕“二战”之后，国际社会（签订并）批准了《联合国宪章》《联合国国际法院规约》，四项《日内瓦公约》，以及《防止及惩处种族灭绝罪的公约》（*the Convention on the Prevention and Punishment of the Crime of Genocide*，Dec. 9，1948，78 U. N. T. S. 277）；《关于防止和惩处侵害应受国际保护人员犯罪的公约》（*Convention on the Prevention and Punishment of Crimes Against Internationally Protected Persons*，Dec. 14，1973，1035 U. N. T. S. 167）；《公民权利和政治权利国际公约》（*International Covenant on Civil and Political Rights*，Dec. 16，1966，999 U. N. T. S. 171）；《维也纳领事关系公约》（*Vienna Convention on Consular Relations*，Apr. 24，1963，596 U. N. T. S. 261）等。

〔6〕参见，例如，《联合国国际汇票和国际本票公约》[*United Nations Convention on International Bills of Exchange and International Promissory Notes*，Dec. 9，1988，U. N. Doc. A/43/820，28 I. L. M. 170（1989）]；《国际保理公约》[*Unidroit Convention on International Factoring*，May 28，1988，Unidraft Conf. 7/C. 1/W. P. 27，27 I. L. M. 922（1988）]；《国际融资租赁公约》[*Unidroit Convention on International Lease Financing*，May 28，1988，Unidraft Conf. 7/C. 1/W. P. 27，27 I. L. M. 922（1988）]；《联合国国际货物销售合同公约》最后文件[*Final Act of the United Nations Conference on Contracts for the International Sale of Goods*，Apr. 11，1980，U. N. Doc. A/CONF. 97/

18, 19 I. L. M. 668 (1980)]。涉及贸易和知识产权保护方面的新条约，参见《服务贸易总协定》[*General Agreement on Trade in Services*, Apr. 15, 1994, 1869 U. N. T. S. 183 (1994)];《与贸易有关的知识产权协定》[*Agreement on Trade-Related Aspects of Intellectual Property Rights*, Apr. 15, 1994, 1869 U. N. T. S. 299, 33 I. L. M. 1197 (1994)];《1994 年关税和贸易总协定》[*General Agreement on Tariffs and Trade*, Apr. 15, 1994, 1867 U. N. T. S. 187, 33 I. L. M. 1153 (1994)]; 以及《1947 年关税和贸易总协定》[*General Agreement on Tariffs and Trade*, Oct. 30, 1947, 61 Stat. pt. 5, T. I. A. S. No. 1700, 55 U. N. T. S. 194 (1947)]。("T. I. A. S." 即 "Treaties and Other International Acts Series"，指由美国国务院发布的条约与国际法案汇编系列；"U. N. T. S." 即 "United Nations Treaty Series"，指由联合国发布的由其主导的条约系列。——译者注)

〔7〕国际仲裁方面最主要的多边协议为《联合国承认及执行外国仲裁裁决公约》(*United Nations Convention on the Recognition and Enforcement of Foreign Arbitral Awards*, June 10, 1958, 21 U. S. T. 2517, 330 U. N. T. S. 3)。美国在 1970 年加入该公约。美国还加入了几十项处理仲裁问题的 BIT (双边国际条约)。参见，例如，《美 - 阿 (根廷) 投资促进及保护协定》(*Agreement for the Promotion and Protection of Investments*, U. S. - Arg., Dec. 11, 1990, 1765 U. N. T. S. 38)。

〔8〕在过去的几十年中，海牙国际私法会议 (Hague Conference on Private International Law) 已经草拟并批准了四份促进儿童问题国际合作的条约。这些条约被称为《海牙儿童公约》。参见《国际诱拐儿童民事方面问题的公约》[*Hague Convention on the Civil Aspects of International Child Abduction*, Oct. 25, 1980, 1343 U. N. T. S. 49, 19 I. L. M. 1501 - 05 (1980) (以下简称《海牙诱拐公约》)];《跨国收养方面保护儿童及合作公约》[*Hague Convention on the Protection of Children and Co-1operation in Respect of Intercountry Adoption*, May 29, 1993, 1870 U. N. T. S. 182, 32 I. L. M. 1134 - 46 (1993)];《关于国际追索儿童抚养费和其他形式家庭扶养的公约》[*Hague Convention on the International Recovery of Child Support and Other Forms of Family Maintenance*, Nov. 23, 2007, 47 I. L. M. 257 (2008)];《关于在父母责任和保护儿童措施方面的管辖权、适用法律、承认、执行和合作的公约》[*Hague Convention on Jurisdiction, Applicable Law, Recognition, Enforcement, and Co-operation in Respect of Parental Responsibility and Measures for the Protection of Children*, Oct. 19, 1996, 2204 U. N. T. S. 95, 35 I. L. M. 1391 (1996)]。

〔9〕对于这方面的概述，参见 Jose E. Alvarez, *The New Treaty Makers*, 25 B. C. Int'l & Comp. L. Rev. 213, 216 - 19 (2002) (展示了近年来的条约增长情况，其中既包括美国所加入的条约，也包括美国并未加入的条约。文章同时展示了这些条约所涉及的内容也比之前更为宽泛)。

〔10〕参见 S. Rep. No. 106 - 71, at 42 - 43 (2001) (详细展示了 1945 年以来多边条约的增长，其中既包括美国所加入的条约，也包括美国并未加入的条约); Alvarez, 前注 9, 第 216 ~ 217 页 [注意到，"1970 年至 1997 年间，国际条约的数量增长了两倍以上"，同时，"(截至 1995 年) 现存的大约 1500 项多边条约中，有近一半是在联合国框架下达成的，而由于新的国际组织的协助，产生新条约的速度也越来越快"]。

〔11〕参见 S. Rep. No. 106 - 71, at 42 (2001) ["与 (国际组织相关的) 部分条约所关注的是一些日常问题，如这些组织的退税问题，但其他一些则关注了更为重要的问题，如在美国适用国际原子能安全保障措施"]。

169

第 7 章

条约解释：儿童监护

解释条约通常是一项简单直接的法律工作。一般而言，最高法院在解释条约时所运用的方法与它解释其他法律文本时所运用的方法基本相同。它会从条约用语入手，依照条约的语境和目的进行解释；它会考察条约的起草历史；而且会把先例纳入考虑范围。

在解释条约的时候，往往要考虑外国法院对相同条约用语作出过解释的裁决，而对外国解释进行考察的重要性也获得了广泛认可。在解释美国宪法时不愿考虑外国法院裁决的法官，却会在解释条约时毫不犹豫地参考外国法院的裁决。[1]条约解释的一个显著特征在于，最高法院往往会对国务院的立场给予特别重视，而国务院往往更加熟悉条约的起草过程，并且能够更为深刻地认识其他缔约国的真实意图。而且，国务院会依据相关经验告诉我们，某些特定的条约解释是如何在先前的实践中解决问题的。[2]

其他国家也都倾向于遵循同样的条约解释方法。《维也纳条约法公约》（*the Vienna Convention of the Law of Treaties*）本身就是一项条约，规定了条约解释的
170 一般规则。公约规定，“条约应依其用语按其上下文并参照条约之目的及宗旨所具有之通常意义，善意解释之”。[3]公约认为，应当把“嗣后在条约适用方面……（的）惯例”考虑在内。[4]公约规定，为了“证实”单独由条约的上下文所呈现出来的“意义”，“得使用解释之补充资料，包括条约之准备工作及缔约之情

况”，[5]也就是条约的历史背景和缔约过程。此外，公约还表示，当字面意义“仍属不明或难解”时，或者当严格按照字面意思解释“所获结果显属荒谬或不合理时”，条约解释者同样可以参考起草者的“准备工作”。[6]

2010年至2014年，我们最高法院裁决了三件与海牙《海牙诱拐公约》有关的案件。（其中一个案件技术性太强，这里不做讨论。）[7]这些案件所使用的就是之前提到的那些解释方法。这些方法简单直接，不会引起争议，但都没有反映出近来在（条约解释）基本方法中出现的新变化。然而，它们确实提出了一些问题：我们最高法院为什么会在如此之短的时间内审理三件涉及同一个条约的案件？该条约有何特殊之处？

事实上，我认为这些案件确实展示了当前一些新的现象：像家庭生活这类活动曾经几乎完全是地方性的，而现在，这些活动已经越来越多地涉及外国因素。这就要求最高法院去探索未知的法律领域，认真考虑（并在某些情况下适用）那些曾经几乎只涉及地方性事务的外国法律。

签订于1980年的《海牙诱拐公约》所要解决的是一个古老的问题。父母双方遭遇婚姻危机；其中一方出走，并带走了双方的未成年子女；而另一方提出异议。出走一方是否有权携未成年子女出走？应该由谁来决定这一问题？对于美国法院和海外的法院而言，这类问题并不陌生。但与以往不同的是，越来越多的纠纷已经不再局限于本国的范围之内。早在1980年，具有跨国性质的婚姻、离婚和未成年子女监护争议的数量就已经增长到了相当的程度，国际社会感到需要对此类问题作出回应，于是订立了《海牙诱拐公约》。[8]在随后的35年时间里，这种增长势头有增无减。 171

有八十多个国家加入的《海牙诱拐公约》体现了（国际社会的）一种共同努力，即努力为解决跨境诱拐儿童案件提供国际通行的规则与程序，以期取得可预测性更强、更具一致性的处理结果。[9]近年来，当人们请求最高法院对该条约加以解释并予以实施的时候，最高法院发现，从类型上来看这项任务仍与过去相似，然而其实质内容已经发生了变化。最高法院一直以来都能够运用传统的解释方法去探究条约文本的意义，并将其适用于争议问题，但同时它还必须运用更高层次的解释方法。最高法院认为，要作出正确的裁决，就必须了解国外在处理家庭问题时所遵循的法律、习惯和惯例。这类问题曾经似乎完全是地方性的，所以联邦法院很少处理这类案件，遑论对其适用国际条约的解释规则。为了解释这些规制家庭问题的条约，最高法院必须依靠新的，并且往往来自国外的信息来源。

艾伯特夫妇

蒂莫西·艾伯特是一名英国人，他的妻子杰奎琳则是美国人。他们于1992年在英国结婚。由于工作原因，天文学家艾伯特先生在1995年举家搬迁到了夏威夷，随后，他们的儿子在那里出生。2002年，他们搬到了智利，在那里，他们的婚姻出现裂痕并因此分居，智利法院裁定由艾伯特夫人负责其“未成年子女的日常看护和管教”（daily care and control）。[10]艾伯特先生提出了监护权申请，但智利法院认为，这名男童“在感情上同他的母亲更为亲密，而母亲一直以来对他的教养也是完全令人满意的”。但是，艾伯特先生获得了探访权（visitation rights）。智利的一项成文法规定，在父母一方拥有探访权的情况下，另一方不得在未经拥有探访权的一方同意或者智利法院许可的情况下将未成年子女带离国境。[11]

某日，艾伯特夫人发现艾伯特先生为这名男童申领了英国护照，于是她开始担心艾伯特先生会把孩子带回英国。她向法院申请并获得了一项禁止艾伯特先生将孩子带回英国的禁令。之后，她抢先一步，把孩子带到了美国得克萨斯州，并于2005年在当地递交了离婚申请。[12]

在那一年晚些时候，艾伯特先生雇用了一名私家侦探，查到了艾伯特夫人和男童在得克萨斯州的具体位置。艾伯特先生在当地法院提起诉讼，希望获得探访权并将这名儿童带回智利。得克萨斯州法院同意了他的第一项请求，授予他自由探访的权利（liberal visitation rights），只要他在得克萨斯州，就能够享有这项权利。但法
172 院驳回了第二项请求。艾伯特夫人无法在智利工作（由于签证限制），而艾伯特先生也迟迟没有交纳孩子的抚养费，所以法院裁决母亲和儿子最好留在得克萨斯州。[13]

此时，艾伯特先生向得克萨斯州西区联邦法院递交诉状。他引述了《海牙诱拐公约》，公约规定，如果转移儿童的行为“侵犯了（某人）……的监护权”（rights of custody），则应当将该行为“视为非法”（wrongful）。[14]他声称，智利法律赋予他的（在法院没有下达相反命令的情况下）将他的儿子留在智利的权利是一种“监护”权。因此，联邦法院必须遵照公约规定，“迅速作出交还该名儿童的裁定”。[15]地区法院驳回了这项主张。上诉法院也维持原判。于是轮到最高法院审理该案。[16]

艾伯特夫妇的经历中所呈现的基本模式并没有什么新奇之处。是应该把这名儿童带回到他原来的成长环境中去，还是应该把他留下来？是应该让孩子的母亲返回她无法在当地工作（而且可能无法按时获得儿童抚养费）的智利，还是应该允许她和她的儿子继续留在得克萨斯州？如果我们把“智利”换成“威斯康星”或是其他类似的地方，那么各州的家事关系法院（state domestic relations courts）以及其他的州家事法院（state family courts）日常所处理的其实就是这类案件。但在本案中，外国法律，确切地说是国际法，介入其中。而联邦法院需要裁决的则是一个它们并不十分熟悉的问题：智利法律中的父母“探访”权究竟包含哪些内容，这种权利是否属于条约所规定的“监护”的一种形式？

该条约规定，当“儿童已被非法转移”时，法院“应迅速作出交还该儿童的裁定”。[17]它还规定，当“转移”“侵犯了（某人）……的监护权”时，则应将该行为“视为非法”。[18]而且它规定“监护权”“包括……决定该儿童居住地的权利”。[19]同时，上文已经提到，智利的《未成年人法》规定，双亲中拥有探访权的一方有权允许（或拒绝）未成年人离开智利（虽然如果他/她的拒绝“缺乏正当理由”，智利的家事法院可以驳回他的离境异议，向另一方或未成年人颁发离境许可）。[20]最高法院认为，从语义角度而言，如果父母中有一方可以阻止未成年人离境，他实际上就可以“决定该儿童（的）居住地”，或至少有权决定他居住在哪个国家。[21]进而，根据公约规定，“侵犯了（某人）监护权”的转移行为属于“非法”行为，所以当美国法院遇到像艾伯特案中这样的非法转移时，就必然“迅速”裁定交还这名儿童。[22] 173

最高法院还对公约的目的进行了考察，认为公约的目的在于防止诱拐行为，使监护纠纷能够在其最初发生地得到解决，不把纠纷留给这名儿童被带入的国家。“公约所依据的原则是，在其惯常居住国作出的儿童监护权裁决能够更好地服务于这名儿童的最大利益。”[23]最高法院分析称，对“监护”进行广义解释会阻却诱拐行为，并以这种方式为公约的目的服务。

一份反映了公约起草背景的文件同样支持了将艾伯特先生在智利享有的权利归类为监护权的解释。[24]最高法院还注意到，根据条约规定，美国国务院下属的儿童事务办公室①是解决此类问题的核心机构②，而国务院很久之前就认识到，公约把艾伯特先生在智利所享有的这些权利“纳入了”“受保护监护权”的行列。[25]

最后，最高法院还参考了先例，并从英国、以色列、南非、澳大利亚以及德国法院的裁决中获得了进一步的支持。所有裁决均认为艾伯特先生的权利属于公约中的“监护”权，虽然法国和加拿大并不完全赞同这些裁决。[26]即便如此，“学者仍然认为，国际上正在形成一种共识，认为禁止离境权（*ne exeat*）（禁止未成年子女离开本国的权利）属于监护权”，并且“大多数缔约国”均采纳了这种观点。[27]

三位异议大法官运用了相同的基本（解释）方法，而得出的结论却截然相反。他们从条约用语开始分析。[28]条约规定，“‘监护权’应当包括对儿童的人身看护权，而且特别指出，（还应当包括）决定该儿童居住地的权利”。[29]但其中并没有提到仅凭后者就足以构成监护。公约也并未表示这种（在法院不持异议的前提下）阻止（事实上拥有完整监护权的）母亲将儿童转移到其他国家的探访权等同于“决定该名儿童居住地的权利”。

异议大法官认为，公约的目的在于阻止一方父母把儿童从对方实施监护活动
174 的国家带往其认为将获得有利监护裁决的国家。[30]（根据《未成年人法》）艾伯特先生或许有权（在法院不持异议的情况下）阻止艾伯特夫人将他们的儿子带

---

① 儿童事务办公室（Office of Children's Issues），创建于1994年，被设置在国务院的领事事务局之下，专门负责制定和协调与跨国拐拐儿童行为有关的政策和相应措施。

② 核心机构（central authority）：在20世纪60年代以前，各国在执行国际条约时，都会设立两个部门，一个负责接收外国相应部门提交的协作申请，另一个负责发送本国的类似申请。后来，各国为了加强国际合作，就在各专项条约中要求各国将负责同一事项的机构进行合并，统一管理，总领其事。这些新设立的专门机构被称为核心机构。

离智利，但他无权决定这名儿童培养教育方面的其他重要问题，如就学、宗教、语言学习、饮食禁忌、具体生活区域。这位父亲在每周六下午探访这名儿童的权利是否足以阻止这位母亲将其带离智利？除监护权外，条约中还规定了“探望权”（access rights），将其定义为“在一定期限内将儿童带到其惯常居住地以外的地点的权利”，[31]异议大法官认为，这种权利与艾伯特先生的（出境）否决权更为接近。条约保护他的“探访权”，但绝不会将其视为“监护权”。根据智利法律，若探访权遭到侵犯，“法官可以令其暂停提供抚养费”。[32]但法律并未规定要强制交还。同样，条约也并没有将拒绝（对方行使）“探望权”（access rights）作为自动交还这名儿童的理由。

异议大法官与多数派大法官所参考的是同一份反映条约起草背景的报告，而他们则从中找到了起草者并不希望对“监护权和探望权（access rights）给予同等保护”的依据。[33]异议大法官和他们的同僚所考察的是相同的外国法院裁决，他们却在这些外国裁决的少数派审判意见中找到了更为恰当、与本案关系更为密切的分析过程，其中所体现的思路与他们不谋而合。[34]至于国务院的见解，异议大法官们没有像多数派大法官那样给予高度重视，他们指出，国务院仅在一段话的篇幅里陈述了自己的结论，没有给出多少分析过程。[35]他们指出，国务院在该问题上的态度摇摆不定，而且这份意见书并没有在条约起草者所持观点问题上给出任何特别独到的见解。简言之，少数派大法官认为，当条约的某种解释能够帮助我们避免与其他国家发生冲突时，国务院的见解在法律层面上的重要性相对减弱。[36]

到目前为止，本案在条约解释方面似乎并未表现出特别之处。尽管双方的意见存在分歧，但所有大法官都关注了条约语言、历史背景、立约目的以及先例（和可能产生的影响）等传统的法律考量因素。对这些因素加以考量的传统是有其可取之处的。莎士比亚在其（根据《霍林斯赫德编年史》① 创作的）剧作中向我们展示，人们曾为达到类似的目的而适用过这些考量因素。当亨利五世试图获得“法国的广袤领土”之时，他询问坎特伯雷大主教和伊里主教，自己对法国领

---

① 《霍林斯赫德编年史》（*Holinshed's Chronicles*），一部描述英国历史的多卷本著作，第一版出版于 1577 年。人们广泛认为莎士比亚的大多数历史剧如《麦克白》《李尔王》都是以《霍林斯赫德编年史》为蓝本创作的。

175 土的主张是否合法。[37]这项领土主张来源于他的祖父，国王爱德华三世之子，冈特的约翰（“德高望重的兰开斯特”），而约翰的母亲——伊丽莎白，正是法国国王的女儿（而且也是爱德华二世的妻子）。[38]亨利五世能否从一名女性祖先那里继承其对法国的领土主张？或者真的像法国“显贵会议”① 所宣称的那样，《萨利克（继承）法》② 不承认这种主张？

主教们首先对法律文本进行了审查。传说中的法兰西国王法拉蒙③制定的《萨利克（继承）法》规定：“在萨利克的土地上，女性不能做继承人 。”（*In terram Salicam mulieres ne succedant.*）[39]但主教们认为这里的“萨利克土地”指的不是法兰西，而是迈森，一块位于萨利河和易北河之间的日耳曼领土。[40]接下来，他们将目光转向了历史背景和立法目的。《萨利克（继承）法》所反映的史实是，查理曼大帝在征服这片土地之后，将其留给了一些法国定居者，而这些定居者“鄙夷当地的日耳曼妇女，认为她们行为不检”。[41]因此，把她们纳入继承序列将会对血统的纯正性构成威胁，没人能确定谁才是孩子的父亲。

最后，主教们转而讨论传统和先例。他们表示，根据“《民数记》”④ 中记载的“法令”，“人若死了没有儿子，就要把他的产业归给他的女儿”。[42]不仅如此，丕平、雨果·卡佩以及“路易十世”，这三位曾经的法国国王都是从女性那里继承了王室身份。[43]

艾伯特案的新奇之处并不在于最高法院的多数派大法官或异议大法官在解答

---

① “显贵会议”（Assembly of French Notables），也称“名人会议”，其目的在于商讨国政，历史上只举行过六次。与三级会议类似，显贵会议也只是咨询性质的；但显贵会议的成员是由国王基于他们的“至诚”“奉献”和对国王的“忠诚”挑选出来的，而三级会议的代表则是由人民选举的。其成员主要来自亲王、贵族、大主教和大法官等。在咨询过会议的意见后，国王可能会下达一些改革命令。

② 《萨利克（继承）法》（*Salic Law*）：源于法兰克人萨利克部族中通行的习惯法。在6世纪初，法兰克帝国国王克洛维一世将其汇编为法律，成为查理曼帝国法律的基础。法兰克帝国分裂之后，欧洲大多数天主教国家依然遵循萨利克法。而该法中女性无权继承土地的规定对中世纪和近代欧洲历史产生了很大的影响。西班牙的历次卡洛斯战争和英法百年战争在很大程度上都是因此而起。过去曾根据 Salic 的古音翻译为“舍拉”，现多翻译为“萨利克”。

③ 根据成书于8世纪的《法兰克史》记载，法拉蒙是第一任法国国王。但学者认为这是个虚构的人物。

④ 《民数记》（*Book of Numbers*）是《圣经》旧约中的一卷，记载了神带领百姓走旷野道路并两次数点百姓的事。

法律问题时所采用的方法，这些方法已经沿用了几个世纪之久。本案的新颖之处在于，这些传统方法不仅要求最高法院去了解条约这种国际文件，还要求它去了解家事关系这一联邦法院最不熟悉领域中的外国法律和惯例，它对该领域的了解程度甚至远远不及中世纪欧洲国家的主教们对另一个欧洲国家继承法的了解。

正如最高法院在艾伯特案中所说，《海牙诱拐公约》的立约目的是确保由涉事儿童本国的法院作出监护决定，以此来维护他们的最大利益。[44]当一名儿童遭到诱拐，被带离拥有“监护权”的一方父母时，公约命令将其“迅速”交还，如此一来，这家（涉事儿童本国的）法院就能继续对该案件行使管辖权。所以，美国法官在面对诱拐诉讼申请时所要解决的关键问题就是申请人是否拥有“监护权”。如果他拥有这项权利，该条约的立约目的就会因这项交还命令而得到进一步实现。 176

所有问题都聚焦于“监护”，而何为“监护”则取决于外国的法律和惯例，但对于美国联邦法官而言，这一领域则显得晦暗不明。具体到艾伯特先生的案件中，该案的问题在于，根据智利法律，他所享有的探访权是否赋予了他充分的“监护”利益，从而为交还这名儿童提供了依据。异议大法官认为并没有赋予这种利益。毕竟，他的权利止于探望，无权决定该如何抚养这名儿童。[45]多数派大法官的观点则截然相反。艾伯特先生被赋予阻止这名儿童离开智利的权利，这是一项关系到他儿子的管教和成长的重要权利，由此他可以决定“孩子的语言，孩子的身份认同，或者他将要学习的文化传统”。[46]在本案中我们需要注意的是，为了了解探访权在智利的含义，多数派大法官和异议大法官都不得不更深入地去研究智利的家庭法。这其中体现了一种方式，全球化正在通过这种方式改变有待最高法院审理案件的种类及最高法院工作的性质。

洛扎诺案

近来的另一起《海牙诱拐公约》案件同样要求最高法院去了解外国的家庭与家事关系法。洛扎诺诉阿尔瓦雷茨案其实并未涉及任何外国法律，它所涉及的是一种被称为“衡平性时效暂停”（equitable tolling）的程序法惯例，很多国家都以这样或那样的形式遵循了这项惯例。[47]

有一对伴侣居住在英格兰，享受着平凡幸福的生活，至少在男方看来是这样的。但是，女方发现男方有家庭暴力行为。在没有通知男方的情况下，女方带着他们的孩子来到了一家妇女避难所，① 在那里待了 7 个月后去了法国，并最终来到了美国纽约市，和她姐姐居住在一起。但是，在她离开英格兰大约 16 个月后，男方在纽约寻觅到了女方的踪迹，他请求联邦法院下令交还这名儿童。[48]

公约规定，如果法院在非法诱拐行为发生一年内接到这类申请，它就应“迅速作出交还该名儿童的裁定”。[49]然而，“（如果）交还程序是在（非法转移行为发生之日起）满一年后开始，（法院）也应裁定交还该儿童，除非该儿童被证明现已转居（settle）于新环境”。[50]换句话说，如果在一年之内要求交还，（法院）一般都会裁决支持该请求。如果时间过去一年以上，法院则应当判断孩子是否已
177 经完成“转居”。在洛扎诺案中，申请是在事发约 16 个月之后才提出的，[51]这使是否完成转居成为本案的决定性因素，但即便最高法院认定这名儿童已经完成转居，它仍有办法交还该名儿童。由于这位父亲既没有被告知他的孩子已经随母亲出走，也没有被告知他们去向何处，最高法院可以“暂停时效计算”（toll），也就是中止这项强制性的、为期一年的交还窗口期的计算。

诱拐儿童问题专家告诉最高法院，除非延长交还期限，否则美国将成为诱拐者等待时效结束的“避风港”。[52]但是，家庭暴力问题专家的主张却恰恰相反，他们认为条约规定的一年时效是两个对立目标相互妥协的产物：一方面，希望阻却诱拐儿童行为；另一方面，也希望避免已完成转居的儿童再次改变生活方式，尤其是当他们在本国遭受家庭暴力的情况下更是如此。[53]

最高法院最终裁定，不能因为一方父母无法获知逃离一方或儿童的踪迹就对强制性交还规则适用“衡平性时效暂停”，中止时效计算。[54]一年时间过去之后，儿童很可能已经适应了新的家园。最高法院同时认定，公约的目标并不是“不惜一切代价地”“阻却诱拐儿童行为”，而是在阻却这种行为和促进儿童的最大利益这两个目标间取得平衡。[55]

我们应该特别注意的是，在作出时效计算不可暂停的裁决之前，最高法院考

① 在欧美国家，当女性遭受家庭暴力或来自同居伴侣的暴力时，妇女避难所会为其提供临时性保护措施，以此鼓励妇女逃离其住所。

察了其他一些国家的判例法，以此判断这些国家是否会认为公约的第12条中包含这种惯例做法。在考察之后，最高法院推定，“洛扎诺未能证明《海牙诱拐公约》缔约国在承认衡平性时效暂停这一默示原则（background principle）上达成一致”，而实际上，英格兰、加拿大以及中国香港地区的中级法院都拒绝承认存在该原则。[56]外国法院还认定，在判断儿童是否完成转居时可以将是否存在藏匿行为纳入考量范围，通过这种方式促进公约目标的实现，防止一方父母对另一方实施欺骗。“因此，衡平性时效暂停既不是公约的必然要求，也不是促进公约目标实现的唯一可行办法。”[57]

这两个案件都要求我们对复杂的家庭法问题作出裁决，案件的诉讼主体和涉及的利益分属不同的司法管辖区域，而我们联邦法院对这些法域内的家庭法惯例一般并不熟悉。因此，最高法院特别重视专家的意见，这其中不仅包括熟悉条约起草过 178
程的专家，而且包括研究诱拐儿童问题以及虐待儿童问题的专家。

缔约国为何会选择我国的联邦法院而不是州法院来裁决家庭法案件，特别是，为何没有选择终日处理这类案件的家事关系法院？这是因为，涉及条约解释的案件问题通常都由联邦法院审理。而在今天，各国不会轻易放弃将家庭法纳入条约的努力。跨国家庭已经非常普遍。跨国旅行同样非常普遍。实施诱拐几乎不费吹灰之力。与此同时，各国家庭法法律体系间的差异会持续存在下去，这使美国（国内）经验的实用性大打折扣。

我们将会看到更多类似的条约解释问题，因为美国还加入了涉及收养和子女抚养问题方面的条约。[58]此外，美国还在考虑加入一个儿童保护方面的条约。[59]通过解释条约，联邦法院和最高法院将会面对越来越多的案件，这些案件会迫使他们成为这一领域的专家，该领域的主题往往具有鲜明的个案特征，而且私密性很强，因而法院必须注意不要过分依赖专家。这种状况并不意味着我们最高法院将会成为这类案件的主要诉讼地；州家事关系法院仍将保持它们在该领域的统治地位。但是，这种状况确实意味着，那些投身家事关系法律事业的工作者将必须特别留意我们的裁决所造成的影响，时刻关注这些影响；而且，如果他们希望那些关乎儿童福祉的条约中所体现的公益目标能够切实达成，他们还必须为相关国际条约中的用语及内容的修改工作做积极准备，坚定地推动这项工作，使自己具备胜任这项工作的能力。

注释

〔1〕参见，例如，Abbott v. Abbott, 560 U. S. 1, 16 (2012) ｛“在解释条约的时候，‘其他缔约国的意见……应该得到充分考虑’” [引述了 El Al Isr. Airlines, Ltd. v. Tsui Yuan Tseng, 525 U. S. 155, 176 (1999)]｝。关于最高法院在解释条约时参考外国意见的例子，参见，同上，第16～17页[回顾了“国际判例法”，其中包括奥地利、南非和德国高级法院的裁决，这些裁决均认定，根据《海牙诱拐公约》，禁止离境权（*ne exeat*）属于监护权]；Lozano v. Alvarez, 134 S. Ct. 1224, 1235 (2014)（援引了外国审判机构的裁决来支持最高法院的裁决，认定引发争议的《海牙诱拐公约》并没有将衡平性时效暂停规则适用于为期一年的诉讼时效计算中）。

〔2〕参见 Sumitomo Shoji Am., Inc. v. Avagliano, 457 U. S. 176, 184 – 85 (1982)（“各国政府负责条约谈判和条约实施的政府部门对条约条款的理解虽然不是终局性的解释，但应当受到相当程度的尊重”）；Kolovrat v. Oregon, 366 U. S. 187, 194 (1961)（“虽然各法院有权独立对条约进行解释，但负责条约谈判和条约实施的政府部门对条约的理解应当受到相当程度的尊重”）。

〔3〕Vienna Convention on the Law of Treaties art. 31 (1), May 23, 1969, 1155 U. N. T. S. 331.

〔4〕同上，第 31 (3) (b) 条。

〔5〕同上，第 32 条。

〔6〕同上，第 32 (a) – (b) 条。

〔7〕这三个案件分别是 Lozano v. Alvarez, 134 S. Ct. 1224 (2014)；Chafin v. Chafin, 133 S. Ct. 1017 (2013)；and Abbott v. Abbott, 560 U. S. 1 (2010)。因技术性太强而不做讨论的查芬案所讨论的是，根据条约，案件会在何时变得失去意义（moot）。（根据美国法律，法院只审理真实的冲突案件，即判决一定要产生实际效果，否则案件将变得失去意义，法院也就不能对这一问题进行审判。——译者注）

〔8〕Hague Convention on the Civil Aspects of International Child Abduction Oct. 25, 1980, 1343 U. N. T. S. 49。参见 Susan L. Barone, *International Parent Child Abduction: A Global Dilemma with Limited Relief—Can Something More Be Done?* 8 N. Y. Int'l L. Rev. 95, 98 – 99 (1995)（讨论了跨国婚姻的增长导致了跨国诱拐儿童行为的增长）；Ann Laquer Estin, *Families Across Borders: The Hague Children's Conventions and the Case for International Family Law in the United States*, 62 Fla. L. Rev. 47, 98 – 99 (2010) [讨论了现代家庭关系中的跨国属性，并认为这种发展要求建立国际性的家庭法机构予以协调，其中以《海牙诱拐公约》等文件为例进行了论述]；G. M. Filisko, *When Global Families Fail: As Family Law Takes on Global Dimensions, International Treaties May Hold the Key to Resolving Disputes*, 96 A. B. A. J. 56 (2010)（同样认识到越来越多的家事关系案件具有了国际属性，同时认为像《海牙诱拐公约》这样的条约在解决这些案件时起到了更为重要的作用。文章分析了家事关系中这种新的趋势是如何产生的，同时也分析了条约是如何来解决这些问题的）。

〔9〕参见 Tai Vivatvaraphol, Note, *Back to Basics: Determining a Child's Habitual Residence in International Child Abduction Cases Under the Hague Convention*, 77 Fordham L. Rev. 3325, 3332 – 33 (2009)（讨论了公约签订前国际诱拐儿童案件裁决结果的不可预测性和混乱状况，并解释了对不同司法管辖区之间的可预测性和一致性的需求如何激发了条约的签署）。

〔10〕被上诉人的辩论意见，第 6～8 页，Abbott v. Abbott，560 U. S. 1（2010）（No. 08－645）。
〔11〕参见 *Abbott*，560 U. S. at 5－6.
〔12〕同上，第 5 页。
〔13〕参见，同上，第 6 页。
〔14〕Hague Abduction Convention，前注 8，第 3（a）条。
〔15〕同上，第 12 条。
〔16〕参见 *Abbott*，560 U. S. at 7。
〔17〕Hague Abduction Convention，前注 8，第 12 条。
〔18〕同上，第 3（a）条。
〔19〕同上，第 3（5）条。
〔20〕参见 *Abbott*，560 U. S. at 10（讨论了智利的法律）。
〔21〕同上，第 11 页。
〔22〕同上，第 11～13 页。
〔23〕同上，第 20 页。
〔24〕同上，第 19 页。
〔25〕同上，第 15 页。
〔26〕同上，第 16～17 页。
〔27〕同上，第 18 页。
〔28〕同上，第 26～27 页（大法官史蒂文斯的异议意见）。
〔29〕Hague Abduction Convention，前注 8，第 5（a）条。
〔30〕参见 *Abbott*，560 U. S. at 24。
〔31〕Hague Abduction Convention，前注 8，第 5（b）条。
〔32〕参见 *Abbott*，560 U. S. at 35（对智利的法律进行了解释）。
〔33〕同上，第 39～40 页。
〔34〕同上，第 43～44 页。
〔35〕同上，第 43 页（“国务院只是简单地告诉了我们它是如何解读条约文本的。国务院是负责在本国实施该公约的责任主体，也是起草工作的参与者，但它的见解并没有体现出它所具备的这些优势。最高法院只在一段话的篇幅里例行公事般地提到了国务院在该问题上的判断，这也很好地说明了这一点”）。
〔36〕同上，第 42～43 页。
〔37〕William Shakespeare，The Life of King Henry the Fifth act 1，sc. 2.（《亨利五世》第 1 幕第 2 场）。
〔38〕参见 Plantagenet Family Tree（《金雀花王朝谱系》），http：//www. skidmore. edu/～lopitz/KRII/pla_ tree. gif（last visited Feb. 10，2015）［说明了亨利四世（亨利五世的父亲）与法国的伊萨贝拉（法王菲利普四世的女儿）之间的关系］。
〔39〕Shakespeare，前注 37，第 1 幕，第 2 场。
〔40〕同上。
〔41〕同上。
〔42〕同上。
〔43〕同上。
〔44〕参见 Abbott v. Abbott，560 U. S. 1，8（2010）。

〔45〕同上，第 23 页（大法官史蒂文斯的异议意见）{“蒂莫西·艾伯特……无权决定他的儿子是否要接受某种特定的治疗，无权决定他是否能参加学校组织的郊游，无权决定他是否要接受某种特定的宗教教育，也无权决定他在完成作业之前是否可以玩电子游戏。这些都是……被上诉人杰奎琳·艾伯特的权利和责任。当这对异国夫妇于2004 年在智利离婚后，她独自监护［这名儿童］，或者说独自对其实施日常看护和管教。艾伯特先生拥有的只是‘探访权’”（原文中的注释已删去）}。

〔46〕同上，第 11 页（多数派的审判意见）。

〔47〕Lozano v. Alvarez, 134 S. Ct. 1224 (2014).

〔48〕同上，第 1227 ~ 1230 页。

〔49〕Hague Abduction Convention，前注 8，第 12 条。

〔50〕同上。

〔51〕*Lozano*, 134 S. Ct. at 1230 – 31.

〔52〕参见“国家失踪与受虐儿童中心”（National Center for Missing and Exploited Children）提交的法庭之友法律意见书以支持上诉人，第 26 ~ 31 页，*Lozano*, 134 S. Ct. 1224 (No. 12 – 820)。

〔53〕参见“家暴受害者法律援助项目”（Domestic Violence Legal Empowerment & Appeals Project）等机构提交的法庭之友法律意见书以支持被上诉人，第 26 ~ 37 页，*Lozano*, 134 S. Ct. 1224 (No. 12 – 820)。

〔54〕*Lozano*, 134 S. Ct. at 1231.

〔55〕同上，第 1235 页。

〔56〕同上，第 1233 页。

〔57〕同上，第 1235 页。

〔58〕参见 Hague Convention on the International Recovery of Child Support and Other Forms of Family Maintenance, Nov. 23, 2007, 47 I. L. M. 257; Hague Convention on Protection of Children and Co-operation in Respect of Intercountry Adoption, May 29, 1993, 1870 U. N. T. S. 167。

〔59〕参见 Convention on the Rights of the Child, Nov. 20, 1989, 1577 U. N. T. S. 3。

第 8 章 179

投资条约：仲裁

互联网的发展使跨境商务活动变得前所未有的便利。在个人层面，人们可以在一个外国城市预订下周末的出租车，一家人可以在外国租赁度假别墅，享受休闲时光。这类交易增加了财富，增进了所有交易参与者的福祉。但这些交易所产生的纠纷比完全地方性的交易所产生的纠纷更为复杂，然而这些纠纷也需要一套公平的争端解决系统。我们在本章中就将考察这样一套系统，具体而言，这套系统被规定在一些特定的国际条约之中，这些条约强制要求争议双方提交仲裁，特别是当争议问题为复杂的商事问题，或者争议双方来自不同国家时更是如此。

与调解（meditation）或者其他非正式的争端解决方式一样，仲裁（arbitration）比传统的法庭诉讼更加经济快捷，通常专业化程度也更高。法官和陪审员这些法庭上的裁决者几乎不可能是争议所涉及领域的技术专家。勒尼德·汉德法官曾经建议，在这类商事案件中，应当找两位具备该领域专业知识并能帮助法官裁决的专家与法官联席而坐。[1]

在过去的几十年里，商事纠纷当事人和法院都希望寻找一些形式性较弱而专业性较强的商事纠纷解决办法；这其中就包括了和解（conciliation）、调解①和仲

① 在美国语境下，调解（mediation）是指由一个中立的第三方组织争议双方进行对话，帮助双方明确自己的利益需求，促进双方充分地交流沟通，并最终达成调解协议。在这一过程中，双方的律师更为主动，可以根据案件的具体情况制定新型沟通程序，而在和解案件中，和解主持人（conciliators）一般会自己起草和解协议，且和解程序较为传统。

180 裁。和解和调解均属于非正式机制（informal mechanisms），对争议双方不具有约束力（not bind），但能够帮助他们达成令双方满意的协议。与此不同的是，仲裁具有约束力，双方（在仲裁）之前已经同意接受仲裁裁决。[2]仲裁裁决一旦作出，败诉方不得撤销，对于依据有约束力的仲裁协议作出的裁决，法院将予以执行。

国会首先在1925年通过了《联邦仲裁法》（*Federal Arbitration Act*，FAA），消解了司法系统对这类庭外审判机构的敌视。[3]该法授权联邦法院承认仲裁协议，执行这些协议和根据协议所选定的仲裁小组（panels）所做的裁决。[4]有评论家估计，从那时起，仲裁就已经“成为解决美国社会民事纠纷的……首要机制”。[5]在FAA颁布一年之后，美国仲裁协会（American Arbitration Association，AAA）成立，该协会现在已经建立起22个办公室，负责监管每年20万件以上的案件[6]（相比之下，联邦法院在2013年处理的合同诉讼仅为28,571件）。[7]在2014年，AAA还为其受理第四百万件案件举行了庆祝活动。[8]不出所料，仲裁已经深入人们日常生活的多个角落。近期一项直接针对消费者交易活动开展的经验研究表明，有超过1/3的交易采用了仲裁协议（在金融服务等领域，这一比例已经接近70%）。[9]

与此同时，通过法院诉讼方式解决的商事纠纷却在减少。[10]但我们并不完全清楚造成这两种现象的原因是什么，因为随着时间的推移，仲裁本身的形式性正变得越来越强，复杂程度日益提高，而且也因此而变得更为昂贵。甚至有人认为，仲裁已经丧失了其设计之初所具有的快捷和成本低廉等主要优势。[11]另一些人则主张仲裁仍保持着一个主要优势：“更为胜任的”或者至少“更专业的”法官。[12]但是，仍然有人认为，仲裁侵夺了法律体系中的法官职能，仲裁的裁决结果一般不会写明论理过程，而法官则会给出可供他人批评的分析过程，从而维护并发展出完善的法律。[13]但是，我在这里不会对仲裁制度的优劣作出评判，更不会对商事仲裁作出评价。我只是说，仲裁的增长表明，仍然有很多人认为它比可供选择的其他司法途径更令人满意。

国际商事仲裁的增长与国内其他类型仲裁的增长是同步的。但对于跨国案件而言，仲裁具备一个至为重要的优势，诉讼地中立——双方可以找到一个中立的
181 裁决者，而不需要被拖到对方国家的法院。因此，这种做法在对发展中国家投资的投资者当中特别受欢迎，他们往往对当地的法院系统怀有疑虑。同时，越来越

多的国家签订了投资条约，根据这些条约，缔约国保证为外国投资者提供保护（保护他们免遭没收财产等不公正、代价高昂的商事待遇）。而这些条约通常都会将国际仲裁规定为解决纠纷的一项手段。[14]

国际商事仲裁正被更为频繁地用来解决那些往往在私人主体与国家政府之间产生的纠纷，而这种增长则提出了很多难题。将如此之大的决定权交给这类裁决机构（tribunal），而这些裁决机构却无须像法院那样间接对选民负责，这种做法是否可取？即便这种做法是可取的，法院应以何种方式对仲裁裁决进行司法审查才能够在不削弱仲裁制度的效率和中立性的前提下，保证裁决的公正性以及与国内法的一致性？

在国际社会中，人们已经可以通过若干方式实施一定程度的司法审查。例如，已经有近150个国家对《纽约公约》所确立的框架表示赞同，根据该框架，如果某项仲裁裁决符合下列条件之一，法院即可以“拒绝予以承认及执行”：（1）“承认或执行裁决有违（声请承认执行地）该国公共政策者”；（2）“依（声请执行地）该国法律”，所处理的“争议事项系不能以公断解决者”；（3）所依据的仲裁协议本身无效；（4）仲裁程序的公正性由于严重的程序性缺陷而遭到破坏。[15]除此之外，法院还制定了自己的分析理论框架（doctrinal frameworks），在适用《纽约公约》之前首先适用该框架，以此确保有关各方确实希望就争议问题进行仲裁，且（仲裁）协议真实有效。

在最高法院于2014年审理的英国天然气集团诉阿根廷共和国案中，由法院制定的这类分析理论框架成为案件的争议焦点。我在叙述该案的过程中将展示最高法院的分析框架（interpretive framework），还将阐释最高法院是如何从我国的劳动仲裁实践中归纳出它的分析方法的。最高法院是否（在充分保障和不当干预间）找到了最佳平衡点，则仍然要拭目以待。 182

英国天然气集团案要求美国最高法院裁决的是仲裁人在一项国际投资纠纷的仲裁过程中是否越权。本案与第7章中的案件区别显著，在第7章的案件中，最高法院试图根据现代多边条约（如《海牙诱拐条约》）审理案件，它必须去熟悉一个陌生领域中复杂的外国法律。例如，要切实公正地实现《海牙诱拐条约》的立约目的，就必须去了解外国在父母探访权、监护权方面的相关法律和惯例。但是，英国天然气集团案的挑战则在于，最高法院要决定美国法官应该在哪些情况下将（案件中的大部分）争议问题搁置起来，尊重仲裁人的独立性。虽然这两章均谈到了国际条约的适用，但不同的条约对司法权所扮演的角色提出了完全不同的要求。

美国背景：劳动仲裁

在20世纪60年代，最高法院经常会考虑与劳动仲裁有关的问题，而在其对规定有商事仲裁条款的成文法和合同，包括对规定有投资纠纷仲裁条款的条约进行解释时，这些经验则产生了更为广泛的影响。

法院并不总是劳动纠纷的首选诉讼场所。“二战”之后，工会领袖、商业界以及政府开始选择依靠行政机关和民间仲裁人来协调产业内的劳资关系。在20世纪前叶，联邦法院会介入劳资纠纷，利用联邦反托拉斯法来削弱或打击工会组织，参加了劳工组织的工人对联邦法院产生了强烈的不信任感。后来，国会设立了全国劳动关系委员会（National Labor Relations Board，NLRB）这个专门的监管机构，这成为脱离法院的第一步。该委员会非常倚重劳资谈判，借以确保合理的薪资水平、适当的劳动时长以及良好的工作条件，而无须诉诸代价高昂的罢工。[16]劳资双方逐渐将仲裁转变成了一种快捷、成本低廉且专业化程度高的争端解决制度，[17]而国会则通过授权联邦法院执行这种民间自发订立的仲裁合同，对
183 这种趋势表示了认可。[18]劳工方明白，让管理方承认申诉仲裁①约束力的代价就是自己要承认劳动合同中的“不得罢工”条款的法律约束力，而这类条款的目的正是防止工人自发罢工②。[19]

在20世纪60年代和70年代，最高法院对一系列的劳动仲裁问题进行了解答，借此大幅扩张了仲裁人依据劳资协议解决纠纷的权力。如前文所述，对这些问题的解答在更加广泛的意义上塑造了司法机构对仲裁制度的态度。

---

① 申诉仲裁（grievance arbitration），也称权利仲裁，在这里是指对雇员的申诉所做的仲裁，雇员通常会主张依据劳资谈判协议其雇员权利受到了侵犯。

② 自发罢工（wildcat strikes），也叫“野猫罢工”，指没有工会组织而自发发动的罢工。

最高法院的早期案件提出了三个问题：

第一，当仲裁的一方请求法院审查仲裁人的裁决（请求承认、执行或撤销该裁决）时，法院应该在何种程度上对仲裁人进行事后评价（second-guess），应该在何种程度上尊重仲裁人的裁决？在三件于1960年审理、被合称为“钢铁工人三部曲”的案件中，最高法院对此作出了解答，仲裁人拥有巨大的自治权。[20]实施审查的法院不得急于推翻仲裁人对仲裁合同的解释，除非这种解释非常严重地（wildly）偏离了合同，或者合同中本来就没有规定仲裁条款。实际上，法院对于仲裁裁决给予了高度尊重，这种尊重甚至要高于对相关的行政机构即NLRB所做裁决的尊重。[21]

最高法院在三部曲的其中一件案件中指出：

> 司法调查的范围……必须受到严格控制，只能调查不愿（进行仲裁的）一方是否曾同意就申诉内容进行仲裁，或者是否曾授权仲裁人作出其所作出的这类裁决。（法院）不应拒绝支持对某一特定申诉实施仲裁，除非能够切实保证，对仲裁条款进行任何解释都无法涵盖（申诉中）所提出的这种争议。即便存有疑问，也应认为仲裁条款涵盖了这种争议。[22]

因此，在一起案件中，一名邮政职工因曾向上司停放的汽车开枪而遭到解雇，而法院则支持了仲裁人对他的复职裁决。[23]（仲裁人认定案件事实构成了减轻处罚的要件。）类似的案例还有很多。只要仲裁裁决“符合劳资协议的基本精神”，实施司法审查的法院就要执行。[24]在“钢铁工人三部曲”之后，最高法院将这一基本思路更加广泛地适用到了对FAA和商事仲裁裁决的解释当中。也就是说，最高法院直接指示联邦法院，要对仲裁人的裁决给予极大的尊重。[25] 184

第二，仲裁人能够在何种程度上决定自己在审理争议问题时的管辖范围（比如，他们在审理争议问题时自身所享有的法律权利）？败诉方可能会向法院主张，“我方从未同意接受仲裁，至少没有同意对这类问题进行仲裁”。在美国电话电报技术公司（AT& T Technologies）案中，最高法院受理了一起因公司决定解雇79名职工而引发的工会申诉（union grievance）。[26]工会表示裁员行为违反了劳资协议中的一项条款，该条款设置了一套裁员程序。这套程序只有在“因缺乏工作而必须裁员”时方可适用。[27]工会认为工厂里并不“缺乏工作”，并试图据此强行推动仲裁。雇主方回应称，该问题不具有可仲裁性：虽然合同中规定了裁员程序，但它规定由雇主方全权决定是否“缺乏工作”。仲裁人无权审查这类判断。[28]最高法院要回答的问题是，双方是否曾同意就因“缺乏工作”与否而产生的纠纷进行仲裁？此外，应由谁来裁决这个前置问题（threshold question）：仲裁人还是联邦法院？

最高法院认定，应由法院来裁决该问题。最高法院写到，仲裁是一种具有合同性质的合意（contractual consent）。若合同中并未提到要将特定种类的纠纷提交仲裁，仲裁人就无权介入这类纠纷，无权作出对双方具有约束力的裁决。[29]最高法院认定，基于该原因，某一特定纠纷是否具有“可仲裁性”（arbitrability）（也就是说，“劳资协议是否”在第一时间“为双方创设了必须将该申诉提交仲裁的义务”）应由司法机构决定，除非“双方对这一问题明确无误地作出了相反的规定”。[30]“应当由法院，而不是仲裁人来决定双方是否同意仲裁。”[31]

这个简短的表述确定了一条泾渭分明的规则，但该规则也引起了巨大的困难。美国电话电报技术公司案中的“可仲裁性”标准具体包含哪些内容？可以推测，这种标准与拒绝仲裁的一方是否曾同意就该问题进行仲裁有关。但如评论者所指出的那样，（这种规则）会引发多种形式的潜在问题。[32]拒绝仲裁的一方会宣称合同的仲裁条款无效，所以仲裁人无权管辖，而合同无效的原因则可能是拒绝仲裁的一方从来没有签署该条款，有人伪造了他的签名，或者仲裁条款违背了
185 公共政策，等等。在提出类似的技术性异议（technical objection）时，拒绝仲裁的一方可以宣称他其实就此提出了一个有关“可仲裁性”的问题，所以必须由法院裁决。除此之外，拒绝仲裁的一方还可以主张合同整体无效，否认自己的仲裁义务，从而形成另一种只能由法院裁决的“可仲裁性”问题。再者，拒绝仲裁的一方还可以宣称，虽然合同和仲裁条款均属有效，但该条款并不涵盖本案中这个特定问题，如是否确实“缺乏工作”。这样一来，他就可以再次坚称应由法院进行裁决。

拒绝仲裁的一方还可以援用程序性异议（procedural objection）来否认其仲裁义务。例如，他可以主张对方以某种方式放弃了仲裁权利（尽管合同的仲裁条款确实规定了这一权利）；或者他可以宣称存在其他法律障碍，如该主张需符合时效限制或需要对方进行特定形式的通知；或者他还可以表示只有在特定的先决

条件（如调解）成就后才同意进行仲裁，而这些条件并未成就。[33]

在遇到这些异议时（其种类可能是无穷无尽的），法院是否要对其进行实质审查？还是说这类问题的首要责任应由仲裁人承担，法院应当尊重他们的意见？

在美国电话电报技术公司案中，最高法院认定，至少对于本案中的争议问题而言（也就是，对于“基于公司‘缺乏工作’的判断而实施的解雇行为”，双方是否在劳资协议中同意对“与此有关的申诉”实施仲裁），应由法院对其进行实质审查，除非合同对此作出了其他的明确规定。[34]这种可仲裁性问题法律框架一直被沿用到英国天然气集团案（下文将会予以讨论），该框架可以表述为：对于“双方是否受到某项仲裁条款的约束”，或者“一份公认的具有约束力的合同中的仲裁条款是否应适用于某种特定类型的争议”等类似问题，应推定由法院来裁决。这是因为，法院通常会认为，双方希望通过司法途径解决这类问题。[35]但对于仲裁的程序性先决条件（procedural preconditions）是否达成等问题，则由仲裁人裁决。这是因为，法院通常会认为，双方希望由仲裁人来解释和适用这类合同 186
条款。[36]

第三，最高法院在劳动仲裁案件中（之后又在范围更加广泛的商事仲裁案件中）解决问题首先所关注的是，当一方主张仲裁裁决的执行与公共政策发生冲突时，仲裁的执行情况。在W. R. 格雷斯案中，最高法院表示，“同其他合同一样”，法院不能“执行与公共政策相冲突的仲裁裁决”。[37]但最高法院补充到，这里所涉及的“公共政策”必须“定义明确且具有压倒性的影响力，而且确定（公共政策）‘的依据应当是法律和司法判例，而不是对所谓公共利益的一般性关切’”。[38]最高法院在四年后再次强调了这项规定，它支持了仲裁人对一名被控持有大麻的工人的复职裁决。[39]在最高法院看来，虽然各下级法院不遗余力地论证为何应当撤销这项仲裁裁决，但它们并没有为打击操作重型机械时吸食大麻的行为找到足够清晰明确的公共政策依据。

该领域的问题是显而易见的：如果法院过于频繁地使用“公共政策”这一利器，或在过于微小的细节问题上进行“公共政策”方面的考量，仲裁人的自主决定权将受到削弱。而且，由于败诉方往往会将赌注压在法院上，希望反败为胜，这就等于在鼓励诉讼，从而削弱仲裁的效率优势。另外，在对仲裁裁决进行司法审查时忽略公共政策就等于对可能出现的荒唐结果坐视不管，这将破坏仲裁的合法性。

读者现在只需要记住最高法院的劳动仲裁案件中产生的三个基本问题，以及这些问题是如何得到解答的。（1）仲裁人的裁决在何种程度上免于司法审查？答：仲裁人拥有巨大的自治权，他的裁决将会得到维护，除非这些裁决已经非常严重地偏离了合同，或者合同中本来就没有对仲裁作出任何规定。（2）由谁来决定那些关系到仲裁是否能够实施的前置问题，比如，一方是否确实在仲裁合同上签字，或者一方是否已成就仲裁的先决条件？答：由法院裁决仲裁协议是否适用于争议问题，并由仲裁人裁决先决条件是否已经成就，除非合同中有明确的证据表明双方另有安排。（3）作为仲裁裁决的最终执行者，法院会将（执行活动）
187 所在国的哪些公共政策纳入考量范围？答：若涉及的政策是具体的且获得了广泛认可（concrete and well established），法院就会将其纳入考量范围。

我们即将看到，这种由劳动领域发展起来的模式将会扩展到国内和国际商事协议当中。总而言之，这种模式对仲裁自决给予了高度支持，因此，一旦双方同意对某一问题进行仲裁，法院的作用就变得极为有限，这种作用甚至小于上诉法院在审查一般的下级法院裁决时所起的作用。[40]但是，法院的作用虽然有限，却是至关重要的。仲裁的合法性来自双方的合意。所以，法院必须对仲裁裁决进行监督，以免一方发现自己被迫卷入一场仲裁当中，却从未同意通过非司法途径解决这一问题。

英国天然气集团案

在2014年，最高法院将上文所描述的这些原则适用到了一件由一项国际投资条约引发的案件当中。在20世纪90年代早期，一家名为英国天然气集团

(BG集团)① 的英国公司从阿根廷政府那里取得了在布宜诺斯艾利斯分销天然气的权利。同时，阿根廷颁布法律，规定BG集团等分销商在销售天然气时应以美元结算，并由政府监管机构实施限价，将价格限定在能够确保分销商获得合理回报的水平上。但是，仅仅数年之后，阿根廷便遭遇经济危机，这些法律也随之遭到修改。根据新规则，燃气费将以阿根廷比索，而非美元结算，依照当时的汇率，新规则导致BG集团等分销商蒙受了重大损失。[41]

在BG集团投资阿根廷之前，英国和阿根廷之间签署了一项双边投资条约，双方承诺要“平等公平地”对待对方国家国民的投资，并且绝不会“没收”这些投资。BG集团认为，阿根廷这项新的资费法违反了这两项承诺，并试图按照这项双边投资条约第8条的规定进行仲裁。[42]

第8条是一项复杂的条文。条文规定，若争议双方同意，则可以直接进行仲裁。它还规定，如果当地法院在受理该争议问题后18个月内仍未“作出最后裁 188
决”，或者如果当地法院已经作出裁决，“但双方仍然对此存在争议”，则一方可以单独将争议提交仲裁。[43]

BG集团的问题在于，它根本不想向阿根廷当地法院提起诉讼，因此它选择直接诉诸仲裁。仲裁人裁决BG集团有权这样做，因为第8条所规定的要件不能成为仲裁的绝对必要条件。例如，假设阿根廷向外国投资者关闭了本国法院的大门，它是否能够主张BG集团并未遵守条约条款，因此不得进行仲裁？事实上，阿根廷并没有完全堵死BG集团通往当地法院的道路，但它下令在6个月内中止执行法院的裁决，此外，它还颁布了一项命令，禁止已经诉诸法院（或仲裁）的公司利用一项特殊的谈判程序，而设置这项谈判程序的目的正是解决BG集团所遇到的这类投资问题。正如仲裁人所指出的，阿根廷以这种方式放弃了自己根据第8条中的当地诉讼要件享有的权利，因此他们（仲裁人）理应对这一争议实施管辖。在实质结果方面，仲裁人认定BG集团胜诉，应获得18,500万美元的赔偿。[44]

---

① 英国天然气集团（BG集团），总部设在英国的跨国能源公司，曾是美国最大的液化天然气供应商。荷兰皇家壳牌公司在2015年4月宣布以470亿英镑收购该公司，这项交易已于2016年2月15日完成。

之后，阿根廷诉诸法院，希望能撤销这份仲裁裁决，而因为仲裁是在美国的华盛顿特区进行的，该诉讼请求被递交到哥伦比亚地区联邦法院。地区法院驳回了阿根廷的主张，维持了仲裁裁决，[45]但上诉法院推翻了这一裁决，并就两个问题作出裁决：首先，应由法院而不是仲裁人来裁决 BG 集团是否符合第 8 条所规定的要件。其次，BG 集团确实应该首先满足“当地诉讼”这一先决条件，而它未能满足该条件，这就意味着仲裁人无法获得案件管辖权。因此，法院认定仲裁裁决无效。[46]

由我们最高法院实施审查的时机已经成熟。我们需要裁决的是，巡回法院把与第 8 条中的要件有关的争议归类为应由法官裁决，而无须尊重仲裁人裁决的争议问题，这种归类是否正确；或者说，是否本来就该由仲裁人来解释和适用条约中的这部分内容，而如果是这样的话，仲裁人的裁决是否正当合法。仲裁人曾认定，由于阿根廷阻碍了 BG 集团诉诸当地法院，它实际上放弃了“当地法院”条款，这种认定是否正确？

鉴于之前介绍过的那些法学理论沿革，我们最高法院认定本案的争议问题应
189 由仲裁人而非法官裁决也就不足为奇了。根据最高法院的劳动仲裁判例法以及在普通商事仲裁案件中得到扩展的判例法，最高法院首先提出了一个假设性的问题：试想，若在（合同签订时）出现了与仲裁相关的初始性问题（preliminary question），合同双方会希望如何解决。最高法院解释到，当双方对特定的程序性先决条件的含义和适用发生争议的时候，我们必须推测双方原本希望将该问题留给仲裁人解答。否则，时效限制、告知义务以及其他大量程序细节的适用问题都要由法官来裁决，这将令所有的仲裁都会因基本的技术原因而无法进行，从而使双方无法利用它们最初所期望的那种迅捷、形式性较弱的（争端）解决途径。另外，当（双方）对仲裁合同是否存在、是否生效、是否适用于一方当事人或者适用的范围等问题（本案并未涉及这类问题）发生争议的时候，应当推测双方原本希望由法官来解决这些争端。[47]

在适用这一分析框架后，最高法院认定，“当地诉讼要件”的含义和适用问题是关于仲裁会在何时进行的问题，而不是仲裁是否会进行的问题。那么，这个问题就不是一个关于实质“可仲裁性”的问题。所谓的实质“可仲裁性”是指，究竟是否达成了仲裁协议，或者阿根廷和 BG 集团这样的投资者是否属于协议的

当事方。与此不同的是，与“当地诉讼要件”有关的争议，包括本案的争议，涉及程序差异方面的前置问题（threshold questions），这些问题应由仲裁人进行裁决。除非条约中的相关内容或第8条“推翻了这一常规假定”，并作出了其他不同的指令（最高法院并未找到任何相关证据），否则联邦法院便应当尊重仲裁人对当地诉讼条款所做的裁决。由于上诉法院在该问题上实施了重新（de novo）审查，因此它的这一部分裁决是不正确的。[48]

尽管如此，最高法院承认，像阿根廷这样的当事人有权要求法院对仲裁人就程序问题所做的裁决进行审查。虽然审查时应采用高度尊重（highly deferential）标准，但联邦法院应当对仲裁人是否越权作出裁决。在适用该标准后，最高法院对仲裁人表示赞同，认为“当地诉讼要件”并非绝对必要条件（若阿根廷阻止法院介入，则不适用该要件）。然而，最高法院并不完全确定阿根廷的行为是否在实质上放弃了要求BG集团在当地诉讼的权利。阿根廷确实将法院的裁决拖延 190
了6个月，但BG集团仍有1年的时间可以提起诉讼。它让投资者难以诉诸法院，从而令他们失去了参与合同修订程序（contract-renegotiating process）的权利，但寻求仲裁的投资者同样会失去这种权利。在综合考虑以上所有因素后，最高法院表示，仲裁人并没有明显的（clearly）错误。仲裁人认定（当地）诉讼要件已经被弃置，而且BG集团可以直接诉诸仲裁，他们的这种认定并没有“曲解”条约，也不是为了“宣扬”他们“自己抱有的正义观”。考虑到对这项条约条款进行解释的职责基本上是由仲裁人承担的，他们所做的解释已经足够合理。所以最高法院维持了仲裁裁决和相应的赔偿裁决。[49]

英阿条约

如前文所言，仲裁法是从劳动仲裁领域中发展出来的，最高法院对国内仲裁判例法的适用正反映了这一事实。但英国天然气集团案并未明确指出人们应当以同样的方式适用这些（仲裁法）原则。在劳动法领域，鉴于人们希望看到工业领域的和谐稳定，我们有充足的理由赋予仲裁人相当大的权力。但英国天然气集团案并不是一起劳动案件。它涉及主权国家间通过条约建立起来的一套商事仲裁系统。那么，最高法院是否应当继续适用这些推定，借此推断双方最希望由谁来裁决哪些问题？

总检察长代表美国政府主张不应适用这些推定，在这之前他很可能同国务院进行过协商。他表示，在双边投资条约领域的案件中，我们应当对最高法院解决国内仲裁争议的框架进行调整。[50]他表示，要解决的实际问题应该是，条约中规定的仲裁先决条件（preconditions to arbitration）（如第 8 条中的“当地诉讼要件”）是否属于主权国家同意与投资者进行仲裁的条件（condition）。如果属于这种条件，这些条款就应当由法官而非仲裁人来解释和适用。这是因为这些条款关系到主权国家和民间主体之间是否存在有效的仲裁协议。[51]总检察长并未表示他
191 是否认为“当地诉讼要件”确实属于阿根廷或英国同意（进行仲裁）的条件。与此相反，美国政府主张最高法院应该撤销原判并发还重审，把这一案件交由下级法院裁决。[52]

最高法院最终拒绝采纳总检察长的观点，仍然把从国内仲裁判例法借鉴的那组常规推定适用到了条约问题的裁决当中。即便不能把这些常规推定适用于投资条约中的“同意条件”，即便由司法机构重新（*de novo*）审查分类，第 8 条中的要件也不属于这类条件。[53]相反，该要件属于纯粹的程序性先决条件（procedural precondition），因为无论从条约的文本还是结构来分析，都无法将其视为“同意条件”。[54]再则，条约规定双方可以将争议提交到国际投资争端解决中心或者联合国国际贸易法委员会①。这两个组织的规则均授权仲裁机构决定自己是否享有争议问题的决定权。[55]

但是，我们猜想，在别的案件中，（当事人）会对实施仲裁提出其他类型的异议。设想一下，在其他涉及投资条约的案件中，可能会将仲裁的一项先决条件明确规定为“同意条件”。包含类似表述的贸易协议确实存在。在不久之后，最高法院可能就必须在这类案件中决定是否要接受总检察长的建议了。它必须决定

① 国际投资争端解决中心（International Centre for Settlement of Investment），创立于 1965 年，是依据《解决国家与其他国家民间投资争端公约》而建立的世界上第一个专门解决国际投资争议的仲裁机构，目前已经有 150 多个国家承认并执行该机构作出的仲裁裁决。中心隶属于世界银行集团，总部设在美国华盛顿。联合国国际贸易法委员会（United Nations Commission on International Trade Law）是联合国大会根据其 1966 年的一项大会决议而创立的，在纽约和维也纳轮流举行年会。

的是，当条约明确规定了“同意条件”条款时，这些由主权国家签署的条约是否应当获得特殊对待。最高法院在英国天然气集团案中注意到，在本案中，对于为何应当舍弃这些常用的推定，总检察长并没有给出任何特别令人信服的理由，但该案并没有完全解决这个问题。[56]

国际仲裁裁决还会遇到其他类型的异议，在这些情况下适用源于国内法的仲裁推定也并不容易。设想一下，阿根廷可能主张在与英国订立投资条约的过程中存在欺诈或者腐败行为。或者它可能主张，本国宪法没有赋予它订立此类条约的法定权力。或者它还可能宣称该投资条约或仲裁条款本身“显失公平”（unconscionable）（因为非常不公平而无法强制执行）。这些类型的异议都涉及所谓的实质“可仲裁性”，即关系到仲裁合同是否“存在”或者如何界定其“范围”的问题，而我们的判例法明确表示这些问题应该由法官裁决。而如果我们最 192
高法院采用重新审查方式来解决这种类型的仲裁异议（无须尊重仲裁裁决），则可能会与外国法院解决类似案件的方式发生冲突。

例如，德国采用了一种名为“全权决定权”（Kompetenz-Kompetenz）的原则，该原则的基本内容为，由仲裁小组自己来裁决它是否有权审理自己遇到的争议问题，即便遇到的是我们刚刚提到的那些案件也是如此。[57]法国将这一原则称为competence-competence，它允许仲裁机构对几乎所有有关其自身管辖权的问题作出裁决，其中包括当事方是否成就了程序性条件，仲裁协议是否涵盖了案件中出现的某个特定问题，甚至包括仲裁协议是否存在。[58]（尽管如此，法国法院也规定了一项例外，即“明显不存在”仲裁协议或者仲裁协议“明显无效”的情况；在这些情况下，仲裁人对自身权限所做的裁决不具有约束力。）[59]

我们最高法院可能很快就会在国际案件中遇到“可仲裁性”异议，届时它将必须裁决，究竟是选择继续遵循美国劳动案件的指导，还是选择效仿外国法院的做法，将仲裁视为一种特殊的自治性法律争端解决系统。在英国天然气集团案中，最高法院认为不需要背离传统的国内法框架。但从某种角度来讲，这个案件还是相对容易解决的：（这是因为）世界上的所有国家或仲裁系统都会将“当地诉讼要件”视为一项程序性先决条件，将解释和适用该要件的主要权力授予仲裁人，我们最高法院也采取了同样的做法。在未来，当美国法律和外国法律对应由哪个机构解决仲裁前置异议发生分歧时，情况就不会这么简单了。

公共政策

英国天然气集团案所提出的仅仅是最高法院在早期劳动仲裁案件中所遇到的三个问题的其中之一：应由谁（法院或仲裁人）来解决那些关系到是否启动仲裁
193 的前置争议。但不难想象，国际仲裁案件中也会出现我们讨论过的另外两个问题：其中的一个问题关系到仲裁人的自治权，另一个问题则涉及与公共政策相冲突的仲裁裁决。

让我们设想一下，有人以某项国际仲裁裁决违反美国公共利益为由，请求美国法院拒绝执行该裁决。例如，我们假设，有一家美国公司请求美国法院撤销某项仲裁裁决，因为（该公司认为）一个外国主权国家对它的财产实施了监管性没收①，或者该国在决策过程中没有让该公司享受到公正的程序。（对于这种情况）第九巡回法院最近审理的一件涉及互联网和纳粹宣传品的案件具有启发意义。该案并未涉及仲裁，而是涉及普通的外国法院裁决的执行，尽管如此，该案对这种类型的异议，即政策性异议（policy-based challenge）进行了阐释，当事人会希望通过提出这种异议阻止法院执行仲裁裁决。

两个法国的犹太团体发现雅虎在其竞拍网站上展示了纳粹宣传品，而法国民众可以浏览和使用该网站。[60]这两个团体向雅虎设在加州的总部发出禁止通知函②，告知雅虎，在其竞拍网站上兜售纳粹相关物品的行为违反了法国法律。接着，它们向法国法院提起民事诉讼，请求禁止展示这些物品。法院认定，展出纳粹宣传品和手工制品的行为违反了法国法律，具体而言，违反了《法国刑法典》中禁止展出和销售这类物品的条文。[61]法院责令雅虎向法国民众屏蔽其主界面

① 监管性没收（regulatory expropriation），在美国语境下，没收或征收（taking or expropriation）与监管性没收不同。前者的权力来源为国家主权，国家依据主权而取得财产的所有权。美国《宪法》规定，若将私人财产充作公用，则必须给予公平的赔偿，指的就是这种情况。后者的权力依据则是管理权，监管主体在实施正当监管活动的过程中给私人财产造成了损失，但国家没有获得这部分财产的所有权，在实践中政府也很少给予赔偿。

② 禁止通知函（cease and desist letter），即要求对方终止（cease）并不再从事（desist）某种行为，否则将面临诉讼。如果由律师起草、个人发布，则称为禁止通知函；如果由法院或政府当局发布，则称为禁止通知令。

Yahoo. com 上这些具有冒犯性的物品，并且在其法语主页 Yahoo. fr 上发布一条警示通知，告知法国用户，在 Yahoo. com 上浏览违禁物品将使浏览者个人面临诉讼。如果雅虎没有遵守这项命令，雅虎将会被处以每天 10 万欧元的罚款，直到其遵守该命令为止。[62]

雅虎按照要求在 Yahoo. fr 上发布了警示通知，并禁止在 Yahoo. fr 网站上登载与《法国刑法典》相抵触的内容。它还修改了 Yahoo. com 上的竞拍政策，禁止销售“对纳粹等以恶行著称的团体和个人进行鼓吹、美化，或与其直接相关的任何物品”。[63]尽管雅虎采取了这些措施，其主竞拍网站仍在继续售卖《我的奋斗》（*Mein Kampf*）等特殊物品，人们也仍然可以在法国浏览这些物品，而这违反了法国法院的命令。 194

接着，雅虎向加州北部的联邦地区法院提出请求，希望获得一份确权判决（declaratory judgement）。它希望该判决能够宣布，按照美国法律，法国法院的命令不能执行，因为遵守这项命令会侵害雅虎的宪法第一修正案权利。地区法院同意了这项请求，并下达了确权判决。法院推定，无论雅虎是否拥有向法国民众屏蔽这些物品的技术能力（此问题仍然存在争议），让雅虎在美国境内规范自己的言论，从而对展品和销售品进行限制的要求与宪法第一修正案不符。[64]虽然上诉法院以管辖范围方面的理由撤销了这份判决，但它重申，依据加州的法律以及大多数州的州法和《对外关系法重述》中的规定，“如果‘判决所依据的诉讼理由或者判决本身与美国或者（若希望某一州承认该判决）与该州的公共政策相抵触，法院将不予执行’”。[65]

需要再次强调的是，本案所关注的是一项由法院发布的命令，但在仲裁案件的认定过程中也会出现同样的问题，而对仲裁进行认定时则要考虑《纽约公约》的影响。已经拥有近 150 个缔约国的《纽约公约》规定，“各缔约国应承认公断裁决具有拘束力，并依援引裁决地之程序规则执行之”。[66]由于这项协议，国际仲裁裁决往往比普通法院的判决更容易在外国获得执行。然而，公约也规定了，一国可以以违反本国公共政策为由，拒绝执行仲裁裁决。[67]正如在劳动仲裁中那样，法院过于积极地借由公共政策拒绝执行仲裁裁决会严重削弱仲裁程序的主要优势。[68]然而，从另一方面来讲，轻视或完全不顾及本国公共政策的法院则会从仲裁中创造出一种规避这些政策的程序方法。所以，应如何在两者之间取得平衡？各国在这一问题上的分歧（应维持）在何种程度上才是适宜的？如果反对仲裁的一方可以在执行不同公共政策的三个不同国家间进行选择，即可以选择：(1) 向（A 国的）法院提起诉讼，阻止启动仲裁程序；(2) 在仲裁过程中向（B 国）法院请求中止仲裁程序；(3) 在仲裁结束后请求（C 国）法院不要执行
195 仲裁裁决。这会造成怎样的影响？下级法院已经开始纠结于其中的一些问题。在不久的将来，我们最高法院也会遇到这些问题。

民间对外投资在不断增长，而且越来越多的投资都受到了包含国际仲裁条款的投资条约的制约，最高法院将会遇到越来越多上文所讨论的各种问题。投资条约本身可以解答其中的很多问题，但也经常无法提供答案。其他一些更具普遍意义的条约规定了仲裁条款的解释规则，它们可能会给予解答。但即便如此，也仍然需要由法院对仲裁条款进行权威性解释。

英国天然气集团案为最高法院提供了一个机会，使它得以初窥国际仲裁协议所可能引发的各种问题。之前曾提到，最高法院是否会在今后继续使用劳动仲裁框架，特别是，当这种框架同其他国家的法院发生冲突时，是否要继续使用，我们还要拭目以待。另一个留待今后解答的问题则是，美国法院该如何适用《纽约公约》中的“公共政策”例外条款才能避免与其他国家发生严重冲突，而同时又不会削弱仲裁的优势。

我所能预见到的只是，随着经济全球化的推进，将有更多的类似案件进入我们的待审案件目录。在遇到这些案件的时候，我们必须牢记，对于商业主体而言，法律的确定性至关重要。不同国家间裁决结果的统一性同样至关重要。国际商事活动分散各处，个人以及小型公司成为国际商事活动的主力（度假别墅的国际租赁业务就是个好例子），伴随这种趋势，庭外争端解决方式所具有的便捷、价格低廉等优势将会随上文提到过的其他两个优势（专业性和诉讼地中立）一道继续增长。

在这种背景下，法院无法单独给出所有问题的答案。也许未来最好的解决方法是由国际社会签订新的条约或协议，明确规定应在何时执行或拒绝执行仲裁裁定，如何实施司法审查，以及如何适用公共政策例外规则，并将所有这些规定适用于其他的争端解决方式。同时，各国法院必须尽其所能实现投资者的合理预期，保证法律的确定性，并且在确保仲裁能够继续成为有效的诉讼替代选择的同时维护仲裁的合法性。

注释

〔1〕参见，例如，Learned Hand, *Historical and Practical Considerations Regarding Expert Testimony*, 15 Harv. L. Rev. 40, 55 – 58（1901）［主张，如果在审理案件时需要用到“普通人所不具备的专业知识”，那么就需要组织“专家法庭”（tribunal of experts）来辅助法院审理案件］。

〔2〕至少在一般案件中都是这种情况。双方也可以在争议发生之后达成协议，将争议送交仲裁，这种协议通常被称为“提交协议”（submission agreements）。

〔3〕Federal Arbitration Act of 1925, Pub. L. No 68 – 401, 43 Stat. 883［codified at 9 U. S. C. § §1 – 16（2012）］；另参见，Gilmer v. Interstate/Johnson Lane Corp.，500 U. S. 20，25（1991）（认定FAA表达了“一种具有自由放任倾向的联邦政策，对仲裁协议表示支持”）；Charles L. Knapp, *Taking Contracts Private*: *The Quiet Revolution in Contract Law*, 71 Fordham L. Rev. 761, 772（2002）（“在1925年，国会通过了FAA，该法旨在克服司法机构内可能存在的各种阻力，为那些选择通过仲裁方式达成和解的当事人提供一条便捷的仲裁途径”）。

〔4〕关于FAA的概述，参见，Stephen K. Huber & Maureen A. Weston, Arbitration: Cases and Materials 9 – 11（3d ed. 2011）。

〔5〕Thomas E. Carbonneau, The Law and Practice of Arbitration, at xiii（5th ed. 2014）.

〔6〕同上，第94页。

〔7〕*Statistics*: *Judicial Business 2013*, U. S. Courts, http://www. uscourts. gov/Statistics/JudicialBusiness/2013/us-district-courts. aspx（last visited Oct. 3, 2014）.

〔8〕参见Press Release, Am. Arbitration Ass'n, Commercial Section, Ass'n for Conflict Resolution, Neutral Elected to SecondTerm as Co-Chair（Dec. 2, 2013）, https://www. adr. org/aaa/ShowPDF; jsessionid = 7fbmTH1Qcdb1khr4GhtbH61v5cymLhkM41vC2z8jQL3JrVgGbYJH! 102604678? doc = ADRSTAGE2017820［提到，截至2013年年底，AAA“在其成立之后的87年时间里已经主持了大约390万项非诉争端解决程序”（Alternative Dispute Resolution, ADR）］。

〔9〕Linda J. Demaine & Deborah R. Hensler, "*Volunteering*" *to Arbitrate Through Pre-dispute Arbitration Clauses*: *The Average Consumer's Experience*, 67 Law & Contemp. Probs. 55, 62（2004）.

〔10〕参见*Caseload Statistics* 2014, Admin. Office of U. S. Courts, http://www. uscourts. gov/Statistics/FederalJudicialCaseloadStatistics/caseload-statistics – 2014/caseload-analysis. aspx（报告称，从2005年开始，在联邦地区法院提起的民事诉讼的数量下降了2.4%，民事上诉案件的数量下降了15%）；另参见Marc Galanter, *The Vanishing Trial*: *An Examination of Trials and Related Matters in Federal and State Courts*, 1 J. Empirical Legal Stud. 459, 462 – 63（2004）（提供了1962年至2002年民事审判案件锐减的相关数据）。

〔11〕参见，例如，Thomas J. Stipanowich, *Arbitration*: *The* "*New Litigation*", 2010 U. Ill. L. Rev. 1, 8 – 24（2010）（说明了仲裁已经变得“规范、昂贵和费时”）。

〔12〕参见，同上，第24页（认为，“专家裁决”是仲裁的“一项传统优势”）。

〔13〕参见W. Mark C. Weidemaier, *Toward a Theory of Precedent in Arbitration*, 51 Wm. & Mary L. Rev. 1895（2010）（介绍了这种思路，并对其作出评价）。

〔14〕参见Valentina Vadi, *Critical Comparisons*: *The Role of Comparative Law in Investment Treaty*

Arbitration, 39 DENV. J. INT'L L. & POL'Y 67, 73 – 76 (2010) (详细介绍了投资条约和与投资条约相关的仲裁制度的扩张，认为这些条约中大多包含了争端解决条款，这些条款对国家和投资者均有约束力，都要服从民间仲裁的结果)。

〔15〕Convention on the Recognition and Enforcement of Foreign Arbitral Awards art. 5, June. 10, 1958, 330 U. N. T. S. 3。

〔16〕参见 National Labor Relations of 1935, Pub. L. No. 74 – 198, § § 3, 10, 49 Stat. 451 [codified at 29 U. S. C. § § 153, 159 – 60 (2012)] (创立了全国劳动关系委员会)。

〔17〕参见 Dennis R. Nolan & Roger I. Abrams, *American Arbitration: The Early Years*, 35 U. FLA. L. REV. 373, 418 – 21 (1983) (描述了 20 世纪 30 年代至 40 年代劳资谈判的情况，注意到其中包含了越来越多具有约束力的仲裁条款，但同时主张，早在这一时期之前，"劳资双方就已经在很大程度上认识到，通过仲裁来解决纠纷对双方都有利"，并已经在很多合同中列入了仲裁条款)。

〔18〕参见 Labor Relations Management Act of 1947, Pub. L. No. 80 – 101, § 301, 61 Stat. 136 [codified at 29 U. S. C. § 401 et seq. (2012)]; Nolan & Abrams, 前注 17, 第 418 页 (解释到，在这一时期之前，"劳动仲裁协议最大的阻碍" 在于 "劳资协议和其中的仲裁条款缺乏执行力"，这要部分地归咎于 "司法机构一直以来都对仲裁抱有敌视态度")。

〔19〕参见，例如，Textile Workers Union of America v. Lincoln Mills, 353 U. S. 448, 455 (1957) ("很明显，同意将申诉争议送交仲裁的代价是同意不再发动罢工")。

〔20〕"钢铁工人三部曲" 指的是：United Steelworkers v. American Manufacturing Co. , 363 U. S. 564 (1960); United Steelworkers v. Warrior & Gulf Navigation Co. , 363 U. S. 574 (1960); 以及 United Steelworkers v. Enterprise Wheel & Car Corp. , 363 U. S. 593 (1960)。

〔21〕参见 William B. Gould IV, *Judicial Review of Labor Arbitration Awards—Thirty Years of the* Steelworkers' Trilogy: *The Aftermath of* AT&T *and* Misco, 64 NOTRE DAME L. REV. 464, 465 – 66 (1989) ["'钢铁工人三部曲' 确立了一种观念：要对仲裁裁决给予很大的尊重 (substantial deference)，这种尊重比劳动委员会和初审法院自己所受到的尊重更多"]。

〔22〕*Warrior & Gulf Navigation Co.* , 363 U. S. at 582 – 83.

〔23〕U. S. Postal Serv. v. Nat'l Ass'n of Letter Carriers, 839 F. 2d 146 (3d Cir. 1988).

〔24〕*Enter. Wheel*, 363 U. S. at 597; 另参见 United Paperworkers Int'l Union v. Misco, Inc. , 484 U. S. 29, 36 (1987) ["只要仲裁人的仲裁裁决 '符合劳资协议的基本精神'，而不仅仅是为了 '宣扬自己所抱有的产业正义观'，这项裁决就是合法的。当双方同意把所有的合同解释问题交给仲裁人解决的时候，法院的职能就非常有限了。它所能做的仅限于，判断一项仲裁请求从表面上看来是否属于合同问题" (引述了 *Enter. Wheel*, 363 U. S. at 597)]; Pinkerton's NY Racing Sec. Serv. , Inc. v. Local 32E Serv. Emps. Int'l Union, 805 F. 2d 470, 472 – 73 (2nd Cir. 1986) ["我们并不能说这项裁决不是根据双方协议的基本精神作出的，也不能说仲裁人没有为他的结论提供任何依据" 所以我们决定维持该裁决 (原文中的引述部分已删去)]。["产业正义" (industrial justice)，指的是对应如何分配产品、管理者和雇工之间应保持怎样的权利义务关系等应然问题的看法。——译者注]

〔25〕参见 Hall Street Assoc. , L. L. C. v. Mattel, Inc. , 552 U. S. 576, 588 (2008) [解释说，"应当对 FAA 进行这样的理解，其目的是强化仲裁 (制度) 这一国家政策，并且为了保持迅速解决争议这一仲裁的基本优势而仅对其进行有限审查。其他的解读将会引发烦琐而费时的法律问题上诉案件和证据问题上诉案件，这将使形式性较弱的仲裁制度沦为耗时而难以处理的司法审查程序

的序幕，使仲裁理论在仲裁后法律程序中陷入危机”（原文中的引述和注释已删去）]。

〔26〕AT&T Techs.，Inc. v. Commc'ns Workers of Am.，475 U. S. 643（1986）.

〔27〕同上，第645页。

〔28〕同上，第646~647页。

〔29〕同上，第648~649页［“诞生于‘（钢铁工人）三部曲’中的第一个法律原则为，仲裁本身是一个合同问题，不能要求一方将任何他并未同意提交的争议提交仲裁。这一基本原理揭示了仲裁人之所以获得解决争议的权力仅仅是因为双方事先同意将这类申诉提交仲裁”（原文中的引述部分已删去）]。

〔30〕同上，第649页。

〔31〕同上。

〔32〕参见George Bermann，*The "Gateway" Problem in International Commercial Arbitration*，37 YALE J. INT'L L. 1，10-11（2012）（介绍了“可仲裁性”的各种不同含义）。要注意的是，Berman和其他一些人反对将“可仲裁性”概念引入美国法律学说，因为在其他所有国家，“可仲裁性”所指涉的范围更为狭窄，它仅表示，根据该国法律，被提出的申请在法律层面是否能够被仲裁。Berman提出了另外一套术语系统；他认为应当用“实质可仲裁性”（substantive arbitrability）问题指涉仲裁机构是否拥有管辖权（jurisdiction）的问题；用“程序可仲裁性”（procedural arbitrability）问题指涉某一诉讼请求是否可以被仲裁机构受理（admissible）。这种分类方法与外国在区分不同类型的仲裁先行问题（gateway arbitration questions）时所采用的方法一致。

〔33〕参见，同上，第11~12页。

〔34〕*AT&T*，475 U. S. at 651.

〔35〕参见Howsam v. Dean Witter Reynolds，Inc.，537 U. S. 79，84（2002）；另参见，例如，First Options of Chi.，Inc. v. Kaplan，514 U. S. 938（1995）（认定，法院应裁决仲裁条款是否适用于声称“自己并未签署”包含该条款之文件的一方当事人）。

〔36〕*Howsam*，537 U. S. at 85-86［认定，该问题属于“程序性先行争议（gateway procedural disputes），其中并未出现我们讨论的案件中所提到的‘可仲裁性问题’”，在这类程序性先行争议中，“那种认为双方很可能希望由法院裁决的强势推论并不适用”]；另参见Moses H. Cone Mem'l Hosp. v. Mercury Constr. Corp.，460 U. S. 1，24-25（1983）［“FAA作为联邦法律，规定，若对可仲裁性的范围产生疑问，应以有利于仲裁为原则予以解决，无论该问题是涉及合同用语本身的解释，还是（当事人）声称提出了弃权、超过有效期限等否定可仲裁性的抗辩”]。

〔37〕W. R. Grace & Co. v. Local Union 759，461 U. S. 757，766（1983）.

〔38〕同上［引述了Muschany v. United States，324 U. S. 49，66（1945）]。

〔39〕United Paperworkers Int'l Union v. Misco，Inc.，484 U. S. 29，43-44（1987）［“上诉法院对公共政策的阐释与（格雷斯案）中的表述不符，（后者的表述为）‘确定’这类政策的‘依据必须是法律和司法判例，而不能是对具有推断性质的公共利益的一般性关切’。……上诉法院并未试图通过考察现有的法律和司法判例来论证在毒品作用下操作危险机械违反了‘定义明确且具有压倒性影响力’的政策。虽然这一裁决完全符合常识……但仅凭‘对所谓公共利益的一般性关切’而构建起来的公共政策无法为法院撤销仲裁裁决提供依据”（引述了*W. R. Grace*，461 U. S. at 766）]。

〔40〕参见，例如，同上，第38页（“因此，法院不能像上诉法院审查下级法院的裁决那样审理那些声称仲裁人事实适用错误或法律认定错误的诉讼请求”）。

〔41〕BG Group, PLC v. Republic of Argentina, 134 S. Ct. 1198, 1204 (2013).

〔42〕同上。

〔43〕Agreement for the Promotion and Protection of Investments art. 8 (2) (a) – (b), U. S. – Arg., Dec. 11, 1990, 1765 U. N. T. S. 38.

〔44〕*BG Group*, 134 S. Ct. at 1204 – 05.

〔45〕参见 Republic of Argentina v. BG Group PLC, 715 F. Supp. 2d 108 (D. D. C. 2010)(拒绝了阿根廷撤销或更改仲裁裁决的请求); Republic of Argentina v. BG Group PLC, 764 F. Supp. 2d 21 (D. D. C. 2011)(维持了仲裁裁决)。

〔46〕Republic of Argentina v. BG Group PLC, 665 F. 3d 1363 (D. C. Cir. 2012).

〔47〕*BG Group*, 134 S. Ct. at 1205 – 07.

〔48〕同上,第 1207 ~ 1208 页。

〔49〕同上,第 1212 ~ 1213 页。

〔50〕美国作为法庭之友递交的法律意见书,支持撤销原判发还重审,第 15 页,BG Group PLC v. Republic of Argentina, 134 S. Ct. 1198 (2013) (No. 12 – 138) ["但是,若将 First Options 案和 Howsam 案全盘适用于投资条约领域,则会与条约的解释原则和条约的结构产生矛盾。相反,法院的审查标准应该视依据所适用条约提起的异议的性质进行调整。对于那些因声称缺乏有效的仲裁协议而提出的异议,法院应当对针对此类异议作出的仲裁裁决进行重新审查,即便缺乏(有效)协议的原因是没有符合某一要件,即类似于民间商事争议中的'程序性'问题或纯粹的'先决条件'的某一要件。在对其他类型的异议进行裁决时,法院应该(对仲裁)保持尊重,除非条约规定,仲裁机构裁决这类问题的权力受到了更严格的限制"]。

〔51〕同上,第 15 ~ 16 页 ["但是,投资者—政府仲裁与民间商业仲裁间存在一个决定性的区别,对于前者而言,涉及仲裁机构权力的相关协议被纳入投资条约当中,并体现了条约双方的协议……因此,涉及条约双方协议的问题(因而也包括了签订具体投资合同的国家主体与个体投资者之间是否存在仲裁协议,以及协议包含了哪些内容等问题),是一个条约解释问题,不能依据任何国家的国内合同法来审理"]。

〔52〕同上,第 18 ~ 19 页。

〔53〕*BG Group*, 134 S. Ct. at 1208 – 09.

〔54〕同上,第 1209 页。

〔55〕同上,第 1210 页。

〔56〕同上,第 1208 ~ 1209 页 ["我们没有将总检察长的观点适用于本案中的条约……虽然我们将这一问题留待以后解决,但就目前而言,我们认为不能因为条约中出现了'同意'这个词就放弃了我们常规的意图判断(intent-determining)分析框架,或者将分析复杂化"]。

〔57〕Bermann,前注 32, at 13 – 14 & n. 44。与美国法律类似,德国法律允许法院在当事人向法院提出中间申请(interlocutory motion)后,对"可仲裁性"问题的仲裁裁决(对是否存在仲裁协议或者协议中是否包含所涉及争议等问题所做的裁决)进行重新审查。同上,第 20 页。(中间申请,是指在诉讼或仲裁程序过程中,当案件还没有完全审理结束的情况下,当事人要求法院或上诉法院对案件的某一问题作出裁决。——译者注)

〔58〕同上,第 15 ~ 16 页。

〔59〕同上,第 16 ~ 17 页。该原则被称为"可分离性"原则,根据这一原则,"仲裁机构有权裁决合同无效或实质上无法执行,因而又并不必然损害仲裁机构作出这类裁决的权力基础"。同上,

第22页。

〔60〕 Yahoo!, Inc. v. La Ligue Contre Le Racisme et L'Antisemitisme, 169 F. Supp. 2d 1181 (N. D. Cal. 2001). 法国用户可以直接通过Yahoo. com浏览这些竞拍物品，或者通过Yahoo的附属法语网站Yahoo. fr进行浏览。同上，第1184页。

〔61〕 同上，第1184页。

〔62〕 同上，第1184~1185页。

〔63〕 同上，第1185页。

〔64〕 同上，第1194页（“仅就目前诉讼而言，可以假定Yahoo!确实拥有这项技术，但即便如此，遵守这些要求仍会构成令人无法容忍的言论限制”）。

〔65〕 Yahoo!, Inc. v. La Ligue Contre Le Racisme et L'Antisemitisme, 433 F. 3d 1199, 1213 – 14 (9th Cir. 2006) (en banc) [引述了RESTATEMENT (THIRD) OF FOREIGN RELATIONS LAW OF THE UNITED STATES § 482 (2) (d) (1987)]。

〔66〕 Convention on the Recognition and Enforcement of Foreign Arbitral Awards, 前注15，第3条。

〔67〕 同上，第5 (2) (b) 条。

〔68〕 参见，例如，Banco de Seguros del Estado v. Mut. Marine Office, Inc., 344 F. 3d 255, 264 (2d Cir. 2003)（借鉴劳动仲裁案件，以此认定，应对《纽约公约》中的“公共政策”例外规则的适用范围进行限缩，只能适用于非常明显且定义明确的公共政策）; Rive v. Briggs of Cancun, Inc., 82 F. App'x 359, 364 (5th Cir. 2003) [“法院（应当）对公共政策抗辩进行限缩解释，只有当外国仲裁裁决的执行将违背（法院）所在国最基本的道德和正义原则时方可适用”]; Karen Maritime Ltd. v. Omar Int'l Inc., 322 F. Supp. 2d 224, 226 – 27 (E. D. N. Y. 2004)（回顾了联邦地区法院和上诉法院驳回公共政策异议、执行仲裁裁决的案件，并认为，在本案中适用公共政策例外条款将成为“整个美国司法界”绝无仅有的“创举”）。

196

第 9 章

缔约权：结构

众所周知，条约在明确各国政府和人民间的各种关系上起到了关键作用。美国的奠基者们非常清楚条约的重要性。宪法授权总统，在经咨询参议院并取得其同意后，缔结条约。宪法的“至上条款”（Supremacy Clause）规定，“根据合众国权力……缔结的一切条约”与合众国的宪法和法律一样，是全国的最高法律（supreme Law of the Land）；“各州的法官都应受其约束”。[1]

从其建立之日起，最高法院就面临一些问题，要求它必须在总统和参议院被赋予的广泛而强大的宪法权力，以及宪法的其他重要结构特征（structural features）之间进行调和，这些特征包括：国会享有立法权，各州保留所有未被宪法授出的权力，以及保护个人的基本权利等。

“至上条款”的字面意思是，条约条款会自动成为美国法律，对公民个人具有约束力，而无须国会制定实施条例（implementing statute），但“至上条款”的
197 含义是否当真如此？条约能否将宪法保留给各州的立法权授予国会？[2]若某项条约会削弱宪法在其他章节中所保护的基本个人权利，美国能否缔结这项条约？[3]如果不能，那么宪法中究竟有哪些特征要高于缔约权？

在经历了长达两百多年的宪法历程后，上述与缔约权有关的结构性问题仍然萦绕着我们，在很多情况下，这些问题仍旧无法解决。与此同时，条约的数量出现了前所未有的增长，对于相互依存的各个国家而言，这些条约又在先前无法企

及的程度上掌控了本国公民的日常生活，在这样的世界里，缔约权变得越发重要。国际协会联盟①每年都会发布《国际组织年鉴》（*Yearbook of International Organization*），该联盟被认为掌握着国际条约和国际组织研究领域最权威的数据资料，据该组织统计，在1951年，政府间国际组织（International Governmental Organizations，IGOs）的数量只有123个，这一数字在1971年翻了近一番（增至242个）；截至2012年，这一数字增长了大约15倍，达到了1993个。[4]其中的一些组织是通过由各国政府代表组成的国际网络建立而成的，或者是根据"官方—民间"（public-private）两个层面的动议建立起来的，但有很多组织仍然是根据条约产生的。从"二战"时期开始，美国至少已经缔结了700项正式条约。[5]

美国政府早已感受到了这种变化所带来的影响。在其向国会提交的2012财政年度报告中，美国国务院列出了100个由美国提供资金支持的国际组织。[6]据《国际组织年鉴》统计，全世界目前正在运转的国际组织（functioning international organization）已经达到了约2000个，美国加入了其中约25%的组织。表1是关于这一数据最新的统计报告。

表1　IGOs和美国的参与情况（2012～2013年）②　　单位：个

项目	"传统"国际组织	其他类国际组织	所有在册的国际组织
美国参与的IGOs	66[7]	423[8]	922[9]
全世界的IGOs	262[10]	1993[11]	7679[12]

① 国际协会联盟（Union of International Associations，UIA），成立于1913年，总部设在比利时布鲁塞尔，是一个非营利性的非政府研究机构，但该机构经常根据联合国授权发布有关国际组织、国际会议等方面的信息。

② 作者原注：表格中的第一列展示了《国际组织年鉴》中被划入A－D四种类别的国际组织的数量。这些类别依次是"国际组织联盟"（federations of international organizations）、"会籍普遍性组织"（universal membership organizations）、"洲际组织"（intercontinental membership organizations）以及"区域性组织"（regional oriented membership organizations）。《国际组织年鉴》中将这类IGOs称为"传统"（conventional）国际组织，而学界将其命名为"正式的国际间政府组织"（formal IGOs）。第二列标明了《国际组织年鉴》中A－G七类组织的数量，除了刚才提到的以外，还依次包括了"以地名、人名等命名的组织""特种组织""国际性国家组织"（双边政府机构）。参见5 Yearbook of International Organizations 2012－2013，at 8 fig. 1.3（49th ed. 2013）。我认为，这种对更大范围内的国际组织进行的统计对本书的讨论最有帮助，这种统计捕捉到了我所提到的这种增长的本质。最后一列标示了《国际组织年鉴》在册的所有国际组织的数量，包括了不再运转的、解体的以及尚处于建议阶段的组织。这项涵盖内容过于庞杂的数据涵盖了失效的和无关的组织，价值有限。

198 当今的国际机构参与处理了一系列广泛的问题，其中包括：

> 森林保护，渔业管理，水资源管理，环境保护，标准化与食品安全，金融及会计标准，互联网管理，药品管制，知识产权保护，难民保护，咖啡和可可标准，劳动标准，反托拉斯监管，公共事业管理与经营，保险业交易标准管理，外国投资，国际恐怖主义，战争与军控，航空与航海导航，邮政服务，电子通信，原子能与核废料，洗钱，教育，移民，执法，体育及健康。[13]

它们的雇员总量同样增长迅猛，从 1970 年的 65,000 人增长到了 2010 年的 250,000 人。[14]其中很多 IGOs 制定了各种标准、程序以及规则，对国家或者（在某些情况下）对该国公民构成直接或间接的约束。[15]有些组织还拥有自己的法院或类似法院的机构。萨比诺·卡塞斯是研究全球性监管机构的权威人士，据他统计，在 20 世纪 90 年代以前，"总共仅有 6 家国际法院在运转"。[16]然而，1985 ~ 2000 年，则"出现了 15 个全新的永久性审判机制（permanent adjudicative
199 mechanisms）和 8 种准司法程序（quasi-judicial procedures）"。[17]

在此背景下，人们对缔约权和宪法的其他结构性保护之间关系的普遍关切则会被一些人表达为（至少是将其中的部分关切表达为）一种疑问：宪法允许美国在何种程度上将立法权和司法权赋予这些通过条约创立的国际机构？宪法在一定程度上禁止这类授权行为，这增加了美国与其他国家合作解决环境退化、公共健康、国家安全威胁等共同问题的难度。然而，如果我们无法为这些机构作出贡献，不能参与它们的工作，其他国家还是会参与其中，而在这项事业中，我们的声音则会湮没无闻，这项事业的效果也会受到减损。而且，我们的国家和人民不会单纯因为置身事外而完全避开这些效果的影响。

但是，又是否应当对宪法的约束弃之不顾呢？如果总统和参议院可以完全自由地签署条约，将司法权和立法权让渡出去，那么又将宪法赋予联邦政府基本立法权（primary law-making authority）的相关规定置于何地？将宪法所体现的民主、三权分立以及人权等基本原则置于何地？除了里德诉科弗特案（我之后将会讨论）这件可以被视为例外的案件之外，最高法院并没有为这些问题提供任何具有普遍意义的答案。但是，最高法院在近几年审理的几个案件则涉及了上文提到的那种更为广泛的关切（尽管这些案件所提出的是一些关于缔约权及其与宪法中的其他结构条款之间关系的较为具体的问题）。

审判权：桑切斯-利亚马斯案和麦德林案

美国法律承诺，要在很大程度上参照外国或国际审判机构的特定裁决，或承认其约束力。要想了解涉及这类裁决拘束性的法律事务的现状，就要考察在近期审理的两个案件：桑切斯-利亚马斯案和麦德林案。这两个案件的焦点均为联合国国际法院（International Court of Justice，ICJ），美国曾以条约的形式授权几家审判机构对其所审理案件的当事人作出具有约束力的裁决，ICJ 就是其中之一。200
我们尚未成为新近创建的国际刑事法院（International Criminal Court，ICC）的成员，[18]但我们已经签署了创建世界贸易组织争端解决机构（World Trade Organization Dispute Settlement Body）、[19]北美自由贸易组织双边合议庭（North American Free Trade Association Bi-National Panel）[20]以及世界银行下属的国际投资争端解决中心（International Centre for Settlement of Investment Disputes，ICSID）等其他类型审判组织（adjudicative panels）的相关条约。[21]我们还参与了很多专门审判机构（ad hoc tribunals）的建立，如审判前南斯拉夫境内侵犯人权行为的前南斯拉夫国际刑事法庭（International Criminal Tribunal for the former Yugoslavia，ICTY）、[22]联合国卢旺达国际刑事法庭（United Nations International Criminal Tribunal for Rwanda，ICTR）[23]以及柬埔寨特别刑事法庭（Extraordinary Chambers in the Courts of Cambodia，ECCC）。[24]即便如此，ICJ 仍然是所有国际审判机构中最为人熟知，也是影响最为深远的。

ICJ 最初建立于19世纪末，“一战”以后，国际联盟对其进行了改组。“二战”之后，它被联合国重新启用，其组织架构和管理规程也作为附件（《联合国国际法院规约》）被纳入1945年《联合国宪章》。美国在当年签署并批准了该宪章。[25]

《联合国宪章》规定，“联合国每一会员国为任何案件之当事国，承诺遵行国际法院之判决”。[26]附件中规定，ICJ 只能受理国家间的争议，不得审理个人间的纠纷，[27]而且，ICJ 是否拥有某个案件的管辖权取决于当事国是否同意由其进行裁决。[28]各国可以通过两种方式来表示同意：同意将条约或一般国际法（general international law）中出现的所有问题提交 ICJ 裁决，或者仅同意把某项特定条约中出现的争议提交裁决。[29]但即便获得了当事方的同意，《联合国国际法院规约》第 59 条仍规定，“法院之裁判除对于当事国及本案外，无拘束力”。[30]

桑切斯 - 利亚马斯案和麦德林案所关注的是 ICJ 对美国的一项刑法规则——“程序失当”（procedural default）规则的解释。简言之，该规则规定，除一些例外情况外，若刑事被告在初审期间没有首先提出初审法院存在错误，则失去提出该主张的权利，不得在上诉期间提出这一主张。在拉格朗案和阿韦纳案这两个较早的案件中，ICJ 对该规则进行了考察，这两个案件的背景是一项条约，该条约要求美国允许被捕的外国人与本国领事机构取得联系。由于 ICJ 为这两起案件撰写的审判意见为后来的桑切斯 - 利亚马斯案和麦德林案的判决奠定了基础，我将从拉格朗案和阿韦纳案开始讨论。

这四起案件所争议的条约是由 170 个国家在 1963 年签订的《维也纳领事关
201 系公约》，[31]美国也在当年签订了该条约（参议院于 6 年后批准）。除其他一些事项外，公约规定，如果某国“国民”“受逮捕或监禁或羁押候审”，或者因其他原因“受拘禁”，那么，倘若被捕者提出“相应请求”，则实施逮捕国的“主管当局”“应迅即通知”被捕者国家的“领馆”。[32]此外，实施逮捕的“当局应迅即”将此项权利“告知当事人”。[33]简言之，公约规定，应“告知被捕外国人有权咨询本国领事”。

公约还规定，“……所称各项权利应遵照（实施逮捕）国法律规章行使之，但（这些法律规章）务须使各项权利之目的得以充分实现”。[34]

在 1969 年，美国加入了该公约的《任择议定书》（*Optional Protocol*）。[35]它规定，“公约解释或适用上发生之争端均属国际法院（ICJ）强制管辖范围”。[36]

在 1999 年 3 月，德国将拉格朗案提交到 ICJ，当时该《任择议定书》仍然有效。（美国自 2005 年起退出该议定书。[37]）两名德国国民——卡尔·拉格朗和沃尔特·拉格朗于 1982 年在弗吉尼亚州被逮捕，并被控谋杀和强奸罪。他们被一同审判，定罪，并被判处死刑。卡尔·拉格朗在 1999 年 2 月 24 日被执行死刑。

在德国提交该案时，沃尔特·拉格朗也刑期将至。[38]

德国表示，在庭审之后的很长一段时间内，没有任何人告知他们享有联系德国领事的权利。这种失职行为违反了《维也纳领事关系公约》中“迅即告知”被捕者享有这项权利的规定。德国推定，鉴于这种失职行为，应当为沃尔特重新组织庭审，并（以抚恤金和赔偿金的形式）对卡尔的死刑作出补偿，而且美国要向德国保证此类“非法行为”不再发生。[39] ICJ在1999年3月3日下达了一道临时命令①，指令美国“在（ICJ的）诉讼程序作出最终结论前，尽一切努力保证沃尔特·拉格朗不会被处以死刑”。[40] 但弗吉尼亚州还是在当天晚些时候对他处以死刑。[41]

德国继续就该案在ICJ进行诉讼。德国请求法院宣布美国（因未能告知两位拉格朗先生享有领事权利）违反了《维也纳领事关系公约》第36条。

此时，德国和ICJ必须认真考察弗吉尼亚州的“程序失当”规则，根据该规则，两位拉格朗先生早在庭审期间就应当提出《维也纳领事关系公约》第36条的告知问题。这项规则并不是不受限制的。如果被告拥有充分的理由，例如，被 202
告（及其律师）并不知道公诉人存在失职行为，该规则就会免除（被告）未提出异议的责任。“程序失当”规则并不是“第二十二条军规”②。该规则并未禁止被告对警察的不当行为提出控告，他可以宣称（如正是由于警察的不当行为）自己在庭审时不可能知道存在这种行为，如对方并未向其作出第36条（所规定权利）的相应提示。

在两位拉格朗先生的诉讼中，被告既没有在州初审法院、州上诉法院提出美国疏于向其告知领事权利的问题，也没有在该州的定罪后救济程序③中提出该问题。[42] 相反，直到联邦人身保护令程序启动之后，被告才首次提出了这一问题，

---

① 临时命令（interim order），即法院作出的在一定时期内暂时有效的命令。

② “第二十二条军规”（catch－22），源于美国作家约瑟夫·海勒写于1961年的同名讽刺小说。小说虚构了一个“第二十二条军规”，按照军规规定，疯子可以免于作战飞行，但又规定了必须由本人提出申请，而如果本人提出申请，便证明申请者不是疯子。于是这个看似充满了人道关怀的军规就成了一个圈套。后来该词被用来指代类似的逻辑困境，也被用来表现统治者对民众的愚弄或民众对统治者的抨击。

③ 定罪后救济程序（state postconviction），当被告人被判有罪后，可以向上级法院上诉或者通过申请人身保护令等程序对判决提出异议。

而该程序则是在一名德国领事官员于 1992 年获知该案后才启动的。联邦法院拒绝受理他们的诉讼请求，并表示，两位拉格朗先生没能给出任何（令其受理该请求的）理由。他们应该在之前提出这个问题。上诉法院对此表示同意。[43]

美国将这些情况知会 ICJ，表示“程序失当”原则是合理的。德国回应称，像本案中如此适用规则是不公平的，因为“拉格朗兄弟在最终获知自己的权利之前不可能真正有效地提出这一问题”。[44]

ICJ 同意德国的观点。ICJ 虽然承认美国联邦政府已经很努力地令本国警察知晓其法律义务，但它仍然认定，对这项法律义务的宣传工作并不总能发挥成效。未向被捕外国人告知其享有权利的事件时有发生，而（这些外国人面临的）处罚往往非常严厉，甚至包括死刑。[45] ICJ 认定，“程序失当”规则“本身并未违反”公约。[46] 尽管如此，（这里是 ICJ 审判意见中最关键的部分）“在某些情况下，‘程序失当’规则会使被羁押者无法主张……由于该国主管当局没有履行‘迅即’提供必要领事信息的义务，致使其无法寻求并获取领事协助，从而使其无法通过这种主张来对定罪和量刑提出异议，而在此时，就会产生问题”。[47]

这里的“此时”究竟是指哪些情况？对此，ICJ 在结论中并没有详细说明，而只是表示拉格朗案中的两名被告人属于这种情况。[48]

203 ICJ 的结论是，美国没有履行其公约义务。ICJ 还认定，作为补救，仅向德国“道歉”是“不够的”。[49] 相反，美国必须遵守承诺，“确保它的联邦、各州和地方各级主管当局”得到更有效的训练，“履行”《维也纳领事关系公约》规定的“义务”。[50] 而且，倘若在接受这些训练之后，再次发生美国当局剥夺被告人领事通知权的事件，美国就必须采取更多措施，它必须为被告的定罪和量刑结果进行“审查和复核”。也就是说，“在个人被长期羁押或者被定罪并处以重刑的情况下……美国有义务对定罪和量刑结果进行审查和复核，在此过程中，要对公约权利遭到侵犯的事实加以考量。履行义务的方式并不是唯一的。应当由美国来决定究竟选择何种方式”。[51]

因此，虽然对于两位拉格朗先生来说这个裁决来得太迟了，但从那之后，如果“定罪和量刑”是在没有进行领事通知的情况下作出的，美国法院就必须对其进行“审查和复核”，即便该诉讼请求是在联邦人身保护令程序中才被首次提出的。[52]

涉及《维也纳领事关系公约》以及它与美国“程序失当”规则之间相互影

响的第二件重要的ICJ判例，是墨西哥在2003年年初提交的阿韦纳案。[53]墨西哥声称，美国在逮捕了52名墨西哥国民后，没有迅即告知他们享有与墨西哥领事取得联系的权利，这违反了《维也纳领事关系公约》。这些被告人在9个州里分别接受了审判，被以谋杀罪定罪，并被判处死刑，在本案发生时，他们正在牢房中等待行刑。[54]

ICJ在其中51人的问题上赞同墨西哥的观点，[55]认定《维也纳领事关系公约》对缔约国"实施逮捕当局"设置了一项"义务"，要求其告知被捕者有权联系本国领事，这种告知行为要在"它意识到被捕者是外国国民时立刻作出"。[56]由于美国当局是在"逮捕行为发生"很久之后才对这51名墨西哥公民进行告知的（对其中一些人根本就没有告知），所以美国没有遵守条约规定。[57]

但是，该如何处理"程序失当"规则？如果美国法院拒绝提供救济的对象仅 204
限于那些没有按时提出《维也纳领事关系公约》规定的权利问题，并且对此无法给出合理解释的被告，那么怎么能说是美国违反公约了呢？毕竟，按照公约规定，只要实施逮捕国（本案中为美国）的法律规章能够"使这些权利之目的得以充分实现"，这些"权利（就）应遵照"这些"法律规章行使之"。[58]

在回应这种论断的过程中，ICJ重申了它在拉格朗案中所提到的内容，具体而言，"程序失当"规则"本身"并未违反公约，而只是在某些情况下会构成违约，也就是说，如果"程序失当"规则"不允许被羁押者主张，由于该国当局没有履行'迅即'提供必要领事信息的义务，致使其无法寻求并获取领事协助，从而使其无法通过这种主张来对定罪和量刑提出异议"，就会构成违约。[59]ICJ还补充道，如果由于没有将领事联系权告知被羁押者而使辩方律师"无法……在初审阶段提出违约问题"，则不能以"程序失当"规则为由，认定该国没有违反公约。[60]在这种情况下，"程序失当"规则将阻碍法院"充分实现"公约权利"之目的"。[61]ICJ注意到，阿韦纳案中涉及的很多案件在美国仍然处在司法审理阶段，"若ICJ在目前阶段就推定美国违约，则言之过早"。[62]但对于已经审结的案件，ICJ可以认定存在违约行为。[63]

随后，ICJ提到了救济方面的问题。它认定，"要在本案中作出恰当的补救，美国就应当承担相应的责任，根据其自主选定的方式对（已结案的）墨西哥国民的定罪和量刑实施审查和复核"。[64]在审查过程中应当"确认每起案件中的违约行为是否对被告人……造成了实际损害”。[65]

或许我们可以认为，ICJ 在拉格朗案和阿韦纳案中的判词简单明了，并要求（我们）选择一种足够简单的补救办法。根据《维也纳领事关系公约》，美国有义务告知被逮捕的外国国民有权联系本国领事。在很多情况下，甚至是在一些涉
205 及死刑的案件中，实施抓捕的美国执法官员却并没有履行这一义务。因此，美国违反了该条约，而正是由于这种违约行为，美国法院才应该“以自己选择的方式”进行“审查”，以确定每名被捕人员是否因地方当局没有告知其享有《维也纳领事关系公约》规定的权利而受到了损害。

然而，ICJ 提出的救济方式看似简便，却给我们最高法院造成了特殊的困难。在拉格朗案或阿韦纳案的诉讼过程中，这种困难尚未显现，但它潜藏在桑切斯－利亚马斯案和麦德林案当中，于数年后浮现在最高法院面前。这种困难涉及 ICJ 对美国“程序失当”规则所做的分析，而正如我们最高法院中的部分成员所认定的那样，这种分析推翻了“程序失当”规则。这项法律规则是高度复杂的；充斥着法律领域的奇思和吊诡，令人难以理解。对于外国法院或国际审判机构而言，要想完全理解该规则的运行方式则更为困难。但有一些法官却非常了解这一规则，对他们而言，这项规则是日常刑事审判工作中的家常便饭。这些法官就是美国联邦法官，其中也包括我们最高法院的大法官。各州的罪犯，包括很多死刑犯，每周都会要求我们对“程序失当”规则的运行方式，以及它是否禁止（法院）对罪犯的法律诉求进行实质审查等问题作出裁决。[66]在拉格朗案和阿韦纳案中，ICJ 试图从一些涉及美国刑事被告的案件入手，对“程序失当”规则的运行机制作出解释，并对该规则的适用是否与国际法中的被告人权利相抵触作出判断。但 ICJ 对“程序失当”规则所做的技术性分析是否准确？即便这些分析是准确的，它又是否有权让美国法院对一些本已结案的刑事判决进行“审查和复核”，并在某些情况下要求它们依据国际法免除被告人的程序失当责任？这些正是最高法院在桑切斯－利亚马斯案和麦德林案中需要回答的部分问题，现在我将对此展开讨论。

桑切斯－利亚马斯案（马里奥·布斯蒂略的案件）

最高法院在2006年审理的桑切斯－利亚马斯案涉及一位名叫马里奥·布斯蒂略的被告人。[67]法院认定，洪都拉斯国民布斯蒂略在弗吉尼亚州斯普林菲尔德的“大力水手”餐厅外用棒球棒谋杀了詹姆斯·梅里。[68]虽然有数名证人指认他 206
就是当时挥舞球棒的那个人，但在整个刑事诉讼程序中，他一直声称真正的凶手是一名叫作塞立纳的男子。[69]在庭审期间，布斯蒂略请求法庭传唤了两位证人，两人均证实布斯蒂略没有杀人，其中一人还特别声明凶手是塞立纳。[70]尽管如此，陪审团还是判定布斯蒂略有罪，并对其处以30年监禁。[71]

当时，洪都拉斯领事对布斯蒂略的遭遇一无所知。警察也从未告知布斯蒂略其享有《维也纳领事关系公约》规定的权利，而且在庭审前以及庭审期间他也没有与本国领事取得过任何联系。[72]但是，在布斯蒂略上诉期间，他新聘请的律师发现了警察的疏漏，也是在此时，他第一次与洪都拉斯领事取得了联系。[73]该国领事随即向布斯蒂略提供了宝贵的援助，帮忙查到了塞立纳的全名和他的下落。[74]这位领事还递交了一份宣誓陈述书①，声明如果能早些获知此事的话，他会在庭审时设法帮助布斯蒂略。[75]

在庭审时以及针对其有罪判决提起的首次上诉期间，布斯蒂略均未提出《维也纳领事关系公约》权利问题。[76]直到州法院启动州人身保护令程序［这项程序是一种附带程序（collateral proceeding），在直接上诉结束之后才会启动，其功能在于判断下级法院的审判中是否存在基本错误（如律师的不称职行为），以及人们在初审和首次上诉期间是否忽视了这些错误］之后，布斯蒂略才最终提出了这一问题。[77]

弗吉尼亚法院判定，布斯蒂略的《维也纳领事关系公约》诉讼请求提得太晚

---

① 宣誓陈述书（affidavit），陈述人自愿作出的对事实的书面陈述。陈述人需要在有权主持宣誓的官员面前作出宣誓或代替宣誓的确认以保证其内容的真实性。一般情况下，宣誓书的内容必须是陈述人自己的知识或经历（如亲闻亲见），但有时也可包括以此为根据的其他信息。在司法程序中，法官可以要求对某项具体事实或某一证人提供的证据以宣誓书加以证明。

了，他应该在初审或者首次上诉期间提出该问题。[78]如果他能够为自己的疏忽找到合理的理由，且因这种程序失当遭受损害的话，则是可以被原谅的。[79]布斯蒂略确实声称这种延误是有合理“理由”的，这个理由就是，他在刑事诉讼过程中聘请的辩护律师不称职。主持州人身保护令程序的法官对该问题进行实质审查之后，驳回了布斯蒂略的诉讼请求。他认定这名律师是称职的，上诉法院也表示同意。于是，布斯蒂略只能向美国最高法院寻求救济。[80]

布斯蒂略向我们最高法院指出，州政府（以及联邦政府）承认政府当局没有及时告知他有权与洪都拉斯领事取得联系，因而违反了《维也纳领事关系公约》。[81]美国甚至已经就它的错误行为正式向洪都拉斯道歉。[82]但应如何处理“程序失当”规则？布斯蒂略难道不是因未能按时提出其诉讼请求而丧失了提出
207 请求的机会吗？布斯蒂略的律师向我们最高法院表示，其实并非如此。公约确实规定，在“行使”公约权利时，必须“遵照”美国的“法律规章”（“程序失当”规则就属于其中之一）。[83]但这些“法律规章”必须使这些权利“之目的得以充分实现”。[84]而ICJ在拉格朗案和阿韦纳案中裁决，若政府因疏于告知被告其领事通知权，而使其“无法……在初审阶段提出违约问题”，则美国“程序失当”规则无法令这些权利的“目的得以充分实现”。[85]ICJ认定，在这种情况下适用该规则将使ICJ无法相信“政府的公约违约行为具有任何‘法律意义’”。[86]布斯蒂略主张，无论其正确与否，这些都是ICJ对《维也纳领事关系公约》所做的解释，而另一项条约（《任择议定书》）使美国有义务遵从这种解释。[87]因此，美国法院需要搁置“程序失当”规则，允许布斯蒂略以《维也纳领事关系公约》为自己辩护（并因此胜诉）。[88]

我们最高法院拒绝了这一主张。虽然“程序失当”规则表面上仅具有技术层面的意义，但是，将该规则适用于布斯蒂略所提异议却并不是由于技术层面的原因。最高法院首先表示，相关条约（以及条约所设立的规则）并没有要求美国遵守ICJ在所有案件中所做的解释。[89]恰恰相反，《联合国国际法院规约》第59条规定，ICJ的裁决“除对于当事国及本案外，无拘束力”。[90]此外，联合国各成员国仅承诺在作为“任何案件之当事国”时才会遵行ICJ的裁决。[91]因此，ICJ在拉格朗案和阿韦纳案中的裁决分别只对在两案中（由当事国所）代理的那些德国人和墨西哥人具有约束力，在其他场合并无约束力。在ICJ（所审理的案件

中），（当事国）并未代理过布斯蒂略的案件；他的案件没有被提交到ICJ。因此，在布斯蒂略的问题上，ICJ的所有裁决对美国法院都不具有约束力。[92]

但是，最高法院也承认这并不是问题的全部所在。因为，即便ICJ对条约的解释没有约束力，美国法院也必须给予它们“尊重性的考虑”（respectful consideration）。[93]于是，我们最终需要回答一个很可能是本案中最重要的问题：为什么即便适用“尊重性考虑”标准，布斯蒂略仍然会输掉这场诉讼？

“尊重性考虑”概念的重要性在于，它体现了一种为统一条约解释所做的努力。[94]正是基于这一目标，ICJ才成为世界各国国内法院竞相引证的天然焦点， 208
它被明确赋予解释条约的职责，而且它还具备国际法方面的专业知识。因此，它的裁决所具有的权威性远远超出了它所审理的任何具体案件本身。[95]（事实上，美国政府在其就阿韦纳案递交的意见书里已经承认了这一点。）[96]此外，在至少6件最高法院案件以及为数更多的下级法院案件中，美国法院都参照了ICJ在条约解释方面的指导。[97]

当国际法院和国内法院间的关系成为争议焦点时，美国境外的其他法院也主张运用“尊重性考虑”标准。例如，英国颁布了《人权法案》①，该法案要求英国法院将《欧洲人权公约》视为具有约束力的国内法。[98]同时，该法案指令英国法院在解释公约条款时，“参照”ECtHR的相关判决，这家设在斯特拉斯堡的法院则被赋予了实施《欧洲人权公约》的权力。[99]根据负责起草该法案的英国御前大臣②艾伟仪勋爵（Lord Irvine）的解释，[100]之所以这样规定是为了确保英国最高法院能够“参照并尊重ECtHR的裁决，但同时又保证它在裁决国内的公约权利问题时不会受到这些判例法的约束，英国最高法院的裁决不会因与这些判例法发生冲突而失效”。[101]因此，如果英国最高法院相信ECtHR的裁决确实有误，就

---

① 《人权法案》（*Human Rights Act*），即《1998年人权法案》，该法的目标是将规定在《欧洲人权公约》的权利纳入英国国内法，这样一来，因违反该公约而受到损害的受害者就可以在英国提起诉讼，而不必远赴设在法国斯特拉斯堡的ECtHR。

② 御前大臣（Lord Chancellor），也可译为“大法官”，这一官职相当古老且地位尊显，位阶仅次于王室成员和坎特伯雷大主教。在中世纪，其地位类似于现代的首相，由于其所主持的文秘署负责签发普通法上的诉讼令状，所以开始与司法发生联系，并逐渐形成衡平法院（Court of Chancery），因此可以被称为“大法官”，但其职责广泛分布于立法、司法、行政各个领域。在2005年英国宪法改革之后，已无司法职权，故译为“御前大臣”。

可以自行对条约规定作出解释。而 ECtHR 了解英国法院在该领域积累了丰富的经验，它可能会被英国法院说服而重新考虑自己的立场。通过这种方式，国内法院与国际法院间的对话机制得以建立，法官们逐渐统一到更令人信服的裁决方法上来，从而使法律得到完善。

桑切斯－利亚马斯案中的多数派大法官可能也参与到了类似的实践当中。他们承认，应当对 ICJ 的裁决给予“尊重性的考虑”。[102]但他们认定，ICJ 所做的分析明显错误，其中既包括 ICJ 对美国“程序失当”规则的分析，也包括对拉格朗案和阿韦纳案两案中的规则适用与《维也纳领事关系公约》之间的相互影响所做的分析。ICJ 曾认定，如果该规则对“（法院）造成阻碍，使其无法”对公约第 36 条违约行为进行法律审查，并且使外国政府无法在被告的刑事诉讼中提供
209 援助，则不得实施该规则。[103]但最高法院的问题是，与诉讼时效规则或令结案裁决成为终局裁决的其他程序规则相比，该规则对《维也纳领事关系公约》违约审查造成的阻碍是否更为严重?[104]倘若未能及时提出这些程序规则问题，对《维也纳领事关系公约》违约行为的审查和救济同样无法进行。然而，很多国家仍然会遵守这些程序规则。（像 ICJ 那样）对“充分实现”条款做如此广义的解读，将会令很多国内司法惯例失效，令“第 36 条中所规定的，第 36 条权利‘应遵照接受国法律规章行使之’这一明确指示几乎成为具文”。[105]其实，多数派大法官可以表达得更直接一些：既然“程序失当”规则已经为防止不公设置了例外规则，适用“程序失当”规则又何错之有？为什么适用“程序失当”规则就会阻碍美国法院“充分实现”《维也纳领事关系公约》的目的，究竟产生了怎样的阻碍作用?

本案的异议意见（由我撰写）主张，要对 ICJ 的裁决给予“尊重性的考虑”，就必须对本案作出不同的结论。在我们看来，多数派大法官误解了 ICJ 的本意。[106]ICJ 并未表示《维也纳领事关系公约》排除了“程序失当”规则的所有适用或大多数适用。相反，它只是表示，若政府“疏于告知”被告拥有权利，则要对被告“无法在初次庭审期间……提出违约问题”负责，在这种情况下，“程序失当”规则不得阻碍（被告提出）《维也纳领事关系公约》主张。[107]换句话说，不能要求被告对他全然不知的事情提出异议。如果没有告知被告他拥有这种权利

（而且他自己也并不知情），又怎么能指望他行使这种权利？这样一来，“程序失当”规则确实阻碍了《维也纳领事关系公约》中的权利在美国的“充分实现”，但这仅仅出现在，实施逮捕当局疏于告知被告拥有权利从而阻碍其提出该问题的情况下。阿韦纳案并未表示明知其享有这项权利的被告或其律师可以要求法院搁置“程序失当”规则（并获得许可）。[108]

美国在拉格朗案和阿韦纳案中的《维也纳领事关系公约》违约行为是否阻碍了被告或其律师及时提出违约主张？ICJ 的审判意见中没有给出结论。但 ICJ 也并未表示这些案件的被告一定会胜诉。这两份审判意见只要求美国“以自己选择的方式”对案件进行“审查和复核”。[109]我必须承认，它们确实似乎表示过， 210
这种审查的目的仅限于裁决被告是否因为未获告知而受到了损害，例如，与领事所能提供的律师相比，他所聘请的律师极不称职。但 ICJ 并未禁止（法院）审查（被告）是否及时地提出这一问题。[110]总之，与其对程序失当中的关键问题所做的论述一样，ICJ 的审判意见也没有对（审查中）的具体情况作出详细说明。但是，桑切斯－利亚马斯案中的多数派大法官对 ICJ 审判意见的理解过于僵硬，并以此认定 ICJ 对《维也纳领事关系公约》的解释明显错误。异议大法官对 ICJ 审判意见的解读方式则有望将两份审判意见同《维也纳领事关系公约》和美国法律协调起来，展现“尊重性考虑”更为广泛的效力。

遗憾的是，在这些案件的研究者中，有很多人对美国程序法以及 ICJ 与最高法院之间的分歧没有足够的了解。因此，他们推定，桑切斯－利亚马斯案象征了一种宣示，即 ICJ 的裁决对美国不具有约束力，也就是说，美国法院不需要遵循 ICJ 所宣示的法律规则。事实上，我们应该注意到，本案远比这种简单的结论要复杂微妙得多。

麦德林案

麦德林案是 ICJ 对拉格朗案和阿韦纳案的裁决引起广泛关注后出现的第二件最高法院案件。与桑切斯－利亚马斯案类似，麦德林案对（依美国批准的条约建立的）外国法院发布具有国内约束力的裁决的能力提出了一些更深层次的问题。

美国是否有权通过条约将这种权力外包给外国审判机构？还是说，缔约权受到了更为严格的限制，需要国会首先颁布实施条例才能实施这类跨国授权行为？

麦德林案的案件事实如下：1993 年 6 月 24 日，得克萨斯州警方发现了两具年轻女子的尸体，她们被残忍地强奸后又遭到杀害。6 月 29 日清晨，警察逮捕了该案的嫌疑人何塞·麦德林。[111]麦德林从孩提时代起就居住在美国，但他仍保留了墨西哥国籍。[112]警察告知他，根据美国宪法，他有权保持沉默并聘请一位律师，但却并没有提到他拥有与墨西哥领事取得联系的《维也纳领事关系公约》权
211 利。麦德林在被捕后不到三小时就招认了罪行，并写下详细犯罪经过交给警方。之后，他被判谋杀罪名成立，并被判处死刑。[113]

在庭审以及首次上诉期间，麦德林的律师并未对该州在《维也纳领事关系公约》问题上的错误提出异议。州上诉法院维持了麦德林的有罪判决。[114]之后，麦德林在州定罪后法院（state postconviction court）启动了人身保护令程序，该程序也是审查庭审中重大错误的一种特殊程序。此时，他第一次提出了《维也纳领事关系公约》问题。[115]但是，州定罪后法院向他表示，现在为时已晚，而他也没有对为何没能在早些时候提出该问题提供充分的理由。因此，“程序失当”规则禁止麦德林提出他的《维也纳领事关系公约》诉讼请求。但是，按照法官的意见，这项诉讼请求本来也不会产生任何效果，因为麦德林“无法证明其定罪或量刑的合法性因没有通知墨西哥当局而受到了影响”。[116]

麦德林又启动了另一项定罪后人身保护令程序，这一次是在联邦法院。联邦法官依据相同的理由得出了相同的结论：程序失当原则禁止麦德林主张《维也纳领事关系公约》权利。但即便该原则没有禁止，他也并未因美国的《维也纳领事关系公约》违约行为受到损害。[117]

麦德林似乎在劫难逃了。然而，时来运转，他本人正是墨西哥在 ICJ 的阿韦纳案中所代理的 51 人之一。[118]当 ICJ 作出裁决时，他正在就其联邦法院人身保护令程序向联邦上诉法院提起上诉。我们知道，ICJ 曾表示，美国必须“根据其自主选定的方式对”墨西哥国民的“定罪和量刑实施审查和复核”，这其中就包括了麦德林。[119]因此，他有权（要求法院）进行全面审查，以判定他是否由于警察没能及时告知其享有《维也纳领事关系公约》中规定的权利而在刑事审判过程中受到了“实际损害”，不必顾及“程序失当”规则。[120]比如，墨西哥领事

当时是否会为麦德林提供一位更好的律师？[121]

在联邦上诉法院，麦德林的主张没有得到回应，法院裁定自己无须遵循
ICJ 的裁决。[122]但在那之后，麦德林请求我们最高法院审理该案。[123]与此同时，212
美国总统乔治·W. 布什在一份备忘录中宣布，“我决定……美国将履行 ICJ 在（阿韦纳案）裁决中赋予它的国际责任，在该裁决提及的 51 名墨西哥国民的诉讼中，美国法院将遵循一般礼让原则（general principles of comity），执行该裁决”。[124]

麦德林立即根据这份备忘录请求得克萨斯州法院重新审查他的案件，而且请求其直接审查他是否因未享受到《维也纳领事关系公约》权利而遭受损害。[125]但得克萨斯州刑事上诉法院①拒绝了他的请求，法院认为，从法律角度讲，无论是 ICJ 的裁决还是总统的备忘录都没有要求其复核该案。[126]此时，我们最高法院同意受理本案。ICJ 的裁决为何对得克萨斯州法院没有约束力？为何得克萨斯州法院不需要就“损害”问题设置一项额外的审理程序？毕竟，美国事实上已经做过这样的保证，难道不是吗？

《宪法》第 6 条中的“至上条款”规定，“根据合众国的权力……缔结的一切条约，都是全国的最高法律；每个州的法官都应受其约束”。[127]在本章最初部分已经提到，《维也纳领事关系公约》正是根据合众国权力缔结的条约。公约规定，国家的“法律规章务须使”《维也纳领事关系公约》“权利之目的得以充分实现”。[128]美国还签署了另一项条约，即《任择议定书》，其中规定“公约解释或适用上发生之争端”应提交至“国际法院（实施）强制管辖”。[129]而第三份条约，即《联合国宪章》中规定，每个会员国“为任何案件之当事国（时），承诺遵行国际法院之判决”，[130]而且 ICJ 的裁决“对于当事国及本案……（有）拘束力”。[131]在阿韦纳案中，ICJ 对《维也纳领事关系公约》作出解释，认定该条约要求美国“以自主选择的方式”重新审查麦德林的案件。[132]而美国总统则选定由州法院负责重审。[133]

这条法律责任链条由很多环节组成：（1）《宪法》第 6 条；（2）《维也纳领事关系公约》；（3）授权 ICJ 对《维也纳领事关系公约》进行解释的《任择议定

---

① 得克萨斯州刑事上诉法院（Texas Court of Criminal Appeals）是得克萨斯州所有刑事案件的终审法院，由一位院长和八位法官组成。

书》；（4）《联合国宪章》中对遵从ICJ裁决所做的要求；（5）ICJ对阿韦纳案所
213 做的裁决；（6）总统针对如何遵行阿韦纳案发表的宣言。这六个环节连在一起就构成了得克萨斯州法院的法律责任，难道不是吗？证明完毕（QED①）。

最高法院以6∶3的投票结果认定，确实并非如此。[134]在作出该裁决时，最高法院对一个重要问题作出了解答，这一问题对国际法在美国法院中的地位产生了广泛的影响。多数派大法官表示，美国不需要遵从ICJ的裁决，因为该裁决对美国法院没有约束力。[135]本案中的条约会对缔约国产生国际法层面的约束力，但在国内法层面，条约无法约束缔约国的法院。

为什么无法约束？让我们重新审视《宪法》第6条。条文规定，“条约”与宪法和联邦法律一样，都是“全国最高法律”，而且“各州的法官都应受其约束”。[136]最高法院如何能逃脱这项规定？

其中的原因在于，条约与条约不同：有些条约是“自动执行（self-executing）条约”，自动具备与国内法相同的效力；而另一些则是“非自动执行（non-self-executing）条约”，当且仅当国会颁布成文法，将其纳入国内法之后才能具备这种效力。对于前者，一旦参议院以2/3多数批准这类条约条款，它就会成为国内法。对于后者，只有在众议院同样投票支持该条款的情况下，才能成为国内法。

最高法院并不是在麦德林案中才首次提出这种区分。我们可以将这种区分的源头追溯到建国时期。比如，在1796年，一名英国债主曾借钱给一名弗吉尼亚人，他曾就一项弗吉尼亚成文法提起诉讼，这项在独立战争期间颁布的成文法禁止他的债务人对其偿还债务。[137]该成文法规定，不得清偿拖欠英国债权人的欠款，而应把钱交到一个州立基金。（弗吉尼亚州将获得这笔款项。）这项州法违反了《1783年巴黎和约》② 中的一项条款，该条款规定“债权人……对所有正当（bona fide）债务的足额回收不应遇到任何法律障碍”。[138]

---

① QED，拉丁文 *Quod Erat Demonstrandum* 的缩写，表示证明完毕。

② 《1783年巴黎和约》（*Paris Peace Treaty of 1783*），英美之间签订的条约，以此为标志，第一次美国独立战争结束。英国根据该条约的第1条承认了美国的主权国家地位，条约的其他条文则规定了渔业权、偿还物品和债务以及战俘等问题。

最高法院认定，该条约优先于弗吉尼亚成文法，即便国会在该问题上并未颁布过任何法律。大法官詹姆斯·艾尔德尔①指出（之后，早期最伟大的宪法评论家大法官约瑟夫·斯托里也曾指出）有些条约条款属于自动（automatically）“执行”（executed）的条款，立即发生效力，而另一些则是“待执行”（executory）条款，需要各缔约国“根据其本国宪法规定的方式加以执行”。[139]在美国宪法颁布之前，美国签署的所有条约同英国签署的所有条约一样，均属于“待执行”（条约），只有当美国国会（或英国议会）立法，将其转化为国内法后方能生效。但在宪法颁布之后，宪法使条约成为“全国最高法律”的组成部分，并不总是需要进一步的国会立法，而对于债务回收等微小的技术性问题，则肯定不需要了。[140] 214

30年后，首席大法官约翰·马歇尔进一步发展了自动执行条约的（认定）标准。他写到，“至上条款”规定，条约“是全国最高法律……在法庭内与立法机构颁布的法案具有同等效力”，而且条约的“实施无须立法机构任何法律条文的辅助”，除非这项条约明确规定应由立法机构负责执行，从而“将其规定的对象设定为政治部门（political department），而非司法部门”。[141]

若将马歇尔的两分法适用于现代，军事援助、对外援助以及各领域相互协作等方面的条约显然“将其规定的对象设定为……政治部门”，因此需要通过立法将其纳入国内法。但至少引渡、商标侵权、免税、土地所有权以及继承等方面的条约似乎无须进一步的立法，就可以产生国内法效力。[142]

麦德林案的问题在于，该案所涉条约是否属于自动执行条约。最高法院的大法官们在这个问题上意见相左，形成了多数派与少数派。多数派大法官认为，本案所涉条约的用语表明，缔约国已将条约交由国会执行。[143]例如，《联合国宪章》规定，当成员国“为任何案件之当事国”时，“承诺遵行”（undertakes to comply）ICJ的“判决”。[144]多数派大法官将这一表述解读为“联合国成员国作出的一种保证（commitment），保证本国政治机构会推出进一步（future）的立法，以此遵行ICJ的裁决”。[145]他们认为宪章条文支持了这种观点，条文准许成员国将未履行承诺

---

① 詹姆斯·艾尔德尔，1790~1799年任职最高法院，是最高法院首批大法官之一，履职时年仅38岁，是最高法院早期最年轻的大法官。早年著有《一个美国辉格党人的信条》（*Principles of an American Whig*），后来的《独立宣言》中就体现了该书的思想。他是北卡罗来纳州联邦党人首领，在该州极力推动美国宪法。其子曾担任过北卡罗来纳州联邦参议员和北卡罗来纳州州长。

的事件呈报安理会，安理会根据各理事国的政治决定采取行动。[146]多数派大法官
215 们进而表示，他们并未找到其他国家用ICJ的裁决约束本国法院的先例。[147]他们还表示，ICJ的裁决“可能会与国内程序法发生冲突，因此，如果条约批准国确实希望这些裁决在本国产生国内法效力，它们就应当明确表达出这种愿望”。[148]

同样是对于宪章中的“承诺遵行（undertakes to comply）（国际法院之）判决”这一表述，异议大法官则主张，这种表述体现了一种严格的责任（firm obligation），（在成员国宪法允许的情况下）其规定的对象包括该国法院，而不仅仅是政治机构。[149]少数派大法官提到，最高法院曾在29件案件中认定过自动执行条约条款，他们认为，这些案件中的每个条约都采用了与本案中的争议条约用语相似的表述。[150]但是，这种主张并非完全建立在条约的外在表述之上；毕竟，各国拥有不同的宪法制度，并且对国际责任转化为国内法设置了不同的程序，人们不能期望各国订立的条约一定会包含明确的自动执行声明。[151]因此，异议派对该问题进行了实质审查，并推定，符合以下条件的条约条款更可能将其规定的对象设定为法院，而非政府的政治机构：（1）条约条款涉及传统上由司法机构负责的领域；（2）设定了详细的、法官可以直接实施的标准；（3）并未创设任何新型的法律诉讼请求（legal claim）；（4）不大可能引起宪法争议。麦德林案所涉及的条约符合这些条件。[152]最后，异议派提到了本身即具有自动执行性质的《维也纳领事关系公约》“告知条款”，同时提到联合国成员国同意承认ICJ裁决对该条款的解释具有终局性（载于《任择议定书》和《联合国宪章》中）。异议派大法官的问题是：既然作出了自动执行的承诺，并且承认ICJ解释该承诺的裁决具有终局性，却又认定，在没有进一步立法的情况下，该承诺对我国法院没有约束力，这又有什么意义呢？[153]

因为这份少数派意见是由我撰写的，我自然认为其分析是合理的，但这与我们的主题并不相关。只有最高法院的多数派意见才具有权威性，少数派意见没有权威性。所以更应该去考察多数派意见的意义。

实际上，麦德林案的技术性并不强。该案所关注的是，要使美国法院实施条约条款，在哪些情况下国会必须为此制定法律，在哪些情况下则不需要国会立法。多数派意见在解读条款文本、阐述相应标准时所采用的方法使这些条款的自
216 动融入变得更为困难。

这份裁决是否意味着条约将永远无法或者几乎永远无法在美国自动生效呢？最高法院并未表示国会必须为每个条约颁布实施条例。它也没有为将来该如何解释其他条约制定详细规则。它只是提到，是否自动执行取决于“条约的用语”。[154]最高法院注意到，之前有法院曾经“认定异议大法官援引的那些‘友好通商航海’条约属于自动执行条约”。[155]它还提出了一项通用标准：是否自动执行取决于“条约条款是否体现出了某种确定性（determination），即与外方谈判的总统以及批准该条约的参议院确定该条约具有国内效力”。[156]

麦德林案中确立的这项通用标准是否意味着，当且仅当国会特别为其制定成文法的情况下，司法裁决，特别是涉及个人的ICJ裁决才会自动产生国内效力？我们似乎有理由从审判意见中得出这种结论（尽管最高法院指出，麦德林请求执行的是一项对州法产生影响的刑事法律裁决，而不是“外国法院为解决典型商事纠纷或财产纠纷所做的裁决”）。[157]即便如此，这项条件也仅仅意味着必须把众议院牵扯进来。而如果总统已经成功说服参议院2/3成员批准其签署的条约，那么对他而言，获得众议院的多数支持也并非遥不可及。

这是否意味着，国会可能会保证将例行准许ICJ的阿韦纳案裁决等外国审判机构裁决在国内执行？我认为这个问题很难回答。国会可以颁布法律，对ICJ或者其他依据条约建立的审判机构的裁决全部给予认可。或者它还可以规定特定类型的裁决自动成为国内法。[158]国会其实已经对仲裁机构的裁决采取了第一种模式，使其在美国法院中自动执行。[159]

但国会是否会允许所有的ICJ裁决甚至某些领域的所有裁决自动具备司法效力？我相信这是可能的，但需要慎重考虑，并进行周密的安排。毕竟，ICJ的裁决中可能包含一些对军事对抗、海军基地、核材料处理等领域条约的解释，这些
裁决具有政治敏感性，更适合由政治机构执行。国会可能并不希望看到ICJ对此 217
类问题的裁决自动生效。相关的成文法用语必须据此作出相应的限定，预先选取并详细列举出适合于司法机构直接执行而无须政治考量的裁决类型。

这种方式也面临自己的挑战，然而，如果我们不这样做的话，就要等待国会对ICJ（或者其他国际法院）的审判意见进行逐一审查，判断是否要对其赋予约束力，而这同样会产生相应的风险。国会可能并不愿为批准那些并不具有普遍意义的裁决留出必要的立法时间。（具有讽刺意味的是，这些是最不可能引发政治

争议的裁决。）而由于担心会引起政治争议，国会也并不愿批准那些具有重大意义的 ICJ 裁决。

条约的起草者，尤其是多边条约的起草者认为，要对麦德林案作出回应也并不容易。一般来说，他们可以在条约中插入特定用语，使其产生自动执行效力。但这并非易事。毕竟，在将条约纳入国内法的问题上，不同国家选择了不同的模式。在英国，要使条约具有国内约束力仍然必须经由议会立法。对于议会制政体（parliamentary system）而言，这一条件不难达成，在这种政体下，行政权与立法权通常都掌握在同一政党手中，而国内立法往往只是行政决定已然作出后的一项手续。但在美国和荷兰等国，要将条约纳入国内法则更费周章。在有些情况下，条约会自动成为国内法，无须立法机构立法，但正如之前所讨论的那样，这取决于条约的性质及其用语。[160]由于各国在将条约纳入国内法时选择了不同的模式，条约起草者之间很难在事关条约“国内效力”的措辞上达成一致。

因此，在将条约条款纳入国内法时，最现实的方式仍然是国会立法。这种方式当中很可能会包含一种预设性的渐进模式（a predictive piecemeal approach），也就是说，在相关的案件（以及争端）真正出现之前，国会已经规定了哪些类型的条约，或者国际审判机构（依据条约作出的）哪些类型的裁决会在美国法院自
218 动执行。这种模式不失为一种解决办法。将众议院这一最具政治代表性的机构纳入条约执行程序中来，可以使该程序的民主程度更高。

多年以前，国务卿伊莱休·鲁特①曾言：“使法律真正具有约束力的首要条件是要有一家拥有广泛职权的国际法院，它要对所有司法问题进行管辖，并切实遵守自己所做的裁决。”[161]从麦德林案中可以看出，要达成这一目标比人们所预想的更加困难。诚然，本案确实将陆军、海军、领土、战争与和平等重大政治问题的执行交由政治机构负责，这些问题原本就是由政治机构处理的。然而，该案把刑事诉讼程序中的技术细节问题等政治意义较弱的问题也同样交由政治机构处理。其结果是，在这些对日常生活往往非常重要的技术细节问题上，美国人民将不得不更直接、更频繁地拷问自己（这种拷问有时发生于某种政治语境当

① 伊莱休·鲁特，曾任美国国务卿（1905～1909 年）、战争部部长（1888～1904 年）和联邦参议员。也被认为是 20 世纪的智者（wise man），对历届美国总统的内政外交政策产生了重大影响。

中)：我们是否完全做到了信守承诺；我们是否遵循了自己特别承诺遵从的国际审判机构所做的裁决。

立法权的权力：邦德案

最高法院在2014年审理了邦德诉合众国案，本案的核心问题是宪法缔约权与宪法的结构性要求之间的另一种潜在冲突。桑切斯－利亚马斯案和麦德林案展示了缔约权与宪法的分权制衡之间的冲突［换言之，参议院和总统是否能够订立一项授权外国审判机构制定（具有约束力的）法律的条约，从而在事实上绕过众议院，以及必须在条约中载入哪些用语才能证明确实存在这种授权意图］，而邦德案所涉及的则是缔约权与宪法的联邦制条款之间的冲突（也就是说，参议院和总统是否能够在事实上绕开各州，就《宪法》第1条中国会权力范围以外的事项订立条约）。

邦德案关注的是美国于1997年批准的一项国际协议——《禁止化学武器公约》(*Chemical Weapons Convention*)。[162]其中规定，每个缔约国在任何情况下均不得： 219

(a) 发展、生产、以其他方式获取、储存或保有化学武器，或者直接或间接向一方转让化学武器；

(b) 使用化学武器；

(c) 为使用化学武器进行任何军事准备；

(d) 以任何方式协助、鼓励或诱使任何一方从事本公约禁止缔约国从事的任何活动。[163]

化学武器这一术语被定义为包括“有毒化学品及其前体，但预定用于本公约不加禁止的目的者除外”。[164]之后，公约又将有毒化学品定义为“通过其对生命过程的化学作用而能够对人类或动物造成死亡、暂时失能或永久伤害的任何化学品”。[165]并将“本公约不加禁止的目的”规定为“工业、农业、研究、医疗、药物或其他和平目的”。[166]

接着，国会颁布了一项成文法，该成文法实际上逐字逐句地照搬了这些用语，并将其直接适用于美国的个人活动。[167]该法禁止任何人使用公约所规定的“化学武器”，[168]并将这种行为规定为刑事违法行为，对其科以重刑。[169]

2006年，一名叫作卡罗尔·安妮·邦德的微生物学家得知她的丈夫同她的闺中密友美琳达·海恩斯发生婚外情，海恩斯怀上了邦德丈夫的骨肉。卡罗尔·安妮·邦德于是伺机报复。她从雇主那里偷来了一种致命的砒霜化合物和一种用于照片显影的致命化学品，并将它们混合起来涂在了海恩斯的汽车车门、邮箱和门把手上，希望海恩斯在接触这些化学品后会产生疼痛性皮疹。但邦德却很“不幸”，这些化学品很快变为亮红色，很容易被人发现。海恩斯仅接触了一次，只有大拇指感受到了轻微的化学灼烧感。她向警方报案。[170]

当地警方建议海恩斯到当地邮局寻找线索，邮局的巡查员曾在海恩斯的住所周围安装了监控镜头，这些镜头最终帮助她发现行凶者（也就是邦德）曾开启邮
220 箱，并在海恩斯的车里放置了化学品。联邦检察官指控邦德持有并使用化学武器，其行为违反了那项为实施《禁止化学武器公约》而颁布的联邦成文法。邦德作出有条件认罪（conditional guilty plea），保留了自己的上诉权利，她被判处6年监禁外加5年的监外管制。[171]

在上诉期间，邦德主张本案不能适用该成文法，因为她的情况符合“有毒化学品”定义中对用于“和平目的”的化学品规定的例外规则。她同时还主张，国会无权制定这项成文法，因为宪法明文规定，应以“必要且适当”的方式“行使”宪法缔约权，而该法律并不属于这种方式。上诉法院并未采纳这种主张，于是本案被送至最高法院。[172]

很多邦德的支持者希望最高法院推翻一项关于缔约权问题的重要论述。这项论述是大法官小奥利佛·温德尔·霍姆斯①于1920年在密苏里诉霍兰德案中作出的。[173]在霍兰德案中，最高法院对一项与英国订立的有关候鸟问题的条约②进行了审查。此

---

① 小奥利佛·温德尔·霍姆斯，1902～1932年任职于最高法院，在90岁高龄时才辞去大法官职务，是最高法院历史上最年长的大法官。霍姆斯大法官生前就在美国和英国法学界享有盛誉，其引领的法律现实主义思潮对整个20世纪的美国法学思想影响极大。在20世纪的所有美国法学家之中，他的被引用量名列第三。

② 《1918年候鸟条约法》（*Migratory Birds Treaty Act of 1918*），该法规定，非经许可不得追捕、猎杀、捕获或贩卖被列入保护名录的鸟类，同时也不得获取、持有及运输这些鸟类的羽毛、鸟蛋和鸟窝，到目前为止该名录中已经收录了800余种鸟类。但印第安部落出于宗教信仰，会需要一些鸟类羽毛，所以美国又制定了“鹰羽法”，为印第安人作出了一些例外规定。

前，国会曾颁布过一项成文法，对猎捕这些鸟类的行为加以监管，但法院认定该成文法违宪，因为在这些法院看来，对猎鸟行为的监管属于宪法第十修正案中未授权给联邦机构而保留在各州的诸多权力之一，国会缺乏实施这类监管所必需的权力。随后，在美国同英国签订条约，承诺监管候鸟猎捕行为之后，国会制定了一项新的成文法，而与之前不同的是，新成文法的依据换成了另外的宪法条款，该条款授权总统与参议院缔结条约，并且授权国会制定所有“必要且适当”的法律，以保证联邦政府“能够行使”宪法“赋予”（vested）的所有权力。[174]

密苏里州对这项依据条约制定的新捕猎法的合宪性提出质疑。该州主张这项条约以及成文法均属无效，因为它们侵害了第十修正案保留给各州的权力。[175]大法官霍姆斯为最高法院撰写了密苏里诉霍兰德案的审判意见，其中一句判词表示，不可以单独认定该联邦成文法违宪。他写到，“如果条约有效，那么根据《宪法》第1条第8款，该成文法就是行使政府权力的一种必要且适当的方式，毫无疑问也是有效的”。[176]所以，该案的重点就归结到了条约的合宪性。对此， 221
有人主张该条约与之前那项可能违反宪法第十修正案的成文法非常相似，因而必然无效，而最高法院同样没有认同这种主张。大法官霍姆斯写到：“显然，现实中会出现一些攸关全民福祉且极为棘手的紧急事态，对于这些事件，单靠国会立法无法解决，然而，通过先行签订条约再继之以国会立法的形式则可以解决，此外，在一些需要国家行动的事项上，有人认为存在一种‘所有政府必须具备，且实际上任何文明政府也都确实具备的权力’，对此，我们绝不能轻易断言这种权力是不存在的。”[177]

在事关条约实施的问题上，第十修正案所设限制的适用会有所不同，约束性相对较弱。当时最高法院认定，对迁徙候鸟群的监管服务于“一项近乎至为重要的国家利益”，而且，“当食物供应中断时，宪法并未强迫政府袖手旁观……仅仅依靠各州的力量是不够的”。[178]

霍姆斯的这段论述并非毫无根据。在早于该案20年左右的尼利诉亨克尔案中，最高法院支持了一份联邦引渡令，准许将一名被控在古巴犯罪的嫌疑犯遣返回古巴。[179]最高法院认定，“为使美国政府能够行使其被赋予的所有（权力）……国会有权制定所有必要且适当的法律……这其中包括，有权进行适当的立法，以使那些总统得以在咨询参议院并取得其同意后写入（与外国签订的）条约的所有规定条款发挥效力”。[180]其实最高法院还曾在1842年的普里格诉宾夕法尼亚案中写到，虽然“国会通过立法确保条约条款发挥效力的权力并无明文依据”，但“我们应该认为它来源于联邦政府全面履行条约义务的责任”。[181]

霍兰德案所表达的宪法观点是，宪法授权总统和参议院在其明确列举的国会权力范围之外订立条约，同时还授权国会制定必要且适当的法律，以使这些条约发挥效力，这种观点长久以来都被“州权”的捍卫者所反对。在20世纪50年
222 代，参议员约翰·布里克提出了一系列严重削弱缔约权的宪法修正案草案。其中一项草案规定，任何违反宪法的条约均属无效；[182]而另一项更为激进的草案则规定，任何条约“只有通过立法才能在美国产生国内法效力，而且即便不借助条约，这项立法也仍然要能够单独生效”。[183]

行政机构对布里克的修正案草案表示强烈反对，声称这将“为联邦政府套上枷锁”，[184]并迫使总统在“与外国政权交涉时同时代表49个政府”①，而无法代表一个统一的联邦政府。[185]国务院列举了在之前30年里通过谈判达成的84项条约，担心布里克的草案会令这些条约无效。[186]最终，国会没有通过这些草案。[187]

现在让我们将视线转回邦德案。本案与霍兰德案一样，提出了一个相同的难题，我们需要在似乎不受限制的宪法缔约权与宪法给予各州的立法权保留之间进行调和。是否应该将第十修正案或宪法的其他结构性特征解读为，对条约可以涉及的主题范围施加了限制？是否应该将“必要且适当条款”解读为要限制国会制定某些类型的条约实施条例，而对其他类型的条约实施条例不加限制？

除一次例外情况外，最高法院在裁决霍兰德案之后的数十年时间里再也没有完整地阐述过这类问题。随着缔约活动的重要性空前提高，解答这些问题的时机是否已经成熟？最高法院是否应该重新审视霍兰德案中的那句判词？

最高法院决定不这样做。相反，它只是对本案所涉及的联邦成文法——也就是那项将使用“化学武器”的行为认定为犯罪（“和平目的”除外）的成文法——进行了解释，认定该法并未涵盖邦德的行为。最高法院解释到，我们在解释国会立法时，通常都会预设一些假定。其中一个假定就是，若无明确表示，则

---

① 即代表美国当时的48个州以及联邦共49个政府，此时的夏威夷领地和阿拉斯加特区尚未成为州。

国会并不希望“对州权和联邦权之间的平衡作出剧烈调整”。[188]而对轻罪的指控，比如对邦德进行指控，则通常属于州政府的职权范围。

最高法院补充到，将邦德的罪行纳入联邦成文法将会使这项成文法的外延宽泛到荒谬的地步。《禁止化学武器条约》以及这项实施条例都提到了“化学武器”。但是，卡罗尔·邦德被控实施的化学品使用行为（将化学品涂在情敌的门把手上使其发疹）并不是“人们通常理解的那种化学武器使用行为”。[189]倘若不这样认定的话，“任何一位因孩子屡次忘记清洗鱼缸而动怒，并试图用几滴醋毒杀金鱼的父母……就都实施了严重的联邦犯罪”。[190]最高法院表示，政府对这项成文法的解读会“改变联邦与各州之间的微妙关系，会将数量异常庞大的传统地方性犯罪转交给联邦执法部门负责处理，而且还会牵涉到联邦警务资源的大规模扩充”。[191]最高法院不会“假定国会授权对传统州权实施如此明目张胆的侵犯”。[192]因此，它认定，邦德的罪行并不在这项成文法的规制范围之内。[193]总之，邦德胜诉，然而，最高法院并未表示国会究竟是否有权颁布那种若无条约则超出国会宪法权力范围的成文法。此外，它既未裁决总统和参议院是否有权订立与第十修正案相冲突的条约，也未裁决两者是否有权订立超出宪法所明确列举的国会权力的条约。 223

然而，最高法院的三位成员分别撰写了各自的审判意见，表达了他们对霍兰德案所涉基本问题的观点。大法官斯卡利亚强调，宪法规定国会有权为“缔约权的行使”制定“必要且适当的”法律。[194]为“行使”缔约权而制定的法律并不是为实施业已订立的条约而制定的法律。[195]相反，它们要解决的是另外一些问题，例如，“为聘用条约谈判专家拨款，授权国务院委任谈判专家，或者为研究协议的利弊建立专门委员会”。[196]大法官斯卡利亚担心，如果不去理会霍姆斯的相反解释所造成的影响，这种影响将会对宪法的结构造成“翻天覆地般的”改变。[197]他还表示，现代条约“几乎涉及国内民事、政治以及文化生活中的每一个方面”。[198]这些条约最终会使国会能够对任何事情加以实际管控，而将全部权力赋予国会则违背了宪法，宪法授予立法机构的只是一些有限的、定义明确的权力。

大法官托马斯补充到，缔约权本身是有界限的。宪法并未授权联邦政府“为管理纯粹的国内事务”订立条约。[199]相反，必须将缔约权限定在詹姆斯·麦迪逊所称的“规范对外交流”的范围之内。[200]而正是由于“缔约权被限定在 224

了国际交流事务之内”，对地方性事务实施的任何管理活动都“必须与对外交流相关……（包括外国的人民或财产），不得涉及纯粹的国内事务”。[201]这里的重点在于，“缔约权受到了实质性的限制”。[202]他“会在适当的案件中对缔约权的真正含义作出界定……各种条约已经开始越来越频繁地试探缔约权的边界，这个机会很快就会到来”。[203]

第三位发表了附议意见的大法官，即大法官塞缪尔·阿利托①补充到，“该公约”使美国承担了“通过制定国内法律，将本案所涉行为入罪”的责任，“而这种行为则是典型的由各州加以管控的行为，从这个意义上来说，该公约超出了缔约权的范围”。[204]

最终，密苏里诉霍兰德案和该案对宪法“必要且适当条款”所做的扩张性解释，以及该案对缔约权所做的广义理解，仍然具有法律效力。联邦政府享有广泛的缔约权，其缔结的条约可以授权国会对那些宪法在通常情况下留给各州处理的事务制定法律。按照这种观点，如果各州想要保留独立的立法权，就不得不仰仗参议院，而不能依靠法院了。如果提交到参议院的条约越过了底线，参议院会拒绝批准。毕竟，只要赢得100位参议员中34人的支持（他们可能只代表了美国人民中的很少一部分）就可以使条约无法获得批准。此外，参议院可以坚决要求对条约提具保留②，使该条约的适用方式不会遭到1/3或更多参议员的反对。

国会立法权是否会因附议大法官的立场而遭到严重削弱？即便有所削弱，也不会像人们看上去的那么严重。这是因为，按照20世纪30年代以来的解释，宪法赋予了国会巨大的立法权，这与是否存在条约无关。例如，宪法“商业条款”(Commerce Clause)③ 甚至授权国会管控乡间农场为自家消费而进行的小麦生产，授权其管控乡间温室里为了类似目的而进行的大麻种植，之所以这样解释则是因

① 塞缪尔·阿利托，2006年起接替大法官奥康纳担任最高法院大法官。之前曾任第三巡回区法官，是继斯卡利亚之后的第二位意大利裔大法官，也被认为是目前最高法院里最保守的大法官之一。

② 保留（reservations），由缔约国提出的一种单方声明，希望在适用条约时能够免除条约中特定条款的法律效力，或对其加以修正。

③ “商业条款”规定于《宪法》第1条第8款第3项：“国会有权管理同外国开展的、各州之间的和同印第安部落开展的商业活动。”

为，若（将这些行为）叠加起来考虑的话，这种类型的行为会对州际商业活动产生影响。[205] 225

在近期的裁决中，最高法院压缩了“商业条款”自罗斯福新政时期以来获得的巨大适用空间，例如，它认定，国会无权管控地方性学校内的持枪行为。[206]然而，我们很难想象有哪项国际条约能够在实施管控时，不会对“各州之间”的商业活动或“涉外”商业活动产生重大影响。

尽管如此，邦德案中提出的问题以及最高法院1/3成员所表达的意见仍然体现了本章开篇所提到的那种广泛的关切。对于缔约权，包括国会通过立法实施条约的权力，宪法究竟设置了哪些限制？考虑到宪法中的结构性条文，以及宪法对联邦制政体、分权制衡以及民主问责制的关切，这些限制应该包括哪些内容？

我曾提到，在最高法院对这些问题的长期缄默中，确实出现过一次例外。在里德诉卡瓦特案中，最高法院认定，个人享有宪法第五修正案和第六修正案所保障的刑事诉讼权利，① 条约不得加以限制。大法官雨果·布莱克代表最高法院撰写了审判意见，他表示，“最高法院一贯认为宪法具有最高权威，其位阶高于条约”。[207]但邦德案中的附议大法官们则认为，宪法对缔约权的限制并不限于个人权利的宪法性保障。因此，他们集中探讨了两个问题，条约是否能够扩大国会的立法权，以及总统和参议院能够在何种范围内订立条约（包括授权他人行使立法权的条约）。

欧洲各法院已经直面过这类问题。各国通过条约形式将巨大的立法权授予欧盟等国际组织。这些国家的宪法是否允许进行此类授权？

我们以德国宪法法院②遇到的一些问题为例进行探讨。

欧盟条约对欧盟机构授予了广泛的监管权，这些条约是否会与德国宪法发生冲突？欧盟的一项法规要求私营主体缴纳保证金，以保证其在取得进口或出口许可证后会实际开展这项业务。该法规是否违反了德国宪法对“基本职业自由”（basic freedom of trade and occupation）所给予的保障？[208] 226

---

① 这两条修正案中规定了诸如“一罪不二罚”原则、“不得自证其罪”原则、“正当程序”原则，被告的陪审团审判权、与原告证人对质权、律师协助权等非常广泛的刑事诉讼权利。

② 德国宪法法院，根据《德国基本法》设立，其职责在于对国家机关的行为进行审查，宣布违宪行为无效。与美国最高法院不同的是，它不是普通法院系统的一部分，而是一个独立的司法机构。

欧盟根据一项签订于2010年的条约建立了欧洲稳定机制①，该条约要求德国等国向构成欧洲债券违约（eurobond defaults）的其他欧盟成员国提供资金支持，而德国宪法将预算决定权赋予德国联邦议会，该条约是否违反了德国宪法？[209]（法国宪法法院也受理过完全相同的案件。）[210]

除其他事项外，2007年《里斯本条约》为扩大“欧洲议会在立法领域的权力”而对欧盟的基本框架进行了修正，这是否违反了德国宪法，是否损害了德国公民的民主自决权？[211]

在所有这些案件中，德国法院认定，德国基于条约在欧盟事务领域取得的成员国资格是宪法性的。但在具体案件中，法院均明确表达了一些重要的保留。在出口许可证案件中，法院认定，要使这项保证金条款在德国宪法下产生效力，就必须认定这项欧盟法规中包含一项例外规则，即“因不受进出口经营者控制的原因而致进出口无法实现时（除外）”。[212]同样，在欧洲稳定机制案中，如要认定创设该机构的条约具有国内法效力（并从而使其可以被德国批准），“该条约就必须在国际法层面上作出保证……无论作出何种解释，其中的任何条款都不得成为在未经德国代表同意的情况下提高德意志联邦共和国偿付义务的依据”。[213]（在2012年，法国宪法法院也作出了一份非常相似的裁决。）[214]在涉及《里斯本条约》的案件中，德国法院认定该条约符合宪法，而且可以获得批准，但必须对该条约作出如下解释，“德意志联邦共和国在有关政府监管以及生命安全等核心领域仍然保留了巨大的国家行动空间”。[215]

正如这些案件所示，国家通过条约形式将立法权和监管权授予各种超国家组织（supranational bodies），也就是各欧盟机构，而欧洲各法院已经在此背景下对本国缔约权的权力空间进行了考量，这种考量活动还将持续开展。邦德案所展现的是一个与此相关的问题，即缔约权在美国宪法中的权力空间问题，该问题与国会赋予其自身（额外）立法权的授权行为有关。但我国最高法院并没有对该问题作出解答。就欧洲各国法院而言，它们已经寻找到了一种难能可贵的折中方案。

① “欧洲稳定机制”（European Stability Mechanism），建立于2012年9月27日，总部设在卢森堡，其成员国为签署了《建立欧洲稳定机制条约》的部分欧盟成员国。该机构的任务是“为欧元区建立一道永久性‘防火墙’”，为遇到金融困难的成员国提供紧急金融援助，最高额度可达5000亿欧元。

它们在解读本国宪法时，认定宪法对本国的缔约权进行了制约，而在解释这种制约时，又认定其几乎不会产生约束效果。 227

简评：立法权授让

邦德案和麦德林案都回避了一个棘手的基本法律问题。宪法对国会的立法权施加了限制，总统则有权签订扩张国会立法权的条约，而邦德案本可以（然而却并没有）对总统的这种权力加以考量。麦德林案在回答另一个问题的同时，为这一问题提供了一种答案，而在实践当中，这种答案则会限制国际审判机构对我国法院施加约束力的能力。欧洲各法院曾更为直接地面对过这个基本法律问题，这个问题就是，对于缔约权，或者具体而言，对于那种可以依据缔约权授权条约组织制定规则，使其产生实际法律效力的权力，国内法院应当设置哪些限制。

与这个基本法律问题相关的问题将越发频繁地出现在我们面前。一方面，具有规则制定能力的国际组织正在迅速增加。这些组织既包括人们所熟知的世界贸易组织（WTO）、北美自由贸易协定（North American Free Trade Agreement，NAFTA）以及巴塞尔银行监理委员会①，也包括人们并不熟悉的国际食品法典委员会②、国际卫生标准组织以及国际橄榄油理事会等。在它们当中，有些组织是通过条约建立的（如世界贸易组织和北美自由贸易协定），有些组织的建立则要归功于各国政府为协调各国国内监管机构所做的努力（如国际证监会组织），还有些组织则是由国家行为体与非国家行为体（state and nonstate actors）构成的各种混合性团体共同建立的，如国际标准化组织（ISO）、互联网名称和数字地址分配机构（ICANN）以及人用药品注册技术要求国际协调会（ICH）。[216]［在本章开篇部分，我曾从《国际组织年鉴》中摘录了一个有关国际组织的表格，我发现，该表格

① 巴塞尔银行监理委员会（Basel Committee on Banking Supervision），由“十国集团”（G10）的中央银行行长们建立于1975年，每年定期集会四次，其作用在于为银行监管工作提供一个进行长期合作的平台。迄今为止，该委员会已经制定出很多相当重要的金融监管规范。

② 国际食品法典委员会（Codex Alimentarius），其名称源于拉丁语，该组织是联合国粮农组织和世界卫生组织于1963年联合设立的政府间国际组织，负责协调政府间的食品标准，建立完整的食品国际标准体系。

并未试图准确地统计那些正在“制定标准”（standard setting）的国际组织（IOs）的数量。对于这类组织的数量，表格中相应位置的数字与实际情况有所出入；这些数字中包含了一些并不必然会制定规则的国际组织联盟，但某些具有官方—民间双重性质的国际机构确实会制定标准，这些数字中则没有包含它们。]

228 当今的很多国际组织都具备了一种有利于规则制定的结构。根据萨比努·卡塞塞的研究，这种结构大致包含：“（1）一个自治机构（collegial body），通常被称为大会（assembly），各国政府、其他全国性组织以及国际组织等所有参与者都会出席；（2）一个开放程度较低的自治机构，通常被称为理事会（council），其成员由大会选举产生；（3）一个行政机构，称为秘书处（secretariat），由该组织的正式员工组成；以及（4）一个委员会（committee），主要由各成员国负责该领域工作的官员（functionaries）组成。”[217]

其中的一些规则制定机构会颁布对成员国具有约束力的管理办法和标准，至少从国际法的意义上而言，这些管理办法和标准确实具有约束力（例如，如果某成员国没有遵守规则，该国就违反了它对其他缔约国所承担的国际条约义务）。例如，南太平洋蓝鳍金枪鱼保护委员会（CCSBT）对成员国（以及开展合作的非成员国）每年捕捞的金枪鱼数量做了限制。[218]世界贸易组织规定了一些程序要求，其成员必须首先满足这些要求，才能采取贸易“保护”措施，它还设立了一个贸易保护委员会，负责监督成员国是否满足了这些要求。[219]北美自由贸易协定授权双边仲裁小组对成员国的反倾销措施和反补贴税进行审查，并授权其发布对政府部门（如美国商业部）具有约束力的裁决，所在国不得对这类裁决实施司法审查。[220]《联合国海洋法公约》要求缔约国在收取船主的保证金后释放被其扣押的船舶，并且要求缔约国遵守一套程序性的管理办法，这些管理办法并未包含在条约当中，而是由工作人员制定的。[221]

在实践中，无论这些国际组织是否是根据条约建立的，其制定的规则对各国公民的约束往往都超过了人们的想象。有时，国际监管机构还拥有自己的执法机制，这类机制使它们的决定具有了国内法意义上的约束力。例如，联合国安理会可以指令联合国成员国冻结恐怖分子资助者的个人资产，限制他们的出行自由，成员国有义务“立即”执行。[222]根据《京都议定书》，清洁发展机制①执行委员会有权决定民营企业在发展中国家开展的能源项目是否有资格获得排放“配额”（设置这套配额制的初衷在于减少温室气体排放），而这些决定会对这些公司的融资造成直接影响。[223]国际航空运输协会（IATA）制定了适用于民营航空公司 229
的安全标准。IATA 规则规定，如果航空公司不遵守这些标准，各国监管机构可以将其列入黑名单，或对其发布禁令，IATA 也可以自行中止（其运营资格）。[224]《禁止化学武器公约》成立了国际性的禁止化学武器组织，该组织有权下令对成员国的公有和私有设施进行检查，以确保公约得到切实遵守。[225]

在其他情况下，由国际机构发布的规则或管理办法则并没有正式约束力，而只是以强烈建议或谈判蓝本的形式出现。例如，巴塞尔银行监理委员会提出的建议就是如此。但在实践中，即便是这类规则也仍然具有国内约束力。成员国可以选择（或者感到有责任）将国际组织的建议纳入国内法，或者国际组织还可以通过“曝光”（sunshine）、“惩戒”（sticks）以及“奖赏”（carrots）等方式加以鞭策或激励，“国际劳工组织”就是这样做的。[226]

之前提到，国际组织能够制定可以有效约束私营主体的规则，而这些组织已经远远超出了条约组织的范畴。例如，采掘业透明度倡议（EITI）是一个由政府、行业企业和民间社会组织三方构成的联合体，它曾授权国际组织为各国自然资源的利用建立一套监督标准，并授权其定期发布各国的标准实施情况报告；《温室气体议定书》是由两个国际性非政府组织（NGOs）针对温室气体排放建立的一套结算框架，而现在，已经有几十个政府、工业协会以及行业企业参与其中；互联网名称和数字地址分配机构是一个民间非营利性法人组织，负责为全世界的公营或私营用户维护互联网域名数据库。事实上，这些组织已经成为国际监管机构，具有影响我们日常生活的能力。但它们或者是由民间组织创办的，或者是由官方与民间共同创立的，所以往往缺乏国内行政部门所具有的程序性制约和问责机制［例如，（利益相关者）可以参与对规则草案制定情况的公众评审

---

① 清洁发展机制（Clean Development Mechanism），根据《京都议定书》设立的一个弹性机制。议定书对“附件 1”中所列举的发达国家规定了具体的减排指标，而如果发达国家无法在本国实现预期减排的话，还可以通过援助发展中国家减排而获得等量的“减排认证”或者说“配额”，而如果这些援助项目是由民营公司承担的，这些民营公司则会享受到本国的一些优惠政策。

(notice and comment)，可以在事前或事后启动听证程序，以此确保规则符合正
230 当程序，以及开展司法审查]。[227]但是，为了简洁起见，我们可以先抛开这些例子，只关注条约组织，但是我们必须认识到，根据行政命令创立的组织以及兼有官方—民间双重性质的组织所做的裁决也会产生类似的问题。

另外，因规则而受到不利影响的美国公司、个人或行业企业也很可能会提出成文法、行政法或者宪法问题。例如，他们会主张，虽然某项规则是由美国政府部门颁布的，但其实际制定者则是某个国际机构。而在该机构制定规则时，可能并没有提供行政法上通常会提供的法律保障措施，如公开透明，陈述己方观点并获得回应的机会，合理决策，以及为防止恣意裁判、保证裁决合法而提供的司法审查环节等。

现在我们要探讨一些已经出现的案件。

第一起案件即交通部诉公民（Public Citizen）① 案向我们展示了一项条约能够以何种方式为美国制定国内规则或标准，使其规避联邦法中（对制定这类规则标准设置）的常规要求。[228]20 世纪 80 年代，国会颁布了一项成文法，在事实上中止了墨西哥卡车的经营许可，不再准许其在美国境内运营。20 世纪 90 年代，墨西哥和美国达成协议，双方认为，根据 NAFTA，该中止令应当被逐步取消，允许墨西哥卡车在美国境内运营。2001 年，NAFTA 仲裁小组推定，美国并未逐步取消该中止令，从而违反了 NAFTA。总统宣布他将解除该中止令，而且交通部也发布了相应的管理办法。[229]

一些环境保护主义者对交通部的管理办法提出质疑，认为交通部并未在第一时间对取消中止令所造成的后果进行环境影响调查，而联邦法律则对政府行为提出了这种要求。[230]交通部回应称，自己并不需要实施这项调查，因为，导致墨西哥卡车涌入美国的“原因”是 NAFTA、NAFTA（仲裁）小组以及总统的决定，而并不是交通部。对于 NAFTA、NAFTA（仲裁）小组以及总统的行为，均不需要实施该项调查，因为这项涉及环境影响的成文法并不适用于它们。[231]我们最高

① “公民”（组织）是一个非营利性的消费者权益保护团体和智库机构，成立于 1971 年，总部设在美国华盛顿。该组织主张应当加强政府监管，特别是在交通、医疗和核能领域对企业实施更为强力的问责制，并以此为目标对政府展开游说活动。

法院接受了这种主张。所以，这项成文法所规定的要求并不适用。[232]从某种意义上来说，在颁布对国内行为人造成影响的规则之前，政府已经通过条约将一项政府部门本应承担的重要法律义务束之高阁。 231

在最近发生的第二起案件中，哥伦比亚特区巡回上诉法院提到，国际机构根据条约授权而开展的规则制定活动可能与美国的宪法要求发生冲突，但该法院并未对此作出具有法律效力的认定。[233]在该案中引起争议的《1987年蒙特利尔议定书》对甲基溴等臭氧破坏气体的排放作出了限制。条约生效数年之后，各方认为成员国（包括美国）应着手停止甲基溴的生产和使用，但仍然允许成员国为满足"关键用途"（critical uses）的需求而进行一定的排放。各方每年会举行会晤，在会谈过程中决定哪些国家可以根据这项"关键用途"例外规则进行排放，以及排放何种气体，并为此颁布详细规则。[234]

在2004年的年度"关键用途"会晤中，各方授权美国生产和使用七千余吨甲基溴用于"关键用途"。[235]但是，各方以交叉引用的方式提到了一份在先前会晤中作出的决议，借此指出，在为继续制备甲基溴设置国内程序时，必须"考虑到"该国的"现有库存"。[236]接着，美国环保署（Environmental Protection Agency，EPA）授权企业继续生产，但它并未要求首先用尽"现有库存"。一个环保组织提出异议，认为该决定违法，主张《蒙特利尔议定书》中的"现有库存"表述对环保署具有约束力。[237]

特区巡回法院否定了这种主张。法院承认《清洁空气法》确实要求环保署的决定要符合"法律"。该法也确实规定环保署只能在"符合《蒙特利尔议定书》的范围之内"发放甲基溴生产许可。[238]但是，特区巡回法院认为，各方在年度会晤上遵循议定书规定程序作出的决定本身并不是具有约束力的"法律"；也不能等同于《蒙特利尔议定书》本身的条款。因此，《清洁空气法》条款并不适用。[239]环保署的管理条例不必符合《蒙特利尔议定书》各方在"关键用途"会晤上作出的决议。 232

法院补充到，任何其他裁决都会造成严重的宪法困难：如果《蒙特利尔议定书》各方每年关于"关键用途"的决议都要"像成文法或立法机构制定的规则那样"对环保署产生约束力的话，"那么国会要么就是对一个国际机构进行了立法授权，要么就是在未经总统签署和参议院批准的情况下授权对条约进行了修正，两者均违反了《宪法》第2条”。[240]虽然（特区巡回）法院承认“最高法院之前并未裁决条约机构的决议是否具有司法执行力”，[241]但该法院仍然遵循了自己在其他案件中的裁决，认定条约组织发布的声明并非具有约束力的法律。[242]（最高法院在两年后的麦德林案中也作出了类似的裁决，但与本案所依据的理由不同。[243]）

无论特区巡回法院的裁决是否正确，它的论证过程都表现了一种困境。如果《蒙特利尔议定书》的年度规则是“法律”，国内法院就应当予以执行（比如，其依据可以是《清洁空气法》），那么条约授权的规则制定行为也就取代了国内政府部门的行政决定行为——纵然这种条约授权的程序缺乏美国行政法（或者可能是宪法）所要求的对公正性的保障。但是，如果这项国际规则不具有约束力［尽管国会以立法的形式提出了相反的建议（suggesting）——虽然并不是严格意义上的规定（stating）］，那么，美国又将如何继续积极地参与到减排臭氧破坏物这项堪称成功的全球性事业当中？特区巡回法院通过对成文法进行解释的方式避免了直接回答这一问题。但我猜想这一问题迟早还会再次出现。

第三起案件发生在英国。第1267次联合国安理会依据会议决议编制了一份为恐怖组织提供经济援助人员的名单，并命令联合国会员国冻结他们的资产。[244]英国财政部下令执行。一些被列入名单的人员在英国提起诉讼。他们所质疑的并不是是否需要通过财政部命令的方式来使英国履行安理会义务。他们主张，根据英国法律，这些命令本身就是违法的，因为无论是最初的安理会决议，还是财政部命令，都没有设置“能够使被指名人员对这种指名行为提出质疑的程序”。[245]

233 英国最高法院采纳了这种主张。[246]它在审理过程中注意到，“澳大利亚和新西兰两国所采取的制度”都“严格”遵守了制裁计划，但其中“包含了”对基本权利加以保护的“多种（有限的）保护措施”。[247]法院还援引了欧盟法院①在2008年所做的一项裁决，其中认定，第1267次安理会会议指名恐怖分子的程序侵犯了《欧洲人权公约》中规定的基本权利，因为该程序没有为受其影响的人员提供接受独立司法审查的机会 。[248]英国最高法院因此推定，根据英国法律，不

① 欧盟法院（European Court of Justice，ECJ），设立于1952年，总部设在卢森堡。由分别来自28个欧盟成员国的法官组成，但在审理案件时，一般由3位、5位或12位法官组成合议庭审理。欧盟法院的职责在于解释欧盟法律，确保其在所有欧盟成员国得到平等适用。

得对被告执行财政部命令，除非对命令作出修正，使其能够提供“有效的救济方法……将名单置于司法审查之下”。[249]

事实上，英国最高法院认定，如果国际管制行为（regulatory action）（如由联合国安理会对个人实施的指名行为）中缺乏额外的司法审查环节和程序性正当程序（procedural due process）保障，那么，这些行为就不能作为有约束力的法律在英国执行。

这三起案件向美国以及类似的民主国家提出了一个问题，该如何协调国际管制法规的扩张，以及国内法中通常会提供的程序保障和实质保障之间的关系。评论者已经开始探讨类似的问题。有人提出，美国联邦法院在实施国际组织制定的规则时应增设一些程序性条件，这样就可以避免产生宪法问题。也就是说，法院应该“适用宪法中的正当程序要件，以及其他普遍适用的行政法原则”，确保涉案人员在公权力面前能够享有充分的权利。[250]另一些人则提出，如果国内“监管机构在与外国对等机构开展国际谈判之前实施公众审查的话”，就可以避免发生授权问题，并且（因美国人民能够参与其中而）彰显美国人民所秉持的价值。[251]这些建议都强调了一个共同的主题：他们试图从公开性、公正性和合理性等方面对规则的实际制定者加以控制。国际监管机构已经着手作出回应，纳入了对公开性、参与性、反馈批评意见、合理决策[252]以及上诉审查形式[253]等方面提出的各种行政程序要求，简言之，努力提供更加公正、更加理性、更加公开的程序。[254]

这个问题其实由来已久。几个世纪以来，受监管机构的法律权威影响的人们都在抱怨“授予它们的权力过大”“存在太多缺乏制衡的权力”“管控行为的合法性没有得到充分审查”。这些指责和其他类似主张的核心都反映了一个基本问题：该由谁来管控监管者？正如罗马人那句著名的谚语所说：监管之人，谁人监管？（Quis custodiet ipsos custodies?）①[255] 234

我国法院在20世纪30年代也遇到过类似的问题。在罗斯福新政期间建立了很多新的联邦行政机构（federal administrative agencies）。这些机构在宪法上应如何

① 这句话被认为出自古罗马诗人尤维纳利斯（Decimus Iūnius Iuvenālis）的讽刺作品集*Satire Ⅵ*第347章第8节。

归类？宪法是否允许它们制定规则？是否允许它们行使审判权？在对它们进行授权的时候，国会授权的界限何在？法院该如何确保这些机构行为的公开性、参与性、公正性，如何确保这些行为符合法律？最高法院在克罗韦尔诉班森案[256]等案的裁决中对以上问题作出了回应，这些案件认定，上述机构拥有作出裁决（adjudicate）的宪法权力，但法院必须能够重新审查它们所做的事实认定（在审查时需抱以尊重态度），重新审查它们得出的法律结论，并且能够重新审查一些特定的宪法问题（这些问题已经不再重要）。此外，最高法院还宣示了“禁止授权”（non-delegation）原则，希望借此对国会得以授予行政机构的权力范围加以限制，但在今天，该原则的效力已经微乎其微。作为回应，国会颁布了《行政程序法》，该法设立了一些旨在确保行政机构公正性的规则。[257]法律职业者则以开辟一片独立的法律领域作为回应，这片领域就是行政法。

对于国际组织的规则制定这一（与行政机构的规则制定相）对应领域，我们最高法院目前仍然言之甚少。需要再次说明的是，邦德案并没有回答在密苏里诉霍兰德案中就已经出现的那个问题：通过条约方式开展的联邦立法活动是否能够扩展到（宪法）所列举的国会权力范围之外。对于另一个问题，国会能否为可能超出其明确享有的权力范围的条约颁布实施条例，该案也并未作出回答。我曾提到，麦德林案（对一个不同的问题）作出了解答，它要求，任何一项无须实施条例就具有自动执行力的条约现在都要包含一些特定的用语，而这可能会影响总统和参议院通过条约方式制定具有国内约束力的法律的权力。但刚刚讨论过的两个环境案件已经清楚地表明，国会可以通过多种并不违背麦德林案的方式将规则制定权授予其他组织机构。所以，向国际组织授予规则制定权这种做法可以继续开展下去，而且也确实在继续开展，最高法院迄今为止几乎没有为此设定过任何限制。在我看来，最高法院对此言之寥寥并不是坏事。

在我国这样的民主政体下，最高法院往往应当明智地等待公众对不同的解决方式进行实验，而公众或许会通过政府其他部门来完成这些实验。正如托克维尔
235 在近两个世纪前所观察到的那样，美国公众喜欢通过争论来思考问题。这些争论或者发生在酒吧的小聚期间，或者刊载于专业的期刊之上，或者充斥在大众媒体当中，或者出现在各行政部门和立法委员会的厅堂之内，又或者通过其他的方式展现出来。随辩论而来的则是实验，对规则的实验，对管理办法的实验，对国会

立法的实验，而这些实验结论往往又会被修正。我们最高法院最应该做的，往往是在尘埃落定之后再行介入，对于宪法问题更是如此，在介入之时要考虑的则是，最终得出的替代解决办法是否能够被宪法认可，落入宪法所划下的那条宽泛的界限之内。

最后，从基本层面来看，这个问题本身就特别困难。只有很少一部分国际机构有权对国际组织所做决议的合法性和公正性进行审查。而且，并不存在一个有权解决这些机构之间分歧的国际最高法院。从美国法律的角度来看，这里同样存在一种困境。如果我们通过条约将过多的规则制定权授予不受监管的国际机构，那么该如何确保宪法所规定的公平性，或者更确切地说，该如何确保宪法赋予国会的“立法”权（不受侵蚀）？但是，如果我们对通过签订条约或其他国际协议的方式将规则制定权授予国际机构的做法加以严格限制的话，我们又该以何种方式与其他国家开展合作？比如，我们将如何同其他国家协调执法行动？我们又怎么可能解决环境、贸易和安全等直接影响美国人民切身利益，而我们又无法独力解决的国际问题？

事实上，我们需要国际合作，也需要有助于维系这种合作的协议。国际社会正在共同努力，解决这个越发相互依存的世界中存在的商业、环境以及安全等方面的问题，我们无法简单地置身事外。当世界其他地区在共同酝酿和制定那些对我们产生直接影响的决议的时候，为了自己的利益，我们也不能置身事外。所以我相信，我们必须回答应由哪些机构来审查国际监管机构裁决的公正性、公开性和合法性，是本国机构，还是国际机构。而且，我们还必须决定它们该如何进行审查。

就目前而言，我可以给出一个坚实的结论，国际性规则制定组织的增长为我们提供了一个极为清晰的例子，它让我们认识到，如果我们想要维护我们最基本的价值，法院以及法律职业者，就必须去了解世界的其他地方，去认识那里的法律现实和现实情况。

注释

〔1〕U. S. CONST. art. VI, cl. 2.

〔2〕这是 *Missouri v. Holland*, 252 U. S. 416（1920）案的核心问题。国会在 1918 年根据“一项由总统宣布的美英两国条约”颁布了一项候鸟成文法。同上，第 431 页。最高法院较早前的判例暗示，根据宪法，国会无权直接制定处理候鸟问题的法律，所以本案的问题是，如果是根据一项要求缔约国制定适当法律的条约立法，国会是否能够拥有超出（宪法）授权范围的立法权力。同上，第 432~433 页。最高法院给予了肯定的回答。同上，第 435 页。

〔3〕参见，例如，Reid v. Covert, 354 U. S. 1, 16（1957）（“同外国签订的协议不能在宪法的限制之外，将权力赋予国会或政府的其他机构”）。

〔4〕参见 UNION OF INT'L ASS'NS, HISTORICAL OVERVIEW OF NUMBER OF INTERNATIONAL ORGANIZATIONS BY TYPE（2013）, http://www.uia.org/sites/uia.org/files/misc_pdfs/stats/Historical_overview_of_number_of_international_organizations_by_type_1909-2013.pdf。这些图表囊括了 UIA 数据中从“A”型到“G”型的所有政府间组织。

〔5〕参见 S. REP. No. 106-71, at 39（2001）。

〔6〕参见 U. S. Dep't of State, UNITED STATES CONTRIBUTIONS TO INTERNATIONAL ORGANIZATIONS: SIXTY-FIRST ANNUAL REPORT TO CONGRESS FOR FISCAL YEAR 2012（2013）, http://www.state.gov/documents/organization/213206.pdf。中央情报局的《世界概况》（*World Factbook*）中为我们列出了美国所加入的大约 65 个国际组织。参见 CIA, *International Organization Participation*, *in* THE WORLD FACTBOOK（2013）, https://www.cia.gov/library/publications/the-world-factbook/fields/2107.html#us（last visited Oct. 4, 2014）。关于美国订立的双边和多边条约和协议，参见 U. S. DEP'T OF STATE, TREATIES IN FORCE: A LIST OF TREATIES AND OTHER INTERNATIONAL AGREEMENTS OF THE UNITED STATES IN FORCE ON JANUARY 1, 2013（2013）, http://www.state.gov/documents/organization/218912.pdf。

〔7〕5 YEARBOOK OF INTERNATIONAL ORGANIZATIONS 2012-2013, at 54 表 3.3（49th ed. 2013）。

〔8〕同上，第 46 页，表 3.1（将 A 组到 G 组的数字加总）。

〔9〕同上，第 54 页，表 3.3。

〔10〕同上，第 25 页，表 2.1。

〔11〕同上，第 54 页，表 2.1。

〔12〕同上，第 29 页，表 2.5。

〔13〕同上，第 20 页。

〔14〕SABINO CASSESE, THE GLOBAL POLITY: GLOBAL DIMENSIONS OF DEMOCRACY AND THE RULE OF LAW 109（2012）.

〔15〕有哪些国际组织有能力对其成员国施加法律约束力是个复杂的问题。虽然“一些组织条约（constituent treaties）中明确规定该组织有权对其成员发布具有约束力的决定”，但很多其他的组织条约则没有规定如此清晰的授权。Dapo Akande, *International Organizations*, *in* INTERNATIONAL LAW 248, 261（Malcolm Evans ed., 4th ed. 2014）. 但是，即便国际组织无权对成员发布具有约束力的决定，“（他们的）决定的非约束性并不意味着其具体决定对其成员没有法律效力”。同上，“国际劳工组织”（International Labour Organization）一类的组织会要求成员对自己的决定

加以善意地（in good faith）考虑，或者会发布非约束性的决定，而其中“则会包含通过其他国际法程序自动具有约束力的法律规则，或转化为具有约束力的法律规则”。同上，第262页。[Constituent Treaties（组织条约），又称为Constitutional Treaties（宪法性条约）、Constituent Documents（组织文件）、Constituent Instrument（组织约章）。类似意义最早可能在20世纪30年代就已出现，后来的《维也纳条约法公约》中正式使用了constituent instrument这一术语。根据ICJ的解释，缔约国通过组织条约创造了一个具有一定自治权的新的主体。——译者注]

〔16〕Cassese，前注14，第53页；另参见Suzannah Linton & Firew Kebede Tiba, *The International Judge in an Age of Multiple International Courts and Tribunals*, 9 Chi. J. Int'l L. 407, 409（2009）[“直到20世纪90年代，世界上也只有六个永久性的国际司法机构：联合国国际法院，欧洲共同体法院，安第斯共同体法院（the Court of Justice of the Andean Community），比荷卢经济联盟法院（the Court of Justice of the Benelux Economic Union），欧洲人权法院（the European Court of Human Rights，ECtHR），以及美洲国家间人权法院（the Inter-American Court of Human Rights，IACtHR”）]。

〔17〕Cassese，前注14，第53~54页。国际法院和国际审判机构项目强调了“国际司法机构”的多样性和其不断变化的性质，并在2004年列出了16家正在运转的“国际司法机构”和82家“准司法机构”。*The International Judiciary in Context*, Project on Int'l Cts. & Tribunals（2004），http://www.pict-pcti.org/publications/synoptic_chart/synop_c4.pdf. 在这种分类法中，“国际司法机构……（a）是永久性的机构；（b）由独立的法官组成；（c）审理两个或更多主体之间的纠纷，而其中至少有一方是国家或国际组织；（d）依照预先制定好的程序规则进行审理；（e）审判结果具有约束力”。同上。相比之下，准司法机构“虽然没能符合上面提到的部分或者所有标准，但在国际法的执行、解释和实施中仍然起到了自己的作用”。同上，另参见Jonathan I. Charney, *The Impact on the International Legal System of the Growth of International Courts and Tribunals*, 31 N.Y.U. J. Int'l L. & Pol. 697, 699（1999）（分析了国际司法机构的增长所带来的后果）；Benedict Kingsbury, *Foreword: Is the Proliferation of International Courts and Tribunals A Systemic Problem?*, 31 N.Y.U. J. Int'l L. & Pol. 679, 680（1999）（讨论了国际法院和国际审判机构的扩张）；Cesare P. R. Romano, *The Proliferation of International Judicial Bodies: The Pieces of the Puzzle*, 31 N.Y.U. J. Int'l L. & Pol. 709, 709-10（1999）（“当未来的国际法学者回望20世纪末的国际法和国际组织的时候，他们很可能将国际司法机构的扩张和转型视为‘后冷战时代’国际法领域里唯一的重要发展。从1989年开始，大约有12家国际司法机构开始运作或经历了大幅改革，而在那之前，只有6到7家机构活跃在国际舞台”）。[“国际法院和国际审判机构项目”（Project on International Courts and Tribunals，PICT）建立于1997年，是一由个纽约大学、国际环境法与环境发展基金和伦敦大学学院主办的学术研究机构联合体。——译者注]

〔18〕虽然美国签署了《国际刑事法院罗马规约》，但参议院还未批准该条约。关于美国对《国际刑事法院罗马规约》和ICC态度问题的简略历史，参见Stephen Eliot Smith, *Definitely Maybe: The Outlook for U.S. Relations with the International Criminal Court During the Obama Administra-tion*, 22 Fla. J. Int'l L. 155, 160-66（2010）；以及Diane F. Orentlicher, *Unilateral Multilateralism: United States Policy Toward the International Criminal Court*, 36 Cornell Int'l L. J. 415（2004）。

〔19〕参见Understanding on Rules and Procedures Governing the Settlement of Disputes, Apr. 15, 1994, 1869 U.N.T.S. 401。

〔20〕参见 North American Free Trade Agreement ch. 19, U. S. – Can. – Mex., Dec. 17, 1992, 107 Stat. 2057, 32 I. L. M. 289（1993）。（“U. S. – Can. – Mex.” 即美国、加拿大、墨西哥三国。——译者注）

〔21〕参见ICSID, Convention on the Settlement of Investment Disputes Between States and Nationals of Other States（《关于解决国家与其他国家国民之间投资争端公约》），*in* ICSID CONVENTION, REGULATIONS AND RULES 7（2006）。

〔22〕参见 *United States Affirms Support for ICTY, Denies Karadzic Amnesty Deal*, 103 AM. J. INT'L L. 591, 591（2009）（“美国曾承诺协助 ICTY，并且在持续履行该承诺，作为这项承诺的一部分，美国定期向控辩双方的律师提供相关信息”）。

〔23〕参见 U. S. DEP'T OF STATE, UNITED STATES CONTRIBUTIONS TO INTERNATIONAL ORGANIZATIONS（2010）, http://www.state.gov/documents/organization/199431.pdf（列出了对国际组织给予的经济援助，其中包括 ICTR 和 ICTY）。

〔24〕参见 Padraic J. Glaspy, *Justice Delayed? Recent Developments at the Extraordinary Chambers in the Courts of Cambodia*, 21 HARV. HUM. RTS. J. 143, 146（2008）（“在联合国于2002年启动该程序之后……正是由于日本、法国、澳大利亚和美国领衔的各利害关系国的介入，才最终挽救了该审判机构”）。

〔25〕Statute of the International Court of Justice（《国际法院规约》），June 26, 1945, 59 Stat. 1055.

〔26〕U. N. Charter art. 94.

〔27〕《国际法院规约》，前注25，第34（1）条。

〔28〕同上，第36条。

〔29〕同上，第36（1）～（2）条。

〔30〕同上，第59条。

〔31〕Vienna Convention on Consular Relations（《维也纳领事关系公约》），Apr. 24, 1963, 596 U. N. T. S. 261.

〔32〕同上，第36（1）（b）条。

〔33〕同上。

〔34〕同上，第36（2）条。

〔35〕Optional Protocol Concerning the Compulsory Settlement of Disputes（《关于强制解决争端的任择议定书》），Apr. 24, 1963, 596 U. N. T. S. 487。

〔36〕同上，第1条。

〔37〕参见 Letter from Condoleezza Rice, Secretary, to Kofi A. Annan, Secretary-General of the United Nations（美国国务卿康多莉扎·赖斯致联合国秘书长科菲·A. 安南的信）（Mar. 7, 2005）, http://www.state.gov/documents/organization/87288.pdf。

〔38〕参见 LaGrand Case（Ger. v. U. S.）, Application Instituting Proceedings, ¶¶ 4 – 8（Mar. 2, 1999）, http://www.icj-cij.org/docket/files/104/7153.pdf。

〔39〕LaGrand Case（Ger. v. U. S.）, Request for the Indication of Provisional Measures（《临时措施申请书》），1999 I. C. J. 9, ¶5（Mar. 3）。[临时措施（provisional measures）：ICJ 所使用的一种专门术语，大体相当于美国的临时命令（interim order）。——译者注]

〔40〕同上，第29段。

〔41〕LaGrand Case（Ger. v. U. S.）, 2001 I. C. J. 466, ¶34（June 27）.

〔42〕同上，第17~21段。

〔43〕同上，第22~24段。

〔44〕同上，第82段。

〔45〕同上，第74段。

〔46〕同上，第90段。

〔47〕同上。

〔48〕同上，第91段。

〔49〕同上，第123段。

〔50〕同上。

〔51〕同上，第125段。

〔52〕同上，第126段。

〔53〕Avena and Other Mexican Nationals（Mex. v. U. S.），2004 I. C. J. 12（Mar. 31）.

〔54〕同上，第15段。

〔55〕同上，第90段［“ICJ推定，对于本案中的每一名个人（一人除外）……美国违反了《维也纳领事关系公约》第36条第1（b）段中规定的向被捕人员提供信息的义务”］。ICJ认定，在那名例外被告——罗曼·萨尔西多·波荷奎的案件中，墨西哥“没能证明美国违反公约”。同上，第74段。美国能够证明他在被捕时宣称自己是美国公民。同上，第66段。

〔56〕同上，第88段。ICJ表示，“一旦发现当事人为外国国民，或者有理由相信此人很有可能是外国国民时”，实施通知的责任即被触发。同上。

〔57〕同上，第89段。

〔58〕Vienna Convention on Consular Relations，前注31，第36（2）条。

〔59〕*Avena*，2004 I. C. J. 12，¶112（引述了*LaGrand*，2001 I. C. J. 466，¶90）。

〔60〕同上，第113段。

〔61〕同上［引述了Vienna Convention on Consular Relations，前注31，第36（2）条］。

〔62〕同上。

〔63〕同上，第114段。

〔64〕同上，第153（9）段。

〔65〕同上，第121段。

〔66〕在2013年，美国法院处理了一万五千多件由罪犯提出的申请。参见*Judicial Business* 2013：*U. S. Courts of Appeals*，ADMIN. OFFICE OF U. S. COURTS，http：//www. uscourts. gov/Statistics/Judicial-Business/2013/us-courts-of-appeals . aspx#table2（last visited Feb. 2，2015）。

〔67〕Sanchez-Llamas v. Oregon，548 U. S. 331（2006）. 该案还涉及另一起由莫伊塞斯·桑切斯－利亚马斯提起的上诉案件。莫伊塞斯·桑切斯－利亚马斯是墨西哥人，他在射伤一位警官的大腿之后被逮捕，但他声称没有人告知他享有联系墨西哥领事的《维也纳领事关系公约》权利。同上，第339~340页。

〔68〕同上，第340~341页；另参见上诉人马里奥·布斯蒂略的庭审意见，第4~5页，*Sanchez-Llamas*，548 U. S. 331（Nos. 04－10566，05－51）。

〔69〕*Sanchez-Llamas*，458 U. S. at 341.

〔70〕同上。

〔71〕同上。

〔72〕同上。布斯蒂略的庭审律师可能是知道《维也纳领事关系公约》的，但他只是选择不与领事取得联系。参见 Transcript of Oral Argument at 58 –59, *Sanchez-Llamas*, 548 U. S. 331（Nos. 04 – 10566, 05 –51）。

〔73〕参见上诉人马里奥·布斯蒂略的庭审意见，前注 68，第 8 ~9 页。

〔74〕参见洪都拉斯共和国和其他主权国家作为法庭之友递交的法律意见书，第 24 ~25 页，*Sanchez-Llamas*, 548 U. S. 331（Nos. 04 –10566, 05 –51）。

〔75〕*Sanchez-Llamas*, 548 U. S. at 341.

〔76〕同上。

〔77〕同上。

〔78〕同上，第 342 页。

〔79〕参见，同上，第 351 页。

〔80〕同上，第 342 页。

〔81〕参见上诉人马里奥·布斯蒂略的庭审意见，前注 68，第 2 页。

〔82〕同上。

〔83〕Vienna Convention on Consular Relations，前注 31，第 36（2）条。

〔84〕同上。

〔85〕参见 *Avena*, 2004 I. C. J. 12，¶112 –13。

〔86〕同上，第 113 段。

〔87〕*Sanchez-Llamas*, 548 U. S. at 353. 另参见 ICJ 专家作为法庭之友递交的法律意见书，*Sanchez-Llamas*, 548 U. S. 331（Nos. 04 –10566, 05 –51）（"《任择议定书》相当于一个诉讼地选择条款，它的作用在于，选择 ICJ 作为诉讼地的缔约方必须执行该法院的裁决。因此，ICJ 解释说，一旦同意加入《维也纳领事关系公约》并为解决争端选择了指定的诉讼地，美国就有责任遵守该条约"）。但首席大法官指出，"在阿韦纳案之后不久，美国就退出了涉及《维也纳领事关系公约》争议的《任择议定书》。无论阿韦纳案和拉格朗案在美国退出之前产生了何种影响，我们并不确定美国法院是否还继续承认该审判机构的解释具有决定性的意义，美国已经不再承认其在该领域中的管辖权"，*Sanchez-Llamas*, 548 U. S. at 355。

〔88〕*Sanchez-Llamas*, 548 U. S. at 353.

〔89〕同上，第 354 页。

〔90〕同上（引述了 ICJ Statute，前注 25，第 59 条）。

〔91〕U. N. Charter art. 94, para 1；参见 *Sanchez-Llamas*, 548 U. S. at 355。

〔92〕*Sanchez-Llamas*, 548 U. S. at 355.

〔93〕同上［引述了 Breard v. Greene, 523 U. S. 371, 375（1998）］。

〔94〕参见，同上，第 382 ~383 页（大法官布雷耶的异议意见）。

〔95〕参见，同上，第 383 页。

〔96〕参见 Counter-Memorial of the United States（美国提交的辩诉状）at 61 n. 128, *Avena*, 2004 I. C. J. 12（Nov. 3, 2003）（提到了 ICJ "的权力并不局限于具体案件"，这已经"成为定论"）。

〔97〕参见 *Sanchez-Llamas*, 548 U. S. at 384 –85（列举了类似的案件）。

〔98〕Human Rights Act, 1998, c. 42，§ 3（1）（U. K.）［"解读和实施基本立法（primary legislation）以及副属性立法（subordinate legislation）的方式必须尽可能地与公约权利相匹配"］。

〔99〕同上，§ 2（1）（“对与公约权利相联系的问题进行裁决的法院或审判机构，必须将 ECtHR 的所有……裁决、决定、宣言和咨询意见纳入考虑范围”）。

〔100〕参见 ROBERT STEVENS，THE ENGLISH JUDGES：THEIR ROLE IN THE CHANGING CONSTIT-UTION 124 & n. 15（2002）。

〔101〕Lord Irvine of Lairg，*Address at University College London*：*A British Interpretation of Convention Rights* 1（Dec. 14，2011），http：//www. laws. ucl. ac. uk/wp-content /uploads/2014/11/Lord_ Irvine_ Convention_ Rights. pdf.

〔102〕*Sanchez-Llamas*，548 U. S. at 355（多数派审判意见）。

〔103〕同上，第353页［引述了 LaGrand Case（Ger. v. U. S.），2001 I. C. J. 466，¶91（June 27）］。

〔104〕同上，第357页［“如果由于政府没有告知被告他享有第36条中所规定的权利，就一概免除被告未遵守相关程序规则的疏漏，那么诉讼时效以及禁止连续申请人身保护令等推定性规则（presumably rules）在面对（依据）第36条（提出的）诉讼请求时也将失效”］。

〔105〕同上［引述了 Vienna Convention on Consular Relations，前注31，第36（2）条］。

〔106〕参见 *Sanchez-Llamas*，548 U. S. 第386～387页（大法官布雷耶的异议意见）。

〔107〕*Avena*，2004 I. C. J. 12，¶113.

〔108〕参见 *Sanchez-Llamas*，548 U. S. 第387～388页（大法官布雷耶的异议意见）。

〔109〕*Avena*，2004 I. C. J. 112，¶153（9）；另参见 *LaGrand*，2001 I. C. J. 466，¶125。

〔110〕参见 *Avena*，2004 I. C. J. 112，¶153（9）。

〔111〕Medellin v. Texas，552 U. S. 491，501（2008）.

〔112〕同上，第500页。

〔113〕同上，第501页。

〔114〕同上。

〔115〕同上（“麦德林在他的第一份州定罪后救济程序申请中才首次提出了自己的《维也纳领事关系公约》主张”）。

〔116〕同上，第501～502页（原文中的引述部分和括号已删去）；另参见，同上［“州初审法院认定，该主张有程序性错误（procedurally defaulted），因为麦德林没有在庭审或首次复审时提出这一问题。初审法院还在实质审查后否定了麦德林的《维也纳领事关系公约》主张……认定，麦德林‘无法证明其定罪或量刑的合法性因没有通知墨西哥当局而受到了影响’。得克萨斯州刑事上诉法院维持原判”］。

〔117〕同上，第502页（“麦德林随后向联邦地区法院递交了人身保护令申请。地区法院拒绝发布保护令，认定麦德林的《维也纳领事关系公约》主张中有程序性错误，而且麦德林无法证明存在任何由《维也纳领事关系公约》违约行为引起的损害”）。

〔118〕*Avena*，2004 I. C. J. 12，at ¶16（列举了麦德林案）。

〔119〕同上，第153（9）段。

〔120〕同上，第121段［“它继续说到，这类违约行为的补救措施包括，美国有责任允许美国法院对这些（外国）国民的案件进行审查和复核，正如本院（ICJ）将在之后的第128段到第134段进一步说明的，在审查和复核期间，应当核实在每一个案件中主管当局所实施的违反第36条的行为是否在刑事司法过程中对被告造成了实际损害”］。

〔121〕参见 *Medellin*，552 U. S. at 563（大法官布雷耶的异议意见）［“虽然得克萨斯州已经考虑到了这一问题，但它的考虑并不全面，例如，法院指定给被告的这位曾被连续中止执业达6个月之

久的律师是否对被告造成了实际损害，若麦德林知道自己可以与领事取得联系，并从而找到另一位律师的话，这种损害就可以避免”（原文中的引述部分已删去）]。

〔122〕同上，第503页（多数派的审判意见）。

〔123〕同上，最高法院发布了调卷令（certiorari），但在麦德林向下级法院提出新的诉讼请求，主张总统的备忘录为其提供了救济之后，最高法院又以考虑不充分（improvidently granted）为由撤销了调卷令。直到新的诉讼程序结束后，最高法院才重新发布了调卷令。参见，同上，第503~504页。（在未经法院充分考虑，或未获得与之有关的所有情况的适当信息，或基于错误的推测、误导性的信息或建议等情况下作出的判决、命令、规则或禁令，即被称为“improvidently”。——译者注）

〔124〕同上，第503页。

〔125〕同上。

〔126〕同上，第504页。

〔127〕U. S. Const. art. VI, cl. 2.

〔128〕Vienna Convention on Consular Relations，前注31，第36（2）条。

〔129〕Optional Protocol Concerning the Compulsory Settlement of Disputes to the Vienna Convention art. I, Apr. 24, 1963, 21 U. S. T. 325, 326.

〔130〕U. N. Charter art. 94（1）.

〔131〕ICJ Statute，前注25，第59条。

〔132〕Case Concerning Avena and Other Mexican Nationals（关于阿韦纳和其他墨西哥国民的案件）（Mex. v. U. S.), 2004 I. C. J. 12, ¶153（Judgment of Mar. 31, 2004）。

〔133〕Medellin v. Texas, 552 U. S. 491, 503（2008）.

〔134〕同上，第499页。

〔135〕同上，第505页（“总之，虽然条约‘会构成国际承诺……但他们并不是国内法，除非国会制定了相应的实施条例，或者该条约本身就表达了一种意图——该条约是‘自动执行’性质的——并且缔约国也据此批准了该条约，只有这样，条约才具有国内法效力’。”）［引述了Iguarta-De La Rosa v. United States, 417 F. 3d 145, 150（1st Cir. 2005）]。

〔136〕U. S. Const. art. VI, cl. 2.

〔137〕参见Ware v. Hylton, 3 U. S.（3 Dall.）199（1796）。

〔138〕参见，同上，第204页。

〔139〕参见，同上，第272页（大法官艾尔德尔的审判意见）（“我认为，对于本案的争议条款，也就是第4条而言，只有立法当局才能实现该条的立约目的；这是因为，当一个国家承诺做某事的时候，我们就会很自然地想到，这种承诺是会得到执行的，而且是以该国宪法所规定的方式执行”）。

〔140〕参见，同上，第272~280页。

〔141〕Foster v. Neilson, 27 U. S.（2 Pet.）253, 314（1829）［“我国宪法将条约规定为全国性的法律。所以，对于法院来说，条约与立法机构制定的法律具有同等效力，无须立法机构再做规定，条约就可以单独发挥效力。但是，如果协议中包含了彼此之间的相互承诺（contract），而其中一方承诺要进行相应立法的话，那么该条约就将自己划分给了政治部门，而非司法部门；这样的话，只有在立法机构履行这一承诺之后，最高法院才能将其视为法律”]。（“Pet.”即早期编辑者Richard Peters, Jr. 的缩写。——译者注）

〔142〕参见 Medellin v. Texas, 552 U. S. 491, 568 – 69 (2008)（大法官布雷耶的异议意见）（提供了一份最高法院认定为自动执行条约条款的名录）。

〔143〕参见，例如，*Medellin*, 552 U. S. at 506。

〔144〕U. N. Charter, art. 94 (1).

〔145〕*Medellin*, 552 U. S. at 508. ［“行政机构主张，‘承诺遵行’这个表述并不是说‘联合国会员国承认 ICJ 的判决立即对本国的法院发生法律效力’，而是说‘会员国保证其政治机构会推出进一步的立法行动，从而遵行 ICJ 的判决’。我们认为对第 94 条进行这样的解释是恰当的”（原文中的注释已删去）］。

〔146〕同上，第 511 页（“麦德林认为 ICJ 的判决自动具有与国内法相同的约束力。第 94 条所构建的执法结构给了这种观点致命一击”）。

〔147〕同上，第 516 页。

〔148〕同上，第 517 页。

〔149〕同上，第 551 页（大法官布雷耶的异议意见）（“执行有‘约束力’的法院判决是典型的司法活动”）。

〔150〕参见，同上，第 568 页（列举了几条“被最高法院认定为自动执行的条约条款”）。

〔151〕同上，第 546 ~ 549 页。

〔152〕同上，第 549 ~ 551 页。

〔153〕同上，第 556 页［“逻辑告诉我们，如果一项条约条文中规定了条约纠纷（treaty – based disputes）的‘处理’（settle）方式，即通过何种方式对问题条约作出‘有约束力’的‘终局性’裁决，而且这项条约条文本身属于自动执行条约的话，那么根据该条约条文所做的关于问题条约含义的裁决，就自然也是自动执行的”］。

〔154〕同上，第 519 页（多数派的审判意见）。

〔155〕同上，第 521 页。

〔156〕同上。

〔157〕同上，第 522 页。

〔158〕参见 Oona A. Hathaway, Sabria McElroy & Sara Aronchick Solow, *International Law at Home: Enforcing Treaties in U. S. Courts*, 37 Yale J. Int'l L. 51, 91 – 95 (2010)（建议国会通过立法的形式将某些类型的条约自动转化为自动执行条约）。

〔159〕参见，例如，22 U. S. C. § 1650a (a) (2012)［“仲裁机构遵照《解决国家与其他国家国民之间投资争端公约》第 4 章作出的仲裁裁决应当在美国（的投资）条约项下生成一种权利。由这类裁决所产生的金钱债务应当得到执行，而且应当对这类裁决给予充分的信任和尊重（full faith and credit），其效力等同于各州拥有一般管辖权的法院所作出的终局性判决”］；9 U. S. C. § § 201 – 208 (2012)（“美国法院应该根据本章规定，执行《联合国承认及执行外国仲裁裁决公约》”）；另参见 *Medellin*, 552 U. S. at 519 – 20（“本案的裁决并不影响外国裁决或国际仲裁协议的常规执行措施”）。（“Full faith and credit”，美国宪法中的“充分信任和尊重”条款。简言之，该条款规定了各州应当对其他州的公共法律、判决和司法程序给予充分的信任和尊重，承认其效力。这里的意思是，把此类仲裁裁决的地位提高到与州法院终审判决并列的程度。——译者注）

〔160〕参见 *Medellin*, 552 U. S. at 547 – 48（大法官布雷耶的异议意见）［“每个国家的国内地位决定法（domestic status-determining law）都各不相同……例如，按照英国的观点，条约是由英王订

立的，而负责将条约转化为国内法的则是议会，因此每项条约都需要由议会进行相应的立法。至上条款则使美国走上了一条与英国不同的道路。而荷兰等国的法律则直接将很多条约，甚至是未经议会明确批准而仅由行政机构缔结的条约转化为国内法”（原文中的注释已删去）]；另参见 NATIONAL TREATY LAW AND PRACTICE（Duncan B. Hollis, Merritt R. Blakeslee & L. Benjamin Ederington eds., 2005）（介绍了包括荷兰和英国在内的一些国家的条约法）。

〔161〕*Medellin*, 552 U. S. at 567（引述了书评 *Mr. Root Discusses International Problems*, N. Y. TIMES, July 9, 1916, at 26）。

〔162〕Convention on the Prohibition of the Development, Production, Stockpiling and Use of Chemical Weapons and on Their Destruction（《关于禁止发展、生产、储存和使用化学武器及销毁此种武器的公约》）, Jan. 13, 1993, 1974 U. N. T. S. 45。

〔163〕同上，第Ⅰ（1）条。

〔164〕同上，第Ⅱ（1）（a）条。

〔165〕同上，第Ⅱ（2）条。

〔166〕同上，第Ⅱ（9）（a）条。

〔167〕Chemical Weapons Convention Implementation Act of 1998（《1998 年化学武器公约实施法》）, Pub. L. No. 105－277, 112 Stat. 2681（codified at 18 U. S. C. § 229 *et seq.*; 22 U. S. C. § 6701 *et seq.*）。

〔168〕18 U. S. C. § 229（a）.

〔169〕同上，§ 229A（a）。

〔170〕Bond v. United States, 134 S. Ct. 2077, 2085－86（2014）.

〔171〕同上。

〔172〕同上，第 2086 页。这实际上已经是邦德第二次出现在第三巡回区和最高法院的法庭上了。在之前的诉讼阶段，邦德通过援引宪法第十修正案对其有罪判决的合法性提出了质疑，而两家法院则就邦德是否是提出这一质疑的适格诉讼当事人进行了审查。法院对这一问题给出了肯定的答案。同上。

〔173〕Missouri v. Holland, 252 U. S. 416（1920）.

〔174〕同上，第 431～433 页。

〔175〕同上，第 431～432 页。

〔176〕同上，第 432 页。

〔177〕同上，第 433 页［引述了 Andrews v. Andrews, 188 U. S. 14, 33（1903）］。

〔178〕同上，第 435 页。

〔179〕Neely v. Henkel, 180 U. S. 109（1901）.

〔180〕同上，第 121 页。

〔181〕Prigg v. Pennsylvania, 41 U. S.（16 Pet.）539, 619（1842）.

〔182〕STEPHEN E. AMBROSE, EISENHOWER: THE PRESIDENT 68（1984）.

〔183〕DUANE TANANBAUM, THE BRICKER AMENDMENT CONTROVERSY: A TEST OF EISEN-HOWER'S POLITICAL LEADERSHIP 91－92（1988）.

〔184〕Letter from President Dwight D. Eisenhower to William F. Knowland, MajorityLeader, U. S. Senate（德怀特·D. 艾森豪威尔总统致美国参议院多数党领袖威廉·F. 诺兰的信）（Jan. 25, 1954）, *in* 9 CONGRESSIONAL QUARTERLY ALMANAC 236（1953）。

〔185〕Memorandum by L. Arthur Minnich, Assistant White House Staff Secretary（白宫助理幕僚长 L. 亚瑟·明尼克的备忘录）（Jan. 11, 1954）, *in* 1 Foreign Relations of the United States, 1952 – 1954, at 1832（William Z. Slany et al. eds., 1983）。

〔186〕*Treaties and Executive Agreements: Hearing Before the S. Comm. on the Judiciary*, 84*th Cong.* 986 – 92（1955）.

〔187〕参见 Tananbaum，前注 183，第 169 ~ 181 页。

〔188〕Bond v. United States, 134 S. Ct. 2077, 2089（2014）［引述了 BFP v. Resolution Trust Corp., 511 U.S. 531, 544（1994）］。

〔189〕同上，第 2090 页。

〔190〕同上，第 2091 页。

〔191〕同上（原文中的引号和注释已删去）。

〔192〕同上，第 2093 ~ 2094 页。

〔193〕同上。

〔194〕同上，第 2098 页（大法官斯卡利亚的附议意见）。

〔195〕同上，第 2098 ~ 2099 页。

〔196〕同上，第 2099 页。

〔197〕同上。

〔198〕同上，第 2100 页［引述了 Curtis A. Bradley & Jack L. Goldsmith, *Treaties, Human Rights, and Conditional Consent*, 149 U. Pa. L. Rev. 399, 400（2000）］。

〔199〕同上，第 2103 页（大法官托马斯的附议意见）。

〔200〕同上，第 2105 页［引述了 The Federalist（《联邦党人文集》）No. 42（James Madison）］。

〔201〕同上，第 2108 页。

〔202〕同上，第 2110 页。

〔203〕同上，第 2110 ~ 2111 页（原文中的注释已删去）。

〔204〕同上，第 2111 页（大法官阿利托的附议意见）。

〔205〕参见 Gonzales v. Raich, 545 U.S. 1（2005）（大麻案）; Wickard v. Filburn, 317 U.S. 111（1942）（小麦案）。

〔206〕United States v. Lopez, 514 U.S. 549（1995）.

〔207〕Reid v. Covert, 354 U.S. 1, 17（1957）.

〔208〕参见 Bundesverfassungsgericht［BVerfG］［Federal Constitutional Court］May 29, 1974,［1974］2 C.M.L.R. 540, 545, 557（Ger.）。（Bundesverfassungsgericht 为德语，即德国联邦宪法法院；"BVerfG"是该法院的缩写；"C.M.L.R."标示本案的记录机构为 Common Market Law Reports。——译者注）

〔209〕Bundesverfassungsgericht［BVerfG］［Federal Constitutional Court］Sept. 12, 2012,［2013］C.M.L.R. 3（Ger.）.

〔210〕参见 David Jolly & Jack Ewing, *French Court Clears Adoption of European Fiscal Treaty*, N.Y. Times, Aug. 10, 2012。

〔211〕Bundesverfassungsgericht［BVerfG］［Federal Constitutional Court］June 30, 2009,［2010］C.M.L.R. 13（Ger.）.

〔212〕［1974］2 C.M.L.R. at 558.

〔213〕[2013] C. M. L. R. at 103 - 04.

〔214〕Yale Global Constitutionalism Seminar, Supplemental Distribution: Europe's Challenges 24 (Aug. 20, 2012)(未刊稿)(由作者收藏)。

〔215〕[2010] C. M. L. R. 3, ¶ 351 与¶¶ 363 - 66 一致(在对刑法方面的条约条文进行解释的时候,应当采取一种"相对而言限定性更强的解释方式",以此来维护各成员国制定和执行本国刑事法律的权力)。

〔216〕Richard B. Stewart, *Remedying Disregard in Global Regulatory Governance: Account-ability, Participation, and Responsiveness*, 108 AM. J. INT'L L. 211, 216 - 17 (2014).

〔217〕Sabino Cassese, *Administrative Law Without the State? The Challenge of Global Regulation*, 37 INT'L L. & POL. 663, 678 (2005).

〔218〕同上,第 664 ~ 666 页。

〔219〕CASSESE,前注 14,第 120 页。

〔220〕Curtis A. Bradley, *International Delegations, the Structural Constitution, and Non-Self-Execution*, 55 STAN. L. REV. 1557, 1575 (2003).

〔221〕CASSESE,前注 14,第 120 ~ 121 页。

〔222〕Stewart,前注 216,第 222 页;另参见 S. C. Res. 1333, para. 8 (c), U. N. Doc. S/RES/1333 (Dec. 19, 2000)(要求会员国遵照安理会制裁委员会的决定,"立即冻结"与奥萨马·本·拉登及基地组织"有关的个人与机构的资金和其他金融资产")。

〔223〕Richard B. Stewart, *U. S. Administrative Law: A Model for Global Administrative Law?*, 68 LAW & CONTEMP. PROBS. 63, 76 (2005).

〔224〕CASSESE,前注 14,第 46 页,注 77。

〔225〕Bradley,前注 220,第 1578 页。

〔226〕Kimberly Ann Elliot, *The ILO and Enforcement of Core Labor Standards*, INT'L ECON. POL'Y BRIEFS, July 2000, at 1, http://www.iie.com/publications/pb/pb00-6.pdf.

〔227〕参见 CASSESE,前注 14,第 22 ~ 28 页[对"全球政治"(global polity)治理与国家治理之间的区别进行了归类比较];Stewart,前注 216,第 216 ~ 220 页(讨论了民间国际组织和官方—民间国际组织的扩张现象);同上,第 244 ~ 255 页(讨论了这些组织中产生的责任问题,并提出了相应的解决方案)。

〔228〕Dep't of Transp. v. Pub. Citizen, 541 U. S. 752 (2004).

〔229〕同上,第 759 ~ 760 页。

〔230〕同上,第 762 页。

〔231〕同上,第 761 ~ 762 页。

〔232〕同上,第 769 ~ 770 页("造成墨西哥卡车涌入的法律原因并不是联邦货运汽车安全管理局的行政行为,而是国会对总统进行了授权,并且总统根据授权解除了原中止令,这就使管理局的自由裁量权受到了限制")。

〔233〕Natural Res. Def. Council v. Envtl. Prot. Agency (*NRDC*), 464 F. 3d 1 (D. C. Cir. 2006).

〔234〕同上,第 4 ~ 5 页。

〔235〕同上,第 5 页。

〔236〕同上(原文中的引述部分已删去)。

〔237〕同上。

〔238〕42 U. S. C. § 7671c（6）（2012）.

〔239〕*NRDC*，464 F. 3d at 8.

〔240〕同上。

〔241〕同上。

〔242〕同上［引注了 Comm. of U. S. Citizens Living in Nicaragua v. Reagan，859 F. 2d 929（D. C. Cir. 1988）］。

〔243〕Medellin v. Texas，552 U. S. 491（2008）.

〔244〕参见 HM Treasury v. Ahmed & Others，［2010］UKSC 2，para. 18（霍普法官的审判意见）。［“UKSC”即英国最高法院（Supreme Court of United Kingdom）的案件。——译者注］

〔245〕同上，第40段（霍普法官的审判意见）。

〔246〕参见，同上，第83～84页；同上，第155～157页（菲利普斯法官的审判意见）（同意霍普法官的意见，同样认为财政部的命令违反了英国法律）；同上，第174～177段，第185～187段（罗杰法官的审判意见）（与以上两位法官一致）。

〔247〕同上，第50段（霍普法官的审判意见）。

〔248〕同上，第66～68段（引注了被并案处理的案件 C－402/05P & C－415/05P，Kadi v. Council，2008 E. C. R. I－06351）。（“E. C. R.”即本案的记录机构为“European Court Reports”，官方性质的案件汇编机构。——译者注）

〔249〕同上，第81页；与同上第82～84页一致。

〔250〕Stewart，前注216，第77页。

〔251〕David Zaring，*Sovereignty Mismatch and the New Administrative Law* 91 Wash. U. L. Rev. 59，110（2013）. 另一个类似的建议，参见 Jean Galbraith，*Prospective Advice and Consent*，37 Yale J. Int'l L. 247（2012）（建议参议院采取发布决议案的形式划出一定范围，只要行政机构通过谈判达成的条约属于这一范围，即可视为参议院已经预先批准了这一条约）。

〔252〕Stewart，前注216，第239～241页，第243页，第253～254页。

〔253〕同上，第249～250页（告诉我们，“国际监管领域内的专业化审判机构正在逐渐增多，当事人可以请求这些审判机构对监管机构的决定进行审查”，“这种审查可以是直接的：由于审判机构是该领域内拥有决定权的国际监管机构的组成部分，所以审判机构是在代表国际监管机构本身实施审查；这种审查也可以是间接的：在国内部门贯彻执行国际规则和国际决定的过程中，由国内法院对国内部门的执行情况进行审查”）；同上，第266页和注207（列举了一些国际监管组织，这些监管组织都建立了“专业领域的审查机构，由它们负责具体审查”）。

〔254〕Stewart，前注216，第99～103页（详细描述了国际监管机构从国内行政法体系中获得了哪些经验，建立了哪些新的操作规程。这些举措极大地提高了透明度，使利益相关者能够更多地参与到决策制定的过程中来，使更多的当事人获得了提出上诉和申请司法审查的机会）。

〔255〕翻译成英语为：“Who will watch the watchmen?”

〔256〕Crowell v. Benson，285 U. S. 22（1932）.

〔257〕参见 5 U. S. C. §§ 500 *et. seq*。

236

第 *10* 章

附言：独自在家，[①] 一种政治层面的讨论

我们已对一些案件进行了深入的探讨，这些案件从整体上反映了外国环境所造成的影响，并详细展示了外国法律对最高法院裁决的影响。其中有些案件涉及宪法问题，有些则涉及成文法或条约问题，而所有这些案件均表明，美国的利益往往会延伸到海外，这就令最高法院有责任走出其熟悉的领域，在更广阔的范围内搜寻法律和现实依据，据此作出正确的裁决。我认为，应当以这些案件为背景，去思考一种争论，每当人们意识到外国法律对美国法院施加影响时就会出现这种争论。我之所以到现在才开始讨论这种争论，是因为在我们的政治论辩（political discourse）中，甚至是在法院的审判意见中，这种争论往往很容易就脱离了它的背景。这种争论所关注的是“交叉引用”（cross-referencing）外国案件这种实践，也就是在审判意见中援引外国法院的裁决。在围绕外国法律的作用所展开的政治讨论中，这种争论俨然已经占据了显著位置，然而，这种争论其实只涉及外国法律的一小部分功能，与本书中其他部分所讨论的例子相比，这项功能并不突出。

要了解这种争论，就必须牢记，美国最高法院是一个国内法院，而非国际法

---

① 独自在家（*Home Alone*），1990 年上映的一部美国喜剧电影，国内译为《小鬼当家》。片中讲述了美国一家人在圣诞节到巴黎度假，却误把八岁的儿子留在家中的故事。片中的小孩在家中设置了重重机关，智斗试图入室行窃的笨贼，并最终将其制服。之后，“home alone”也被用作动词，意为设置机关以对付拥有肢体和力量优势的闯入者。

院。它的职责在于解释并适用宪法和联邦成文法，并在一些情况下解释并适用条约。在之前，这些工作并不会与外国的法律发生关系。但自建国以来，特别是最 237
近几十年来，这个世界明显缩小了。这种发展表现为科学技术、通信手段以及政治组织的改变，同时也表现为各种跨国问题的增多，而我们已经看到，这种发展使最高法院必须比以往任何时候都更频繁地去考虑国际法与其他国家法律当中的问题。这种发展也对最高法院工作的性质造成了显著的影响，使大法官们比以往任何时候都更需要认识外国的法律惯例，并将其纳入考量范围。但当他们这样做的时候，则时常会引起强烈的负面政治反应。

例如，最高法院在2002年2月审理的一件案件中就出现了一个争议问题：宪法第八修正案中禁止施加“残酷和非常的惩罚”（cruel and unusual punishments）的规定是否禁止对智力发育迟缓的（谋杀罪）被告人处以极刑?[1]一些美国外交官以“法庭之友”的身份递交了一份法庭意见书，声称世界上只有美国和吉尔吉斯斯坦会对这一人群沿用这种刑罚。[2]新闻媒体对此进行了报道。当《纽约时报》在一篇社论中提及此事时，心有不快的吉尔吉斯斯坦大使致信《纽约时报》，解释称，虽然其他一小部分国家还保留了死刑，然而从其独立时起，吉尔吉斯斯坦事实上就已经完全废止了这种刑罚。[3]

但是，还是让我们回到原来的问题，是有很多国家允许对智力发育迟缓者处以死刑，还是只有极少数国家（仅吉尔吉斯斯坦和美国两国），甚至是只有美国允许这种刑罚，这个问题是否会影响宪法第八修正案的适用？如果确有影响，究竟是一种怎样的影响，为何会存在这种影响？美国外交官的声明和宪法修正案的适用之间究竟有怎样的联系，这些外交官为何会认为海外的死刑存废与宪法修正案的适用之间存在特殊的联系？是否可以理解为，这一事态使死刑变成“非常（unusual）（的惩罚）”（违背了第八修正案）？还是说，（外交官）之所以会反对（死刑）还有其他原因？在回答这些问题前，让我们先回顾一下最高法院在2004年裁决的另一起类似案件。

在罗珀诉西蒙斯案中，最高法院以5∶4的投票结果认定，第八修正案禁止对实施犯罪时未满18周岁的谋杀犯执行死刑。[4]大法官肯尼迪代表最高法院撰写了审判意见，他写到，“现在全世界都已经废除了未成年犯死刑，只有美国站在了全世界的对立面”。[5]他还补充到，“我们应当清醒地看到，国际舆论在反对未成 238

年犯死刑的问题上已经呈现出一边倒的态势”。[6]

大法官肯尼迪在劳伦斯诉得克萨斯州案中也作出了类似的论述，在这个里程碑式的案件中，最高法院认定得克萨斯州法律中禁止（双方合意的）同性鸡奸行为的规定与宪法“正当程序条款”（Due Process Clause）相抵触①。在这份审判意见中，他同样通过援引外国的法律与惯例来支持最高法院的裁决。[7]他在代表多数派大法官撰写意见时提到了外国立法机构和法院在20世纪后半叶所做的类似决定。[8]他这样做是为了表明前任首席大法官沃伦·伯格②在先前的案件（鲍尔斯诉哈德威克案）中犯有错误，当时首席大法官沃伦·伯格在附议意见中写到，“西方文明”一贯谴责同性性行为。[9]于是，最高法院推翻了这个先例。

在死刑案和鸡奸案中持异议意见的几位最高法院成员强烈反对援用外国法律。[10]但就政治层面而言更为重要的是，最高法院援引外国权威当局这种实践做法也遭到了民选官员的批评。在2004年，74位国会成员启动了一项国会立法程序，立法草案中规定，“不得将外国机构所做的裁决、法律或声明的部分或全部内容作为司法机构判断美国法律含义的依据，除非这些裁决、法律或声明……表达了一种对美国法律原意的理解”。[11]

一位支持该法案的众议员表示，如果法案获得通过，那么故意违反该法案的法官可能会“遭到最严厉的制裁，将会面临弹劾”。[12]目前，是否接受援引外国法院裁决已经成为政界、[13]司法界[14]以及学术界[15]激烈争论的话题。

援引外国法律为何会引起如此激烈的反应？有人可能认为，这些死刑案件并未提出普遍意义上的“外国法律”问题，因为相关的宪法条款也就是第八修正案在提及“非常的惩罚”时，并未明确说明“非常”是否仅指涉美国，是否还包
239 含其他普通法国家，或者欧洲国家，甚至世界上的其他一些国家。同样，涉及鸡

① 美国宪法在两条修正案中对联邦机构和各州所要遵守的正当程序分别作出了规定。其中第五修正案被认为是针对联邦机构的规定：“未经正当法律程序，不得剥夺任何人的生命、自由和财产。”第十四修正案是针对各州的规定：“各州亦不得未经正当法律程序剥夺任何人的生命、自由和财产。”第十四修正案是在南北战争之后写入宪法的，当时的目的在于保障黑人不再受南方各州的迫害，但之后又拓展到了其他诸多重要领域。

② 沃伦·伯格，1969～1986年任职。虽然大法官伯格被认为是个保守派，但在他任期内却作出了一系列自由主义倾向的判决，如放宽堕胎限制、中止执行死刑（后恢复）以及保护宗教信仰自由等里程碑式的判决都是在他的任期之内作出的。

奸罪的劳伦斯案也并未提出具有普遍意义的外国法律援引问题，大法官肯尼迪之所以会提到外国法律，仅仅是为了反驳之前案件中一项与外国法律相关的主张。他并未声称外国的惯例可以单独为最高法院的结论提供支持。[16]

当然，这也许是心理学上某种移情作用的缘故：如果你对A不满，你就会责怪B。[17]对最高法院死刑案和鸡奸案裁决不满的批评者迅速将部分或全部怨气转移到外国法律这个无辜的“替罪羊”身上。

然而，之所以会出现政治争论，则还是因为存在一些更为合理的原因。杰里米·沃尔德伦①在这个方面著述颇丰，分析了其中的深层问题。[18]我将他的观点总结如下：

交叉引用的批评者可能担忧的是，援引外国裁决会使美国法官在裁决案件时不再运用法律分析，而只是简单地“清点个数”（nose-counting），加总支持两种做法的国家的数量。[19]另一种更深层次的，而且并非毫无根据的担忧是，（美国法官）会误读外国的审判意见，因为他们未必了解产生这些裁决的外国背景。[20]此外，即便外国法院的裁决不能约束美国法官，也会对他们造成影响——这种影响恰恰是交叉引用的意义所在。最后，有人认为全世界的法官都属于同一个社会阶层——该阶层的人士大都抱有“左派”（leftish）政治观点，其中可能包括了州法院法官、法学教授以及律师等成员——这些人或许认为这种影响并不值得称道。美国人民无法通过直接选举的方式遴选这种影响的实际掌控者，所以他们害怕这种影响会很容易失去控制，从而摧毁美国的基本民主价值。[21]

对于包括沃尔德伦讨论过的诸多内容在内的这些观点，已经有人作出了回应。例如，严格来讲，对外国法律或惯例的引证在法律上并不会必然成为裁决的依据，然而，这类引证却会在不束缚其裁决自主权的前提下，帮助法官作出更好的裁决。“二战”结束以来，越来越多的国家选择信赖独立的司法机构，而这些司法机构则有权（以司法审查等方式）令违反该国宪法的法律无效。[22]其他国家在制定或修改宪法时也会效仿我国宪法，将维护民主政体和保障基本个人自由的条款纳入本国宪法。[23]随着世界各地的法官担负起审查本国法律法规合宪性的职 240
责，他们发现自己正面临一些相似的问题。如果有人担负着与我大致相同的职

① 杰里米·沃尔德伦，新西兰人，当今世界顶尖的法哲学家和政治哲学家之一，曾任牛津大学奇切利社会与政治学理论讲席教授，纽约大学法学院教授。

责，他所面临的法律问题与我所遇到的问题大体相同，解释的文件与我关注的文件相差无几，而他对一个类似的问题撰写了法律意见，那么我为何不去了解他的观点？无论我是否同意这种观点，我都可以从中获益。

事实上，我们最高法院时常会从下级法院法官的审判意见中获得有价值的信息，声名显赫的亨利·弗兰德里法官以及勒尼德·汉德法官就是很好的例子；[24]即便如此，我们却并不总会得出相同的结论。审判意见中经常会提及一些有价值的法律评论文章、历史著作、统计结果以及其他各种资料，而且这些审判意见是清晰明确的，展现了法官的论证过程以及论据资料。所以，为什么不能把外国法院的裁决也纳入其中呢？

了解外国的审判意见或者参考它们的论证过程是为了从中找到一些有助于解释美国法律（而非外国法律）的资料。这样做并不是要把法律再度当成一种抽象的，“弥散于世间的，无所不在的同一存在物（brooding omnipresence）”。①[25]国外的经验和国内的经验一样，都可以帮助我们认识美国主权者的命令，无论这个（在命令中）加入特定争议法律术语的主权者是联邦还是各州。

司法裁决，尤其是最高法院的司法裁决，并不是机械地将清晰的法律规则适用于新的现实情况。我们更应当将这种工作理解为是在解决问题，努力研究文本、历史、传统、先例、成文法或者宪法的宗旨或价值，并最终对法律加以解释，作出裁决。[26]需要处理的问题日益复杂，而法官又要在数周或最多几个月内作出判决，这使其他法官处理类似问题的经验变得更加宝贵。并不需要每次都去重新发明轮子②。

比如，让我们来考虑一项联邦成文法，该法规定，各州政府官员有责任执行联邦的枪支登记法。最高法院要裁决的是，该法是否违反了宪法中基本的联邦制原则。多数派大法官认为，该法侵犯了各州支配本州官员工作的基本权利，从而
241 违反了这一宪法原则。[27]但我并不认同这种观点，并提出了我的主张，其中我提

① 大法官霍姆斯的名言，后来成为“法律现实主义运动”（Scepticism in Law）的标志性宣言。这里形容的是，之前自然法学派认为法律是从某个实在的正义中分离出来的，而不是人力所能制定的，所以世间法律虽有不同，但其实内在相同。后文所称的“主权者命令”则是英国“法律实证主义”（Legal Positivism）法学家约翰·奥斯丁对法律的描述。法律现实主义继承了法律实证主义将道德与法律分开的观点，但对法律实证主义也进行了扬弃。

② 重新发明轮子（reinventing the wheel），英语谚语，大多数时候用来讽刺那些不懂借鉴学习，只顾闭门造车的人。这些人可能因为自己的成就而沾沾自喜，但实际上只是做了很多无用功。

到了这样一个事实，欧盟等具有类似组织形式的政治组织均认为，类似的下级政治单位（如各成员国或各州）应当通过本成员国或本州自身的行政部门执行几乎所有的欧盟法律。[28]各成员国或各州也认为，若阻止联盟（联邦）行政部门继续扩张，则只会增强，而不是削弱它们的自治权。[29]瑞士联邦也秉持类似的原则。[30]为了确保各州的自治权和个人自由，詹姆斯·麦迪逊曾调查了世界各地的历史和当时的实际情况，包括各国政府的组织形式，我国的宪法就体现了他的心血，那么在解释这样一部宪法时，欧盟和瑞士的模式是否真的离题太远？即便现代的事例没能说服多数派大法官，可它们难道连一点参考价值都没有吗？

最后还要提到的是，博采外国经验资源是一项历史悠久的美国法律传统，在这些资源当中，普通法资源占据着主导地位，但却并不是全部。毕竟，亚伯拉罕·林肯是通过阅读威廉·布莱克斯通爵士的英国法律专著学习美国法律的，该书的部分内容（往往要借助爱德华·库克的评注）反映了在欧陆实施的商事法律。[31]从约翰·马歇尔到菲力克斯·法兰克福特，这些最高法院大法官都曾在审判意见中引述过外国法院的裁决。[32]或许是由于美国法律同样脱胎于普通法传统的缘故，对普通法国家法院的裁决和惯例所做的引述可谓汗牛充栋。但最高法院也会（以大法官肯尼迪的方式）援引与这种传统并无关联的其他惯例。

例如，最高法院在1977年的科克尔诉佐治亚案中认定，第八修正案中规定的禁止“残酷和非常的惩罚”适用于以成年女性为对象的强奸犯罪，不得对犯有此类罪行的罪犯适用死刑。[33]大法官拜伦·怀特①代表多数派大法官撰写了审判意见，他表示，最高法院之前已经“注意到了在特定刑罚的可接受程度问题上的国际舆论风潮”，“一份1965年的调查结果显示，在全世界60个主要国家中，只有3个国家对没有造成死亡的强奸犯罪保留了死刑”，尽管如此，他仍然认定这“与本案并不相关”。[34]

与此类似，最高法院在1982年认定，若有人在抢劫中被杀，而参与抢劫的被告没有参与谋杀，也没有谋杀犯意的话，第八修正案禁止对其适用死刑。[35]为 242

---

① 拜伦·怀特，1962～1993年任职最高法院。年轻时曾加入国家美式橄榄球联盟（NFL），在3年的时间内担任职业橄榄球手。他在“二战”中成为美国海军情报官员，在战时，后来的肯尼迪总统任船长的鱼雷艇沉没，怀特为这一事件撰写了报告。20年后，肯尼迪提名怀特担任大法官。怀特倾向于自由派，但在裁决时恪守自己的法律思想，尽量把裁决的适用范围限制到最小。

最高法院撰写审判意见的仍然是大法官怀特，他表示，“值得注意的是，英格兰和印度已经废除了重罪谋杀罪规则①，加拿大以及其他一些英联邦国家也对该规则进行了严格限制，而在欧洲大陆这一规则更是闻所未闻”。[36]在这两个案件中，均有一些大法官表示了异议，但异议大法官在两起案件当中都没有对多数派大法官援引外国惯例的做法表示反对。在第二个案件中，甚至异议大法官自己也提到，“截至1957年”重罪谋杀罪“一直是英国普通法的组成部分”，并以此来论证自己的观点。[37]

大法官怀特的审判意见并不是历史上的异类。在1937年，杰出的法学家、大法官本杰明·卡多佐②就曾参考过“在大陆法中广泛采用的（法律）程序”，借此来帮助判断第五修正案中为禁止“重复追诉”③而设置的保护措施是否属于个人的“基本”自由。[38]在1908年，最高法院在解答类似问题时，同样也考察了“普通法法域外其他自由文明国家的法学理论”，而这次的焦点则是第五修正案中的不得自证其罪特权（privilege against self-incrimination）。[39]在这两个案件中，最高法院均认定，案件争议的权利不属于基本权利，尽管这两项裁决后来都因为法律的改变而被推翻。[40]然而，无论是在当时或是之后，这两个案件中的异议大法官都未对援引外国法律或非普通法国家惯例的做法加以攻讦。

最后再来考察一下1958年的特罗普诉杜勒斯案，[41]该案所关注的是一名因在摩洛哥擅离职守而被送上军事法庭的美国陆军士兵，他被军方除名，随后又被告知他丧失了美国国籍。最高法院以5∶4的投票结果认定，因实施此类犯罪而剥夺其国籍的做法违反了宪法第八修正案。[42]首席大法官厄尔·沃伦代表五位多数派

---

① 重罪谋杀罪规则（the Doctrine of Felony Murder），根据这一原则，如果罪犯从事了某些非常危险的犯罪，并在犯罪过程中杀死了被害人，那么即便他并无杀人的犯意，也仍然犯有谋杀罪。对于这一原则的起源、意义、适用范围等一直都存在争议，美国各州对于是否适用该原则，以及对何种犯罪适用该规则，都采用了不同的规定。

② 本杰明·卡多佐，1932～1938年在最高法院任职，最高法院第二位犹太大法官。著名的法学家，对20世纪美国普通法的发展作出了极大的贡献，与霍姆斯一道被认为是当时最杰出的法学家和大法官。但他大部分影响深远的判决都是在纽约上诉法院（纽约州的最高法院）法官任上作出的，他也是该法院第一位犹太法官。值得一提的是，他的父亲艾伯特·卡多佐也曾是纽约最高法院（实质上只是纽约州法院系统中的初审法院）法官，后因为牵扯到一桩腐败丑闻而去职。

③ 禁止重复追诉（double jeopardy），是指被告在被定罪或者被无罪释放后，法院不能根据相同或类似的指控再次审判该被告。

大法官中的四位成员撰写了一份复数意见，他写到，修正案中“残酷和非常的惩罚”这种表述是有国际渊源的。“我国宪法的用语直接取自英国1688年《权利宣言》，而宪法所体现的原则则可以追溯到《大宪章》。”[43]他继续说到，必须根据社会“不断发展的道德标准”来解释宪法修正案的含义，这种标准可以通过如下事实部分地反映出来：“世界上所有文明国家几乎都一致认为，不应将剥夺国籍作为惩罚犯罪的方式……联合国一份针对世界上84个国家的国籍法所做的调查显示，只有菲律宾和土耳其两个国家会以剥夺国籍惩罚逃兵。”[44]

这一次，四位异议大法官仍然没有对复数意见中援引外国惯例的做法表示反对。事实上，他们采用了完全相同的方法，主张“很多文明国家会因其涉足特定 243
违禁活动而剥夺其公民权”。[45]

我看到的对援引外国法律这种实践做法的批评最早出现于1988年。在汤普森诉俄克拉何马案中，最高法院以5比4的投票结果认定，第八修正案禁止对（实施犯罪时）未满16岁的罪犯施以死刑。[46]大法官史蒂文斯为多数派大法官中的四位成员撰写了复数意见，其中认定，西欧各国以及苏联均不会对未满16岁的未成年人适用死刑。[47]但大法官斯卡利亚提出了异议，他写到，“复数意见”“采信其他国家的”做法，以此来确证我国人民的基本信念，这是非常不恰当的。[48]从那之后，这种实践似乎就具有了争议性，至少在涉及第八修正案的案件中确实引发了争议。[49]

外国法院长久以来也都在援引美国的裁决，同时也会交叉引用其他国家的裁决，有些例子甚至已经广为人知。例如，在1932年，英国的阿特金勋爵遇到了这样一个问题——姜汁啤酒的生产者是否要为酒瓶中爬进了老鼠而负责。他为了寻找答案而将目光投向海外。他写到：

> 英国的法律职业者总是庆幸于，他可以借助美国法院同人对普通法基本原则的发展来检验自身对这些原则的适用情况。……在这只老鼠出现在苏格兰之前，它就已经在美国的姜汁啤酒酒瓶里现过身了。[50]

随后，他用很长的篇幅讨论了大法官卡多佐（当时的纽约上诉法院法官）在麦克弗森诉别克汽车公司案中的审判意见，这份意见将纽约州的法律解释为，法律规定生产者要对其产品的最终消费者受到的损害负责。[51]包括印度、南非、英国以及加拿大法院在内的其他国家的法院也都援引过我国的宪法裁决，同时，它们也会援引彼此的裁决，这已经成为一种常态。[52]

244 到目前为止，我所提到这些批评仍然没有抓住问题的要害。对外国法律所抱有的这种强烈而持久的反感情绪，以及在这一主题下开展的细致的学术研究，都表达了一种比以上内容更为深刻的关切。在一个关于这一主题的研讨会上，众议员鲍勃·古德拉特向我完整地表达了这种关切。这是一种对美国主权的关切。我将其简述如下：

詹姆斯·麦迪逊在很久之前就写到，美国宪法是一部“自由授权下的权力宪章”，而不是“权力授权下的自由宪章”。[53]他在此所表达的意思是，在美国，一个生而自由的人设法将有限的权力授予联邦政府，而在欧洲，几乎拥有无限“权力”的国王也可能会将“自由”授予人民。其不同之处在于，美国人认为不受统治的状态是一种自由（liberty）的状态；在他们的理解中，美国的审判权并不仅仅来自宪法，还来自宪法的源头，即人民本身，如果他们无法直接选举他们的法官，也要由他们自己来选举代表，再由这些代表提名并确认这些法官。

外国法官同美国选民之间几乎没有任何类似的联系。我们从未选举这些法官。我们也没有选举这些法官的提名者。为什么这些完全游离于我国选举程序之外的人有权解释我国的（法律）文件，并借此告诉我们该如何行事？

批评者怀着对“主权”的关切之情，担心随着美国法官越来越依赖其外国同人的工作成果，我国的司法机构会以外国的法律概念和价值替代那些作为美国人民长久以来生活基础的法律概念和价值。[54]令批评者焦虑的是，交叉引用会被一些阴险的渐进主义分子利用，把我们的未来交到一些法学家手中，而这些法学家所秉持的原则则可能与我国宪法赖以存在的基本原则相背离。简言之，他们担心，在宪法和成文法的解释中增加的外国话语，将会腐蚀美国人民长期以来所拥有的一笔巨大财富，这笔财富是一种法律体系，在长达两百多年的时间里，它保证了美国的民主和自由，同时，它坚持不懈地将多元化的美国人民引入法庭，令他们依照法治原则解决各种重大分歧，而不是将他们引向街头。

正如本章开始时提到的那样，之所以没有在更早的时候论述这些担忧，主要是因为我希望能对它们进行准确的论述。我希望到目前为止所讨论的这些案件已经足以说明，批评者对司法机关援引外国法律所表现出的担忧并没有切中要害。

当人们了解了考察外国法律和惯例的实际方法之后，他们的恐惧就不会引发很多共鸣。对于目前美国法官需要研究和解决的各种国际性法律问题，这些批评者并 245
不会予以直接回应。迫使我们去接触外国法律和惯例的，并不是试图践行这种接触的法学家们所抱有的世界主义意识形态，而恰恰是这个世界自身的本质。

沃尔德伦等人支持将外国法律纳入考察范围的主张切中主题，却并不必要。我们已经看到，近来许多案件（无论其涉及的是条约，美国成文法的外国适用，还是美国对海外行为的管辖权问题）都使最高法院不可避免地要去分析外国的或国际性的法律规则、成文法或者惯例，以此作出合理的裁决。在这些案件中，这种实践并不仅是有益的，还是必不可少的。同时，几乎没有证据表明这种实践会产生任何无法与美国的法律和惯例完全相容的结果。批评者的反对意见虽然具有理论上的重要性，却无法反映出当前联邦法院（包括最高法院）待审案件目录中的现实情况；同时我也认为，他们所表达的这些潜在的担忧与美国法学理论的相关发展之间并没有任何直接联系。

我个人认为，对交叉引用持负面看法的人只是夸大了他们的关切而已。无论对康德式的普世法律①（适用于全世界的唯一形态的法治）抱有何种态度，是支持，还是反对，我们都没有理由去相信这种实践会产生这样一种普世法律。无论人们提出何种主张来支持（或反对）这种体系，从我们待审案件目录中的现实情况来看，在可预见的未来，这种体系都不可能出现。

交叉引用至多只会加速那些秉持相似法律思维的国家所组成的“族群”或“群落”的发展，这些国家的法官会相互学习，学习的主题可以是一般性的，也可以是证券、商事或者环境等具体部门法方面的。[55]但族群的形成并不需要正式程序，其成员可以继续保有符合本国基本法律价值的所有法律规则。我们看到，尽管欧盟法院裁定欧盟法律优先于成员国法律，但很多国家仍然坚持将判断欧盟法律规则是否符合本国宪法要求的最后决定权保留给了本国法院。如果致力于建立政治经济联盟的国家间尚且如此，对于没有类似羁绊的国家而言，其主权遭到

① 普世性（universalizability）是德国哲学家康德在其名著《道德的形而上学基础》一书中提出的，其中认为在道德上唯一可以被接受的行为律令（maxim）必须是可以被所有人和所有国家都接受的普世性法律。康德还认为，人的道德感是先天存在于人的理性之中的，这也是普世性法律可能存在的基础。

246 外国法律侵犯的风险岂不是更加微不足道?

总之，在思考交叉引用所遇到的政治层面反对意见时，必须将其放入我们最高法院待审案件目录所真实呈现的涉外案件背景当中。要做到这一点，就必须认识到，对最高法院工作提出的要求使那种被铅封起来、根本不与外界接触的法律体系不可能存在，有人可能幻想美国能够维持那样的法律体系，但它可能根本就没有存在过。我们也应该看到，如果我们与海外法律世界的接触过程中会产生某种潜在的影响，那也更应该是我们对那些尚未拟订的国际法施加影响，而不是我们长久以来一直珍视的美国法律受到外国的影响。如果最高法院突然消失，这个世界不会因为缺少了我们的参与而停止运转。通过接触这个世界以及它所带来的共同挑战，我们可以促使人们遵守并接受最高法院和宪法所代表的基本宪法价值和法律价值，我们已经把这些价值传递了出去。交叉引用只会推动这些价值，而不是削弱它们。

注释

〔1〕Atkins v. Virginia, 536 U. S. 304（2002）.

〔2〕外交官莫顿·阿布拉莫维茨等提交的法庭之友法律意见书，支持了上诉人的观点，第6~7页，McCarver v. North Carolina, 533 U. S. 975（2001）（No. 00-8727）。虽然这份意见书最初是为 *McCarver v. North Carolina* 案提交的，但又在之后的 *Atkins* 案中被再次提交给法院。参见所有法庭之友提出的联合动议，要求将法律意见书 McCarver v. North Carolina（No. 00-8727）提交到本案中来，以支持上诉人的诉讼请求，*Atkins*, 536 U. S. 304（No. 00-8452）。

〔3〕Baktybek Abdrisaev, Letter to the Editor, *Penalties in Kyrgyzstan*, N. Y. Times, June 30, 2001, at A14.

〔4〕Roper v. Simmons, 543 U. S. 551（2005）.

〔5〕同上，第577页。

〔6〕同上，第578页。

〔7〕Lawrence v. Texas, 539 U. S. 558（2003）.

〔8〕同上，第572~573页、第576页［提到英国已经废止了禁止同性性行为的法律。欧洲人权法院曾经依据《欧洲人权公约》判定反鸡奸法无效，这一判决对欧洲委员会的所有成员国均发生效力（在劳伦斯案宣判时，欧洲委员会共有45个成员国），其他一些国家“也采取了切实行动，以确保成年同性恋者在双方同意基础上亲密接触的权利”］。

〔9〕同上，第571~576页［援引了首席大法官伯格的意见，Bowers v. Hardwick, 478 U. S. 186, 196（1986）（首席大法官伯格的附议意见），据他观察，对同性性行为进行的“国家干预”“贯穿于整个西方文明史”］。

〔10〕参见 *Roper*, 543 U. S. at 608（大法官斯卡利亚的异议意见）（“我认为，我国《宪法》第八修正案的含义不应以最高法院的五名成员和一些外国人士的主观看法为转移”）；*Lawrence*, 539 U. S. at 598（大法官斯卡利亚的异议意见）［“最高法院对这些外国观点的讨论是没有任何意义的，是一种危险的附带意见（dicta）”］。［审判意见大概可以分为两部分，即有法律效力的“holding”（或者可以称为主体意见），以及“dicta”，一般认为后者不具有法律效力，是法官想要表达的题外话。——译者注］

〔11〕H. R. Res. 568, 108th Cong.（2004）；另参见 Constitution Restoration Act of 2004（《2004年宪法重建法案》），H. R. 3799, 108th Cong（类似的立法建议获得了37名众议员的支持）；H. R. Res. 372, 110th Cong.（2007）（另一项在2007年推出的类似议案获得了众议院49名成员的支持）。［“H. R. Res.”即众议院决议（House of Representatives House Resolution）；“H. R. 3799”是该议案在众议院的编号。——译者注］

〔12〕*Appropriate Role of Foreign Judgments in the Interpretation of American Law: Hearing on H. Res. 568 Before the H. Comm. on the Judiciary*, 108th Cong.（2004）（众议员纳德勒的陈述）（对众议员菲尼的观点进行了引述）。

〔13〕参见，例如，同上（国会就引注外国法律这种做法是否适当进行了听证）。

〔14〕参见，例如，Justices Antonin Scalia, Assoc. Justice, U. S. Supreme Court., & Stephen Breyer, Assoc. Justice, U. S. Supreme Court., Discussion at the American University Washington College of

Law: Constitutional Relevance of Foreign Court Decisions (Jan. 13, 2005), http://domino. american. edu/AU/media/mediarel. nsf/1D265343BDC 2189785256B810071F238/1F2F7DC4757FD0-1E852 56F890068E6E0? OpenDocument (大法官斯卡利亚和大法官布雷耶就引用外国法律这种做法的优劣进行了辩论，大法官布雷耶赞成这种做法，大法官斯卡利亚表示反对)。

〔15〕参见，例如，Steven G. Calabresi, "*A Shining City on a Hill*": *American Exceptionalism and the Supreme Court's Practice of Relying on Foreign Law*, 86 B. U. L. Rev. 1335, 1337 (2006)（主张，"大部分美国人民"与最高法院的"精英"不同，他们"认为美国是一个独特的国家，与世界上其他国家完全不同，因此必须有自己的法律和宪法"）; Daniel A. Farber, *The Supreme Court, the Law of Nations, and Citations of Foreign Law*: *The Lessons of History*, 95 Calif. L. Rev. 1335, 1336 (2007)（声称，"从最初开始，外国法律就深刻地影响着我们的法律体系，这种影响并不仅限于私法领域，宪法领域和司法制度也受到了同样的影响"）; Mark Tushnet, *When Is Knowing Less Better Than Knowing More*? *Unpacking the Controversy over Supreme Court Reference to Non-U. S. Law*, 90 Minn. L. Rev. 1275, 1277 (2006)（主张，对引用外国法律这种做法的批评"要么是把它和适用外国法律相混淆，成了无的放矢；要么就是严重地夸大其词"）; Jeremy Waldron, *Foreign Law and the Modern* Jus Gentium, 119 Harv. L. Rev. 129, 132 (2005)（建议将"万国法理念作为引用外国法律的理论基础"）。

〔16〕参见 Lawrence v. Texas, 539 U. S. at 558, 572 –73, 576 –77 (2003)。

〔17〕参见 Salman Akhtar, Comprehensive Dictionary of Psychoanalysis 82 (2009)。

〔18〕参见 Jeremy Waldron, "Partly Laws Common to All Mankind": Foreign Law in American Courts (2012)。

〔19〕参见，例如，Ernest A. Young, *Foreign Law and the Denominator Problem*, 119 Harv. L. Rev. 148, 150 –51 (2005)（讨论了对外国法律的引用如何"转变成为罔顾其他法域具体情况的清点个数"）。

〔20〕参见，例如，Roger P. Alford, *Misusing International Sources to Interpret the Constitution* 98 Am. J. Int'l L. 57, 58 (2004)［有人认为引用国际资源"可以成为（而且将会成为）一种严格的实证方法，而不再是一种偶然行为"。对此观点，作者表达了自己的怀疑］。

〔21〕参见，例如，同上（"大量运用国际资源可能会产生意想不到的结果，它非但不会促进宪法性保障，反而可能会损害这种保障"）。

〔22〕参见 Tom Ginsburg, *The Global Spread of Constitutional Review*, *in* The Oxford Handbook of Law and Politics 81, 81 (Keith E. Whittington et al. eds., 2008)（发现在"二战"初期，只有"很少一部分的"宪法中规定了司法审查制度，而到了 2008 年，在 191 个宪法体系中已经有 158 个规定了这种制度）。

〔23〕参见 David S. Law & Mila Versteeg, *The Declining Influence of the United States Constitution*, 87 N. Y. U. L. Rev. 762 (2012)（证明了美国宪法对世界其他地区的宪法制定过程产生了极大的影响，但声称这种影响已经开始减退）。

〔24〕参见，例如，Rosemond v. United States, 134 S. Ct. 1240, 1248 (2014)［对于实施协助和教唆行为的行为人来说，要具备怎样的主观要件（state of mind）才能追究他们的责任？最高法院在解答这一问题时引用了勒尼德·汉德法官对"典型性构成"（canonical formulation）思路的论述］; Blueford v. Arkansas, 132 S. Ct. 2044, 2057 (2012)［关于"陪审团的首先赦免指示"（statements on acquittal-first jury instructions）问题，引用了弗兰德里法官针对这一问题在 *United*

States v. Tsanas, 572 F. 2d 340, 346 (2d Cir. 1978) 案中的表述]。["canonical formulation" 对协助和教唆行为的行为人的主观要件进行了严格限定，即行为人必须希望犯罪结果发生，并且是希望他的行为能够促使犯罪结果真实发生。"statements on acquittal-first jury instructions"，在陪审团审判之前，法官都会向陪审团作出"指示"(instruction)。在刑事案件中，检察官有时会对被告人作出两项指控，谋杀罪(murder)和一般杀人罪(manslaughter)，而这两项罪名有轻重之分。"acquittal-first"是指，法官指示陪审团只有当全体陪审团一致决定重罪不成立的情况下才可以考虑轻罪指控。——译者注]

〔25〕参见 S. Pac. Co. v. Jensen, 244 U. S. 205, 222 (1917)（大法官霍姆斯的异议意见）（"普通法并不是弥散于世间，无所不在的同一存在物，而是我们可以认知的，由主权者或准主权者言说出来的具体话语"）。

〔26〕关于这一问题的概述，参见 Philip Bobbitt, Constitutional Fate (1982)（讨论了各种宪法解释思路的不同特征）。

〔27〕Printz v. United States, 521 U. S. 898, 935 (1997).

〔28〕同上，第976页（大法官布雷耶的异议意见）["地方自治可以彰显民主的美德，而在实践中，我们则需要一定的中央集权。不光是美国，其他国家也在努力将两者融合起来，使它们可以和谐共处。……瑞士、德国和欧盟的例子都很好地说明了，联邦制下的各州或联盟的成员国，都可以自主地贯彻执行由中央'联邦/联盟'机构所制定的法律、规则或判决裁定，而无须联邦或联盟机构插手"]。

〔29〕同上（"它们之所以这样做，部分是由于他们认为这种制度是对各'州'、各成员国或其他类型的下级政府干涉最小的一种制度"）。

〔30〕同上，第976~977页。

〔31〕参见 Mark E. Steiner, *Abraham Lincoln and the Rule of Law Books*, 93 Marq. L. Rev. 1283, 1302-09 (2010)（介绍了林肯对布莱克斯通的学习情况）。

〔32〕参见 Steven G. Calabresi & Stephanie Dotson Zimdahl, *The Supreme Court and Foreign Sources of Law: Two Hundred Years of Practice and the Juvenile Death Penalty Decision*, 47 Wm. & Mary L. Rev. 743, 763-80 (2005)（将首席大法官马歇尔对外国法律的引用实践编制成年谱）；同上，第840~846页（对大法官法兰克福特做了同样的工作）。

〔33〕Coker v. Georgia, 433 U. S. 584 (1977).

〔34〕同上，第596页注10。

〔35〕Enmund v. Florida, 458 U. S. 782 (1982).

〔36〕同上，第796页注22。

〔37〕同上，第816页（大法官奥康纳的异议意见）。

〔38〕Palko v. Connecticut, 302 U. S. 319, 326 n. 3 (1937).

〔39〕Twining v. New Jersey, 211 U. S. 78, 113 (1908).

〔40〕参见 Benton v. Maryland, 395 U. S. 784 (1969)（推翻了 Palko 案）；Malloy v. Hogan, 378 U. S. 1 (1964)（部分推翻了 Twining 案）。

〔41〕Trop v. Dulles, 356 U. S. 86 (1958).

〔42〕同上，第101页。

〔43〕同上，第100页。

〔44〕同上，第101页、第102~103页。

〔45〕同上，第126页（大法官法兰克福特的异议意见）。

〔46〕Thompson v. Oklahoma, 487 U. S. 815, 838（1988）.

〔47〕同上，第830~831页。

〔48〕同上，第868页注4（大法官斯卡利亚的异议意见）。但同时参见 Hartford Fire Ins. Co. v. California, 509 U. S. 764, 817（1993）（大法官斯卡利亚的异议意见）［“在提博兰案和其他有关案件中提到的‘礼让’并不是对法院的礼让，不是说法院为了将案件留给其他更适宜审理该案的法院来审判，所以拒绝行使管辖权。更准确地说，应该将其定名为‘惯例性礼让’（prescriptive comity），即主权国家通过限制其法律的适用范围来表达相互之间的尊重”］。

〔49〕参见，例如，Atkins v. Virginia, 536 U. S. 304, 347-48（2002）（大法官斯卡利亚的异议意见）［多数派大法官在讨论对智力发育迟缓者适用死刑是否构成残酷和非常的惩罚时，引证了“国际社会”（world community）的各种观点。大法官斯卡利亚对这种做法进行了批判］；Stanford v. Kentucky, 492 U. S. 361, 389-90（1989）（大法官布伦南的异议意见）（认为，“在反对对未成年人犯罪适用死刑问题上，国际社会已经形成广泛共识，并对多数派大法官无视这一事实进行了批判”）。

〔50〕Donoghue v. Stevenson,［1932］A. C. 562（H. L.）598（来自苏格兰的上诉案件）。

〔51〕参见，同上，第598~599页［讨论了 MacPherson v. Buick Motor Co., 217 N. Y. 382（1916）］。［“N. Y.”表示为纽约上诉法院（Court of Appeals of New York）即纽约州终审法院审判的案件。——译者注］

〔52〕参见，例如，R. v. Tessling,［2004］3 S. C. R. 432（Can.）（讨论了美国隐私法判例如何看待在执法中使用热成像装置这种做法）。（本案为加拿大案例，“S. C. R.”即“Supreme Court Reports”，加拿大最高法院案例汇编。——译者注）Naz Found. v. Gov't of NCT of Delhi,（2009）WP（C）7455/2001, 150 DLT 277（India）（引用了很多美国判例法来证明禁止鸡奸行为侵害了受印度宪法保护的基本权利）。［本案为印度案例，“WP（C）”即“Writ Petition under 226 and 227 of the Constitution”的缩写，意为“根据宪法第226条和第227条提出的法院令状申请案件”，“DLT”即由“Delhi Law Times”汇编的案件。——译者注］HCJ 316/03 Bakri v. Israel Film Council 58（1）PD 249［2003］（Isr.）（引用了12个美国案件来支持法院对言论自由进行的分析）。［本案为以色列案例，“HCJ”即“High Court of Justice”，以色列最高法院；由“PD”（Piskei Din，以色列最高法院案件的一个非官方记录机构）汇编而成。——译者注］Taunoa v. Attorney-General［2008］1 NZLR 429（SC）（引用了22个美国案例来讨论应该如何对囚犯适用《新西兰权利法案》）。［本案为新西兰案例，“NZLR”即“New Zealand Law Reports”，新西兰的案件记录机构，“SC”为最高法院（Supreme Court）。——译者注］S. v. Makwanyane 1995（3）SA 391（CC）（S. Afr.）（参考了加拿大、德国、匈牙利、印度、坦桑尼亚、英国、美国、津巴布韦等国的法律，以帮助决定死刑是否是残忍和令人不耻的刑罚）。［本案为南非案例，“SA”为案件记录机构“South African Law Reports”，“CC”表示审理该案的法院为宪法法院（Constitutional Court）。——译者注］另参见 Jeremy Waldron, Torture, Terror, and Trade-Offs: Philosophy for The White House 286 n. 46（2010）（讨论了新西兰最高法院在 *Taunoa* 案中对外国法律的使用）。关于对世界其他国家宪法法院引用美国和外国法律的分析和数据实证研究，参见 The Use of Foreign Precedents by Constitutional Judges（Tania Groppi & Marie-Claire Ponthoreau eds., 2013）。

〔53〕参见 James H. Read, Power Versus Liberty: Madison, Hamilton, Wilson, and Jefferson 29（2000）

［引述了詹姆斯·麦迪逊1792年刊登在《国民公报》（*National Gazette*）上的文章］。

〔54〕参见，例如，Calabresi，前注15，第1337页。

〔55〕参见Waldron，前注18，第202~210页（讨论了法律“族群”的发展现象）；比较参见，Strobe Talbott，The Great Experiment：The Story of Ancient Empires，Modern States，and the Quest for A Global Nation（2008）［呼吁推动全球治理（global governance）］。

第四部分

法官外交家

到目前为止，我已经讲述了具体案件曾以何种方式迫使法官将海外世界（外国 249
的法律制度和惯例）纳入考量范围，以此解决跨国活动引发的争议，以及不同国家主体间发生的争议。但即便抛开具体诉讼的背景，联邦法官对外国法律和国际法的思考和探讨也在逐步增多。这些思考和探讨是通过与外国司法机构成员的接触来实现的，而之所以会出现这种接触则往往是出于分享职业经验的共同愿望。

在我供职于最高法院期间，最高法院的成员也和其他许多美国法官一样，参加国际性会议的频率不断提高，而参加会议的并不仅限于外国法官，还包括外国的律师、法学学者以及法学院的学生。这一方面要归功于一些现实因素，毕竟国际旅行和跨国通信已经变得如此便捷。但另一方面也是因为美国和外国的法学家都发现他们拥有了比以往任何时代更多的共同点。他们面临类似的问题。他们在履行相同类型的司法职责，在履行这些职责时遵循了内容相似的宪章性文件，而这些宪章性文件又对民主政府和个人人权提供了类似的保护。美国和外国的法官还怀揣着一个相同的愿望，当然也都同样具备实现该愿望所必备的经验，这种愿望就是，无论世界变得多么动荡不安，都必须继续推动法治进程。

在某种程度上，这类会议的程序已经被确定下来。在 1993 年的美国司法大会①上，联邦初审法院及上诉法院法官核心行政小组建立了一个国际司法关系委

① 美国司法大会（Judicial Conference of the United States），其前身为创立于 1922 年的资深巡回法官大会（Conference of Senior Circuit Judges）。当时，卸任美国总统的塔夫脱被提名为最高法院首席大法官，他主导了当时司法机构内部的行政改革，而“大会”就是推动这一改革的第一个正式机制。“大会”有权制定全国性的行政政策，临时指定法官，并向立法机构提出立法建议。1948 年改为现名。

员会（Committee on International Judicial Relations）。[1] 在国务院的积极协助下，委员会已经在美国境内外协调举办了多次对话、大会以及会谈活动。[2] 自 2010 年起，美国法官已经与来自多个国家的法官、检察官以及司法行政官员举行了会谈，这些国家包括阿尔巴尼亚、孟加拉国、巴西、博茨瓦纳、保加利亚、柬埔寨、中国、哥伦比亚、厄瓜多尔、加纳、印度尼西亚、爱尔兰、利比里亚、毛里塔尼亚、纳米比亚、卡塔尔、俄罗斯、乌克兰、突尼斯以及阿拉伯联合酋长国
250 等。[3] 他们所讨论的内容不仅涵盖了法治、民主制下的司法实践以及刑法等一般性主题，也涵盖了知识产权、电子监控、资产罚没的全球协作、恐怖主义、关税纠纷、仲裁以及司法案件管理等各个专业领域的主题。[4]

我们最高法院中的大多数成员都参加过其他区域的最高法院或类似机构成员举行的交流活动，这些区域包括欧盟、英国、法国、德国、南非以及印度。大法官肯尼迪曾和中国的法学家进行过交流，大法官奥康纳则同非洲各法院的成员进行过交流，大法官鲁斯·巴得·金斯伯格①交流的对象是来自埃及和北非的法官，其他大法官也和其他法院的成员进行过会谈。会谈的内容也变得越发富有实质性，为其准备的工作文件会涉及刑法、重复追诉、联邦制、言论自由、非诉争端解决机制以及其他各种主题。别国最高法院的成员会以个人身份定期造访我国最高法院，我们最高法院的大法官通常也会回访。与此同时，与外国法官、律师和法学院学生进行的非正式会见、访问以及演讲也变得更为频繁。

从时间来看，大法官会贡献出自己的某个傍晚，或者某天的午餐或晚餐时间，会见美国法学院的学生和法律从业人员，我推测，这样的会见平均每月会有三到四次，他们每月也会同外国同僚举行一到两次会谈。这些会谈并不仅是为了协调公共关系，但如果是在 20 年前，我则无法下此断言。在那个时期，有一次我曾在纽约会见了一些教授，我热情地表示，刚刚结束的一次司法交流活动令我受益匪浅，我从中获得了很多有用的知识。但当一位芬兰教授请我举个例子时，

① 鲁斯·巴得·金斯伯格，1993 年起担任最高法院大法官，美国历史上第二位最高法院女性大法官，唯一的犹太人女性大法官，也是目前最高法院中三位女性大法官之一（其余两位是大法官索尼娅·索托马约尔和大法官艾雷娜·卡根），并且是目前最高法院最年长的大法官。她被广泛认为是一位自由派大法官，早年一直积极主张女权应当是一项宪法性原则，并担任过自由派组织美国公民自由联盟（ACLU）董事会成员和总法律顾问。

我却几乎答不上来。但在今天，我就不会再遇到这种困难了。

用迈克尔·奥克肖特①对“求知”（pursuit of learning）的描述来形容这种接触是最恰当不过的了。他曾说到，“求知”只是“对话”（conversation）的另一种说法。它不是争论；它的“语调既不咄咄逼人也不凄凄切切”；它“不会预设话题”；我们也无须“根据结论来品评其优劣”，因为“它根本就没有结论”；它的魅力“因言说者言辞的品质而彰显，它的价值则留驻于其遗落在参与者心灵中的碎片里”。[5] 251

这样的对话我已经参与过多次了，有的是在中国，有的是在非洲，有的是在最高法院里，有的则是在各个大学，例如，耶鲁法学院就主办了由其教职人员和来自海外最高法院大法官参加的研讨会，这个研讨会已经持续了很多年。这些不会产生任何结论的对话很可能会继续下去，例如，各国宪法法院成员同意定期举行会晤（如在世界宪法正义大会②上会晤），又如，各国法院提供的英译本裁决日益增多，这使它们的文书能够得到更广泛的传播，被更多人了解。但基本问题仍然没有改变：这种同外国法官进行的讨论以及外国法官之间的讨论会对法律造成怎样的影响？

---

① 迈克尔·奥克肖特，20世纪英国哲学家和政治理论家，他的论著文笔优美，如同散文一般。

② 世界宪法正义大会（World Conference on Constitutional Justice）：1972年，由德国、奥地利、意大利和南斯拉夫宪法法院院长提议而召开了第一次大会。开始，这只是一个由部分欧洲国家参与的组织，而20世纪90年代后，东欧国家普遍设立了自己的宪法法院，该组织迅速壮大起来，成为世界性的组织，并制定了自己的章程。

注释

〔1〕Hon. Cynthia H. Hall & Hon. Michael M. Mihm, *The History of the Committee on International Relations of the United States Judicial Conference*, 42 St. Louis U. L. J. 1163, 1165 (1998).

〔2〕同上，第1165~1180页；U. S. Judicial Conference, Comm. on Int'l Judicial Relations, A Resource for the Judiciaries of Other Nations (2002), http://www.fjc.gov/public/pdf.nsf/lookup/IJR00012.pdf/$file/IJR00012.pdf。

〔3〕U. S. Judicial Conference, Comm. on Int'l Judicial Relations（美国司法大会国际司法关系委员会）, Summary of the Report of the Judicial Conference Committee on International Judicial Relations (2015)（美国司法大会国际司法关系委员会2015年度报告简报）（国际司法关系委员会收录）。U. S. Judicial Conference, Comm. on Int'l Judicial Relations, Report of the Judicial Conference Committee on International Judicial Relations (2013)（国际司法关系委员会收录）; U. S. Judicial Conference, Comm. on Int'l Judicial Relations, Report of the Judicial Conference Committee on International Judicial Relations (2012)（国际司法关系委员会收录）; U. S. Judicial Conference, Comm. on Int'l Judicial Relations, *Report of The Judicial Conference Committee on International Judicial Relations* (Mar. 2012)（国际司法关系委员会收录）; U. S. Judicial Conference, Comm. on Int'l Judicial Relations, Report of the Judicial Conference Committee on International Judicial Relations (2011)（国际司法关系委员会收录）。

〔4〕参见，前注3中的材料。

〔5〕Michael Oakeshott, The Voice of Liberal Learning 109-10 (1989).

253

第 *11* 章

交流与实质性进展

在我们与外国法官、法学教授、律师或学生会面的大部分时间里，我们都能获得一些外国法律体系方面的背景知识。这不仅有助于我们思考已经讨论过的那些类似案件（如索萨案那样的跨境案件），也有助于我们审视我国法律体系中存在的问题。例如，我们从欧陆法官那里学到了他们刑法体系的运行机制，一种"纠问式"（inquisitorial）体系。它和托尔克马达①并没有任何联系；该体系中的公诉人受过法官和调查人员的双重培训，对其所参与案件的判决结果拥有相当大的影响力。[1]在得知这种情况之后，也许有人会问，"所以，同他们的欧洲同人相比，美国公诉人的影响力是否相对较弱?"事实上，在我国的"对抗式"（adversarial）② 体系中，只有不到10%的刑事案件会真正进入庭审环节，其余案

---

① 托尔克马达，这里指的是15世纪西班牙天主教多明我会僧侣托马斯·德·托尔克马达，他是西班牙宗教裁判所的首任法官。由于英语中西班牙宗教裁判所被称为"Spanish Inquisition"，其长官被称为"Grand Inquisitor"，与"纠问式"（inquisitorial）的词根相同，而西班牙宗教裁判所又因残酷打击异教徒而备受争议，所以作者特别说明。

② 与"纠问式"不同，在这种诉讼程序中，强调双方当事人的对抗性，当事人有很大的主动权，且基本不受阻碍，通过双方当事人及其律师询问和交叉询问证人，相互争辩，来推进诉讼进程，揭示案件真相。法官作为中立的裁判者，听取双方的陈述和辩论，而不是积极介入。与此相对的"纠问式"则强调了法官和公诉人的主动性。

件大都会通过认罪答辩①的方式结案，在这一过程中，美国公诉人可以运用他或她所具有的建议刑期的权力施加影响。[2]通过这种方式，美国公诉人事实上获得了与其欧洲同人相等的或者很可能相对更大的影响力。在了解了这一事实之后，有人也许会问，“我们是否应该像法国或其他国家那样训练公诉人，使他们像法官那样行事?”这些问题并未对任何神圣的美国法律原则发起挑战，他们只是单
254 纯地对法律实施领域中其他可选方案的优劣感到好奇。

但是，在有些时候，我们之前的讨论可以影响我们对一些法律问题解决方法的认知方式，这些法律问题完全属于我国体系内部的问题，而这些解决方法也同样是我们自己的解决方法。我会为大家提供几个这方面的例子，首先要讲的这个例子向我们展现了外国法律的批评者最为恐惧的梦魇：美国法官对具体法律问题的处理方法受到了外国法官在解决类似问题时所用方法的影响。我相信，这种讨论完全无法伤害到美国价值，相反，它会帮助我更好地适用宪法，使其符合美国价值。但是我还是将这个问题留给读者自己评判吧。

欧洲式的分析

欧洲的法官以及其他国家的法官经常会使用一种叫作“比例原则”(proportionality)的法律概念。我发现这一概念对分析和适用典型的美国宪法规则大有助益。为了说明它的功用，我必须首先解释一下第一修正案当中的一些基本要素，比例原则能够在该领域扮演重要角色。

第一修正案规定，“国会不得制定有关下列事项的法律……限制言论自由”。[3]为了切实遵循这项规定，大法官布莱克曾经针对这项规定表示，“‘不得制定法律（No law)’的意思就是不得制定法律（no law)”。[4]但即便是他也不得

① 认罪答辩（Guilty Pleas)，刑事被告人理智地、自愿地在法庭上正式承认犯有受指控的罪行。法庭必须先充分告知被告人其享有的权利，并由法庭认定其已明了此项权利，对罪行的供认是自愿的。被告人做认罪答辩等同于法庭审理后的定罪，其法律上的效力等于有罪裁断，可据此根据法律判处刑罚。当被告人作出认罪答辩之前，检察官一般会以减轻罪名或缩短推荐刑期为诱饵，与其进行“辩诉交易”，获得认罪答辩。如此一来，政府就省去了继续调查和进行庭审的人力、物力。

不承认，“限制言论自由”这个表述的含义并不是不言自明的。大法官霍姆斯曾评论道，该修正案并未遏制那些禁止在拥挤的剧场里大喊“着火啦”的法律，[5]也不会遏制那些禁止个人在明知其行为很可能会导致无辜平民死亡的情况下直接煽动暴乱的法律。[6]所以，该修正案的表述所禁止的究竟是哪些法律？法官该如何裁决？

最高法院在很久以前就意识到了，在解释第一修正案时，不可能对所有种类的言论给予同等待遇。事实上，很多种类的言论都不能自由发表。当证券类法律对证券销售手册中所能登载的内容作出规定时，当健康类法律禁止烟草行业发布广告时，当通信领域的法律要求有线电视系统播出由无线站台播放的节目①时，当我们对个人的政治竞选捐款金额设置上限时，我们其实都对言论进行了管制。事实上，各种社会组织都是通过言论开展其公共活动的，所以我们不可能对言论不加任何限制。但限制的程度却千差万别。对第一修正案过于强势的解读会阻碍 255
那些规范药品或证券推销用语的法律，这会让我们回忆起洛克纳诉纽约案的那段时光（1905年），[7]按照当时最高法院对宪法的解读，很多现代的社会性立法并不符合宪法（该案涉及的是一项有关工作时长的规则）。对第一修正案过于弱势的解读则会放任政府对不受欢迎的政治广告加以禁止，对电影和其他艺术品实行审查，对反战抗议人士或因支持其他不受欢迎的诉求而走上街头的抗议者实施拘禁，允许政府通过这些方式或其他方式实行言论管制。如果说这两种模式都过于极端的话，我们在适用第一修正案时又该如何区分言论的类型？

最高法院发展出了一套包含三种类别的分类法，这是一种由法官创造的，旨在推动第一修正案适用工作的分类模式。

第一种类别，即“严格审查”（strict scrutiny）类当中，最高法院对管制政治言论的法律施加了重大限制。[8]政治言论自由对于思想的“开放市场”至关重要，而民主制度正是建基于这种“开放市场”之上，[9]因此，最高法院还曾表示，

---

① 在美国，有线电视运营商都持有大型电视台的股份，所以有线电视更倾向于播放大型电视台的节目。与此不同的是，地方性的小电视台一般通过无线方式传播。如果有线运营商不转播当地无线站台的信号，那么小电视台会因为观众太少而难以为继，这就损害了那些不使用有线电视系统的观众的权利。当然，这其中还牵扯到了话语权控制等政治问题。对此，美国政府要求运营商必须转播（must carry）这些节目，最高法院支持了这一法律。

它会对那些对发言者的不同“观点”施行区别对待的法律（如在允许某项立法的支持者发表言论的同时，禁止反对者发声）进行严格审查。[10]同时，对于所有“基于内容”（content-based）而设置的限制（根据所表达信息的内容，而非表达方式设置的限制），最高法院也表达了相同的态度。[11]最高法院将“严格审查”表述为，除非政府可以证明该限制是“促进某种迫切的政府利益”（compelling government interest）的必要（necessary）手段，而且“其他限制性较弱的手段”（less restrictive alternative［s］）无法对该目标起到类似的促进作用，否则禁止对言论施加限制。[12]这种检验标准是很难达到的；因此，将某种限制归类到需要接受“严格审查”的范畴极有可能就意味着最高法院将认定其违反了第一修正案。[13]

第二种类别被称为“中度审查”（intermediate scrutiny），[14]其中包含对真实的商业广告施加的限制。[15]根据最高法院的解释，如果“政府……证明……该成文法能够对某种实质性的（substantial）［区别于‘迫切的’（compelling）］政府利益起到直接的促进作用，并且之所以采取这种措施就是为了谋求这项利益”；[16]也就是说，如果这种限制措施“并未”在“促进”这项利益“所必要的程度之上显著增加额外负担”，[17]那么第一修正案允许实施这种管制。

第三种类别包括了其他所有类型的限制，这其中包括政府的经济或社会管
256 理。例如，若某个大规模市场管理方案中包含一项要求油桃生产者向油桃推销基金捐款的法律，则这项法律就属于该类别。[18]该类别还包含很多传统的商业管制措施。[19]最高法院曾表示，如果这类限制具有合理依据，则第一修正案允许施加这类限制。[20]因此，该类别被称为“合理依据审查”（rational-basis scrutiny）。

这三种层级的“审查”，以及“内容管制”和“观点管制”并不是适用于言论自由案件中的所有类别。例如，最高法院曾写到，“对于言论和出版的事前审查（prior restraints）（比如，在事前禁止‘五角大楼文件’的发表）是对第一修正案权利的最严重侵犯，是最不可容忍的”。[21]有些规则对个人或群体得以发表言论的时间、地点以及方式施加了绝对限制[22]（例如，可以对授课期间学校附近[23]的广告宣传车，[24]或者对露天市场的特定区域[25]施加这种限制），最高法院曾表示，它将对这些规则适用“中度审查”。最高法院还表示，儿童色情物品等特定的表达形式不在第一修正案关注范围之内，完全不能享受修正案给予的

保护。[26]

这套框架对法官适用第一修正案提供了帮助，反映出了第一修正案的宗旨和它试图保护的价值。没有人会主张完全舍弃这些类别划分，但它们不是，也不可能成为人们在提到第一修正案时所关注的全部内容。它们并不是颠扑不破的神圣律条，而只是法官们根据经验制定的规则，它们会引导法官得出结论，却并未要求他一定要采纳相应类别所建议的那种结论。其实，法院必须用某种形式的利益衡量来补充这些类别的指导。此时，比例原则就会发挥作用。

外国法院往往会以比例原则的名义实施这种利益衡量，那些事关普遍性立法与个人权利之间冲突的案件就需要这种利益衡量。它们在分析案件的时候通常会从几个问题入手，这些问题与美国法官在分析那些对基本权利加以限制的政府法规时所提出的问题非常相似：（1）政府的限制措施试图保护或促进的是哪种类型的利益？（2）该限制措施与其目标之间存在哪些合理的联系？（3）是否能够通过一种限制性更弱的方法达成这种目的？[27]

如果对这三个问题的解答无法解决案件，那么法官就会提出第四个问题：与政府所谋求的合法利益相比，这种限制措施所施加的限制是否不成比例（disproportionate）？要回答这个问题，则需要法官在两者之间作出明确的利益衡 257
量，这两者就是，对受保护利益（如言论）造成的伤害，以及为保护某种极为重要的目标而采取该限制措施的必要性。[28]

在一件涉及经济利益与权利（间利益衡量）的案件中，欧盟法院（ECJ）将该问题表述为：

> 欧盟法院一贯认为，比例原则是（欧洲）共同体法律中的一项普遍原则。根据这一原则，对某项经济活动下达的禁令是否具有合法性，取决于它是否满足了一项条件，这项条件就是，对于争议立法期望以正当方式达成的目标而言，该禁止性措施是适当的而且是必要的；当存在多种适当方式之时，必须选择负面效应最小的方式，而且它所造成的不利影响不能和它试图达到的目标不成比例。[29]

在我引用的这个案件中，ECJ需要裁决的是一项禁止向牲畜注射特定荷尔蒙的命令是否对生产者、养殖者和其他相关人员的经济利益造成了不必要的损害。[30] ECJ在适用比例原则后推定该措施有效；无法通过“负面效应更小的方式”达成该法的目标，而且“即便该措施会对特定交易者产生相当程度的负面经济影响，它期望达成的目标所具有的重要性仍足以为其提供正当性基础”。[31]该法院并未借助美国宪法理论中，特别是在第一修正案领域中常见的那种分类法，而是代之以利益衡量。而且它的衡量过程既公开又明确。

比例分析法的适用确实会显得有一些主观，法官不可避免地要去考虑案件中相互对立的各种影响、造成的损害程度以及案件的重要性。即便是那些在表面上严格按照不同类别撰写审判意见的法官，实际上也在损害和目标之间进行利益衡量。我认为，当法官在实施这种衡量的时候，应该遵循诸如比例原则这样的原则，从而令审判意见背后的推导过程得以体现，使人们可以了解这类过程，并对其加以批判。若仅适用分类法的话，我们要么就只得假装那些貌似客观的标准当中并不存在利益衡量，要么就只能把利益衡量归结为某种不可言说的司法冲动。我希望引入这种由法官创造的比例原则概念，使其成为第一修正案案件裁决的指
258 导方针。

我们还必须意识到，我们往往不能对所有案件进行恰当的归类。举一个最近发生的例子：一项联邦刑事成文法禁止个人“以口头或书面形式，虚假地宣称自己因曾在美军中服役而获得过国会授予的勋章或奖章”。[32]一个谎称自己荣获了国会荣誉勋章①的被告被判定违反了这项成文法。[33]之后，我们最高法院（以6∶3的投票结果）认定该成文法违反了第一修正案。[34]

一份由四位大法官参与其中的复数意见书在很大程度上就是仅仅依据分类法作出的。这份意见表示，第一修正案保护言论，无论其内容是真实还是虚假；该成文法中的限制措施是“基于内容”设置的，必须经受“最严格的审查”，（通过这种审查可以认定）这项限制措施违反了第一修正案。[35]我认为（我在自己的复议意见中表示），少一些对分类法的依赖，多一些对利益衡量的运用，将会让我们作出更理想的分析。[36]我们能否就轻易认定第一修正案保护虚假陈述？有时

① 荣誉勋章（Medal of Honor），美国最高军事荣誉，被颁布给“在战斗中甘冒生命危险，在义务之外表现出英勇无畏”的军人。由总统以国会名义颁发，只颁发给军人。在1990年，国会还将每年的3月25日定为“全国荣誉勋章日”。

它确实提供了这种保护。试想一下那些关于宗教、哲学和历史的陈述。“地球是平的”这种论述会受到保护而无关其真伪。但有时，它却不会提供这种保护。再试想一下那些虚假的商业宣传、欺诈、伪证、谎报恐怖袭击、冒充警察、商标侵权以及其他不受法律保护的情形。[37]在借助利益衡量法这面透镜审视该问题之时，我必然会考虑到第一修正案的利益由于这项管制而受到了严重的损害：该成文法所关注的陈述往往是在政治语境中作出的，而且该成文法会阻碍这种表达。同时，维护国家最高军事荣誉的声誉则为该成文法提供了正当性基础。但即便如此，似乎可以使用其他限制性更弱的解决方法，或许可以通过一项涵盖的军事荣誉范围更小的成文法，可以要求证明（虚假陈述）造成了损害，并设立一个与其配套的、可供公众查询的荣誉登记系统。[38]虽然结果不变，但我相信这样的分析将更直接地切入该问题的法律要害。

采用比例原则还有助于避免宪法异常（constitutional anomalies）情况的出现。思考一下索雷尔诉洲际市场服务健康公司（IMS Health Inc.）案。[39]佛蒙特州颁布了一项成文法，禁止药房出售那些可以使人通过其开具的处方辨认出医生
身份的处方记录。[40]之所以这样规定则是担心，向制药企业出售这些信息会使它 259
们的销售人员得以（根据医生的用药习惯）为每个医生量身定做销售方案，通过这种方法，让医生的处方中包含更多的高价专利药物和更少的平价仿制药品。[41]药物公司提起诉讼，认为该法侵犯了它们的第一修正案权利，[42]具体而言就是，它们按照自己的意愿调整销售方案的自由。

我们最高法院在裁决该案时，将这部成文法归类为“基于内容”而设置的限制，需要接受“更高标准审查”（heightened scrutiny）。[43]多数派大法官认定其缺乏足够的正当性基础，于是推翻了这部成文法。[44]在异议意见中，我对其是否应被归类为“基于内容”而设置的限制（并据此接受“更高标准审查”）提出了疑问，认为（药物公司的）这种表达行为更应该被归于“经济管理”类（并据此适用较为宽松的“合理依据审查”标准）。毕竟，经济管理通常都会依据言论的内容来施加限制。电力监管机构要审核能源公司企划书的内容，联邦储备委员会要审核银行信贷方案的内容，食品及药物管理局也要审核产品标签的内容，凡此种种不再赘述。[45]

如果最高法院不再争论类别问题，而是选择根据比例原则进行分析的话，它

就会发现，如何归类其实并没有太大区别。在不否认“基于内容”和“经济管理”（这两个类别）之间具有潜在相关性的前提下，它可以考量受保护利益的性质（一种销售策略），由于药物公司无法获得信息而造成的损害（依我看，并没有什么损害），以及这项管理措施的正当性基础（更低的价格）。然后，最高法院要考察佛蒙特州是否能用其他限制性较弱的方式达到这一目标（无法证明替代方案的可行性）。这样基本上就可以对该问题作出结论了：几乎没有损害，充分的正当性基础，不存在其他限制性更弱的备选方案。

当然，按照这种思路，我对该案的观点很可能占到上风。但即便没有占到上风，这种分析也会要求最高法院对其他情形中的经济管理活动进行比较分析，要求它更准确地把握损害的性质，并且要求它更深入地考察州立法机构在该问题上的各种立场。由此得出的审判意见中的论理部分将会更直接地切入第一修正案和佛蒙特州成文法所要达到的目标。这样一来，审判意见就会具有更强的解释力和说服力。

此外，“比例原则”的使用往往会引导最高法院对成文法的适用细节进行更
260 密切的考察。我认为，它还会使审判结果更加符合第一修正案的目标。下面思考一下霍尔德诉人道主义法律计划①案，该案裁决于最高法院对涉及药物处方的索雷尔案作出裁决的前一年。[46]有一项联邦法律禁止个人“对外国恐怖组织提供实质性帮助或物资支持”。[47]该成文法将实质性帮助定义为其中包括了“专家意见或专业援助”。[48]一伙美国人（其中包括一名退休的行政法法官）希望对一个被国务院列入“恐怖主义分子”观察名单的库尔德组织提供“专家意见或专业援助”，但他们害怕这样做会遭到政府起诉。他们拟提供的意见或援助包括：（1）培训其利用“人道主义法和国际法和平解决争端”；（2）“代表居住在土耳其的库尔德人提出其政治诉求”；（3）解释“如何在联合国等各种代表制机构中申诉”。[49]

最高法院多数派大法官认定该成文法符合宪法，表示可以将该法适用于刚才提到的三种和平活动当中，[50]主张“打击恐怖主义是一项最为紧迫的任务”。[51]

① 人道主义法律计划（Humanitarian Law Project）是一个成立于1985年的非营利组织，其目的在于保护人权和“通过运用公认的国际人权法律和人道主义法律来和平解决争端”。

进而推断，由于难以将和平活动与其他非和平活动区分开来，打击恐怖主义可以为将该法适用于和平目的（之活动）提供正当性基础。[52]异议大法官（其中包括我）指出，该法对政治性言论施加了限制（应据此接受“严格审查”）；我们同意，打击恐怖主义是一项“迫切的”、（可以与言论自由）相抗衡的利益；但我们认为，政府没有提供证据证明这项限制措施（例如，对向联合国进行申诉施加限制）是促进该利益的必要措施。[53]总之，在本案中适用这项限制措施会不成比例地限制言论自由。

使用比例概念的外国法院往往会作出这种贴近具体情况的分析。如果我们最高法院也这样做的话，我相信（正如我在异议意见中所说）它不会支持这样一项阻碍了特定类型政治言论（也就是，指导少数族裔政治团体该如何向联合国申诉）的成文法。 261

运用比例原则进行思考至少会将司法机构所实施的利益衡量表面化，将其明确地表现出来，而当法律问题的争议双方均承载着重要利益（有时甚至是言论自由和个人隐私等相互冲突的个人权利）的时候，通常就需要作出利益衡量。试想，将一项禁止对私人谈话进行录音的法律，适用于一段记录了工会领袖讨论罢工事宜的谈话录音。（并未参与录制该录音的）新闻媒体是否能够依据第一修正案公布这段对话内容，还是说该修正案允许对这类行为加以制止？无论最高法院在解决该问题时选择了哪种类别，它最终都必须在“隐私”和“言论自由”这两种利益之间进行衡量。法官将必须以某种形式提出一个问题：如果把本案中适用的成文法在隐私权方面所承载利益的类型、重要性、涉及范围，以及为维护这些利益而采取各种限制措施的必要性考虑在内，该成文法是否对言论自由施加了一种与这种利益不成比例的限制？

虽然“严格审查”“内容管制”这些类别，甚至“迫切的利益”和“限制性较弱的方式”等（要求）是有帮助的，但它们本身无法解答我们遇到的宪法难题。很多案件都牵涉到了一些意义重大却相互冲突的利益，它们环环相扣，以各种复杂的方式缠绕在一起。最高法院经常会审查成文法对这些利益造成的影响，并在这些利益间作出平衡。[54]这就需要最高法院查明，该成文法是否必然要以一种与它对其他利益所施加的正面影响不成比例的方式，限制这类利益。其实，比例原则分析法既不是舶来品，也不是什么新的发明。包括勒尼德·汉德、[55]菲力克斯·法兰克福特[56]以及路易斯·D. 布兰德斯[57]在内的很多伟大的美国法官都进行过利益衡量。它在美国宪法历史上可谓源远流长。

与分类相比，这种分析有时显得复杂晦涩。但我们又有哪些其他选择呢？今天的最高法院在面对我所提出的这些问题时，不应该仅仅参考18世纪的社会现实和社会环境作为它解答这些问题的依据。对于（该如何判断各种利益间）恰当的均衡状态，法官也不需要依赖自己在该问题上未经检验的经验。与生硬的类别所提供的表面客观性相比，一份必须详细写明这种确属主观判断的均衡状态达成始末的审判意见，着实更为可取。

如我所言，外国法院经常运用比例概念，而通过与外国法官、教授以及律师的交流，美国人可以更好地了解它的优劣，更好地了解它在美国法律背景下的适
262 用空间。这些交流活动帮助我理清了这种分析的使用方法，使我懂得了在使用它的时候要力求精确，甚至我还了解到，如果能恰当地回答利益、损害和替代方法等先导问题，则可能可以避免回答最终的利益衡量问题。

需要强调的是，这些讨论并不是宣扬外国的方式，也不是为采用这些方式博取支持；这些模式的价值在于它们所引发的思考，它们进行追问的方式，以及它们遗落在参与者心灵中的“碎片”（借用奥克肖特的用语）。这些讨论并未让我放弃分类法，它必然会在宪法分析中继续起到重要作用。相反，它们使我明白了在美国背景下适用利益衡量的方法。它们的帮助还在于，它们向我们展示了如何才能使宪法分析变得更加准确、更加透明，从而帮助我们使美国法律变得清晰起来。

美国式的分析

还可以从另一个方向来证明法官间的对话是有所助益的，这就需要借助那些从美国法律经验中归纳出来，却被证实对外国法官有所帮助的方法。其中的一个例子就是，我们最高法院曾经对与欧洲对应条款类似的美国宪法中的“商业条款”做过解释。“商业条款”授权国会“管制同外国的、各州之间的商业活动”。[58]它的主要目标之一是创立和维持统一的全国市场。为了达成该目标，最高法院将该条款解释为，禁止各州制定过度（unduly）干预全国或国际市场经营

的法律。[59]最高法院将该条款中的这层含义称为“沉睡商业条款”（dormant Commerce Clause），因为它所包含的禁止性规定适用于国会并未立法的领域。[60]

在适用“沉睡商业条款”时，最高法院必须裁决州法是否过度干预了各州之间的商业活动。但泛泛而谈总比具体操作要简单。一方面，一州不得歧视来自州外的商品或服务。[61]另一方面，该条款并不禁止各州“‘在与本州人民的健康、生命或安全相关的领域内立法’，即便这些立法可能会对”商业活动“产生间接影响”。[62] 263

“非歧视性管制”是有效的，但这些管制“只能对各州之间的商业活动产生附随性的影响（incidental effects）”，而且它们对商业活动增加的负担不得“明显超过意欲（保护）的当地利益”。[63]那么，最高法院又该如何裁决各类州法属于哪种类别？

欧盟法院也面临类似的问题。据以建立欧盟的各项条约禁止成员国“对进口施加数额限制或采取其他产生相同效果的措施”；[64]这些协议同时还确立了劳动力、[65]服务[66]和资本[67]在国家间自由流动的权利。同时，条约允许所有成员国制定保护健康、安全和环境等方面利益的法律，但这些法律不得对来自其他成员国的商品或服务给予不成比例的歧视。[68]欧盟法院是如何对这两种不同类型的成员国法律加以区别的呢？

这个问题或者其他与美国法院所遇到的类似的问题都没有简单的答案。虽然我们在涉及经济问题时往往会尊重立法机构的判断，但在这些问题上我们却不能这样做。这是因为，无论是美国各州还是欧洲国家的立法机构，都不会出于选举考虑而主动将其他州或国家的选民利益纳入考虑范围，他们的商品可能会遭到歧视对待。相反，立法者在歧视州外或国外生产者，并借此取悦本地生产者方面，则具有明确的选举利益。“沉睡商业条款”和欧盟条约条款所试图遏制的正是这种立法趋势。

法院无法通过查找成文法字面上的歧视性规定来解决问题。试想，有一项瑞士法律一概禁止销售在海拔一万英尺（约 3048 米）以下放牧奶牛的农场主（无论其是否为瑞士人）所生产的牛奶。该法规定，它在适用时一视同仁，但事实上却歧视了几乎所有瑞士以外的牛奶生产者。

我国法院所面对的案件会提出类型相同却在很大程度上更为微妙的问题；它

们往往技术性很强，而且其中的是非曲直与具体情况联系密切。法律会禁止在其生长过程中使用了某种特定杀虫剂的桃子进入本州。或者还会要求在制作电梯缆
264 绳时使用某种特殊钢材，或禁止跨州运营的货车在日间运输炸药。之所以制定这些法律是否主要是为了保护本州公民免遭危险杀虫剂的毒害，享受合格电梯的服务，避免被爆炸波及的危险？还是主要为了保护本州的生产者免受来自境外的竞争？

最高法院对这些问题进行了独立考察，也就是说，在考察中并未尊重州立法者的判断。它考察了相应的具体情况。从某种程度上而言，它还对证据进行了考量。① 但在这样做的过程中，它意识到了自己相对缺少解答事实性技术问题所需要的专业知识。因此，它还预留了一种应急办法。国会可以通过颁布联邦法律的方式推翻法院的裁决。也就是说，国会可以授权某州重新颁行被最高法院废止的法律。此外，国会还可以将这种权力授予某个行政部门。因此，联邦交通部就会对某州管理炸药运输的法律是否过度干预了全国市场拥有最后决定权。交通部可以授权该州保留这项法律。如果这样做的话，法院就只能审查交通部的决定中是否存在行政错误（administrative error），例如，裁决这项决定当中是否存在“恣意、武断，或对裁量权的滥用”。[69]

这种三方管理模式使最高法院得以和政府的立法与行政机构协调合作，发挥它们在各自专业领域内的相对优势，并因此完善了美国联邦制这项基本宪法原则的适用。

欧盟法院也面临类似的问题。思考一下最近发生的一起疑难案件。[70]一位名叫拉瓦尔的拉脱维亚雇主希望将一些拉脱维亚雇员带到瑞典，让他们在一个学校（的工程工地上）工作，此时，一个瑞典工会试图通过谈判为他们争取更高的报酬。当拉瓦尔拒绝接受谈判条款时，工会举行了罢工（封堵了拉瓦尔的工程工地）。[71]而根据瑞典法律，这场罢工获得了授权。但这场罢工是否违反了严格要求“共同体内服务自由”的欧盟条约条款？[72]

法院认定这场罢工确实违反了条约。这是因为，对于来自瑞典外的企业而

① 一般而言，美国最高法院会采纳下级法院根据证据作出的事实认定，在此基础上只回答法律问题，几乎不会直接插手事实问题。

言，这场获得授权的罢工“削弱了在瑞典从事建筑业的吸引力”“或者使其变得更加困难”。[73]法院补充道，只有当对“服务自由”设置的限制服务于某个与（欧盟）条约相协调的合法目标，并且能够由公共利益方面的极为重要的（overriding）原因为其提供正当性基础的情况下，这种限制才是合法的。[74]此外， 265
它“必须与其所要达到的目标相匹配，而且不得超过达成此目标所必需的限度”。[75]因为拉瓦尔已经向雇员支付了欧盟规定的最低工资，同时也因为工会提出的解决方案使他对究竟应当支付多少工资变得难有定论，因此，工会的罢工行动并不符合这项检验标准。[76]

ECJ 的检验标准虽然严苛，却具有普遍性，（令法官）能够根据案件的具体事实作出裁决。从这个角度讲，这个欧洲的法律问题类似于美国的“沉睡商业条款”问题。对于推动自由流动的各种普遍性准宪法规则，以及成员国为保护健康、安全、环境和其他重要地方利益而设立的法律而言，法院如何才能获取足以用来协调两者关系的具体信息（这些信息往往属于技术信息）？在这个问题上，欧洲的法院或许会发现美国的经验确实有所帮助，并寻找出将欧洲的立法机构引入这一（协作）进程的方法。

程　序

展现（法官间）有益探讨的第三个例子则涉及美国法官和他们的印度同人之间的交流。在过去的半个世纪里，两国都见证了本国法院案件数量的稳步攀升。在美国，仅联邦初审法院的待审案件数量已经由 1970 年的大约十二万七千件[77]增长到了 2013 年的三十七万五千件以上。[78]在这段时间里，一所联邦上诉巡回法院发现自己的待审案件量已经从每年大约一千五百件[79]增长到了九千件以上。[80]与此同时，印度最高法院发现它的待审案件量从每年大约七千件上涨到了每年三万七千件以上。[81]而截至 2008 年，整个印度司法系统已经积压了近三千万件未处理的案件。[82]

积案意味着时间上的拖延、经济上的损失和正义的缺失，所以减少积案意义重大。解决问题的基本方式只有三种。第一种是通过减少由司法系统负责处理的案件种类减少案件“流入量”。第二种是通过任命更多法官来拓宽处理案件的“渠道”。第三种是提高处理案件的效率。每一种方式都存在缺陷。第一种方式可能会有失公正地关闭法院的大门。第二种方式则可能产生一种过于复杂的司法系统。而第三种方式则可能有违诉讼时效和公平原则。

266 在美国，我们对这三种方式都进行了一定程度的尝试。联邦系统往往强调第三种方式，很多联邦法院都已经建立了一套司法“案件管理”系统。一名法官，通常会在一名联邦治安法官①的协助下进行先期审理，使当事双方尽快集中到案件的主要争议问题上来，规定证据披露的范围，确定开庭日期，并对双方的无故拖延加以制裁。法院还支持通过非诉争端解决机制（ADR）解决纠纷。ADR 可能意味着将争议双方推荐到有经验的律师或退休法官那里，由他们对诉讼请求加以评估，从而促成庭外和解。ADR 还可以由仲裁人来完成，由其在庭外作出具有法律约束力的裁决；可以由调解员来完成，调解员虽然无法对当事双方施加法律约束力，却会帮助他们找到庭外和解的基础，或者达成妥协。成功的 ADR 可以提供更廉价、更快捷的争端解决方案。

从 20 世纪 80 年代起，印度和其他一些南亚国家开始尝试使用 ADR。在 1994 年，印度最高法院前任首席大法官 A. M. 艾哈迈迪会见了我们最高法院的两位成员——大法官斯卡利亚和大法官金斯伯格，并同他们讨论了 ADR 在美国的适用情况。两年后，首席大法官艾哈迈迪组织了一个“国家司法学院研究小组”，该小组与美国一家非营利组织“法律体系研究与发展协会”开展合作，从事民事审判体系改革方向的研究。[83]该小组在德里、孟买、加尔各答以及海得拉巴等地召开会议；与众多的印度律师和法官会面；用数周时间在美国学习美国的案件管理系统和 ADR；还发表了各种文章和研究报告，最终建议在印度推行案件管理并建立自愿性的非诉争端解决制度。[84]

这一建议引起了争议。很多律师和法官支持使用这些系统，但其他人则担心会导致不公正的结果，律师收入减少，而且可能会使很多印度公民无法享受到律

---

① 联邦治安法官（Federal Magistrate），正式的联邦地区法官必须经总统提名和参议院的同意方可任命，终身任职。但联邦治安法官只需要本区的联邦地区法官投票即可入职。全职治安法官一届可以任职 8 年，兼职治安法官一届可以任职 4 年，均可连任。这些法官主要负责刑事被告人的首次出庭，确定保释金额等行政性实务。有时总统也会提名治安法官来填补地区法官的空缺。

师服务。在2001年，大法官奥康纳和我本人，以及第九巡回法院前任首席法官克利福德·华莱士造访了印度。当时ADR还处于酝酿阶段，尚未施行。我们与印度最高法院的成员讨论了ADR项目以及其他一些问题。我们根据美国的经验介绍了ADR的优势和弊端。我们还听取了他们在应如何改造美国体系以使其适应印度国情以及印度最高法院会如何监督ADR的实施等方面所做的讲解。 267

接下来的发展令人印象深刻。印度最终在2002年修改了诉讼程序法，使ADR得以实施。[85]印度最高法院随后裁定这次的法律修改符合宪法。[86]非官方性质的调解项目开始在艾哈迈达巴德、孟买、金奈以及马杜赖等地发展起来，[87]而在2005年，德里的各初审法院也开始了试点活动。[88]到了2014年，仅在德里一地，ADR项目就使29,000件案件达成了庭外和解。[89]其他的调解中心也开始发挥起同样的作用。[90]

随后的这些发展应归功于投身其中的印度法律职业者，但我相信，我们的会谈为选定改良版的ADR系统树立了信心。这些讨论至少使印度法院的成员得以向整个法律界展示他们对积案问题的研究是严肃的。例如，在2003年，大法官M. 扎格纳达·拉奥向在新德里召开的“ADR与案件管理国际会议”提交了一篇文章。他观察到，尽管最初遭到了律师界和部分法官的抵制，美国和其他国家仍然采用了ADR系统。他写到，“系统开始实施之后，律师界和法官界都逐渐认识到，当事人节约了大量时间和经济成本”。在美国，庭外和解率上升了，而且“和解程序和调解程序也变得广为流行”。对大法官拉奥而言，ADR在美国的成功令人不禁想到一个明显的问题：“和解程序和调解程序是否也会在（印度）法院取得成功呢?”[91]我相信，是司法交流和其他形式的法律交流帮助印度的法官和律师为大法官拉奥提出的问题找到了肯定的回答。

让我们回到本节的主题上来，考虑一下我们讨论过的其他程序性问题。例如，外国法院的法官经常会询问我们是如何进行案件筛选（screening）的，这种程序（与英国[92]和法国[93]最高法院的程序一样）会减少年度待审案件的数量，使最高法院得以对案件进行充分考虑。我们的解释是，州法而不是联邦法占到了美国法律中的绝大部分。（几乎所有的家事关系法，大部分的刑法、商法、事故处理法、教育法，甚至环境法都是州法。）而我们最高法院只审理联邦法的问题，其中包括联邦宪法问题。 268

即便如此，我们每年都会收到约八千份要求举行充分听证①的申请，[94]但这其中每个案件的诉讼当事人都已经经历过初审和上诉法院的审查。可以用首席大法官威廉·霍华德·塔夫脱的文字来阐释我们对自己职责的理解，这种职责的“宗旨在于，为本国人民利益详细阐述各种法律原则，并使之稳定下来，为公共利益解答宪法问题以及其他重要法律问题。（而且）要维护中级上诉法院裁决的一致性”。[95]

因此，我们将充分听证申请（每周大约一百五十份）分配给大约三十名职员（我们的法官助理），他们每人每周大概要对5份申请作出总结，写成备忘录。所以，我们每周会收到一叠大概一百五十份的备忘录；我们会查看这叠文件，特别留意审查那些在下级法院中产生分歧的法律问题；在必要的时候，我们会去查看原始文件；而在每周的例会上，我们会讨论最高法院中的任何成员想要讨论的案件。我们会审理由四位或更多大法官投票支持审理的案件，而下级法院裁决联邦成文法违宪的案件一般都会包括在内。

我们常常会被问到，我们是如何将这套筛选系统与普通公民认为自己的上诉总有一天会上达最高法院的信念协调起来的？这个问题无法从逻辑上回答，但却可以从实践方面来回答。根据我个人的经验，上诉法官每年可以亲自撰写不超过40份或50份的完整审判意见。要产出明显更多的审判意见，就必须让法官助理来撰写，否则所谓审判意见就只是简单的结论声明，或类似的东西。所以，尝试每年裁决数百个案件意义何在？这是无法完成的，即便能够完成，其中也不会包含丰富的思想、分析以及经过充分表达的论理过程等上诉法院的最优秀裁决所具备的特征。在这种情况下，我希望，不要宣称自己能够完成实际无法做到的事情。否则只能招致公众的讥讽，而这会腐蚀公众对法院的尊重。美国公众一般都会接受我们的裁决，这在一定程度上证明了这种观点。

有些法官对上述分析表示同意，而另一些则不然。所以对话仍将继续。

269 各国法官们热衷于讨论的另一个程序性主题涉及撰写异议意见的得失。有些异议意见最终会说服多数派大法官，在这种情况下，它们就变成了最高法院的审

① 充分听证（full hearings），是指给所有当事人提供充分的机会，使其可以提供证据，并进行辩论等，而并不仅仅是向最高法院申请某种令状。

判意见。但其他的异议意见呢？异议意见可以通过指出多数派意见初稿中的纰漏，促使其得到修正，改变多数派意见陈述法律的方式。因此，异议意见可以催生理由更为充分的推理过程，使最高法院的立场得以巩固，产生公众接受度更高的司法判决。（在成文法案件中）异议意见还可能最终推动国会实施更改法律的新的举措，甚至可能推动进一步的修宪活动。

另外，正如法国法官经常指出的，唯一的审判意见会使公众相信法院所申明的法律并不仅仅是少数法官的个人观点，而是法律本身。作出唯一审判意见的要求可以促使法院成员了解和考虑其他人的观点，并最终达成妥协，通过这种方式得出更为合理或者更能令人接受的结果。它避免了美国独特的"法官个人崇拜"，这种美国的方式将审判意见视为"大法官甲或大法官乙对宪法的解读"，而不是"美国最高法院对宪法的阐述"。在某些情况下，法官连任与否是由国家政府决定的（ECJ 也是如此），匿名于唯一的审判意见之后可以消除他或她潜在的政治压力。

在我看来，在无法达成一致的情况下，一致的表象并没有什么益处，无论是从法律的立场或者法院的立场来看，都是这样。公众仍然会怀疑有分歧存在；要赢得信任就要承认分歧，而非掩盖它们。但这只是一种观点。其他人并不同意。所以对话仍将继续。

程序问题的话题是没有止境的。例如，英国法官和一些美国法官一样，在解释成文法时并不会参考其立法背景。但英国法院越来越频繁地发现，自己所解释的法律是由外国立法机构颁布的，而这些机构在草拟法律条文时遵循了不同的传统，在这种背景下，这种不去理会立法背景的倾向是否将持续下去？欧洲的法官被更为频繁地要求去解释其他国家的法律，而这些国家的立法机构草拟成文法的习惯与其本国的习惯并不一样，在这种背景下，欧洲的法官是否将开始更加关注成文法的立法目的？我猜会是这样……最高法院的审判意见是否应更加简短？我认为确实应该，但实践起来却并不简单……审判意见是应该体现论证过程，还是应该仅宣布结果？人们应该会料到，我支持应该体现论证过程……审判意见是否 270
要回复诉讼当事人提出的所有主张？虽然联合国国际法院等很多法院都试图对所有主张给予回复，但我认为并不需要如此，这并不仅仅是为了简明，也因为沉默本身也是一种言说……口头辩论应该更简短还是应该延长？我认为美国的口头辩论太短了，而在英国则可能是太长了（但这也只是一位法官的见解而已）……在大法官们闭门会谈时，他们围坐的桌子是应该选择加拿大式的圆形桌，还是美式的方形桌？我倾向于圆桌，因为我觉得圆桌更便于讨论，但我无法给出证明。

我的目的并不是要品评不同程序的优劣，而只是希望能大略展示司法讨论的内容。如我在开篇时所言，它们也仅仅是讨论而已：没有争论，也无关胜负，并不努力说服对方，也没有投票表决。这只是信息和理念的交流，是对每一位法官提出的公开邀请，邀请他们参考别国的体系来考虑本国的体系。其成果是，大家的视野得到了拓展。我感到这些对话是有价值的。

注释

〔1〕关于欧洲公诉人的更多讨论和与美国公诉人的进一步比较研究，参见 The Prosecutor in Transnational Perspective（Erik Luna & Marianne L. Wade eds., 2012）。

〔2〕Richard A. Oppel, Jr., *Sentencing Shift Gives New Clout to Prosecutors*, N. Y. Times, Sept. 26, 2011, at A1. 2001年，联邦地区法院受理的刑事案件中只有不到3%的案件举行了庭审。同上。从9个州报告的数据来看，2009年这些州只对2.3%的重罪案件（felony cases）举行了庭审。同上。

〔3〕U. S. Const. amend. I.

〔4〕参见，例如，*Justice Black and First Amendment "Absolutes": A Public Interview* 37 N. Y. U. L. Rev. 549, 553（1962）。

〔5〕最高法院在1919年一致宣布“最严格的言论自由保护也不会保护在剧院里谎称失火，并引发恐慌的行为人”。Schenck v. United States, 249 U. S. 47, 52（1919）.

〔6〕参见 Brandenburg v. Ohio, 395 U. S. 444, 447（1969）（“对言论自由和出版自由的宪法保障不允许各州禁止宣扬武力或违法活动，除非宣扬的目的是煽动或实施切近的非法行为，或者可能产生这种效果”）。

〔7〕Lochner v. New York, 198 U. S. 45（1905）.

〔8〕参见，例如，McIntyre v. Ohio Elections Comm'n, 514 U. S. 334, 346-47 & n. 10（1995）。

〔9〕参见 N. Y. State Bd. of Elections v. Lopez Torres, 552 U. S. 196, 208（2008）（“第一修正案为思想，特别是政治思想创造了一个不受政府干预的开放市场，各种思想在这个市场内相互竞争”）；另参见 *McIntyre*, 514 U. S. at 346［“我国宪法为我们设立了一套政府运行机制，而讨论公共事务、就候选人的任职资格进行辩论正是这套运行机制中不可分割的一部分。为了保证思想的交流不受阻碍，并通过这种交流产生出令人民满意的政治和社会变革，第一修正案为政治表达提供了最为广泛的保护……事实上，人们早已形成一种普遍共识：第一修正案的主要目的是保证人们可以自由讨论政府事务……这其中自然包括了议论公职候选人。我们认为对公共事务的讨论应该是充分的、开放的和不受限制的。这种认识是一种原则，也是我们国家最为庄严的承诺”（原文中的注释和引号已删去）］。

〔10〕参见 McCullen v. Coakley, 134 S. Ct. 2518, 2530（2014）（认定，如果一项法案“偏袒评价堕胎行为的某种观点……那么该法案必须接受严格审查”）。

〔11〕参见，例如，Turner Broad. Sys., Inc. v. FCC, 512 U. S. 622, 641-42（1994）；Sable Commc'ns of Cal., Inc. v. FCC, 492 U. S. 115, 126（1989）。

〔12〕United States v. Playboy Ent'mt Grp., Inc., 529 U. S. 803, 813（2000）.

〔13〕最高法院近来已经认识到，“在通常情况下，如果一部法律是基于内容而设立的（content-based），那么基本上就可以断定这部法律根据言论的观点进行了区别对待（viewpoint-discriminatory）”。Sorrell v. IMS Health Inc., 131 S. Ct. 2653, 2667（2011）.

〔14〕参见，例如，Fl. Bar v. Went For It, Inc., 515 U. S. 618, 623（1995）（“对于商业言论施加的限制，我们将采用‘中度审查’”）。

〔15〕参见，同上，第622～624页。

〔16〕*Sorrell*, 131 S. Ct. at 2667 – 68.

〔17〕Turner Broad. Sys., Inc. v. FCC, 520 U. S. 180, 189 (1997).

〔18〕参见 Glickman v. Wileman Bros. & Elliot, Inc., 521 U. S. 457 (1997)。

〔19〕参见，例如，Giboney v. Empire Storage & Ice Co., 336 U. S. 490, 502 (1949)。

〔20〕参见 *Glickman*, 521 U. S. at 477 [“总之，在对经济法规（economic regulation）进行审查的时候，我们要像对待国会作出的其他政策性判断（policy judgments）一样，推定这些法规有效，而且这种推定是很难被推翻的”]。

〔21〕Neb. Press Ass'n v. Stuart, 427 U. S. 539, 559 (1976).

〔22〕参见 Ward v. Rock Against Racism, 491 U. S. 781, 791 (1989)。

〔23〕参见 Grayned v. City of Rockford, 408 U. S. 104, 114 – 21 (1972)。

〔24〕参见 Kovacs v. Cooper, 336 U. S. 77, 86 – 87 (1949)。

〔25〕参见 Heffron v. Int'l Soc'y for Krishna Consciousness, Inc., 452 U. S. 640, 643, 647 – 56 (1981)。

〔26〕参见 New York v. Ferber, 458 U. S. 747, 764 (1982) (“儿童色情物品……不受第一修正案保护”)。

〔27〕Alec Stone Sweet & Jud Mathews, *Proportionality Balancing and Global Constitu-tionalism*, 47 COLUM. J. TRANSNAT'L L. 72, 75 (2008). Stone Sweet 和 Mathews 将比例原则的源头定位在了德国，从德国开始扩散到了整个欧洲，又扩张到了其他地区。同上，第 96 ~ 152 页。

〔28〕同上，第 75 ~ 76 页。

〔29〕Case C – 331/88 R v. Minister of Agric., Fisheries & Food *ex parte* Fedesa, 1990 E. C. R. I – 4063, para. 13.

〔30〕同上，第 I – 4027 页，第 4031 ~ 4032 页。

〔31〕同上，第 I – 4063 ~ 4064 页。

〔32〕18 U. S. C. § 704 (b) (2012)，被最高法院宣布无效，United States v. Alvarez, 132 S. Ct 2537 (2012)。

〔33〕*Alvarez*, 132 S. Ct at 2542.

〔34〕同上，第 2551 页。

〔35〕同上，第 2544 ~ 2551 页。

〔36〕同上，第 2551 ~ 2552 页（大法官布雷耶的附议意见）。

〔37〕同上，第 2553 ~ 2555 页。

〔38〕同上，第 2555 ~ 2556 页。

〔39〕Sorrell v. IMS Health Inc., 131 S. Ct. 2653 (2011).

〔40〕同上，第 2659 ~ 2660 页。

〔41〕同上，第 2661 页。

〔42〕同上。

〔43〕同上，第 2663 ~ 2664 页。

〔44〕同上，第 2667 ~ 2672 页。

〔45〕同上，第 2673 ~ 2679 页（大法官布雷耶的异议意见）。

〔46〕Holder v. Humanitarian Law Project, 561 U. S. 1 (2010).

〔47〕18 U. S. C. § 2339B (a) (1) (2012).

〔48〕同上，§ 2339A (b) (1)。

〔49〕*Humanitarian Law Project*, 561 U. S. at 10, 14 – 15.

〔50〕同上，第39页。

〔51〕同上，第28页。

〔52〕同上，第29～38页。

〔53〕同上，第42～55页（大法官布雷耶的异议意见）。

〔54〕参见，例如，Burson v. Freeman, 504 U. S. 191, 198 – 211（1992）; Buckley v. Valeo, 424 U. S. 1, 25 – 29（1976）; Storer v. Brown, 415 U. S. 724, 736（1974）。

〔55〕参见，例如，United States v. Dennis, 183 F. 2d 201, 212（2d Cir. 1950）[“在每个案件当中，（法院）必须判断（争议法律所防范之）‘危害’（evil）的损害程度经其发生概率加权后是否足以为（该法）对言论自由的侵犯提供正当性，这种侵犯是否是避免此类危险的必要手段”]。

〔56〕参见，例如，Communist Party of U. S. v. Subversive Activities Control Bd., 367 U. S. 1, 91（1961）[“要抵消特定政府法规对完整个人自由造成的阻碍，该法规所要达到的目标就必须具有相应的（weighted）公共价值”]; Dennis v. United States, 341 U. S. 494, 542 – 43（1951）（大法官法兰克福特的附议意见）{“在审视过所有相关判决之后，我们得出了一个结论，那就是，所有这些判决都是在我们对各种冲突利益仔细权衡之后作出的……‘无论我们多么迅速干脆地喊出了“明显且现实的危险”，也无论我们在这几个词中间画上多少个重点符号，都无法掩盖我们其实是在进行利益衡量。各种自由交织在一起形成了一张错综复杂的大网，法官所要做的就是要将其拆解开来，厘清各种自由之间的关系。所以无论这些词语为我们提供了怎样的确定性，这些所谓的确定性也不过是一种幻象罢了’”[引述了 Paul A. Freund, On Understanding the Supreme Court 27 – 28（1950）]}。[“明显且现实的危险”（clear and present danger）是美国法院在认定危险言论时所使用的标准，如之前提到的剧场内大喊失火等行为，由于这种行为会造成“明显且现实的危险”，所以第一修正案不予保护。——译者注]

〔57〕参见，例如，Whitney v. California, 274 U. S. 357, 377（1927）（大法官布兰德斯的附议意见）[“除非能造成相对严重的损害，否则即便会产生迫近的危险，也无法为对（言论和集会）的限制提供合法性。限制言论和集会自由是一种非常严厉的手段，如果为了避免某种微小的社会损害就轻易使用的话，就会显得不成比例”]。

〔58〕U. S. Const. art. I, § 8, cl. 3.

〔59〕参见，例如，Camps Newfound/Owatonna, Inc. v. Town of Harrison, Me., 520 U. S. 564（1997）。

〔60〕“沉睡商业条款”中的沉睡一词源于首席大法官马歇尔在19世纪20年代撰写的一份审判意见。他写到，商业监管权“要么必须由联邦官员所掌控，要么就让其沉睡下去”。Gibbons v. Ogden, 22 U. S.（9 Wheat.）1, 189（1824）. 最高法院曾表示，所谓“沉睡商业条款”案件“是指，当国会保持沉默或者保留自己的权力时……法院认定这种沉默或保留是在禁止各州对这一领域进行立法”。Prudential Ins. Co. v. Benjamin, 328 U. S. 408, 423 – 24（1946）. 但国会并不受这种默示禁止性条款的约束，可以“在嗣后将其放弃或取消”。同上，第424页。

〔61〕参见 Brown-Forman Distillers Corp. v. N. Y. State Liquor Auth., 476 U. S. 573, 579（1986）（“当州成文法对州际商业活动实施了直接管控，或者对州际贸易实施了区别对待的时候，或者当该法产生了牺牲外州利益而偏袒州内经济利益的效果的时候，我们一般都会直接推翻这种法律，而不深究其他问题”）。

〔62〕Huron Portland Cement Co. v. City of Detroit, 362 U. S. 440, 443（1960）[引述了 Sherlock v. Alling, 93 U. S. 99, 103（1876）]。

〔63〕 Or. Waste Sys. , Inc. v. Dep't of Envtl. Equal. , 511 U. S. 93, 99 (1994) (原文中的引号已删去)。

〔64〕 Treaty Establishing the European Community (Nice consolidated version) art. 28 (2002), http: // eur-lex. europa. eu/legal-content/EN/TXT/HTML/? uri = CELEX: 12002E/TXT&from = EN.

〔65〕 参见，同上，第 39 条（要求“在共同体内……劳动者自由流动”）。

〔66〕 参见，同上，第 49 条（“共同体成员国国民拥有向非居住国国民提供服务的自由，禁止对这种提供服务的自由进行限制”）。

〔67〕 参见，同上，第 56 条（在条约框架内，禁止对“成员国内的资本流动设置限制”）。

〔68〕 参见，例如，Case C – 76/90 Manfred Sager v. Dennemeyer & Co. Ltd, 1991 E. C. R. I – 4221, para. 15［“有些规则条款对一些特殊性质的服务作出了特别规定，规定服务的提供方必须符合一些具体的条件，监管者在对这些服务活动进行管理时就要适用这些规则。在这种情况下，不得认为这些规则与欧盟条约相抵触。但是，保护提供服务的自由是欧盟条约的一项基本原则，所以，如果某项规则对这种自由施加了限制，那么制定这种规则的目的必须是增进公共利益，由公共利益为这种规则提供正当性基础；同时，这种规则还必须一体适用于在目标国从事这一活动的所有人群和所有企业；但是，如果这种利益并不受服务提供方营业地所在（成员）国所制定的这种规则的影响，这种规则就仍然是与条约相抵触的。需要特别提到的是，这些条件还必须是客观必要的。也就是说，要确保职业准则得到遵守，确保服务接受方得到切实保护，就必须设立这些条件。同时，这些条件还不得超出达成以上这些目标所需要的程度”］。

〔69〕 参见 5 U. S. C. § 706 (2012)。

〔70〕 参见 Case C – 341/05, Laval un Partneri Ltd v. Svenska Byggnadsarbetareförbundet, 2007 E. C. R. I – 11767。

〔71〕 同上，at I – 11864 – 67。

〔72〕 Treaty Establishing the European Community，前注 64，第 49 条。

〔73〕 *Laval*, 2007 E. C. R. at I – 11886.

〔74〕 同上，第 I – 11887 页。

〔75〕 同上。

〔76〕 同上，第 I – 11889 ~ 11890 页。

〔77〕 Admin. Office of the U. S. Courts, Annual Report of the Director, 1970, at 106 (1971)（以下称 1970 Court Report）（报告称，在 1970 财政年度，联邦地区法院共收到了 127, 280 件诉讼请求）。

〔78〕 Admin. Office of the U. S. Courts, Annual Report of the Director, 2013 (2014), http: // www. uscourts. gov/Statistics/JudicialBusiness/2013. aspx.

〔79〕 1970 Court Report，前注 77，第 212 页（记录了 1585 个案件）。

〔80〕 Admin. Office of the U. S. Courts, Annual Report of the Director, 2000, at 82（在 2000 年 9 月 30 日前的 12 个月内，第九巡回区一共收到了 9147 件案件申请）。

〔81〕 Supreme Court of India, Annual Report 2008 – 09, at 65 – 66；另参见 Nick Robinson, *A Quantitative Analysis of the Indian Supreme Court's Workload*, 10 J. Empirical Legal Stud. 570 (2013)（分析了印度最高法院 1993 年到 2011 年的待审案件）。

〔82〕 Neeta Lal, *Huge Case Backlog Clogs India's Courts*, Asia Times Online (June 28, 2008), http: // atimes. com/atimes/South_ Asia/JF28Df02. html.

〔83〕 Hiram E. Chodosh et al. , *Indian Civil Justice System Reform: Limitation and Preservation of the*

*Adversarial Process*30 N. Y. U. J. Int'l L. & Pol. 1, 12 – 13 (1998).

〔84〕同上，第 14 ~ 17 页。

〔85〕参见 India Code Civ. Proc. § 89。

〔86〕参见 Salem Advocates Bar Ass'n v. Union of India (2005) 6 S. C. C. 344。

〔87〕Janet Martinez et al. , *Dispute System Design*: *A Comparative Study of India*, *Israel and California*, 14 Cardozo J. Conflict Resol. 807, 809 (2013); Gregg F. Relyea, *Mediation and Case Management*: *Legal Reforms Promise to Transform Legal Land-scape in India*, Disp. Resol. Mag. , Summer 2003, at 15.

〔88〕*History*, Delhi Mediation Centre, http: //delhimediationcentre. gov. in/history . htm (last visited Dec. 30, 2014).

〔89〕*General Statistical Report*, Delhi Mediation Centre, http: //delhimediationcentre. gov. in/statistical. htm (last visited Dec. 30, 2014).

〔90〕班加罗尔的调解中心开设于 2007 年，截至 2014 年 8 月，该中心已经帮助两万余件案件的当事人达成和解。*General Statistical Report*, Bangalore Mediation Centre, http: //www. bangaloremediationcentre. kar. nic. in /statistics. html (last visited Dec. 30, 2014).

〔91〕Justice M. Jagannadha Rao, Would Conciliation & Mediation Succeed in Our Courts?, Presentation at the International Conference on ADR and Case Management (May 3 – 4, 2003), http: //lawcommissionofindia. nic. in/adr_ conf/mediation %20succed%20Rao%202. pdf.

〔92〕在英格兰，英国最高法院（British Supreme Court）一般只审理由自己或上诉法院颁发了“上诉许可”（leave to appeal）的案件。*Constitutional Reform Act*（《宪法改革法》），2005，§ 40 (U. K.)。该法规定，“最高法院负责审理的是针对英格兰及威尔士的上诉法院在民事诉讼中下达的法庭令或判决提起的上诉案件”，但“只会”审理此类案件中“获得了上诉法院或最高法院下达的（上诉）许可”的案件。同上，§ 40 (2)，(6)。对于来自苏格兰法院的上诉案件，如果该案件是在设立最高法院的立法“生效之时或者稍早之前上诉到上议院的，那么最高法院负责该案件的审理”。同上，§ 40 (3)。

〔93〕法国宪法法院筛选案件的方式是，由上诉法院挑选出那些提出了重大宪法问题的案件，送交宪法法院审理。1958 Const. art. 61 – 1 (Fr.), http: //www2. assemblee-nationale. fr/langues/welcome-to-the-english-website-of-the-french-national-assembly#Title7. 宪法法院也会在某些法案颁布之前对其实施审查。同上，art. 61。另参见 Olivier Dutheillet de Lamothe, Sherrill Lecture: The Transformation of Judicial Review in France: From Corneille to Racine (Feb. 17, 2014), http: //vimeo . com/114560226。

〔94〕John Roberts, 2013 Year-End Report on the Federal Judiciary (2013), http: //www. supremecourt. gov/publicinfo/year-end/2013year-endreport. pdf. 首席大法官宣布，在上一个报告期（reporting period）内，即 2012 年度，最高法院收到了 7509 份上诉申请，比 2011 年度的 7713 件有所下降。同上，第 12 页。

〔95〕*Jurisdiction of Circuit Courts of Appeals and the United States Supreme Court*: *Hearing on H. R. 10, 479 Before the House Comm. on the Judiciary*, 67th Cong. 2 (1922)（首席大法官威廉·霍华德·塔夫脱的陈述）。

271

第 12 章

增进法治

法官、律师和法学院学生之间的交流能够为一个更加基本的目标提供支持，这就是推进法治本身。早在八百年前，英王约翰受其治下的男爵们①逼迫在兰尼米德签署了《大宪章》，从那时起，这份文件就象征了政府只能根据“国法”行事的重要性。[1]法治遏制了她的对立面——恣意妄为、朝令夕改、独裁专断、专制暴虐、昏聩愚昧、霸道专横，以及无视法律、漠视公理、残忍无度。但所有法官、律师、法学教授以及法学院学生都明白这些。所以，如果对话只是在他们之间进行的话，又会有什么帮助呢？让我们举例说明：

第一个例子是我在 2012 年 1 月与突尼斯的教授、学生以及宪法权威们开展的一番对话。这次对话是通过网络进行的，我当时身在美国的一所法学院里，而他们则在突尼斯的一间教室之中。下面几段（由我编辑过的）谈话记录可以帮助
275 我们了解当时问答情况的梗概：

> 学生（青年女生）：我们的宪法总是听起来还不错，但我们的问题是，政府是否真的尊重宪法。我们是否需要一所最高法院来确保政府尊重宪法？
>
> 布雷耶：我国的建国者相信，如果由一些独立大法官（而不是总统或国会）来裁决总统的行为和国会颁布的法律是否符合宪法，宪法的实施效果会

① 与中国的五等爵制不同，当时英国的男爵是一个直接与平民接触的地方实力派阶层。

更好。

我们花了很长时间才使美国公众意识到，遵从法官在这种情况下所做的裁决是自然而然的事情。我认为关键的节点出现在1957年，当时艾森豪威尔总统派出伞兵执行法官的一项命令，命令的内容是，要让9名黑人青年进入阿肯色州小石城的一所只向白人开放的学校。在几年之前，最高法院就已经宣布，宪法要求对白人和黑人同等对待，不得进行种族隔离。但在总统派军队执行这项命令之前，其实并没有发生太多变化。即便是在那之后，还需要很多年才能瓦解南方的种族隔离。这一进程离不开许许多多美国民众的参与，他们不是律师，不是法官，而只是普普通通的公民。这就是为什么我认为你们必须帮助贵国的普通公民了解法治的重要性。

学生（青年女生）：您曾表示，起草者在拟订贵国宪法时，在概括与详尽之间选择了正确的尺度。请问这指的是什么？

布雷耶：一方面，宪法依据民主体制创造了政府机构。很多条文必须详细具体，例如，众议院的席位是由人口数量决定的，而人口数量则由每十年进行一次的人口普查确定。另一方面，宪法所体现的表达自由、平等和法治等基本价值必须经受得起时间的考验。体现这些价值的语句必须是概括性的，因为即便这些价值不会因时间推移而褪色，适用它们的环境却会经常改变。乔治·华盛顿并不知道互联网，但“言论自由”的价值却必须彰显在互联网领域之内。这正是我国伟大的首席大法官约翰·马歇尔所写的，“阐释 276
宪法，乃我等职责所系”。

学生（青年女生）：您对宗教问题怎么看？您是否认为有人会将宗教价值写入宪法？而之后，他们是否会试图将这些价值强加于人，剥夺宪法中的其他权利利益？试图将宗教价值强加于人的（宗教）保守势力是否会威胁到宪法？

布雷耶：（我恍然大悟！她担心的是新政府可能会禁止她成为律师，或禁止她做其他事情。我该说点什么好呢？下面是我努力思考的结果。）我知道，在17世纪的欧洲，人们进行过残酷的宗教战争，最终他们达成和解。在英格兰，人们决定遵从一项原则：“吾奉吾主（传于吾子），尔侍尔神（遗于尔孙）。”这个原则就是宗教自由。它是承载着其他自由的圣杯，包括言论自由在内的各种自由都是从中倾泻而出的。之后，我们在美国也接受了这项宪法原则，同时又补充了政教分离原则（principle of separation of Church and State）：政府不得过度卷入宗教。这与法国的政权还俗主义原则
277 （laicism）非常相似。

至于你们突尼斯人民是否会接纳类似的原则，如何接纳，或者选择采取其他解决方式，这些问题当然是由你们来决定的，因为你们不能简单照搬我们的做法，但你们可以从我们这里学习，将你们学到的内容运用到你们的环境中去。我要补充的是，我们到了非常晚近的时候才认定：宪法保护性别平等。法律必须无论男女，一律平等尊重，一视同仁。我这样说是因为我相信女性将会在贵国发挥重要作用，特别是在解决你所提到的这些问题方面更是如此。我想说的是，我明白你的担忧，我无法给出简洁且令你满意的回答，但我在道义上支持你。我相信最终将由你和今天教室里在座的诸位来解答你提出的问题。

学生（青年女生）：我们该如何防止法官恣意裁决，特别是根据政治立场裁决案件呢？

布雷耶：美国学生也经常对我提出类似的问题。我的回答是，有些法官，至少一些联邦法官，有从政经历，而且其个人可能支持某个党派。然而，一旦披上法袍，他们就是政治中立的。他们并不支持某个党派。我还从未遇到过哪位法官试图纯粹根据派系之争意义上的政治立场（你是共和党人还是民主党人？哪个党派更受欢迎？投票结果如何？）来裁决案件的。

但还存在另一个常常与其混淆的概念：法官是否会根据意识形态判案？这里的答案仍然是否定的。但这种情况却时有发生。尽管如此，如果法官意识到自己是在依据意识形态判案，他会懂得这样做是错误的，并尽力摆脱这种状态。

这里还有第三个概念，它有时可以解释为什么人们会认为法官是根据政治立场判案的。很多重大的宪法问题并没有明确的答案：第十四修正案中的
278 “自由”并不是不言自明的。第一修正案中的“言论自由”同样语焉不详。在对这些可能具有多种含义的措辞进行解释时，法官必须在一定程度上正视一种现实，他无法完全超脱，无法摆脱自己的出身背景，他在经年累月的职

> 业生涯之后很可能已经接受了一套高度概括性的法律哲学（a highly general jurisprudential philosophy），并依此行事。我在三藩市的公立学校接受教育、我成长于20世纪50年代、我不可避免地成为了我这样的一个法律人。这意味着，在宪法或法律的本质、它们与美国人民之间的关系以及法律对人民产生影响的方式等问题上，我无法摆脱我个人所持有的概括性观点。法律并不是计算机科学，这些观点影响甚巨。也正因如此，在我们这种多样化程度如此之高、拥有三亿人口的国度里，不同法官拥有不同的概括性法律观点是一件好事。我还要补充的是，虽然法官任期漫长，但随着时间的推移，不同的总统任命的法官所具有的高度概括性的法律观点也不尽相同。最高法院会非常缓慢地改变它的性质。而从某种高度抽象的层面加以概括的话，在一小部分案件当中，最高法院的性质则能够反映整个国家的性质。

很明显，这次交流活动并没有为提出的问题给出解决办法，这些问题是复杂的，无论在任何背景下，要解决这些问题都要花费时间，但这次活动中所体现的精神则说明，我国职业法学家能够对其他国家的法治进程提供推动作用。

另一个例子是我同加纳最高法院院长进行的一次对话，她当时正在华盛顿进行访问。在这次对话中，我详细阐述了我曾对突尼斯的学生提到过的一个答案，我对很多美国学生也提到过相同的答案。加纳法院的院长同其他加纳人一直以来都致力于巩固那里的法治、民主和人权保障。她问我，“为什么美国人民会听从你的意见？为什么他们会遵守你们最高法院的裁决，尤其是那些非常不受欢迎的裁决?”

亚历山大·汉密尔顿或许早就预见到了这个问题，他在两百多年前就意识到了司法机构的孱弱，既无财权又无军权。[2]他认为司法机构是个安全的地方，应该把审查经民主方式制定的法律是否符合宪法的权力放置在这里［而不是把这项工作留给总统，因而使总统权力过大；也不应该留给国会，否则，当遵守宪法会招致（选民）反感的时候，它就会拒绝履行职责］，他之所以会这样认为，司法机构本身的孱弱正是原因之一。[3]但既然司法机构自身孱弱，它是否能执行

279 自己作出的裁决？司法机构该如何行事才能不被人当作莎士比亚笔下的威尔士将军欧文·格兰道尔①，不会认为它只会作出一些诡秘的威吓？这位将军曾对霍茨波吹嘘道，“我可以召唤深渊中的幽灵”。“那又如何？我也可以”，霍茨波，一位务实的英格兰人答道。“其实任何人都可以召唤它们。但问题是，当你召唤它们时，它们真的会现身吗？”[4]

至于我们最高法院的裁决得到遵守的原因，其中并无“秘密”可言，更没有任何神迹发生。有的，只是习惯的渐渐养成，成例的缓缓积累，以及对法治理解的徐徐深入，这些都需要经年累月的建设和维护才能形成。现在的美国已经无须考虑这些问题，但在曾经的一段历史时期里，该问题的答案也曾完全无从确定。我能为加纳法院院长做的只有向她讲述那段历史中的几个相关事件，以此作为我的答案。（我在我的前一本书中对这些例子进行了深入的探讨。）[5]

第一个事件要回溯到19世纪30年代。当时，切诺基部落拥有佐治亚州北部的土地。当人们在这片土地下发现金矿之后，佐治亚人夺取了这片土地。最终，对夺取行为提出的异议被递交到最高法院，最高法院裁决土地属于印第安人。[6]裁决公布之后，美国总统安德鲁·杰克逊②隔空对当时的首席大法官约翰·马歇尔喊话，“既然约翰·马歇尔作出了他的决定，那就让他自己去执行吧”。[7]在那之后不到10年的时间内，杰克逊确实向佐治亚州派出了联邦军队，但不是去执行最高法院的裁决，而是去驱逐印第安人。他们被强迫迁徙到数千英里之外的俄克拉何马，直到现在，他们的后裔仍然生活在那里。[8]

第二个事件则要光明一些。在1954年，最高法院在布朗诉教育委员会案中裁决，宪法禁止种族隔离，而这种隔离在南方依然存在，且都得到了当地法律的授权。[9]在南方，该裁决遭到了抵制。当一位联邦法院法官下令取消小石城的种

---

① 欧文·格兰道尔，15世纪初的威尔士亲王（Prince of Wales），也是最后一个保有这一头衔的威尔士本地人。他为反对英格兰对威尔士的统治领导了长期的反英斗争，反抗失败后，威尔士也成为英格兰王国的领地。

② 安德鲁·杰克逊，美国第七任总统，被认为是美国民主党的缔造者。13岁时就在美国独立战争中为大陆军做导航员，并通过后来的1812年战争赢得了全国性的声望，还在之后的“塞米诺战争”中为美国赢得了佛罗里达。在担任总统期间以强硬著称，南卡罗来纳州曾因一项联邦关税法而提出要脱离美国，杰克逊总统则以武力威胁作为回应，这就造成了美国历史上有名的“州拒绝执行联邦法危机”（Nullification Crisis）。他还签署了《印第安人迁移法案》，强制将印第安人迁移到印第安人保留地（今属俄克拉何马州）。

族隔离时，阿肯色州州长奥维尔·法伯斯拒绝执行。他召集了国民警卫队，并命令他们禁止黑人学生进入专为白人开设的学校。[10]

但就在此时，美国总统德怀特·艾森豪威尔作出了与此恰恰相反的反应。他决定从101空降师派出伞兵，该师因其在“二战”中的诺曼底突袭行动中表现出的英雄主义而威名大噪。[11]伞兵将勇敢的黑人青年学生护送进了学校，全世界也通过新闻媒体和它们的摄影师共同见证了这一刻。[12]改变从这一激动人心的时刻开始，却比人们预想的结束得更晚，但法律上的种族隔离最终还是走向了终结，这正是法治的伟大胜利。 280

第三个事件距离我们更近一些。在2000年总统选举之后，最高法院裁决了布什诉戈尔案，该案原本可能会影响选举结果，或者至少人们认为它本可以影响这一结果。[13]这是一个对千百万美国人来说意义重大的裁决，也是一个得罪了几乎一半美国人的判决。[14]法官是凡胎肉身，孰能无错。我当时就认为（我当时也是这么写的）最高法院错了。[15]但我这里想说明的并不是这个问题。

针对这项裁决所做的评论中最有趣的，当属前任参议院多数党领袖哈里·里德①的评论，他是一名民主党人，因此是本案败诉方的支持者。他指出，尽管该裁决具有争议，尽管它意义重大，尽管很多美国人都认为该裁决存在严重的缺陷，但街头却没有出现暴乱，没有枪声，更没有死亡。[16]人们共同接受了一个很多人认为是错误的裁决。这种结果在很大程度上应归功于美国这个国家。它证明，美国人民在这条逐渐接受法治的漫长道路上已经行进了很远很远。它也表明，尽管我们无法抹去奴隶制、种族隔离以及其他令人厌恶的历史，但三亿一千五百多万美国人民已经学会了如何在法律下共同生活。

我之所以提到这些例子，是因为我希望我来自加纳的朋友兼同事能够从中看出我所看到的东西，那就是，必须努力去接受法治的并不仅仅是法官和法学家。要想建立和维护规则，普通公民也必须行动起来。而让所有生活在乡村、集镇或者城市里的人都动员起来响应这一号召，绝非易事；每个人的时间和精力都是有限的。要向他们解释一套制度的优越性，而这套制度却要求他们接受一些可能非

① 哈里·里德，民主党人，从1987年开始担任参议员，曾任民主党“党鞭”和参议院民主党领袖。

常重要，而又不受欢迎，甚至是错误的司法裁决，此外，还要向他们解释其他的备选制度只会更糟，这两项解释任务当真不易完成。

当来自不同国家的法官讨论法律问题的实质性解决办法的时候，比较各种程序间优劣的时候，评估各种司法实践的效率的时候，他们所交流的并不仅仅是日常工作的心得。其中还包含其他内容。其实，类似会谈都有一个不会明示出来的深层次主题，与恣意专断做持久斗争。如果说这一目标显得雄心勃勃的话，那么这种雄心壮志从汉谟拉比时代就已经开始了。这项事业并非没有反复。这就像是永远在织造的佩内洛普[①]一般，我们在白天创造的功业，到了夜晚就会遭到破坏。但这样的努力是值得的。过往的文明全都建基于此。现在的文明仍然如此。在当下，来自许多不同国家的法学家们，正在比以往任何时代都更加广泛的范围内为同一个目标而共同努力。

① 佩内洛普，荷马史诗《奥德赛》中的人物，伊萨卡岛之王奥德修斯的妻子，以忠贞著称。当奥德修斯因参加特洛伊战争而常年不归、生死不明的时候，很多追求者趁机逼佩内洛普就范。佩内洛普以要为奥德修斯的父亲编织裹尸布为由来搪塞，推说等完工之时会从追求者中选出一人。但她在三年的时间里每天白天织布，晚上再拆掉白天的成果，最终等回了奥德修斯。

注释

〔1〕参见 Magna Carta, ch. 39（“任何自由人，未经其同等地位之人裁判，或依国法裁判，不得被逮捕、监禁、没收财产、剥夺法律保护权、流放或加以任何其他损害”）。关于《大宪章》在美国法律中重要意义的进一步论述，参见 A. E. Dick Howard, The Road From Runnymede: Magna Carta and Constitutionalism in America（1968）。

〔2〕参见 The Federalist No. 78, at 378（Alexander Hamilton）（Terence Ball ed., 2003）（“司法机构既无军权，又无财权；无法支配社会的力量与财富；而且不能采取任何主动行动”）。

〔3〕参见，同上。

〔4〕William Shakespeare, Henry IV, Part I act 3, sc. 1.

〔5〕Stephen Breyer, Making Our Democracy Work: A Judge's View（2010）.

〔6〕参见 Worcester v. Georgia, 31 U. S.（6 Pet.）515（1832）。

〔7〕2 Charles Warren, The Supreme Court in United States History 219（1922）. 沃伦指出，在 1864 年之前，没有任何一位历史学家提到过杰克逊的这份声明；他“非常怀疑杰克逊是否真的说过这些话”。同上，第 219 页和注 1。

〔8〕关于切诺基人被迫迁徙事件的详细论述以及这一事件的诱因，参见 Grace Steele Woodward, The Cherokees 192－218（1963）。

〔9〕Brown v. Bd. of Educ., 347 U. S. 483（1954）.

〔10〕Tony A. Freyer, Little Rock on Trial: *Cooper v. Aaron* and School Desegregation 112－13（2007）.

〔11〕David A. Nichols, A Matter of Justice: Eisenhower and the Beginning of the Civil Rights Revolution 195（2007）.

〔12〕Freyer，前注 10，第 115～116 页。

〔13〕Bush v. Gore, 531 U. S. 98（2000）.

〔14〕参见 Jeffrey L. Yates and Andrew B. Whitford, *The Presidency and the Supreme Court After* Bush v. Gore: *Implications for Institutional Legitimacy and Effectiveness*, 13 Stan. L. & Pol'y Rev. 101（2002）（报道了一系列关于 2000 年大选和 *Bush v. Gore* 案判决的民调结果）。

〔15〕参见 Bush v. Gore, 531 U. S. at 144－58（大法官布雷耶的异议意见）。

〔16〕作者当时就在现场聆听参议员里德的评论。

后　　记 281

本书探讨了最高法院为什么必须更多地去考虑我国国境线外的整个世界的情况，以及如何进行这方面的思考。法律的世界正变得越发相互依赖，它在为我们提供新的思想交流机会的同时，也为我们的工作带来了新的挑战，我们不得不重新审视自己对成文法、条约甚至宪法的解释。对于这些挑战，我并没有声称自己能够提出某种终极的解决办法，甚至连临时的应对措施也没有给出。本书仅仅是对当下这种很多人并不熟悉并且仍在日益发展变化的法律图景进行了初步的探索，希望借此引起关注并引发进一步的探讨。而这些讨论又会反过来帮助我们对一些概念、惯例和制度进行必要的修正。

为什么对于美国法院来说，正视这些挑战如此重要呢？我之前提到过，道理其实很简单，因为这些挑战无法避免。太多太多的日常交易正变得日益国际化，从汽车和房屋租赁到重大金融投资，再到即时通信和激增的全球个人流动——所有这些新的现实又都会引发法律问题，而这些问题不只影响到外国人，也影响到了美国人。也许“世界最高法院”能为我们解答这些问题，但这种法院并不存在。如果要由我们自己来回答这些问题，如果我们想作出正确的法律判断，就必须对那些出现在境外的情况进行充分的了解。我们可能曾经享受过躲在国境线内闭门造车的时光，好像只有我们自己的法律才与我们有关一样。但即便那种日子真实存在过，也已经一去不复返了。

或许这样的答案过于简单化了，而如果想要获得更加令人满意的答案，则要从对这个我们置身其中的、相互依赖的世界的认识说起。脆弱的国际经济，南北之间经济差异显著，环境危险日增，一些地区充斥着无政府状态、狂热和恐怖主义，这些特征共同塑造了我们身处的世界。在很多国家里，人们对本国政府及其 282

制度的效率和诚信的冷嘲热讽似乎永不停歇，人们不会对此感到惊奇。如果说这些不只存在于某一国的复杂问题仍然有希望得到解决的话，那么我们也只能把唯一的希望寄托在全世界公民戮力同心来完成这一功业之上了。

为什么要选择通过法律来解决当今的跨国问题呢？以上的讨论为我们引出了或许是最为恰当的理由：在努力解决这些问题过程中的任何一点点成功都助力推动了法治自身的发展。法治代表了“恣意妄为”的对立面，而“恣意妄为”在词典里则可以和无视法律、昏聩愚昧、独裁专断、专制暴虐、残忍无度等等量齐观。在“9·11”事件发生的时候，大法官桑德拉·戴·奥康纳和我正身在印度，
284 准备与那里的法学家们探讨关于法治的问题。那里为我们举办的招待会向我们清楚地表明，这个世界最重要的分野不是地域之分，不是种族之别，也不是宗教之争，而是是否信仰法治。全世界的法学家都在日复一日的劳作中编织法律这幅锦缎，他们固执地坚持着，即便他们的心血也像佩内洛普故事中那样，白天织就，入夜分崩离析，他们也决不退缩。我们将继续奋斗，但不是作为政治家，而是作为技术人员，我们希望获得成功，但对此却并不敢肯定。

我们之所以如此坚持不懈，不仅是因为我们怀有一种永不熄灭的希望，同时也是由于我深知我们的创造物的脆弱。在法国小说《鼠疫》的结尾处，作者阿尔贝·加缪针对纳粹对法国的占领写下了一段隐喻。“鼠疫杆菌永远不生不灭，它能沉睡在家具和衣服中历时几十年，它能在房间、地窖、皮箱、手帕和废纸堆中耐心地潜伏守候，也许有朝一日，人们又遭厄运，或是再来上一次教训，瘟神会再度发动它的鼠群，驱使他们选中某一座幸福的城市作为他们的葬身之地。”[1]

法律也仅仅是防堵鼠疫杆菌的其中一道屏障罢了，但只有不断使用这一屏障才能确保加缪描述的厄运不会降临。这对于我们殚精竭虑力图建造的人道、民主和公正的社会来说极其重要。当今的世界是个相互依存的世界，这已经从我们最高法院的待审案件目录中明白无误地展现出来。我写作本书的目的就是要展现，这个相互依存的世界为我们的司法系统提出了怎样的巨大挑战。维护法治已经成为当务之急，这应该激发我们，无论是法学家还是普通公民，无论身处何地，都要认清局势，同心协力迎接挑战。

注释

〔1〕Albert Camus, La Peste 312 – 313（1947）（由作者翻译）, available at http://www.ebooksgratuits.com/pdf/camus_la_peste.pdf.

285 # 致　谢

耶鲁法学院每年都会举办一次研讨会，会上来自世界各地的法官会和学院教职工会面并进行讨论。我参加这个研讨会已经有很多年了，这本书所反映的就是这些研讨会上所讨论的内容以及其他一些与专业相关的主题和关切。我在此谨向学院，学院的两位院长——哈罗德·科赫、罗伯特·波斯特，以及格鲁伯基金会表示感谢。感谢他们对研讨会的支持；感谢保罗·格维茨和朱迪思·雷斯尼克对研讨会的组织和协调，感谢全体教职工所准备的会议材料，感谢所有来自学术界和司法界的与会者，他们的讨论非常有价值。我还要感谢耶鲁为我提供了两名学生研究助理——丹尼尔·赫茨－洛夫和杰弗里·肖，同时也感谢耶鲁研究员（并且也是我的前任法官助理）萨拉·索洛的支持。

我这里要特别感谢萨拉·索洛。她不知疲倦的努力，她进行的研究和编辑工作，她提出的建议和意见，她的思想和观点成就了本书。我也要特别感谢理查德·斯图尔特，感谢他对条约问题有关章节所提供的帮助，对此我同样也要感谢萨比诺·卡斯西。我感谢乔治·伯曼对仲裁问题有关章节所提供的帮助；凯瑟琳·巴纳德对欧洲法问题章节的帮助；感谢保罗·格维茨的持续鼓励，他对我的帮助几乎涵盖了本书的各个方面。

书中对当前国家安全问题的讨论体现了迈克尔·莱特和杰克·沙利文的帮助。对钢铁工厂占领案的讨论则包含了查尔斯·尼森和我许多年前所准备的材料。对“交叉引用”问题的讨论反映了杰里米·沃尔德伦的作品。我还要感谢乔
286 希·格尔策对本书很多章节的帮助。

此外，我还要对其他阅读了手稿早期版本并对其提出建议的读者表示感谢，

其中包括了罗伯特·波斯特、斯特罗布·塔尔博特、丽莎·布雷斯曼、布鲁斯·阿克曼、卡斯·桑斯坦和伊丽莎白·德鲁。

我非常感谢乔治·安德里欧出色的编辑工作，同时感谢克诺普夫出版集团对本书的出版提供了帮助的其他人。

最后，我要感谢我的家人——乔安娜，我的子女们，以及我的孙辈，感谢他们的耐心、帮助与鼓励。

图书在版编目(CIP)数据

法庭和世界/(美)斯蒂芬·布雷耶(Stephen Breyer)著;冯烨译.—北京:法律出版社,2020

书名原文:The Court and the World:American Law and the New Global Realities

ISBN 978-7-5197-3655-2

Ⅰ.①法… Ⅱ.①斯… ②冯… Ⅲ.①法律—研究—美国 Ⅳ.①D971.2

中国版本图书馆CIP数据核字(2020)第026110号

法庭和世界
FATING HE SHIJIE

[美]斯蒂芬·布雷耶(Stephen Breyer) 著
冯 烨 译

策划编辑 周 洁
责任编辑 周 洁
装帧设计 汪奇峰

出版 法律出版社
总发行 中国法律图书有限公司
经销 新华书店
印刷 中煤(北京)印务有限公司
责任校对 李景美
责任印制 胡晓雅

编辑统筹 司法实务出版分社
开本 710毫米×1000毫米 1/16
印张 24
字数 379千
版本 2020年3月第1版
印次 2020年3月第1次印刷

法律出版社/北京市丰台区莲花池西里7号(100073)
网址/www.lawpress.com.cn
投稿邮箱/info@lawpress.com.cn
举报维权邮箱/jbwq@lawpress.com.cn
销售热线/010-83938336
编辑电话/010-83938103

中国法律图书有限公司/北京市丰台区莲花池西里7号(100073)
全国各地中法图分、子公司销售电话:
统一销售客服/400-660-6393
第一法律书店/010-83938334/8335
西安分公司/029-85330678
重庆分公司/023-67453036
上海分公司/021-62071639/1636
深圳分公司/0755-83072995

书号:ISBN 978-7-5197-3655-2
定价:98.00元
(如有缺页或倒装,中国法律图书有限公司负责退换)